本书是四川省哲学社会科学规划研究项目（编号：SC15B054）

本书获四川省社会科学院学术文库资助

文化企业
证券化发展研究

杜坤伦 /著

Wenhua Qiye
Zhengquanhua Fazhan Yanjiu

人民出版社

序

　　坤伦先生给我*说,他花了几年时间,对文化企业的证券化发展进行了些研究,拟在人民出版社出版,想送与我阅提意见,并请我作序。我说,在现代社会,股票市场是个平台,有多少欢喜,也有多少忧愁,反正我是没有敢去碰的。至于证券化这个东西,于我确是陌生,要为此作序,有些勉为其难。这既是谦虚,也是实话。

　　我是一个文学创作人,也是一个地道的文化人。对现实的思考与对未知的好奇,是文学创作的重要源泉。前段时间,看到了一些报道,也有不少接触,发现社会上的许多企业,着实未让我感觉到其有多少文化内涵,甚至些许的文化气息,资本市场上的不少"文化故事",好多都带有一定的"忽悠"成分,实践结果表明,有相当部分最终成了"文化事故"。2017 年,我出版了《当我们谈论文学时,我们在谈些什么》,主要讨论了文学观念与文学写作问题,文学与社会的进步和发展问题。我认为,文学,总是要面临一些问题,归根到底是既要能说明白一些问题,还要能解决些问题。闲暇之余,我也就想看看,一个曾经的证券监管者,现在作为学者,在谈论文化企业证券化发展时,又谈了些什么。从略显晦涩和枯燥的文字间,我感受到一种专业,一种情怀,以"文"示"化"。欣喜之中,谈点体会,权且为序。

　　文化是一个国家、一个民族的灵魂,没有高度的文化自信,没有文化的繁荣兴盛,就谈不上中华民族的伟大复兴。习近平总书记在十九大报告中专门提到

---

　　* 阿来,男,藏族,四川省马尔康人。曾任《科幻世界》杂志主编、总编及社长,现任四川省作协主席。1982 年开始诗歌创作,2000 年获第五届茅盾文学奖,为该奖项有史以来最年轻得奖者(41 岁)及首位得奖藏族作家,2018 年获第七届鲁迅文学奖。代表作有长篇小说《尘埃落定》《瞻对》《空山》《格萨尔王》,诗集《棱磨河》,散文《大地的阶梯》等。

了"推动文化事业和文化产业发展",为满足人民过上美好生活的新期待,必须提供丰富的精神食粮,为此,不仅要"健全现代文化产业体系和市场体系,创新生产经营机制,完善文化经济政策,培育新型文化业态",也要讲好中国故事,提高国家文化软实力,提升文化自信。2016 年,我国文化及相关产业增加值首次突破 3 万亿元,占 GDP 的 4.07%,文化企业坚持把社会效益放在首位,实现社会效益和经济效益"双效统一",实现数量和质量的"双量提升"。本书从文化与经济、文化企业发展与金融支持的内在联系出发,阐明文化企业利用资本市场,推进文化企业证券化发展,既是有力推进文化企业公司制、股份制改造,建立现代企业制度的重要举措,又是坚持社会主义先进文化的发展方向与市场决定文化资源配置的改革取向有机结合,文化自觉与市场机制"双轮驱动",激发文化企业活力和文化工作者创造力的重要途径,全书围绕这个主线,观点鲜明,路径明确,是文化企业可以尽力去践行的。文化企业经过改制,建立现代企业制度,激发活力和创造力,不仅首先解决了自身的生存问题,更是培养起了良好的发展能力,就可以更有担当、更好地传承与创新。证券化发展,对文化企业及文化人的文化底蕴有更多、更高的要求,这样的文化企业多了,这样的文化人多了,通过集群效应与辐射能力,实现文化自信,那是历史的当然和必然。

各行各业,都有自身的发展规律和运行逻辑。不同行业,虽隔行如隔山,却又相通相连。譬如说,宗教讲信仰,文学述情感,信仰坚定与情感形成,离不开过程。文化企业证券化发展,讲法制,讲市场化,也有一个过程,这个过程,需要历经改制与规范,需要历经懵懂与释然。在此过程中,既需要信心满满,信念坚定,更需要情怀和底线,还要有敬畏之心,敬畏市场,敬畏法律,敬畏规则。这个过程,是修为,是修炼,自觉觉他觉行,终求圆满,至少无憾。这个过程,是传承,是创新,仰望星空,脚踏实地,厚积文化底蕴,彰显文化内涵。这个过程,是苦是甜?未经历者,期盼;过来之人,感受差异却很大。倘若您问,若没有这个过程,该是如何? 我说,文化与经济发展的历史逻辑表明,"没有这个过程",这个命题本身不成立。

走在文化自信建设的路上,亲见更多的人乐于相互分享智力成效,亲见所有人都切身融入并分享现代社会文明成果,欣喜,发自内心,真情,无以言表。美好生活,就在眼前,就在当下。人存感恩之心,自会活得潇洒与自在;企业存感恩之心,自会在规范中越走越好。但愿本书对致力于证券化发展的文化企业,及文化与金融融合发展的政策完善,能提供一些参考和借鉴。若果能如此,于企业,于社会,也是一种作为,一种感恩,一种贡献。

2018 年 4 月 30 日于成都

目　　录

导　　论

习近平总书记在中央政治局第四十次集体学习时强调,要充分认识金融在经济发展和社会生活中的重要地位和作用。金融活,经济活;金融稳,经济稳。[①]随着文化体制改革的深入推进,我国文化产业对国民经济发展的贡献日益突出。中央和有关部门相继出台了一系列文化经济政策,大力支持经营性文化单位转企改制,深入推进文化与金融融合发展,不断探索建立具有文化特色的现代企业制度。党的十八届三中全会要求加快文化企业公司制、股份制改造,十九大报告中更是专门提到了要"推动文化事业和文化产业发展",要"健全现代文化产业体系和市场体系,创新生产经营机制,完善文化经济政策,培育新型文化业态",为文化企业证券化发展指明了方向。实践证明,文化企业证券化发展,既是文化企业建立现代企业制度,完善财务、税收和法律规范的重要举措,也是增强文化自信、弘扬传统文化、激发文化企业活力和文化工作者创造力的重要途径。实践中,文化企业利用资本市场加快证券化发展,取得了显著成效:截至 2017 年年末,我国共有 259 家(其中境内 177 家,境外 82 家)文化上市企业;截至 2017 年 12 月 31 日,A 股 177 家上市文化企业共发行 177 只股票,总市值 23314.29 亿元,合计实现营业总收入 6764.01 亿元,合计实现净利润 532.83 亿元[②];截至 2017 年 12 月 31 日,我国 82 家境外上市文化企业

---

① 参见《习近平:金融活经济活　金融稳经济稳》,2017 年 4 月 26 日,新华网,见 http://news.xin-huanet.com/politics/2017-04/26/c_1120879349.htm。

② 根据 WIND 资讯数据库资料整理,统计日期为 2018 年 5 月 3 日。

共发行 82 只股票,企业总市值 47050.98 亿元。①②③ 大多数文化企业坚持把社会效益放在首位,实现了经济效益和社会效益的统一。但是,文化产业整体尚处于市场化、证券化发展的初、中级阶段,部分文化企业的文化内涵弱,社会经济效益差、发展方向模糊、发展路径不清晰等问题突出,亟须通过深化改革加以解决。如何在资本市场中实现资金的供给侧和以中小微文化企业为代表的资本的需求侧的无缝对接,是当前我国文化与金融融合发展的一个重要问题。本书从我国文化企业的市场化与证券化程度较低的实际出发,从政策引导和实践运用层面研究如何利用多层次资本市场深入推进文化与金融融合,既始终坚持社会主义先进文化的发展方向,又充分发挥市场在文化资源配置中的决定性作用,推动文化企业加快证券化发展,促进文化产业大发展大繁荣,提升国家文化软实力,对推进文化产业供给侧结构性改革、服务创新驱动发展战略,具有重要意义。

一、研究背景

(一)新常态下发展文化企业的重要性

改革开放以来,我国经济飞速发展,人民群众的生活水平极大提高,经济发展的福利惠及了全球四分之一的人口,这对世界来说意义非凡。从全球产业链的角度看,中国经济腾飞的主要驱动力在于制造业的蓬勃发展,"中国制造"凭借土地、劳动力等生产要素的比较优势,在相关领域占据了重要位置。自 2008 年金融危机以来,世界经济进入新的调整期和转换期,这些要素的比较优势趋于减弱,中国经济的结构性问题开始凸显,原有发展模式的可持续能力减弱,经济发展需要新的增长点。为满足人民过上美好生活的新期待,发展新兴产业,尤其是文化产业,逐步成为经济转型升级的重要着力点。

---

① 2017 年 12 月 31 日,人民币兑美元的汇率为 6.5342:1,人民币兑港币的汇率为 0.8359:1,人民币兑欧元的汇率为 7.8023:1,人民币兑新加坡元的汇率为 4.8831:1,人民币兑日元的汇率为 0.057883:1,人民币兑加拿大元的汇率为 5.2009:1,人民币兑澳大利亚元的汇率为 5.0928:1。
② 根据 WIND 资讯数据库资料整理,统计日期为 2018 年 4 月 25 日。
③ 根据 WIND 资讯统计,2017 年文化企业新上市 25 家,其中内地主板 10 家、创业板 7 家、中小板 5 家、香港上市 3 家。

1. 文化企业是经济转型发展的重要推动力量

党的十七届六中全会确定了加快推动文化产业成为国民经济支柱性产业的战略目标。党的十八大将此纳入了全面建设小康社会目标,十八届三中全会进一步把发展文化产业纳入了全面深化改革的全局,《国民经济和社会发展第十三个五年规划纲要》(简称《"十三五"规划》)特别指出,我国"公共文化服务体系基本建成,文化产业成为国民经济支柱性产业",国家层面充分肯定文化产业对经济社会发展的作用。《中国文化消费发展指数(2016)》报告指出:"我国文化消费综合指数持续增长,由 2013 年的 73.7 增至 2015 年的 81.5,平均增长率为 3.4%。文化消费环境、文化消费意愿、文化消费能力指数、文化消费满意度均呈上升趋势,其中文化消费环境指数年平均增长率达 8.8%。"[①]中国省市文化产业发展指数(2017)显示,全国省市文化产业的均值 2017 年达到了 74.10,比 2016 年的 73.71 有一定增长,文化产业保持上升发展态势,2017 年指数增速略高于 2016 年指数增速。中国文化消费指数(2017)表明,我国文化消费综合指数持续增长,2017 年达到 81.6。从区域角度看,东部地区文化消费整体情况要好于中西部地区,京津沪粤苏浙鲁的文化消费综合指数连续五年位居全国前十,在文化消费意愿、能力、水平、满意度指数的全国前十名省份中,东部地区均占了一半以上。相比中西部地区,东部地区居民收入、消费水平相对较高,更加注重生活质量和精神享受,对文化产品种类、质量等各方面需求也较大,"我国文化消费环境有了很大改善,文化产品种类不断丰富,质量逐步提升,消费渠道也越来越多样化、便捷化,为居民进行文化消费营造了良好的氛围"[②]。在保证消费者的文化需求前提下,通过文化供给的改善引导文化消费,进一步推动文化产业的发展,从而成为经济转型发展的重要推动力量。

2. 文化企业是文化创新实现最富活力的微观主体

创新是企业发展的引擎,是产业保持活力的基础和经济增长的动力。《"十三五"规划》提出,"培育发展新动力……,创造新供给,推动新技术、新产业、新业态蓬勃发展,加快实现发展动力转换"。文化产品是满足人们精神文化需求的产品,其主要供给者是文化企业。随着"大众创业,万众创新"热潮的掀起,以及

---

① 彭翊:《中国文化消费指数报告(2016)》,人民出版社 2016 年版。
② 《2017 中国文化产业发展和文化消费指数发布》,《中国知识产权报》2018 年 1 月 30 日。

文化创意产业的社会注意力提升,越来越多的人参与、从事文化活动。人民群众的创意发展为文化企业带来内容创新、形式创新、业态创新和模式创新,文化企业从人民群众的智慧中汲取文化创新养分,生产出更多优秀的文化产品,不断推动文化消费的新模式与新业态出现,创造出更贴近人民群众多层次、多样化的文化产品,提升人们的精神文化生活需求。文化企业是经济领域中最能反映人民群众文化创造活力的微观主体。

3. 文化企业是当代中国文化传承与创新的核心载体

中国幅员辽阔,历史悠久,民族众多,在这片土地中诞生了丰富多彩的文化。这些文化,是中华民族的宝贵财富,是中国文化软实力的表现,是实现中国文化自信的基础。民族文化的传承和发扬,是社会主义精神文明建设的重要内容,是当代中国人的历史使命。习近平总书记在文艺工作座谈会上的讲话中强调,要"传承中华文化,……实现中华文化的创造性转化和创新性发展"[①]。文化领域的众多文化企业,基于企业自身属性、创业者与经营者文化情怀的不同,天然承载着我国多样性文化的传承使命,并在市场力量的推动和社会历史发展规律的作用下,通过多种形式的创新,为文化的传承与发扬带来持久动力。同时,这种力量,还能促进文化企业发挥其对政府和社会组织的重要推动作用,使他们的效率得到极大的改善和提升。大量的传统艺术、民俗技艺和现代文化创意结合,通过文化金融的融合发展,使传统文化在现代经济社会中始终保持活力,凝聚成中华民族伟大复兴的文化力量。

(二)文化企业发展面临的新环境

目前,中国经济处于"三期叠加"[②]大环境,"大众创业、万众创新"成为国民经济转型升级发展和创新驱动战略的主力军。文化企业的内在创新驱动需求,契合了这样一个良好的发展环境和机会。

1. 经济转型升级为文化企业发展创造了新契机

处于转型升级期的中国经济,一个显著的特点就是文化产业正成为推动中国经济发展迈向新水平的重要力量,并成为了国民经济的支柱产业。国家统计

---

① 习近平:《在文艺工作座谈会上的讲话》,《人民日报》2015年10月14日。
② "三期"是指经济增长速度换档期、经济结构调整阵痛期和经济刺激政策消化期的简称。

局数据显示,2017 年,全年国内生产总值 827122 亿元,比 2016 年增长 6.9%,其中第三产业增加值 427032 亿元,增长 8.0%,第三产业增加值比重为 51.6%,连续三年突破 50%,超过第二产业。文化产业的增长速度超过了国民经济中多数行业,文化产业门类不断壮大,新兴业态方兴未艾,文化创意和设计服务与相关产业的融合日益深化,产业链不断延长,分工不断细化。① 作为微观主体的文化企业,把握好了快速发展的良好契机,促进了文化产业的高质量发展。

2. 文化消费需求为文化企业发展拓宽了新市场

2017 年,"全年全国居民人均可支配收入 25974 元,比上年增长 9.0%,扣除价格因素,实际增长 7.3%。全国居民人均可支配收入中位数 22408 元,增长 7.3%"②,总体保持了较快的增长。人民群众物质生活水平的提高必然带来对精神层面愉悦的追求,从而形成高品质的生活常态,这种规律必然带来人们对文化产品的更多需求,且这种需求会呈现出个性化、多样性特点。作为文化产品和服务的供给者,文化企业具有灵活、多样的特点,必然会根据自身优势创造出对应的产品和服务,以满足社会的文化需求。社会对文化产品和服务需求的匹配过程,进一步扩展了文化产业的发展空间,为文化企业创造了更好的发展环境。

3. 国家政策为文化企业发展提供了新支撑

自 2003 年以来,党中央、国务院及相关部委密集出台支持政策,支持文化企业、文化产业加快发展。如,文化部《关于支持和促进文化产业发展的若干意见》(文产发〔2003〕38 号)、《关于推动文化娱乐行业转型升级的意见》(文市发〔2016〕26 号);中国人民银行等九部委《关于金融支持文化产业振兴和发展繁荣的指导意见》(银发〔2010〕94 号);国务院《关于文化创意和设计服务与相关产业融合发展的若干意见》(国发〔2014〕10 号)、《关于加快对外文化贸易的意见》(国发〔2014〕13 号);国务院办公厅《关于印发文化体制改革中经营性文化事业单位转制为企业和进一步支持文化企业发展两个规定的通知》(国办发〔2014〕15 号);中共中央办公厅、国务院办公厅《关于推动国有文化企业把社会效益放在首位、实现社会效益和经济效益相统一的指导意见》(中办发〔2015〕50 号),既为文化企业转企改制指明了发展方向,也为新型业态文化企业树立了发

---

① 参见国家统计局:《中华人民共和国 2017 年国民经济和社会发展统计公报》。
② 参见国家统计局:《中华人民共和国 2017 年国民经济和社会发展统计公报》。

展的示范标杆。在推进工商登记制度改革、清理行政事业性收费、简化行政审批等商事制度改革深入推进的背景下,文化部会同相关部门联合印发了《关于大力支持小微文化企业发展的实施意见》(文产发〔2014〕27 号)、《关于深入推进文化金融合作的意见》(文产发〔2014〕14 号)等一系列支持中小微文化企业发展、促进文化与金融融合、加快特色文化产业培育和发展的政策,地方政府和相关职能部门也在市场准入、财政支持、税收优惠、公共服务配套等方面推出具体举措,为文化企业发展创造良好的政策环境。

4. 行业成效为文化企业发展奠定了新基础

截至 2017 年年末,全国文化系统共有艺术表演团体 2054 个,博物馆 3217 个;全国共有公共图书馆 3162 个,总流通 72641 万人次;文化馆 3327 个;有线电视实际用户 2.20 亿户,其中有线数字电视实际用户 1.98 亿户;广播节目综合人口覆盖率为 98.7%,电视节目综合人口覆盖率为 99.1%;全年生产电视剧 310 部 13310 集,电视动画片 83599 分钟,生产故事影片 798 部,科教、纪录、动画和特种影片 172 部;出版各类报纸 368 亿份,各类期刊 26 亿册,图书 90 亿册(张);全国共有档案馆 4237 个,已开放各类档案 13806 万卷(件)。

(三)文化企业证券化发展面临的新机遇

对文化内涵的挖掘以及形成对应的文化产品需要大量的成本投入,文化企业"轻资产"的特点决定了其在发展初期从传统渠道获得融资的难度大。因此,文化企业的可持续发展,需要得到更广泛的金融支持。党的十八届三中全会提出,要"鼓励金融资本、社会资本、文化资源相结合"。文化企业证券化发展,作为文化与金融融合的重要实践内容,迎来了新的历史发展机遇。

1. 更加良好的政策环境

为促进文化与金融融合发展,国家相关职能部门出台了一系列指导意见,明确了金融支持文化产业发展的各个环节及主要内容。如,为进一步改进和提升对我国文化产业的金融服务支持,中央宣传部、中国人民银行、财政部、文化部、广电总局、新闻出版总署、银监会、证监会、保监会等九部委联合印发了《关于金融支持文化产业振兴和发展繁荣的指导意见》(银发〔2010〕94 号),要求银行业金融机构"开发符合文化产业特点的信贷产品,完善授信模式,加强和改进对文化产业的金融服务",其中特别提出要"大力发展多层次资本市场,扩大文化企业的直接融资规模"。为深入贯彻落实党的十八届三中全会"鼓励金融资本、社会资本、文化资源相结合"的要求,巩固扩大银发〔2010〕94号的实施成果,深入推进文化与金融合作,推动文化产业成为国民经济支柱性产业,2014 年,文化部、中国人民银行、财政部联合印发了《关于深入推进文化金融合作的意见》(文产发〔2014〕14 号),不仅提出了更具操作性的深化文化金融合作的制度安排,还结合文化产业领域的新趋势,在扶持小微文化企业发展、促进文化消费等方面做出了具体部署,拓宽了文化金融合作领域和受益范围。这些具指导性的政策意见,为文化企业的证券化发展提供了政策保障和发展空间。

2. 更加科学的产业发展模式

文化产业发展模式具有鲜明的时代特征。我国文化产业发展初期,主要是以国家投入为主,国家层面投入占比巨大,这些国家性投入,集中沉淀在原文化事业单位转企改制后形成的国有文化企业中。随着经济社会的发展,文化产业的发展模式逐步向国家投入、金融资本支持、社会资本广泛参与的方向转变,市场化程度越来越高。部分文化企业通过境内外资本市场的 IPO① 与再融资、并购重组、发行债券、资产证券化等路径,提高了直接融资比重,成功实现了规模的扩大和产业链的拓展与延伸,逐步发展成为行业领头羊,为进一步推动文化与金融的深度合作,促进文化企业的证券化发展积累了经验。

3. 更加迫切的证券化服务需求

我国经营性文化企业中,"98.5%的是小微企业,占文化产业从业人员总数的 63.3%、为文化产业贡献增加值 60%"②,既有演艺、工艺美术、出版印刷等传统文化企业,也有"互联网+文化"、创意游戏、大师工作室等新型业态的现代文化企业。这些文化市场主体,通常不具备大量可抵押的实物资产,很难从传统渠道获得有效的金融支持与服务。这些不同形态、不同规模的文化企业,需要不断创新制度环境和业务模式,通过整合债券市场、股票市场、互联网金融等金融市

---

① IPO 是 Initial Public Offerings 的简称,即首次公开募股,或称首次公开发行,是指一家企业或公司(股份有限公司)首次向社会公众公开招股的发行方式。

② 关晓静:《在 2015 年小微文化企业发展论坛上的讲话》,2015 年 4 月 27 日,见 http://www.ce.cn/culture/gd/201504/27/t20150427_5223318.shtml。

场资源,以增强文化资源与资本匹配能力。证券化发展,有助于文化企业建立现代企业制度,促进相关资源的市场化整合,实现资本市场与产品市场的双轮驱动,以获得更高质量、更高层次的发展机会。因此,文化企业对证券化发展的服务需求也变得越来越迫切。

4. 功能进一步完善的资本市场

完善的多层次资本市场是文化企业实现证券化发展的主要平台。我国现已初步形成多层次的资本市场架构,其核心由沪、深证券交易所市场、全国股转系统、区域性股权市场组成。交易所市场在经历了 2015 年"股灾"之后逐渐恢复,市场融资功能回升,2016 年上市公司突破 3000 家。截至 2017 年 12 月 31 日,沪深两市共有 3531 家上市公司,市值 56.7086 万亿元,全国资产证券化率为68.57%。资本市场服务实体经济的能力显著提高,2017 年全年 A 股上市公司通过境内市场累计筹资 40836 亿元(比 2016 年减少 12244 亿元),其中,首次公开发行 A 股完成申购 419 只,筹资 2186 亿元;A 股现金再融资(包括公开增发、定向增发、配股、优先股)9209 亿元;上市公司通过沪深交易所发行债券(包括公司债、可转债、可交换债和企业资产支持证券)筹资 28105 亿元。[①] 全国中小企业股份转让系统(或简称"新三板")作为全国性的场外交易市场,截至 2017 年12 月 31 日,挂牌企业 11630 家(其中,文化企业挂牌数为 187 家[②]),比 2016 年年末增加 1467 家,增长 14.43%,融资规模 1336.25 亿元,略低于 2016 年的1390.89 亿元。[③] 挂牌企业实施分层制度,引入私募基金做市,丰富了做市商队伍。区域性股权市场作为多层次资本市场的区域性基础市场步入有序规范发展阶段,截至 2017 年年底,我国已设立了 40 家区域性股权市场,挂牌企业 2.54 万家,展示企业 7.99 万家,累计融资近 9125 亿元,区域性股权市场已经成为多层次资本市场中服务中小微企业发展的重要场所。[④] 多层次资本市场的服务已经初步形成了自上而下的金字塔结构,但资本市场的市场化、法制化改革仍任重道远。

---

① 参见国家统计局:《中华人民共和国 2017 年国民经济和社会发展统计公报》。

② 根据 WIND 资讯数据库资料整理,统计日期为 2018 年 3 月 31 日。

③ 参见全国中小企业股份转让系统:《全国中小企业股份转让系统 2017 年市场统计快报》,2018 年1 月 2 日,见 http://www.neeq.com.cn/static/statisticdata.html。

④ 参见欧阳昌琼:《建议进一步规范发展区域性股权市场》,《农村金融时报》2018 年 3 月 17 日。

二、研究价值

（一）理论价值

本书从文化与经济、文化企业发展与金融支持的内在联系出发,阐明了利用资本市场推进文化企业证券化发展,既是有力推进文化企业公司制、股份制改造,建立现代企业制度的重要举措;又是坚持社会主义先进文化的发展方向与市场决定文化资源配置的改革取向有机结合,文化自觉与市场机制"双轮驱动",激发文化企业活力和文化工作者创造力的重要途径。尤其从国有经营性文化单位的转企改制深化和文化体制改革的内在联系出发,结合文化企业的特殊性以及多层次资本市场发展新趋势,探析文化与金融有机融合的机理和实现路径,并对现行文化与金融融合的政策制度提出完善建议,对如何规范文化企业证券化发展进行理性思考。对深入学习贯彻党的十八届三中全会、党的十九大精神,加深理解在中国特色社会主义制度下,新时期坚持社会主义文化发展方向与文化企业市场化运作有机结合,具有重要理论价值。

（二）实践价值

本书突出问题导向,把着力点放在解决文化企业利用资本市场发展的困难障碍上。从时空维度研究不同业态和不同所有制的文化企业如何利用资本市场,推进公司制、股份制改造,实现转型发展。主要以我国境内、境外上市文化企业[①]为样本,探析文化企业证券化率较低以及境内、境外 IPO 失衡的体制、机制原因,从财务与法律视角研究典型业态文化企业证券化过程中的敏感和突出问题,提出解决办法,并就我国证券发行改革和文化行业管理制度完善提出政策建议。既重视对国家前期出台的相关政策实施效果的总结和评估,也为深入推进文化与金融融合政策落实或实施细则完善提出具体建议,可以为我国数百万户文化企业建立现代企业制度,为其中具备证券化条件的文化企业提供证券化发展的路径选择和操作规范,对提升现代文化企业经济活动的文化素养、厚积文化产业

---

① 数据样本选取标准以国家统计局《文化及相关产业分类（2018）》（国统字〔2018〕43 号）为准。

发展动力、提升文化企业核心竞争力、彰显民族文化自信,具有重要实践意义。

三、研究思路与研究方法

(一)研究思路

文化体制改革,提升了文化产业对国民经济发展的贡献程度。中央及相关部门出台了一系列文化经济政策,大力支持经营性文化单位转企改制,推进文化与金融深度融合发展,建立具有文化特色的现代企业制度。党的十八届三中全会《关于全面深化改革若干重大问题的决定》要求加快文化企业公司制、股份制改造,十九大报告更是为文化企业的证券化发展指明了道路和方向、完善了制度保障。

本书旨在促进文化市场主体培育,提高文化企业的文化素养,正确认识和评价文化产品及服务的特殊性、传承性与创新性,从资本市场功能发挥的角度研究深入推进文化产业供给侧改革、增强文化自信、提升文化软实力的方法与路径。在多层次资本市场改革发展和深化文化体制改革的大背景下,充分肯定我国文化企业发展取得的成效,通过全面总结境外文化企业发展经验,结合我国文化产业意识形态属性与产业属性并重、意识形态属性优先、文化金融融合的市场环境不断优化等特点,探索文化企业证券化发展的多元化路径,从场内市场、场外市场、并购重组、债券发行、资产证券化五个维度,具体分析文化企业证券化发展中存在的主要问题和关键环节,提出有针对性的政策完善建议。

(二)研究方法

本书以经济学、金融学、管理学、法学等学科理论为基础,综合采用归纳与演绎、纵向分析与横向比较相结合等方法,对文化企业的现代企业制度建设、证券化发展进行多角度、多层面的研究和分析。主要研究方法有:

1. 归纳与演绎相结合

用科学的归纳方法总结境内外文化企业与资本市场融合发展的一般特性和共同经验,在把相关经验运用到我国文化企业证券化发展的理论研究与实践探索时,又根据实际情况,采用演绎的方法进行改造和创新,研究文化企业借助资本市场高质量发展的一般性规律。

2.实证研究与规范研究相结合

运用"表征与内涵双重复合指标体系"分析方法,主要以我国2017年年末前上市的259家境内外上市文化企业为样本,结合现代企业制度和资本市场理论,研究现代文化企业转型发展,对文化与金融融合发展的政策实施效果进行实证检验。

3.整体研究与个案分析相结合

本书既对我国现代文化企业证券化发展的特征、模式、规律进行整体研究,又对现代文化企业与金融融合的重点领域和关键环节进行个案分析。个案选取范围和内容分析既重视传统文化企事业单位的转企改制的历史问题处理,更关注新型业态文化企业的知识产权保护、证券化发展路径选择与和谐发展环境建设。

4.理论研究与实地调研相结合

本书综合运用访谈法、问卷法、观察法和文献法进行资料收集,理论研究侧重于文化与金融融合发展的理论和一般规律探索,对不同业态的文化企业公司制改造和现代企业制度建设,以及文化企业证券化发展的研究,通过实地调研,对上市主体及相关中介机构对具体个案文化企业证券化发展方案的形成过程(主要通过招股说明书及上市文化企业的公告信息)及实践效果进行经验总结,分析失败案例原因,理性看待资本市场发展过程中的审核理念变化过程对文化企业证券化发展的影响,坚定市场化、法制化改革与发展方向,重视差异化路径选择,关注风险形成与防控,在生存与发展中实现"双效"合一。

四、研究内容

(一)逻辑思路

本书坚持社会主义先进文化的前进方向与市场决定文化资源配置的改革取向有机结合,以对接资本市场的文化企业为分析样本,充分借鉴境外文化产业政策及文化企业发展经验,深入分析我国文化企业的基本属性与发展特性,研究多层次资本市场服务文化企业证券化发展的关键环节、核心内容及实施路径。按照文化企业证券化的"必要性(为什么要证券化)——可能性(证券化的前提条件)——可行性(证券化的具体路径和方法)"的逻辑结构展开研究。

（二）基本框架

本书研究的基本框架如下图：

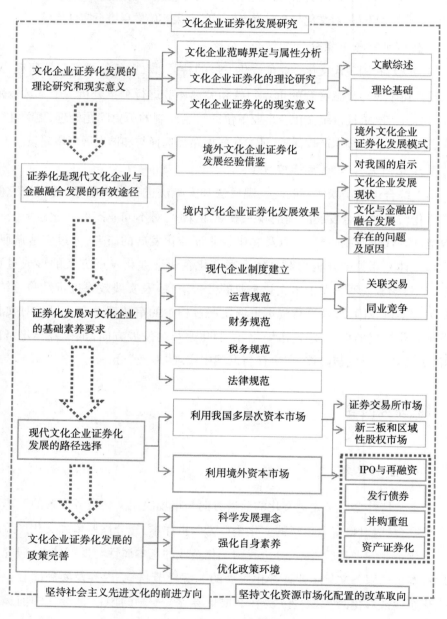

图 0-1　本书框架图

（三）具体研究内容

1. 范畴界定与理论综述

通过梳理国内外文化与金融融合发展的理论研究成果，回顾我国文化改革发展的历史演进，分析文化企业公司制、股份制改造的方向、道路与环境，研究现代文化企业依靠文化自觉，运用市场机制实现"两轮驱动"发展。

2. 提升文化企业经济活动的文化素养

基于文化产业的意识形态属性，引入资本市场股权文化建设成果，研究文化企业的经济行为和社会责任履行的文化内涵与文明积淀，促进文化市场主体培育，提高文化工作者的文明素养，正确认识和评价文化创造过程的特殊性和文化产品的文化传承与创新性。

3. 证券化是文化企业与金融融合发展的有效路径

借鉴经济发达国家和地区文化企业证券化发展经验，结合我国境内外上市文化企业实践，分析文化企业证券化发展的必要性，以厚积文化活动的经济基础和发展动力，研究影响文化企业生存与发展的重点问题。

4. 文化企业证券化发展的前提条件

文化企业要走证券化发展之路，必须加快公司制、股份制改造，建立现代企业制度。从深化文化改革的方向道路、运行基础、发展动力等制度层面，研究文化企业公司治理及文化要素资源的市场化配置等关键性问题；从法律与财务视角，研究混合所有制文化企业的股权架构、版权保护、市值管理等突出性、前沿性问题，提出解决方案，促进规制完善。

5. 文化企业证券化发展的路径选择

从文化企业的 IPO 与再融资、并购重组、债券发行、资产证券化等方面，研究文化企业如何引入市场机制，融入资本市场，选择与自身经营特色和发展阶段相适应的路径，实现科学发展和高质量发展。

6. 上市文化企业"两轮驱动"发展的实践效果与政策完善建议

通过对我国境内外上市文化企业证券化发展成效与存在问题的总结，研究我国文化与金融融合发展政策的实施效果，高度关注文化企业证券化发展的不利因素，研究如何结合文化多元与业态差异，更好地发挥政府作用，科学政策引导,强化风险防控。

五、重点难点与主要观点

(一)重点和难点

文化与金融的深度融合,既是文化体制改革的理论重点,也是多层次资本市场各项制度改革和体系完善的最好实践。如何建立健全具有文化特色的现代企业制度并规范运行,如何加大文化与金融融合发展力度,切实解决文化企业发展中的"融资难、融资贵"问题,以及如何提升文化企业的文化内涵,促进文化产业金融支持政策的完善,是本书研究的重点。

相关研究涉及资本市场改革的矛盾及其问题解决,理论探讨需要结合实践反思,具有开放性、发展性和复杂性的特点。而结构化改革研究的理论性和政策性都很强,如何反映出中国特色和新形势下文化企业的需求和人民对文化的需求,如何在制度设计上提高针对性,需全面考量。目前针对文化企业证券化发展和利用资本市场促进文化企业高质量发展的理论研究的系统性有待加强,亟须整合当前各研究领域的相关研究成果,并基于此,系统探讨文化企业证券化发展的相关制度安排和改革路径,这从理论和实践上都需要大胆创新,是本书研究的难点。

(二)主要观点

第一,通过相关理论研究,回顾我国文化企业、文化产业改革发展历程,分析文化企业公司制、股份制改造的方向、道路与环境,研究文化企业依靠文化自觉,同时坚持传承文化、培育文明,并运用市场机制实现"两轮驱动"发展的方法路径。认为,文化企业证券化发展,既是文化企业实现文化与金融融合发展的大势所趋,也是文化产业实现高质量发展的方向所在;既是缓解文化企业融资难、融资贵问题的有效方法,也是文化行业拓宽融资渠道、提高直接融资比重的重要手段,有利于夯实文化企业文化活动的经济基础,厚积文化企业发展动力,促进文化企业生存与发展问题的解决。文化产业具有意识形态属性与产业属性"双重属性"特征,研究文化企业的经济行为和社会责任履行的文化内涵与文明积淀,有利于促进文化市场主体培育,提高文化工作者的文明素养,正确认识和评价文化创造过程的特殊性和文化产品对文化的传承与创新。

第二,加快公司制、股份制改造并建立健全现代企业制度是文化企业实现证券化发展的前提条件。如何有效处理好关联交易、同业竞争等公司规范运行问题,加强财务与税收规范,促进知识产权和投资者权益保护,科学制定不同业态、不同类型文化企业差异化股权架构,并从深化文化改革的方向道路、运行基础、发展动力等层面,探索文化要素资源的市场化配置与更好地发挥好政策引导作用,提出解决方案,推进规制完善。

第三,文化企业引入市场机制、进入资本市场,可供选择的渠道和形式具有多样性。从地域空间看,有境内市场与境外市场;从市场属性看,有场内市场与场外市场;从融资方式看,有股权融资与债权融资;从融资过程看,包括 IPO 与再融资、并购重组、发行债券及资产证券化等。不同类型的文化企业,以及同一文化企业的不同历史阶段,其选择空间既有一定的规律性,也存在没有任何经验可以借鉴的可能。不同路径的最终效果,可能异曲同工,但不同路径适用的法律法规、推进程序及操作理念、时间成本通常存在显著差异,需要文化企业结合自身经营特色和发展阶段,加强自身主体建设,顺应市场化改革环境,努力提高文化企业证券化发展效率。

第四,境内外文化企业证券化发展的成效显著,先行者的经验和教训值得借鉴。但我国经营性文化企业的转企改制和新兴文化业态的发展,既有历史的实情,也受当下特定的社会经济背景影响,在遵循市场经济发展一般规律的基础上,探索具有新时代中国特色社会主义特征的文化与金融融合发展模式,需要面对当前市场功能缺陷及改革发展中的诸多困难,需要突破条块分割、地区(部门)利益壁垒和多头管理格局;需要避免资本市场"乱象"对文化企业证券化发展的不利影响,加强文化产品市场与资本运作结合中的风险识别,促进发展与防控风险并重;需要充分认识到资本市场并非万能,文化企业证券化发展也存在诸多的不利因素,需要结合文化多元与业态差异,科学地进行政策导向。

第五,文化企业证券化发展,离不开各方主体的共同努力:地方政府本着守土有责精神,作用发挥到位不越位;文化企业要老老实实做"人",认认真真做

"事",诚实守信;中介服务机构要遵循行业标准,勤勉尽职,归位尽责;投资者要有契约精神和风险意识,不跟风盲从,理性参与;媒体要有使命感和责任心,追求真理,进行客观、专业的宣传报道。各主体都要有敬畏之心,敬畏市场、规则和法律,各自彰显更多正能量。

第一章　文化企业证券化发展概述

第一节　文化企业的界定

一、文化企业的行业分类标准

文化企业简单说就是从事文化产业的企业。不同国家和地区,对文化企业的分类标准有所不同。在我国,基于不同目的和数据的可获得性差异,存在三种常用的分类标准。

(一)国家统计局标准

1. 2012 年的分类方法

国家统计局《文化及相关产业分类(2012)》(国统字〔2012〕63 号)采用分层法,将文化企业总共分为五层:

第一层:包括两部分,即文化产品的生产和文化相关产品的生产;

第二层:根据管理需要和文化生产活动的自身特点,对第一层的两个部分细分成十个大类,其中文化产品生产部分有七个大类,文化相关产品的生产有三个大类;

第三层:依照文化生产活动的相近性,对第二层的大类再细分成五十个中类;

第四层:按文化及相关产业的具体活动类别,对第三层细分成一百二十个小类,这些小类直接对应了我国《国民经济行业分类》(GB/T 4754—2011)中的名称和代码;

第五层：是对第四层中某些小类的必要延伸，主要起到具体说明的作用。

这种分类方法，层级清晰，为文化及相关产业统计提供了统一的定义和范围。

2. 2018 年发布的分类方法

2018 年 4 月，国家统计局印发《文化及相关产业分类（2018）》的通知（国统字〔2018〕43 号）。本分类采用线分类法和分层次编码方法，将文化及相关产业划分为三层，分别用阿拉伯数字编码表示。第一层为大类，用 01—09 数字表示，共有 9 个大类；第二层为中类，用 3 位数字表示，共有 43 个中类；第三层为小类，用 4 位数字表示，共有 146 个小类。国家统计局《文化及相关产业分类（2018）》详见本书附件二。

（二）中国证监会标准

为规范上市公司行业分类工作，中国证券监督管理委员会（以下简称"中国证监会"）制定了《上市公司行业分类指引》（中国证券监督管理委员会公告〔2012〕31 号），将文化、体育和娱乐业定义为上市公司基本行业门类之一。其分类的适用标准包括：

"一是以营业收入等财务数据为主要分类标准和依据，所采用财务数据为经过会计师事务所审计并已公开披露的合并报表数据；二是当某类业务的营业收入比重大于或等于 50%，则将其划入该业务相对应的子行业；三是当公司没有某类业务的营业收入比重大于或等于 50%，但该类业务的收入和利润均在所有业务中最高，而且均占到公司总收入和总利润的 30% 以上（包含本数），则该公司归属该业务对应的子行业类别；四是不能按照上述分类方法确定行业归属的，由上市公司行业分类专家委员会根据公司实际经营状况判断公司行业归属。"

根据上述分类标准，将文化、体育和娱乐业又细分为：新闻和出版业、广播电视电影和影视录音制作业、文化艺术业、体育、娱乐业五个大类。

（三）申银万国标准

申银万国证券股份有限公司（以下简称"申银万国"）基于研究和市场需要，提出了申银万国行业分类标准。该标准主要考虑上市公司产品与服务的关联性,兼顾目前我国的行业发展现状及特点,依据投资者对于行业的普遍认识而制定,具有较强的实用性、现实性和互通性。该标准将行业分类按照一定顺序进行逐级认定。行业分类的认定过程包括五个步骤:

"第一,若上市公司的投资收益超过营业利润,考虑该投资收益来源的行业背景集中度情况,如集中来自于某一个行业且满足第二步中所述情况,则归入该行业;如果不是集中地来自于某一个行业,根据第二到第五步进行判断。第二,考虑上市公司最近两年的营业收入和营业利润的构成,当某一行业的收入和利润占该公司营业收入和营业利润的比例均超过50%时,直接归入该行业(当营业收入和营业利润比例不一致时,以利润超过50%的行业为准)。第三,当上市公司主要业务不符合第二步时,以公司持续经营的业务中收入与利润占比最高且超过30%的业务为准,公司主要资产不以经营房地产业务为主而参与房地产业务的除外。第四,当多个行业的收入和利润均较为接近时,考虑该公司的发展规划、市场看法及控股公司的背景情况确定。第五,当多个行业的收入和利润均较为接近且没有明显的发展规划和控股公司的背景时,归入综合类。"①

申银万国的分类方法,并没有将文化划分为一类行业;按国家统计局标准和中国证监会标准划分的文化企业,都被归入了申银万国标准的休闲服务和传媒业这两个一级行业中。

二、本书对文化企业的分类标准

(一)分类标准确定的原则

通过对我国现有文化企业分类标准的借鉴,吸收国家统计局(2012)分类标准对文化行业性质的侧重,以及证监会和申银万国的分类标准对企业成分和收入、利润主要来源的判别依据,同时基于我国文化企业的文化内涵,本书对文化企业的分类标准按以下原则确定:

第一步,近三年该企业有无连续从事国家统计局所定义的文化产品生产业务,包括新闻出版发行、广播电视电影、文化艺术、创意和设计、休闲娱乐、工艺美

---

① 申银万国:《申银万国行业分类标准(2014)版》,见 http://www.swsindex.com/idx0530.aspx。

术品的生产六大类。六大类的细分标准,与国家统计局《文化及相关产业分类(2012)》中的标准一致。

第二步,综合中国证监会和申银万国对企业成分和收入、利润主要来源的判别依据,即"公司某类业务的营业收入比重大于或等于 50%,或没有某类业务的营业收入比重大于或等于 50%,但该类业务的收入和利润均在所有业务中最高,且均占到公司总收入和总利润的 30%(含)以上",则公司归属该业务相对应的子行业。

第三步,通过第一、二步筛选后的企业,其主要产品生产活动还应同时具有文化内涵,这是本书分类原则的核心。

第四步,在企业按证监会的分类方法界定行业后,比照其所属行业,属于国家统计局文化产业分类标准中"文化产品的生产"大类,以及"文化产品服务"之中的行业。

综上,本书关于文化企业的行业分类标准,见图 1—1。

按照上述标准,根据 WIND 数据统计,截至 2017 年年末,我国 A 股共有 173 家上市文化企业,2017 年度实现营业总收入 5864.52 亿元,实现净利润 566.52 亿元。

需要特别说明的是,在本书定稿时,国家统计局发布了 2018 标准。按照国家统计局(2018)标准,根据 WIND 数据统计,我国 A 股共有 177 家文化及相关产业企业上市[①],占上市公司总数的 5.04%,IPO 募资金额为 949.45 亿元,占 IPO 募资总额的 3.48%。其中,有 41 家企业为借壳上市,136 家为 IPO 上市;沪市主板 66 家,深市主板 17 家,中小板 52 家,创业板 42 家。为此,本书涉及相关问题分析时,根据数据的可得性,对部分数据进行了调整和更新。研究时确定采用的样本选择标准与国家统计局(2018)新标准,对象重合度为 97.74%。因此,基于不同标准的相关数据虽略有差异,但对相关问题及发展趋势的分析及结论,不构成实质性差异影响。

三、本书研究样本选择

基于资料收集的可获得性,本书研究的可证券化发展的文化企业样本主要

---

① 数据统计时间为 2018 年 5 月 3 日,数据截止时间为 2018 年 4 月 30 日。

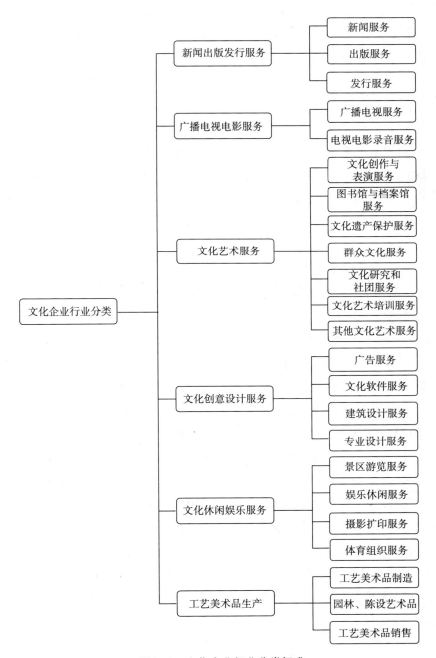

图1-1 文化企业行业分类标准

选取范围为:境内沪、深两市上市公司、新三板挂牌公司,以及在美国、法国和中国香港等地上市的文化企业,结合前述行业分类标准的确定原则,筛选相应文化企业作为本书研究的样本。

(一)筛选过程和结果

1. 汇总现有分类结果

根据证监会、申银万国、中信证券、国证指数对沪深上市公司的行业分类结果并参照前述文化企业确定原则,分别筛选出45家、106家、108家和69家符合标准的上市文化企业。综合上述分类结果,同时参考全球行业分类标准(GICS)①,截至2017年12月31日,共得到境内173家、境外82家文化上市企业。

2. 剔除不符合分类标准的样本

鉴于部分上市企业不符合本书对文化企业的分类标准,共剔除了34家上市企业。剔除理由如下:

(1)10家上市企业经营范围近三年未直接或连续涉及文化产业,即不满足本书样本选择第一个条件。如中信国安信息产业股份有限公司(股票简称:中信国安)近三年的经营范围主要是信息服务、产品销售和房地产开发及物业管理,并未直接从事文化类业务。

(2)23家上市企业经营范围虽涉及文化,但近三年文化类业务收入或利润比重未达到标准,即不满足本书样本选择第二个条件。如喜临门家具股份有限公司(股票简称:喜临门)2016年"影视业"收入比重为12.78%,深圳市联建光电股份有限公司(股票简称:联建光电)仅2016年文化类业务(数字营销)收入比重超过30%,山西广和山水文化传播股份有限公司(股票简称:ST山水)近三年的主要收入来源于租赁业务而非文化类活动。

(3)1家上市企业(江苏银河电子股份有限公司,股票简称:银河电子)的主营业务和主要产品(数字电视智能终端)虽涉及文化产业,但不满足本书样本选择的第三个条件。

---

① GICS是由标准普尔(S&P)与摩根斯坦利公司(MSCI)推出的行业分类系统,其行业分类标准把标普1500指数的成分股分为11个行业部门、24个行业组、68个行业,没有专门的文化类行业,根据前述的文化行业分类,文化企业都被分在消费者非必需品(Consumer Discretionary)部门中。

不符合本书研究分类标准的境内上市公司,详见本书附件三的表1。

3. 增加未包含在结果中的样本

考虑到文化产业发展的大融合背景与趋势,以及部分文化领域近年来逐步实现了市场化、商业化发展,本书将旅游开发、体育组织、工艺美术等领域纳入研究范畴。而这些领域在证监会、WIND 资讯、申银万国、中信证券、国证指数等的分类标准中尚未完全纳入,或吸纳在其他行业类别中。因此,本书增加了 25 家文化上市企业(其中,广告传播 2 家、旅游开发 22 家、体育组织 1 家)。符合本书研究分类标准的境外上市公司,详见本书附件三的表2。

4. 确定本书研究样本

通过上述三步,最终确定境内上市文化企业研究样本共 177 家,共发行 179 只文化类股票(其中黄山旅游发展股份有限公司与海南大东海旅游中心股份有限公司分别发行了 A 股与 B 股)。境外上市文化企业研究样本为 80 家,共发行 81 只文化类股票(其中新华文轩出版传媒股份有限公司在上海证券交易所和香港联交所上市,统计分析并入境内上市公司中)。按照同样方法,确定本书的新三板挂牌文化企业研究样本为 539 家,共发行 539 只文化类股票(略)。

综上,共确定 257 家文化上市公司作为本书核心研究样本。

(二)样本特点描述

1. 样本选择的针对性

本书研究样本的筛选过程严格按照文化企业的分类标准,所得到的文化企业样本已基本包括当前我国典型文化类别,既考虑到文化企业的一般性,同时也兼顾了不同文化类别与文化企业主体的特殊性,具有明确的针对性。

2. 数据资料的可获得性

本书研究选择的样本企业,都是多层次资本市场中的上市或挂牌企业,企业各方面的资料大多可以通过公开渠道获取到。同时,参与本书研究的相关人员,有丰富的资本市场培育、监管及风险处置经验,也有助于获得更丰富的资本市场中相关企业的第一手资料。

3. 兼顾其他重要分类标准

本书在对文化企业进行行业分类时,参考了当前中国主要的几大分类标准,综合了各家标准的优势,并充分融合了自身对文化企业的理解,使得最终确定的文化企业样本更加全面,具有典型的代表性。

四、关于本书样本选取情况的说明

(一)适用对象

文化企业的特殊性以及证券化本身的特点,决定了并不是所有文化企业都适合证券化发展。结合实践推进和发展方向的考虑,本书研究的文化企业,主要包括:完成转企改制的经营性文化事业单位,和按照现代企业制度要求规范运行的新兴文化业态企业。

1. 经营性文化事业单位的转企改制

根据党的十六大对文化领域公益性文化事业和经营性文化产业的区分,并按照国办发〔2014〕15 号的要求,经营性事业单位被限期转制为可以市场化运作、遵循现代企业制度规范的相关企业。

2. 新兴文化业态企业

通常指与传统文化业态相对的范畴,主要指依托先进的高新科技和科学高效的管理手段,以知识、科技、信息、智力、符号与媒介等要素为主要运营资本的文化经济形态,是具有丰富文化内涵的新型发展模式。具体包括:

第一类:与内容创意,如创意设计、网络文化、在线娱乐、新兴电视媒体、文化装备制造、综合性版权贸易、现代文化产品物流服务直接相关的行为与活动。[1]

第二类:是为上述活动的信息交流提供技术平台支持与配套服务的行为及其活动。

第三类:是为新兴业态的文化项目的商品化提供全面支持与服务的行为及活动。

随着数字信息技术与知识经济的融合,不断催生新的文化业态,各类业态之间相互交错和影响,需要利用新媒体、新技术和新平台,最大限度减少空间地域

---

[1] 李长春:《正确认识和处理文化建设发展中的若干重大关系努力探索中国特色社会主义文化发展道路》,《求是》2010 年第 12 期。

的限制,顺应"互联网+"和"文化+"的发展浪潮,促进民族文化的有效传播和融合发展,推动文化表现形式的多元化①。

(二)适用对象的特点

1.政策环境的影响

文化企业因其所处行业、地域等的差异而面临不同的政策环境。政策环境与文化企业证券化发展密切相关,表现在两个方面:

一是能不能进行证券化的问题。文化企业证券化发展代表着市场对其发展将产生重大影响,这就意味着其经营模式、产品生产以及发展方向可能与过去完全不同。证券化发展对文化企业信息披露的透明度有较高要求,因此不能满足证券化信息披露要求的文化企业,不适宜走证券化发展之路。

二是证券化发展是否具有效率的问题。文化企业证券化发展是有成本的,不仅表现在规范运行的资金成本上,还表现在相关审批程序履行的时间成本上,这种成本对一些规模较小、营利能力较弱的文化企业来说,可能会难以承受。为此,相关职能部门和地方政府,通过出台相关的扶持政策,包括提供财政补贴、税收减免和行政审批简化等方面的便利,以降低文化企业的改制成本和融资成本,提高证券化发展质量。

2.企业素质问题

市场经济条件下,资源转化为资本,资本本质上是要追逐利润的,文化企业是否能得到资本市场的助力,需要具备较高的素质以彰显其可持续发展能力和核心竞争能力。文化企业的素质程度表现在以下三个方面:

一是核心竞争力,其最重要的表现形式就是文化知识产权,这种强竞争力资源具备独特性和垄断性。

二是核心管理团队的能力,主要体现为文化企业决策能力、计划能力、组织能力、控制能力、协调能力以及他们共同依赖的管理基础工作的能力。

三是可持续发展能力,文化企业生产过程主要包括文化创意开发、资源输入、产品生产、产品传播与信息反馈等过程,这些过程能否正常循环、持之以恒运

① 江苏省社会主义核心价值体系研究中心:《提高网络时代宣传思想工作科学化水平》,《人民日报》2010年5月11日。

转,是文化企业综合能力的体现。

3. 规范意识培养问题

文化企业证券化发展,必须具备一定的规范基础,以满足证券化发展的基本准入条件。这些规范基础主要有财务规范、业务经营合法、董监高人员的行为规范、资产权属清晰、信息披露真实准确完整及时等,且通常还具有一定的时间性硬约束。例如,文化企业在进行首次公开发行并上市(简称 IPO)申报期间,如果出现管理团队核心成员大量离职的情况,按照相关规则,其 IPO 计划的可通过性就可能存在实质性障碍隐患。所以,要提高证券化发展效率,文化企业自身需具备较强的规范意识和条件,以满足相应的市场准入条件。

此外,文化企业的证券化发展,将资本市场理念融入文化企业营运,广泛运用资本市场工具,使实体经营与金融资本和市场机制有机融合,符合市场决定资源配置的改革取向,有利于推进文化企业公司制、股份制改造,建立现代企业制度,推进混合所有制发展。文化企业作为文化的传承人,厚积了文化底蕴和文化自觉,文化产品通过资本运作和市场营销,追求综合效益最优。在此过程中,也要避免低俗化、媚俗化等"文化乱象",坚持文明底线不容亵渎[①]。

第二节　文化企业的属性分析

文化产品的经济和意识形态属性决定了文化企业的基本属性,文化的本质是内在于其产品的社会属性,文化企业应满足一般企业设立的法定条件,遵循经济发展的一般规律,但又有其自身特性。文化活动效用的非量化性及主体成员间的合力形成,要求文化企业对其股东及文化经营活动要有选择性。文化工作者从事的文化劳动是复杂劳动,机器化生产模式对多数文化企业特别是新兴业态文化企业较不适用,尊重文化的自身特点和区域特色,就是尊重人和尊重文化的多元性。文化企业主体建设和活动开展,要以人为本,且必须以人为本。

---

① 钟新文:《文明底线不容亵渎》,《人民日报》2014 年 2 月 14 日。

一、文化劳动者的特殊性

（一）文化从业者

在现代社会化大生产中,由于分工,劳动者被分配到生产的各个环节,通过提供劳动力并结合生产环节所需的生产资料(资本)完成整个生产,最终的产品价格和劳动力、生产资料的投入密切相关。因此从整体上看,一般意义上的现代企业,就如同一个个既定生产功能的机器,各个生产环节的劳动者,必须符合该生产环节的素质要求,将符合特定规制的"零件"进行组装,除特殊细分领域内容外,劳动者间的素质差异一般不会对最终的生产成果产生重大影响。但文化产品(含服务提供,下同)生产活动的"文化性",既有特定区域、特定社会历史发展阶段的共性,更要求具有创造性。大多文化产品,都带有非常深刻的个人印记和品牌效应,特别是影视作品中的导演和演员、文学作品的作家与出版社等,他们的名字本身,就内涵一定的价值。虽然不少文化产品的生产也需要生产资料的投入,但是其作用对文化产品最终价格形成或价值的影响较小。所以,文化企业最主要的生产要素是文化从业者,文化产业是一种个性化、人性化的产业。

（二）团队及领袖

一般生产企业在发展过程中,其管理团队发挥着决定性的作用。团队的共同目标是齐心协力的工作,创造各种各样的价值。创造过程也是发现、发明和挖掘的过程,在这个过程中,团队领袖居于核心地位,能依靠个人魅力凝结出团队的灵魂,带领团队形成统一的意志和决心,推动企业做大做强,也实现着管理团队的自我价值。管理团队的自我实现过程及追求的企业文化品位,贯穿到文化企业生产经营的各个环节,反过来又为丰富和完善文化企业文化内涵提供营养。企业管理团队及领袖就成为这种文化的符号,逐渐在企业内外发挥着其所代表的文化的影响。一般生产性环节从业者,通常需要到了企业家和管理者层面才能达到与文化从业者同样的效果,如乔布斯、马云等企业家或管理者,借助对企业以及社会的影响,本身就代表着一个企业或者品牌文化,其影响力也是以文化输出的方式表现。

二、文化产品生产过程的特殊性

(一)资本职能的特殊性

在一般企业的生产过程中,资本投入以货币资本、生产资本和商品资本三种形式执行职能,并通过不同阶段职能的转化完成资本的循环。三种资本都以物质形态存在,并在循环中完成价值的增殖。① 文化企业的生产,其资本投入包含文化创意或文化创作,其职能具有特殊性,是文化产品生产最核心的部分,不能归类到传统的三项资本中,而且其存在形态也是非物质的,但属于"资本"的标准范畴。文化产品资本职能循环形式如图1-2所示:

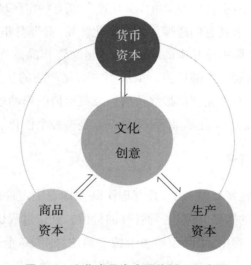

图1-2 文化产品资本职能循环示意图

(二)生产环节的特殊性

文化产品生产的实质就是将文化创意或创作以物质的形式呈现出来,是文化人的智慧结晶。在这个过程中,劳动力的质量会对文化产品生产质量起促进作用或者形成重大影响,例如,优秀的导演或演员之于影视作品。而科学技术的

---

① 参见[德]马克思:《资本论》(第二卷),人民出版社2004年版,第31—74页。

进步和现代科技的引入，虽然缩短了文化产品生产的单位劳动时间，丰富了文化产品的表现形式，但不会对其价值本身形成决定性影响，如西藏拉萨的《文成公主》、浙江杭州的《印象西湖》等大型文艺表演节目，其质量主要取决于剧本创作，经济成效更多取决于宣传与游客的观看意愿、表演及舞台效果提升消费者的满意度，这些文化产品的提供过程，既是对历史的传颂，也是对文化的彰显与创新。

（三）再生产的特殊性

文化产品也只有经过市场交换或流通才能成为商品。从这个意义上讲，文化再生产离不开市场交换，与一般商品的销售阶段一致。但是，文化产品不同于一般物质产品，其经过市场交换而成为一种特殊的商品，商品是文化载体的外壳，具有物质形态，内核是精神文化。市场交换只是文化产品物质载体所有权的转移，之后还要经历文化消费者在消费过程中的精神内核的释放，即文化的传播、传承与创新。随着科学技术进步，文化再生产有了更丰富的传播渠道，放大了文化产品精神层面的再生产，例如几百年、几十年前的优秀文学、影视作品，在现代可以方便看到，其价值并不因为年代的久远出现下降。文化产品的再生产，既有经济的、市场的因素，也有历史的、文化的因素。

三、文化产品消费效用的特殊性

（一）一般产品消费

消费者对一般商品或服务的消费，是基于该商品或服务的使用价值，通过购买以获取消费权，形成消费效应。在西方经济学理论中，对消费者效用的分析范式，主要有两种：一是基数效用论，二是序数效用论。基数效用论又有两个前提，即商品的边际效用递减规律和货币的边际效用，通过这两个前提达到消费者的均衡，以及通过公式推导出价格和数量的关系（即需求曲线）；序数效用论的主体是无差异曲线和预算线，其中无差异曲线的形状内含了边际效用递减规律，同时此规律延伸扩展成商品边际替代率递减规律，消费者均衡点就是无差异曲线和预算线的切点（在数学上就是预算线的斜率等于无差异曲线的切线斜率），在该点,表明基数效用论和序数效用论本质一样①。消费者对一般产品只是被动的需要,并根据消费者的预算情况决定实际需求,消费数量决定着消费者的满足程度,一般不会影响消费者的消费行为。

(二)文化产品消费

消费者消费单一的文化产品,动机可能是基于其特定时间的特定需要,如精神或感官上的满足。系统消费或者经验的积累,对文化产品和服务的消费功效将发生质的影响,一定程度上甚至影响人们的价值判断标准和思想观念的形成,比如对善与恶、美与丑、真与假等的评价,比如正义感、荣誉感、道德与法律等观念形成,影响人格修养的形成,进而支配人们的行为。精神上的满足有不确定性,即当文化产品被消费后,其所传达的精神内涵很可能需要一段时间之后才能被消费者所理解,而且这种理解还可能随着消费者的经历、学识以及所处的环境的变化出现反复,为其带来新的感受,甚至世界观、价值观、人生观(或简称"三观")的影响。因此,基数效用论中的边际效用递减规律或是序数效用论中的边际替代率递减规律不完全适用于文化产品的消费。

四、文化企业社会责任的特殊性

(一)文化企业肩负传承创新传统文化的责任

我国具有五千年灿烂文明,光辉历史传承的是中华民族的宝贵文化财富。在经济社会高速发展的今天,能否保持本国传统文化的传承,并且扩大其世界影响力,成为一国文化软实力的重要表现。习近平总书记指出,文化工作者"要加强对中华优秀传统文化的挖掘和阐发,使中华民族最基本的文化基因同当代中国文化相适应、同现代社会相协调,把跨越时空、超越国界、富有永恒魅力、具有当代价值的文化精神弘扬起来,激活其内在的强大生命力,让中华文化同各国人民创造的多彩文化一道,为人类提供正确精神指引"②。而文化企业作为市场经

---

① 参见高鸿业:《西方经济学》,中国人民大学出版社 2015 年版。
② 习近平:《在中国文联十大、中国作协九大开幕式上的讲话》,《人民日报》2016 年 12 月 1 日。

济条件下文化生产的微观主体,更需要承担传承传统文化的责任。通过文化企业,加大对我国传统文化的挖掘力量,并在社会中传播;通过对传统文化的再创作,制作出符合时代特点的文化新产品,扩大传统文化的受众范围,提高中国文化软实力和影响力。

(二)文化企业承担培育公民文明素养的职责

文化产品具有意识形态属性,肩负弘扬社会主义核心价值观的重任。例如一部小说或者一个影视作品,购买者或观看者重在内容,但一般文化产品的内容缺少明确的质量好坏评判标准,也容易对受众产生不同影响。实践中,文化企业和文化工作者,"要高扬社会主义核心价值观的旗帜,充分认识肩上的责任,把社会主义核心价值观生动活泼、活灵活现地体现在文艺创作之中,用栩栩如生的作品形象告诉人们什么是应该肯定和赞扬的,什么是必须反对和否定的,做到春风化雨、润物无声"[1]。作为文化产品生产者的文化企业,肩负着对文化产品内容把关的责任,要通过生产出更健康的、符合社会主义核心价值观的产品,并通过广泛传播,潜移默化的提高公民的整体素养,这样才能厚积文明基础,使精神文明建设水平与经济社会的发展质量实现和谐统一。

(三)文化企业负有增强民族文化自信的使命

文化自信根植于中华民族的灿烂文明。文化自信与道路自信、理论自信和制度自信是新时代中国特色社会主义理论的重要特征,文化自信"是更基础、更广泛、更深厚的自信。在五千多年文明发展中孕育的中华优秀传统文化,在党和人民伟大斗争中孕育的革命文化和社会主义先进文化,积淀着中华民族最深层的精神追求,代表着中华民族独特的精神标识"[2]。文化企业不仅是文化作品的创作与传播主体,也是联结文化与市场的纽带。我国五千年的灿烂文明,不仅可以创造出更多更有深度的、更具文化内涵的文化作品,也可以使这些文化作品脱离教条式的宣讲,变得更为鲜活,变得更受社会的欢迎和喜爱。这样才能不断彰显我国文化的影响力,将我们的文化理论体系推向世界,"讲好中国故事,唱响

---

① 习近平:《在文艺工作座谈会上的讲话》,2014 年 10 月 15 日,见 http://www.xinhuanet.com/politics/2015−10/14/c_1116825558.htm。

② 习近平:《在庆祝中国共产党成立 95 周年大会上的讲话》,人民出版社 2016 年版。

中国声音",增强中华民族的文化自信力。如何讲好我们自己的故事,履行好我们应尽的职责,是文化企业所负有的历史使命和社会责任。

第三节 文化企业证券化发展的理论研究

一、证券化的内涵

(一)证券化的概念

证券化是一个广义的概念,是指企业主体通过发行证券进行直接融资的过程。一般意义上的证券化,严格说来是融资证券化,通常是指融资由银行贷款转向具有流动性的债务工具,筹资者除向银行贷款外,更多的是通过发行各种有价证券、股票及其他商业票据等方式在证券市场上直接向社会筹集资金的过程,它是以发起人整体信用或特定项目为基础进行的。狭义的证券化特指资产证券化,指企业以其质量相对较好的个别资产(如商业物业、基础设施建设、公用事业项目等)为标的,通过沪深交易所发行相关债券的过程,该资产成为该债券的担保物,典型产品是资产支持证券(简称 ABS)。

(二)证券化的方式①

1. 首次公开发行并上市(简称 IPO)

是指股份有限公司通过证券交易所第一次将它的股份向公众出售的过程。在我国,特指在上海证券交易所、深圳证券交易所(合并简称为"沪、深交易所")发行证券并上市交易的,才能称为 IPO。

2. 借壳上市

指未上市企业通过把资产注入一家已上市公司(壳公司),得到该公司一定程度的控股权,利用其上市公司地位,使自身的更多资产得以上市。

---

① 参见杜坤伦:《资本的阶梯——中小微企业场外市场挂牌融资理论与实务》,人民出版社 2016 年版。

3. 收购或重组

指未上市企业将其资产并入已上市公司,以其资产价值换取该上市公司股权的过程。

4. 新三板挂牌

全国中小企业股份转让系统(简称"新三板")是经国务院批准成立的全国性证券交易场所,主要为创新型、创业型、成长型中小微企业提供资本媒介服务,其准入条件低于沪、深交易所上市标准,属于场外市场,具有私募性质,对参与交易的投资者有较高的门槛条件要求。

5. 四板挂牌

四板市场,也称区域性股权市场,是经省(自治区、直辖市)人民政府批准的、为本行政区域内的企业特别是中小微企业提供股权、债券转让和融资服务的私募市场。截至 2016 年年底,全国共有 40 家区域性股权市场,其"在支持中小微企业多样化融资、推动中小微企业规范运作、增强金融服务普惠性等方面发挥了积极作用"[1]。

6. 发行债券和资产支持证券产品

发行债券指企业以其整体信用为基础,在股票市场、债券市场和银行间市场上发行公司债、企业债、中期票据、短期融资融券等债券进行融资的过程。具体情况见表 1-1。

表 1-1 我国债券发行政策统计汇总表

	公司债			企业债券	中期票据、短期融资券	资产证券化
	大公募	小公募	私募债			
监管机构	中国证监会			国家发改委	中国银行间市场交易商协会(中国人民银行)	中国证监会
发行方式	核准制	核准制(预审权下放交易所)	备案制(事后备案)	核准制	注册制	注册制

---

① 杜坤伦:《区域性股权市场建设的问题与对策研究》,《国家行政学院学报》2017 年第 2 期。

续表

	公司债			企业债券	中期票据、短期融资券	资产证券化
	大公募	小公募	私募债			
发行人类型	所有公司制法人			法人企业（主要是国有企业和大型民企）	具有法人资格的非金融企业	符合国家政策要求的融资主体
分期发行	可在两年内分期发行		不分期	大多一次发行	不分期	
审核效率	不定	十九个工作日	十个工作日	理论上为六个月，实际上有可能超过	理论上为三个月，实际上受央行货币政策影响	待明确（小于两个月）
发行规模	累计不超过净资产40%		不限制	累计不超过净资产40%	累计不超过净资产40%	根据基础资产情况
盈利能力要求	最近三年平均可分配利润达到债券一年利息的1.5倍	最近三年平均可分配利润达到债券一年利息的1倍	不限制	最近三年平均可分配利润达到债券一年利息的1倍	未作要求，但亏损企业审慎	暂无

（三）证券化的"文化"内涵

1. "三公"原则

公开、公平、公正的"三公"原则，是证券市场最基本、最核心的原则，它既是重要的监管目标，也是保护投资者利益的出发点和落脚点。国际证监会组织（IOSCO）在《证券监管的目标和原则》中提出，证券监管目标与对监管者责任的要求，集中体现在"三公"原则上：一是信息公开；二是在证券发行、交易活动中的所有参与者都有平等的法律地位，各自的合法权益能够得到公平保护；三是证券监管部门在公开、公平原则基础上，对一切被监管对象应给以公正待遇。①

---

① 参见蒋顺才、刘雪辉、刘迎新：《前沿实用经济与管理丛书——上市公司信息披露》，清华大学出版社2004版。

管子云："一言得而天下服,一言定而天下听,公之谓也。"①这说的就是,管理者要治理好辖区,让自己的管理理念得到认可,唯以"公"居心,以"公"治事,然后方可服人,管子在此强调的公就是"公平""公正"之意。西汉时期思想家、文学家刘安提出"公正无私,一言而万民齐"②,就是说执政者如果公正无私,发一句话万民都会一致赞成,万众一心,团结奋斗。苏轼提出"治身莫先于孝,治国莫先于公"③,就是说个人修养没有比孝敬父母更重要的了,治理国家没有比大公无私更重要的了。证券市场的"三公"原则,也是我国传统文化十分推崇的内容。

2. 股权文化④

对现代企业主体而言,上市公司股权文化同样反映企业所有者与企业经营者之间的关系,如对企业经营成果的法律关系,既包括所有者与经营者之间的代理关系,经营管理过程的民事主体责任权利的划分,也体现民主化(一股一票,同股同权)、独立性(产权界定清晰)和交融性(股权的自由流动)的统一。

自党的十一届三中全会确定改革开放以来,以产权制度为核心的现代企业制度理论指导了现代企业的建立与完善。国有企业改制与股份制改造,有限责任公司和股份有限公司的创设,资本市场和虚拟经济的日趋繁荣,增强了我国经济对国际经济社会发展的影响力。这一变化,推动了上市公司股权文化建设的进一步升华。上市公司股权文化体现了投资者对投入资本风险承担的最基本的"买者自负"原则,投资者以投资为限,亏损自担。股份出售人则需以诚信为基础,"卖者有责",规范运作,如实披露,给投资者及社会一个"真实的上市公司"。

二、文化企业证券化发展的理论基础

(一)马克思资本理论

企业证券化发展的实质,就是有效对接资本市场,借助资本的力量获得更好更快的发展。其理论基础来源于马克思关于资本循环、资本周转、资本集中等

---

① 陈鼓应:《管子四篇诠释》,商务印书馆2006年版。
② 刘安等:《淮南子·修务训》。
③ 苏轼:《司马温公行状》,载《苏东坡全集》,中华书局1986年版。
④ 参见杜坤伦:《上市公司——现代经济最富活力的微观基础》,四川人民出版社2008年版。

理论。

1. 资本循环和资本周转理论

资本循环理论是对产业资本在企业经营过程中不同阶段的职能形式的变换过程进行的详细说明。资本在企业整个经营过程中经历购买、生产和销售三个阶段,采取货币资本(G)、生产资本(P)、商品资本(W)三种职能形态,并执行各自相应的职能。通过各个阶段资本职能形式的转化,资本实现了价值的增殖,并回到出发点(货币)。这一过程用公式表示为:

$$G \rightarrow W \cdots P \cdots W' \rightarrow G'$$

上述过程成立的前提,是资本的三种职能形态既要保持时间上的继起性,又要有空间上的并存性,产业资本循环的过程是流通和生产过程二者的统一,在流通阶段资本价值以货币资本和商品资本的形式出现;在生产阶段产生剩余价值,实现了价值的增殖,商品价值由 W 变成了 W'。生产出的商品通过出售在流通环节完成后又再次转化为货币 G'。资本循环从货币开始,以货币结束。资本循环周而复始地进行,就形成了资本周转。企业加速资本周转,不仅可以避免或减少因固定资本无形磨损带来的损失,而且可以节约预付资本,增加年剩余价值量,提高年剩余价值率。[①]

资本循环和资本周转理论,重在强调资本流动性,资本运动特征正是资本运营的核心所在,企业的发展壮大建立在资本循环与资本周转顺利进行的基础上。具体到文化企业的发展,可用于分析处于不同发展阶段文化企业的资本流动,以履行三种职能,完成三种形态转化。当文化企业处于发展初始阶段时,其资本规模小,自有资金流动性低,企业制度不成熟、管理水平低,其资本循环难以在时间上继起,资本周转速度降低,其获得进一步发展的难度大。文化企业通过证券化发展,一是扩大其资本规模,保证其货币资本的充足,降低资本流动的不确定性,巩固企业资本循环的顺利进行,确保时间上的继起性与空间上的并存性;二是完善其企业制度,提高治理和管理水平,从而使企业的资本周转速度加快,节约预付资本,提高年剩余价值率。

2. 资本集中理论

马克思关于资本集中的理论,是最早能够解释或说明企业并购的理论基础。

---

① 参见[德]马克思:《资本论》(第二卷),人民出版社 2004 年版,第 171—203 页。

资本集中理论认为，单个资本增长主要有两种方式，首先是资本自身的积累，即资本积聚。企业的预付资本通过资本循环完成增殖，然后通过将增殖后的资本投入再生产完成单个资本的增长。但这种增长方式既受到"社会财富的绝对增长或积累的绝对界限的限制"，又受到"新资本的形成和旧资本的分裂的阻碍"，而且无论积累如何进行，他们总是作为独立的相互竞争的部分在各自的分工点上彼此对立。① 单个资本增长的另一种方式就是资本集中，本质是资本对资本的吞并，这种增长方式不受社会财富绝对增长的制约，最经典的论述是关于铁路修建资金筹集的论述，"假如必须等待积累使某些单个资本增长到能够修建铁路的程度，那么恐怕直到今天世界上还没有铁路"，而"集中通过股份公司转瞬之间就把这件事完成了"。② 可见，资本集中的本质就是适应社会化大生产要求而形成的一种生产和资本的扩张方式。

文化企业在其发展初期，筹措资金多依靠自有资金和私人借款，当企业发展到一定规模，需要获得更长远发展时，就需要资本规模的快速扩大。股份公司和资本市场制度是资本集中的机制，文化企业通过股份制改制，利用资本市场进行证券化发展，不仅可获得较充裕的资金，还可通过并购重组等证券化路径做大做强。事实上，海外著名的文化企业集团，如培生、新闻集团等，都不是通过自身的资本积聚达到今天的规模的，都是借助资本市场的力量而获得今天的地位。马克思的资本集中理论，对文化企业证券化发展提供了理论基础。在这一过程中，文化企业不断完善公司治理，建立有效的证券化发展机制，通过多层次资本市场拓宽融资渠道，提高直接融资比重，通过并购重组做大做强，不仅能实现企业自身的利益追求，也为建立文化大企业、大集团奠定基础，从而成为文化"走出去"的排头兵。

（二）文化理论

证券化路径对接文化企业更好发展，其根基在于文化与经济社会的相互融合发展关系。文化归属于上层建筑范畴，金融是经济的血液。金融在经济发展和社会生活中具有越来越重要的地位，习近平总书记在中央政治局第四十次集

① ［德］马克思：《资本论》（第一卷），人民出版社2004年版，第707—819页。
② 《马克思恩格斯选集》（第二卷），人民出版社2012年版，第283页。

中学习时强调:金融活,经济活;金融稳,经济稳。随着文化体制改革的深入推进,我国文化产业对国民经济发展和提升国家竞争力的贡献日益突出。文化与金融的融合发展是大势所趋。中央和有关部门出台了一系列文化经济政策,大力支持经营性文化单位转企改制和文化企业发展,推进文化与金融融合发展,探索建立具有文化特色的现代企业制度。党的十八届三中全会《中共中央关于全面深化改革若干重大问题的决定》要求加快文化企业公司制、股份制改造,更是为文化企业证券化发展指明了方向。金融与文化的融合发展,贯穿于文化理论发展的始终。

1. 马斯洛的需求层次理论

美国心理学家亚伯拉罕·马斯洛将人类需求分为生理需求(Physiological Needs)、安全需求(Safety Needs)、爱和归属感(Love and Belonging)、尊重(Esteem)和自我实现(Self-actualization)五类[1]:"生理需求是指人类生存最基本的需要,如食物、衣物、住所等";"安全需求是指保护自己的免受身体和情感伤害的需要";"社交需求包括友谊、爱情、归属、信任与接纳的需求",在此基础上,突出尊重和自我实现愿望。

人民群众对文化的需求,源于人民群众建立在温饱以及有秩序的社会生活之上的对更高精神享受的追寻。人们通过消费文化产品和服务,在满足自身愉悦之时,还可能使自身在道德、思想、情感等层面获得升华,进而实现更高的人生价值,这无疑是马斯洛需求层次的第五层——自我实现需求。随着当前中国经济的发展以及社会法制与道德建设的推进,前四种层次的需求已基本得到了满足,第五层次的自我实现需求逐渐在经济社会中凸显,在市场经济环境下,表现为市场对文化产品和服务的需求提升,从而使文化企业有了更好的发展环境。

2. 文化均衡理论[2]

基于文化自身的特殊性与经济学传统需求理论,文化需求是人们为满足各种精神生活需要而形成的对文化产品和服务的要求,并通过一定量表现出来,包括非商品性文化需求、商品性文化需求以及表达的需求三类。其中,表达需求指的是人们通过自己的文化作品,向外界表达自己感悟、思考等精神层面体会的要

---

① Maslow, A.H., "A Theory of Human Motivation", *Psychological Review*, Vol. 50, No. 1, 1943.
② 参见胡惠林:《文化经济学》,上海交通大学出版社 1996 年版。

求,是从商品性文化需求中派生出的需求。文化产品和服务都是商品,符合需求规律,即市场需求量会与价格的变动方向相反。与文化需求对应,文化供给指的是文化生产部门为了满足社会的文化需求而在一定时期内向社会和市场提供的文化产品和服务。这种供给又分为商品性文化供给和非商品性文化供给。理论上,从一定时期看,有多少有效需求,就会产生相应的有效供给,供需是平衡的。

当文化市场的需求与供给匹配时,就实现了文化的均衡。在实际中,这种均衡是动态的,并且主要受市场这只"看不见的手"的驱动。当前,人民群众高层次、个性化和多样化的文化需求,推动着整个文化市场需求的增加,文化产品和服务的价格就会升高,这种高价格可带来更大利润,促使作为生产者的文化企业想办法扩大生产规模、提升文化产品质量,最终整个文化市场的供给增加,价格再次回到均衡状态,但整个市场的产出却增加了。这是文化企业发展的动力来源,也是实现转型发展的理论基础。

3. 文化演进理论

又称为文化进化理论,起源于哲学与社会科学研究者们对达尔文"进化论"的思想是否能应用于人类社会演进的思考。二者的区别是:"进化论"中的进化是一种自然的过程,生物界全部进化过程没有"人",也没有任何"人"的意志的加入;而"文化进化论"所反映的"进化"的问题,不仅有"人"的加入,还有"意志"的加入,而且恰好是"人"的进化,是"人"的进化所采取的"文化"的方式。该理论与达尔文进化论中"自然选择"对应的,"文化选择"起到了最关键的作用。"文化选择"反映的是人类主动的、有意识的、自觉的创造的过程,让自然界更加适宜自己的生存和发展,这里所呈现的主要的是人类认识自然、改造自然,让自然为人类服务的过程。[①]

人类文化是一个不断向着更高程度、向着进步、向着文明的方向前进……这个过程之所以能够启动、能够向前推动,而且能够实现,实际上它需要有一种力,这种力就是文化力。文化力是人类文化的本质内容,人类就是靠文化力才实现了向人、向自然人、向经济人、向社会人、向文明人的转变。因此,文化是人的文化,人是文化的主体。随着社会的发展,人民群众对文化产生更高的需求,文化企业对这种需求的迎合才生产出对应的产品与服务,这种迎合带来的量变与质

---

① 参见[美]塞维斯:《文化进化论》,黄宝玮等译,华夏出版社1991年版。

变过程,推动人类文化的演进和人类文明的发展。

(三)企业发展理论

文化企业的主体属性是企业,文化企业的发展必然遵循企业发展的一般规律。处于不同发展阶段的企业,必须结合该阶段的自身特点,选择与自身发展阶段相适应的发展策略。

1. 熊彼特的创新理论

熊彼特通过对技术创新在经济发展过程中的作用的探讨,提出了现代"创新理论",强调生产技术的革新和生产方法的变革在经济发展过程中至高无上的作用。认为创新就是要"建立一种新的生产函数",把一种从来没有的关于生产要素和生产条件的"新组合"引进生产体系中去,职业经理人的职能就是实现"创新",引进"新组合"。"经济发展"就是整个社会不断地实现这种"新组合",或者说经济发展就是这种不断创新的结果。[①]

文化企业证券化发展,正是借助资本的力量实现"创新",更大的规模、更具特色的产品、更高的市场份额和更有效率的组织,是证券化为文化企业带来的优势。在不断主动对发展的追逐中,文化企业实现对文化的传承与创新。

2. 潘罗斯的企业成长理论

安蒂思·潘罗斯通过建构企业资源——企业能力——企业成长的分析框架,从经济学角度通过研究企业内部动态活动来分析企业行为,认为企业内部的资源是企业成长的动力,企业的增长主要受制于管理力量,企业不仅生产产品,而且生产知识,知识是基于内部资源的企业增长的主要动力。[②]

刘鹤(2008)[③]指出:经济增长表面的决定因素是资本、劳动力、技术和地理优势,但是最终起作用的是文化和习惯的遗传。中国古老的文化传统在改革开始就起到重要作用,主要是按照循序渐进的传统和中庸文化特点摸索改革路径。"和为贵"的思想和包容多样的风格自然地和各类经济因素结合起来,随着经济发展而产生不断扩大的作用,成为看不见的又时时可以感觉到的国家软实力。

---

① 参见[美]约瑟夫·熊彼特:《经济发展理论》,王永胜译,立信会计出版社 2017 年版。
② 参见[英]潘罗斯:《企业成长理论》,赵晓译,上海三联书店 2007 年版。
③ 刘鹤:《中国经济未来的趋势和三个长期课题》,载吴敬琏主编《中国经济50人看三十年》,中国经济出版社 2008 年版。

在中国不同地区成功的背后,通常的解释变量离不开资本形成、产权保护、企业家精神或政府政策、技术创新或生产组织创新、重大的外部机会等经典因素,但如果追根问底,为什么在这里而不是在那里发生了如此这般的变化时,解释变量往往要回到历史文化因素中去寻觅。上海、广东和山东发展模式明显不同,这是地理文化和历史渊源的区别。一些西方汉学家在研究中国时指出的历史沉重记忆和文化沉淀,在发展初期似乎是阻力或包袱,但当发展达到一定水平和发展理念发生根本变化后,传统的中华文化与全球化的新趋势结合,则转化成为巨大的发展动力,现在的确需要对中国优秀文化认祖归宗。总的来看,中国出现的增长奇迹是适应外部环境变化、凝聚社会共识、调整激励结构、发挥生产要素价格相对比较优势和文化潜在力量的结果,其道理直白而深奥。

当前我国的文化企业中,有较大比重是原经营性文化事业单位转企改制而成,还保留着一些体制内管理的特点,而大多中小微民营文化企业,其经营者不具备现代企业管理的素质,所以总体上来看,文化企业的管理力量薄弱,对生产性资源的利用效率低,限制了其成长。文化企业证券化发展,必须建立现代企业制度,以符合资本市场的要求,这种倒逼式的改革与发展需求,可以有效提高企业公司治理和内部管理水平,提升发展质量。同时,资本市场的变化反映着经济发展的最新动向,文化企业在证券化发展过程中,要求文化企业组织内部不断学习新知识和新技术,了解行业前沿动态,遵循市场一般规律,不断调整发展战略,以适应市场,适应规则,高质量发展。

(四)企业发展的金融支持理论

文化企业的证券化发展是金融支持文化企业发展的具体形式。金融深化和金融抑制理论、金融约束理论和企业融资结构理论有助于回答以下几个问题:一是文化企业发展为什么需要金融的支持;二是如何保证金融支持文化企业发展的效率;三是金融支持文化企业发展应选择什么样的路径。这三个问题,类似于"是什么""为什么""怎么办",既是理论问题,也是实践问题。

1.金融深化与金融抑制理论

美国经济学家麦金农和爱德华·肖以发展中国家作为主要研究对象,集中分析了货币政策、金融体制同经济增长的内在联系,高度重视金融因素对经济发展的重要性。认为:发展中国家经济发展落后,主要是由于其"货币化程度低、资本市场不发达、货币金融制度存在典型的'二元结构'以及政府对经济发展和金融市场的不适当干预,是金融制度的不完善造成了经济发展的不平衡和低效率"①;发展中国家要促进经济发展,必须解除金融压制,进行金融自由化改革②。金融的自由化,使得文化企业可以凭借其优秀的创意和高价值的知识产权等,以更低的成本进行证券化操作。提供证券化服务的金融机构,也能根据自身对市场的了解,以最合适的价格选择服务对象,使整个文化资源的市场化配置更具有效率。

2. 金融约束理论

以托马斯·赫尔曼、凯文·穆尔多克和约瑟夫·斯蒂格利茨为代表的经济学家于20世纪90年代末针对发展中国家的国情提出了"金融约束论",认为政府可以通过一系列金融政策在民间部门创造租金机会,既防止金融压抑的危害,又促使银行主动规避风险,即通过政府政策引导,解决市场失灵问题,促进金融深化。文化企业证券化发展,离不开政府政策引导,离不开与其相关的法律法规制度的建设与完善,需要法律、会计、投资、税收等多方面的政策配套措施。国家发改委、财政部、税务总局、人民银行、银监会、证监会等部门加强协作,对证券化业务进行统一协调,相继出台了一系列相关法规和政策,大大提升了文化企业证券化发展效率。

3. 境外关于企业债权融资偏好的理论研究

文化企业证券化发展,主要解决的还是融资问题。对于企业融资理论的研究,从研究方式来划分,大体可以分为三个体系:一是以杜兰德(Durand,1952)③为主的早期企业融资理论学派。二是以MM理论④为中心的现代企业融资理论学派,此学派前面承接了杜兰德等人的观点,往后形成两个分支:一支是以弗拉尔(Frrar,1967)⑤、沙瓦尔(Shavell,1966)⑥、布伦南(Brennan,1978)⑦等为代表

① [美]R.I.麦金农:《经济发展中的货币与资本》,卢骢译,上海人民出版社1997年版。

② W.T.Newlyn,Shaw,E.S.,"Financial Deepening in Economic Dvelopment",*Economic Journal*,1973.

③ Modigliani,F.,Miller,M.H.,"Corporate Income Taxes and the Cost of Capital:A Correction",*American Economic Review*,1963.

④ 陈很荣、范晓虎等:《西方现代企业融资理论述评》,《财经问题研究》2008年第8期。

⑤ Farrar,D.E.,Selwyn,L.L.,"Taxes,Corporate Financial Policy and Return to Investment",*National Tax Journal*,1967.

⑥ Shavell,S.,"Risk Sharing and Incentives in the Principal and Agent Relationship",*Bell Journal of Economics*,1979.

⑦ Brennan,M.J.,Schwartz,E.S.,"Corporate Income Taxes,Valuation and the Problem of Optimal Capital Structure",*The Journal of Business*,1978..

的税差学派,主要研究企业所得税、个人所得税和资本利得税之间的税差与企业融资结构的关系;另一支是以豪根(Haugen,1978)[1]、阿特曼(Altman,1968)[2]等人为主的破产成本学派,主要研究企业破产成本对企业融资结构的影响问题,这两个分支最后再归结形成以罗比切克(Robichek,1967)[3]、迈耶(Mayers,1984)[4]、斯科特(Scott,1976)[5]等人为代表的平衡理论,主要研究企业最优融资结构取决于各种税收收益与破产成本之间的平衡。三是20世纪70年代以来,诸多学者从不对称信息的角度对企业融资问题进行研究,其中包括新优序理论、代理成本理论、控制权理论、信号理论等。

(1)MM理论。莫迪格利安尼(Modigliani)和米勒(Miller)深入研究了资本结构和企业价值的关系,认为公司的资本结构与公司资本总成本和公司价值无关。在考虑公司所得税的情况下,由于负债的利息是免税支出,公司只要通过财务杠杆利益的不断增加,就可不断降低其资本成本,增加公司价值。[6] 该理论支持企业多采用债权融资,但由于限定条件较多,现实中多难以实现。

(2)优序融资理论。该理论以不对称信息理论为基础,并考虑交易成本的存在,认为权益融资会传递企业经营的负面信息,而且外部融资要多支付各种成本,因而企业融资一般会遵循内源融资、债务融资、权益融资这样的先后顺序。[7]

(3)权衡理论。该理论"通过放宽MM理论完全信息以外的各种假定,考虑在税收、财务困境成本、代理成本分别或共同存在的条件下,资本结构如何影响企业市场价值"。认为"企业在决定资本结构时,必须要权衡负债的避税效应和破产成本,最佳资本结构应是平衡负债的免税利益与财务拮据及衍生成本后的

[1] Haugen,R.A.,Senbet,L.W.,"The Insignificance of Bankruptcy Costs to the Theory of Optimal Capital Structure",*The Journal of Finance*,1978.

[2] Altman,E.I.,"Financial Ratios,Discriminant Analysis and the Prediction of Corporate Bankruptcy",*Journal of Finance*,1968.

[3] Robichek Alexander,Myers Strwart,"Some Estimates of the Cost of Capital to the Electric Utility Industry,1954-57,Comment",*American Economic Review*,1967.

[4] Myers,S.C.,"The Capital Structure Puzzle",*Journal of Finance*,1984.

[5] Scott,J.H.A.,"Theory of Optimal Capital Structure",*Bell Journal of Economics*,1976.

[6] Modigliani,Franco&M.H.Miller,"The Cost OF Capital,Corporation Finance and the Theory of Investment",*American Economic Review*,1959.

[7] Myers,S.C.,Majluf,N.S.,"Corporate Financing and Investment Decisions when Firms have Information that Investors do not have",*Social Science Electronic Publishing*,Vol.13,No.2,1983.

资本结构"。[1]

（4）委托—代理成本理论。企业中的股东与债权人和管理阶层之间符合代理关系，为了减少这种代理关系下的信息不对称，委托、代理双方会签订一系列契约，这些费用就带来了成本。该理论认为，伴随着股权—债务比率的变动，公司选取的目标资本结构应比较负债带来的收益增加与两种代理成本的抵消作用，从而使公司价值最大化。[2]

（5）资本结构控制权理论。该理论以融资契约的不完全性为研究起点，以公司控制权的最优配置为研究目的，分析资本结构如何通过影响公司控制权安排来影响公司价值。其理论建立在模型分析的基础之上，经历了一个不断丰富和完善的过程。其中：哈里斯—雷维吾模型提出，"资本结构的选择既会影响经营者的持股比例及控制权，也会影响并购市场的竞争，因此企业要以经理人的期望效用最大化选择最优的负债水平"[3]；斯达尔兹模型提出，"要以投资者的期望收益最大化为目标来确定最优控制权结构"[4]；阿洪—霍伊特模型考虑了公司控制权的不同安排实际上是不同的契约安排这一因素，提出了控制权相机转移，即"经理人员在公司经营状态好时获得控制权，反之投资者获得控制权"[5]；哈特模型认为短期债务具有控制经理人员道德风险的作用，长期债务（或股权）具有支持公司扩张的作用，最优资本结构是要在这两者间进行权衡[6]。

以上理论大多认为，企业的债务融资往往为企业带来直接或间接的收益，具体表现为企业通过债务融资可获得一些节税利益，企业应保持一定的债务比例；只有当债务融资超过一定点时，破产成本和代理成本的增加才会抵消企业的节税利益；债务融资具有激励管理者提高效率的作用，从而降低由于所有权与控制

① Brennan, M.J., Schwartz, E.S., "Finite Difference Methods and Jump Processes Arising in the Pricing of Contingent Claims: a Synthesis", *Journal of Financial and Quantitative Analysis*, Vol. 12, No. 3, 1978.

② Jensen, M.C., Meckling, W.H., "Theory of the Firm: Managerial Behavior, Agency Costs and Ownership Structure", *Social Science Electronic Publishing*, Vol. 76, No. 3, 1976.

③ Harris, M., Raviv, A., "Capital Structure and the Informational Role of Debt", *The Journal of Finance*, Vol. 45, No. 2, 1990.

④ Stulz, R., "Managerial Control of Voting Rights: Financing Policies and the Market for Corporate Control", *Journal of Financial Economics*, Vol. 20, No. 1-2, 1988.

⑤ Aghion, P., Howitt, P., "A Model of Growth Through Creative Destruction", *Econometrica*, Vol. 60, No. 2, 1992, 323-351; Aghion, P., Howitt, P., "A Model of Growth Through Creative Destruction", *Econometrica*, Vol. 60, No. 2, 1992.

⑥ Hart, Peter, E., "Pattern Classification", Wiley, 2001.

权分离而产生的代理成本;债务融资向市场传递了一种正面的信号。国外的实证研究指出,债务融资对企业市场价值具有积极的影响,而股权融资往往对企业的市场表现造成不良影响。①

4. 我国关于企业股权融资偏好的理论研究②

我国理论界相关学者对企业特别是上市公司的股权融资偏好的原因、存在的问题等进行了比较深入的研究。袁国良等(1999)③通过对我国上市公司股权融资成本的构成(股票分红、股权融资交易成本、红利税收、发行股票的负动力成本、发行股票的信息不对称成本)以及股权融资行为(充分使用配股权利、配股额度和配股价格,多数上市公司配股行为并不符合公司的长远利益)分析,认为我国上市公司存在股权融资偏好;黄少安、张岗(2001)④从融资成本角度,指出中国上市公司的融资行为存在明显的股权融资偏好,而相对忽视债务融资,且融资的顺序一般表现为股权融资、短期债务融资、长期债务融资。对于股权融资偏好的成因,国内学者进行了大量深入研究,并取得了相应研究成果,如:

(1)股权融资成本低廉说。黄少安、张岗(2001)通过测算,得出上市公司股权融资的单位成本仅为2.42%,而同期银行贷款利率一年期为5.85%、三年期为5.94%、五年期为6.03%。由于企业债券或银行借款的最低单位成本均大于股权融资单位成本,因此认为股权融资偏好是我国上市公司的一种理性选择,股权融资成本的相对低下是其存在强烈股权融资偏好的直接动因。

(2)股权结构扭曲说。杨运杰、李静洁(2002)⑤指出,我国上市公司股权融资偏好的最根本原因是我国上市公司股权结构不合理。由于我国大多数上市公司普遍存在同股不同价、一股独大、控股股权无法流通的股权结构,致使非流通的大股东可以通过股权融资提升每股净资产并且不影响其控股权,因而上市公司的股权融资偏好是非流通大股东在现有的股权结构下寻求自身利益最大化的一种必然选择。

① 参见杜坤伦:《上市公司——现代经济最富活力的微观基础》,四川人民出版社2008年版。
② 参见杜坤伦:《上市公司——现代经济最富活力的微观基础》,四川人民出版社2008年版。
③ 袁国良、郑江淮:《我国上市公司融资偏好和融资能力的实证研究》,《管理世界》1999年第3期。
④ 黄少安、张岗:《中国上市公司股权融资偏好分析》,《经济研究》2001年第11期。
⑤ 杨运杰、李静洁:《我国上市公司股权融资偏好原因分析》,《理论学刊》2002年第6期。

（3）公司治理机制扭曲说。何桂基（2003）①认为在我国的证券市场上呈现出上市公司经营者控制着投资者这样一种奇特的现象，反映了公司控制机制的错位（股权所有者对经营者的控制机制缺位、资本市场战略投资者缺位、中小股东控制的集合机制缺位）和公司治理机制扭曲（上市公司中真正意义上的经营者是缺位的，而经营者的控制机制又是越位的）的格局。这种格局与当前必须还本付息的债务融资的硬约束相比，上市公司可以充分利用股权融资的软约束，不分红或少分红，降低股权融资成本，并同时把通过融资得来的钱最大限度地转化为经营者自身的控制权收益，这直接导致我国上市公司存在强烈的股权融资偏好。

（4）寻租说。林云、陈方正（2003）②提出非流通股的每股净资产与股权融资的发行价格差异形成了巨额的租金，从而导致上市公司产生强烈的寻租动力，而内部人控制使这一寻租行为成为可能，认为寻租是导致我国上市公司出现股权融资偏好的根本原因。

此外，高晓红（2000）③提出由经理等内部人员控制的公司都有着利用股市"圈钱"扩张的冲动和激励；王增业、薛敬孝（2002）④通过对不对称信息下企业融资与投资者（证券购买者）的战略博弈分析，得出了在风险和不确定性的情况下，股权融资战略是一个最优战略的结论；何卫东（2004）⑤指出上市公司本着为非流通股东"自利"的目的进行融资；赵涛、郑阳玄（2005）⑥通过分析股权分置下的隧道效应，提出在股权分置的背景下，控股股东为转移上市公司资产，必然存在过度融资。⑦

理论上，股权融资与债务融资的选择，需要通过结合两种融资的成本进行分析。如果单位股本融资额对应的资金成本（一般以银行贷款利率为测算依据），低于每股收益，则选择债务融资，以增厚原有股东收益；否则，应当选择股权融

① 何桂基：《我国上市公司股权融资偏好及其成因》，《西安财经学报学报》2003年第16期。
② 林云、陈方正：《我国上市公司股权融资偏好的寻租经济学分析》，《内蒙古科技与经济》2003年第2期。
③ 高晓红：《产权效率与市场效率：我国上市公司股权融资偏好分析》，《投资研究》2000年第8期。
④ 王增业、薛敬孝：《企业融资方式偏好分析》，《南开经济研究》2002年第4期。
⑤ 何卫东：《非流通股东"自利"行为、流动性价差和流通股东的利益保护》，深圳证券交易所综合研究所研究报告，2003。
⑥ 赵涛、郑阳玄：《上市公司的过度融资》，社会科学文献出版社2005年版。
⑦ 李金：《我国上市公司股权融资绩效研究》，博士学位论文，电子科技大学，2007年。

资,以为全体股东创造更多价值。这里,资金成本及每股收益,都是基于特定融资模式、一定宏观环境及特定经营期间的变量,影响该变量变化的任何因素的变化,都将可能出现不同的分析结果。因此,经营管理层的现实成本把控能力及对发展趋势的预判能力,对融资方式选择影响直接和深远。所以,企业融资偏好理论,对文化企业选择具体的证券化路径给予了理论指导,具体条件不同,融资路径选择也不同,融资渠道及偏好的差异性与多样性,对文化企业证券化发展提出了新的更高要求。

三、文化企业证券化发展的理论研究

(一)资本市场服务产业发展的理论基础

无论是马克思主义政治经济学还是西方经济学,都认为资本是解放和发展生产力的重要方式,对实体经济、产业的发展有重要作用。西方经济学本身就将资本作为生产要素加以研究;马克思主义政治经济学对资本主义的批判,也是以承认资本、资本主义制度对经济社会发展有重要作用为前提和基础的。马克思和恩格斯在《共产党宣言》中指出:"资产阶级在它的不到一百年的阶级统治中所创造的生产力,比过去一切世代创造的全部生产力还要多,还要大。"实体经济和产业发展离不开资本,更离不开资本市场。

1. 资本能够组织产业发展所需的大范围市场

资本具有扩张性,通过突破边界思维、空间限制,实现在更大范围的自由流动。从作用机制上讲,空间扩张是资本本性的体现,资本要"在一切地点把生产变成由资本推动的生产",世界性贸易、全球化生产是典型的资本对产业发展所需大市场的组织方式。资本跨国流动,能够促进市场内成员企业间的大规模、专业化分工和生产,给彼此带来新技术的应用,达到产业资源的优化配置,实现市场规模的不断扩大。

2. 资本能够促进产业生产

(1)资本的本质即是通过不断驱动生产来追求价值增殖。为了获得更多的利润,人们倾向于不断扩大生产规模。英国经济学家达德利·诺思指出,资本有天然的逐利和刺激生产的作用,"对贸易的主要刺激,或确切地说,对勤劳和才智的刺激,是人们贪得无厌的欲望"。

(2)资本构成产业生产的前提条件。资本能够为自己创造出一个有利于运行的良好的外部前提,还能为社会再生产构建起良好的基础,使生产力的存在形式是自由的、全面发展的、不断进步的。同时,资本作为发动生产的原动力,是支持生产持续启动的基本源泉,"它是每个单个资本登上舞台,作为资本开始它的过程的形式。因此,它表现为发动整个过程的第一推动力"。

(3)资本参与产业生产。资本与劳动、土地等都是构成生产函数的、重要的生产要素。例如著名的柯布—道格拉斯生产函数即是:$Y = A(t)L^{\alpha}K^{\beta}\mu$,其中 K 即是投入的资本;又如德国历史学家威廉·罗雪尔在《历史方法的国民经济学讲义大纲》中也指出,自然、劳动、资本这"三要素对生产一般都是必要的,……到了高级的文化阶段,则资本的要素居优势",可见,到了工业社会及未来社会,资本更能代表社会生产力和产业的一般发展方向。

3. 资本能够推动产业技术创新、培育企业家精神

(1)在促进产业技术创新方面:资本作为技术和市场的黏合剂、创新企业的孵化器,资本培育新的经济增长动能,提高技术水平,推动产业升级。

一是支持技术研发。技术创新存在较大不确定性,需要较长时间周期,因此对资源配置和资本需求相对较高。资本能够将技术研发所需的各个层面的要素集中起来,实现资源配置的最优组合,并转化为智力资本,为技术创新提供支撑。在资金端,既保障发明创造的有效进行,又帮助科研成果迅速转化为生产力,并形成最终产品,推向市场,还促进知识、人才等生产要素的再分配。

二是推动技术产业化。通过资本对技术的市场化投入,对各项技术创新指标、技术发展前景、产业化发展前景等方面的综合评估,推动技术的真实价格体现。同时,除了为技术创新提供资金支持外,资本还可以督促企业为更好地实现技术转化、投入生产,进行产权、财务、人力、风控等一系列规范运作。

三是实现创新成果转化。创新发展在各行各业具有一个共同的规律性"路线图",即围绕产业链部署创新链,围绕创新链完善资金链,进而使实体经济与虚拟经济,使创新技术的研发、运用与最终成果形成一体化。在资金链上,如何

使资本市场从资金的供给侧、产业企业从资本的需求侧，实现无缝对接，是当前我国经济改革中面临的一个重要问题。加快资本市场的改革开放，既是缓解中小企业融资难的形势所迫，也是中小企业拓宽融资渠道的大势所趋，更是多层次资本市场改革发展的方向所在。

（2）在培育企业家精神方面：资本能够筛选具有创新精神的企业家并为其提供资本支持。资本市场所崇尚的资源市场化配置，以及"公开、公平、公正"的市场环境，为企业家培育提供了良好的土壤，这种功能在资本市场上表现得尤为突出：

一是资本市场能够降低企业家融资风险。资本市场由出资人承担风险，且风险分散于众多投资者主体。这种分散的风险有利于资本积累的长期相对稳定，有助于企业家的创业活动。

二是资本市场能够改善资本的配置效率，把愿意冒风险的人和保守求稳的人区分开来，大大改善资本的配置，更精准地服务企业家活动。

三是直接融资能够解决企业家的创业资金问题，将具有创业、创新精神的潜在企业家转化为现实企业家。

四是资本市场能够更好地实现优质资源与企业家之间的互通有无、合作共事，促进创业企业家的成长。

4. 资本市场集中体现了资本对产业发展的促进作用

资本市场使"生产规模惊人地扩大了，个别资本不可能建立的企业出现了"。资本市场作为资本市场化程度最高的形式，可以在时间和空间上打破现实资本面临的种种限制，在不同所有者之间快速流动，通过对资本的再分配，为产业生产顺利运转提供现实基础。资本市场主要通过发挥融资、资源配置和价值发现基本功能，促进产业发展。

（1）提高产业企业的融资能力。资本市场能够为产业发展筹措资金。资本市场筹集资金发展经济的过程，就是将社会资金转化为投资的过程。马克思主义政治经济学认为，是虚拟资本的高收益性吸引大量社会资本，加速资本积累和集中，提高实体经济融资能力。

（2）实现产业资源的高效配置。资本市场是比较直接的支配经济资源的方式，它可以通过资本/资产价格的波动，使资本/资源直接在不同的产业企业间分配。通过资本市场降低资本/资源的交易成本，在发达的资本市场中，众多金融工具的供给者和需求者能够在一起进行竞价交易,减少寻找成本和信息成本,提高资本与资源的配置效率。

(3)促进企业价值的市场认可。本杰明·格雷厄姆(Benjamin Graham)认为,"投资是根据深入的分析,承诺本金安全以及回报率令人满意的操作,不符合这些条件的操作则是投机",价值由资产、利润、股息等事实和可以确定的前景决定。产业发展的深度与广度,其社会评价的重要指标是能否得到社会的充分认可,这个认可过程,既是对企业价值的发现过程,也是其价值得以实现的过程。这里的价值,既包含过去投入资本的价格收回,也有未来预期收益的折现。价值发现是资本市场的基础功能,企业价值是企业价格市场预期的现实表现。

综上,无论是西方经济学还是马克思主义政治经济学,都证明资本对经济增长和产业成长有重要影响,资本、资本市场是国民经济和产业发展必不可少的助推器。资本作为一种要素资源,具有跨区域、跨国界的公众属性,作为参与生产某种产品和/或提供劳务的具体资源,又必然依托于特定主体,因而又具有特定主体的专有属性。广泛的社会性和特定的专属性的内在统一,是资本投入社会生产的重要特征。资本市场对社会生产方式发展的重大贡献,在于要求作为其基石的上市公司必须按照现代企业制度规范运作,上市公司的资本运作期间要经过企业、市场、中介组织、监管机构、地方政府和社会公众等的广泛参与,以实现经济主体发展要素的优化组合,并通过紧扣企业的生产经营和产业扩张的融资与投资活动,带动和支持经济社会结构的优化升级和高质量发展,因此,需要把整个过程作为发展的机遇,而不是"圈钱"的手段。资本的趋利性必然带来流动的倾向性,"买者自负,卖者有责"的股权文化,是契约精神和法制建设的典型范例。遵循市场规律,加大资本市场培育和发展,有利于促进相关产业中的优质企业更好更快成长。

(二)文化企业为什么要证券化发展

证券化属于资本市场的范畴,广义的证券化包括场内上市、场外挂牌、并购重组、发行债券等方面的内容。文化企业要不要进行证券化发展,文化企业能不能实现证券化发展,证券化发展能给文化企业带来什么样的好处,是文化企业证券化发展研究的基础性问题。

国外相关研究主要是从证券化的内容切入的，如：Keane，Ryan ＆ Cunningham（2005）①检验了中国和拉丁美洲电影、电视和音乐产业的投融资结构，认为尽管政府部门鼓励这些产业的发展可以为其带来繁荣，然而金融与产业在生产、分配以及市场营销方面投入的协同作用才是决定这些企业能够获得成功的关键。Pupek ＆ Németh（2015）②通过对欧洲 42 个国家的文化企业发展情况的研究，认为文化企业运用更多的融资方式，可以为产业带来更多演进的机会。

国内研究一般都认为，直接金融能更好地推动文化企业的发展，进而带动国民经济的发展。如周正兵、郑艳（2008）③认为金融支持"对促进资本市场与文化市场对接，解决文化企业的融资瓶颈，推动文化企业发展"具有重要意义。刘玉珠（2011）④认为"推动文化产业与金融业的全面对接，是培育新的经济增长点的客观需要，是促进文化大发展大繁荣的迫切需要"。卜凡婕、夏爽（2010）⑤认为，上市融资是促进文化企业自身体制改革、拓宽融资渠道的必要手段，对推动我国产业升级，提高文化软实力、提升国际竞争力具有重要意义。郑自立（2014）⑥认为，文化企业通过并购进行跨界融合，有力地推动了我国文化产业的发展，有利于助推相关产业转型升级，改善现有产业结构，促进经济生态的优化。王家新（2014）⑦指出，加快推进国有文化企业的并购重组，对提高国有文化企业整体实力和竞争力，推动文化产业成为国民经济支柱性产业具有重要意义。辜胜阻（2016）⑧认为，借助多层次资本市场体系，有利于拓宽企业融资和居民投资渠道，对实现经济转型升级意义重大。罗春燕等（2016）⑨认为资本市场充足的资

①　Keane，M.，Ryan，M. D. ＆ Cunningham，S.，" Worlds apart？ Finance and Investment in creative Industries in the People's Republic of China and Latin America"，*Telematics ＆ Informatics*，Vol. 22，No. 2，2005.

②　Pupek，E.，Németh，G.＆ Pupek，E.et al.，"Quo Vadis Creative Cultural Industries？"，*International Journal of Applied Sociology*，Vol. 5，No. 3，2015.

③　周正兵、郑艳：《发展文化产业投资基金的思考》，《宏观经济研究》2008 年第 4 期。

④　刘玉珠：《金融支持文化产业发展的现状与展望》，《中国金融》2011 年第 22 期。

⑤　卜凡婕、夏爽：《中国文化企业上市融资分析及模式比较》，《管理世界》2010 年第 11 期。

⑥　郑自立：《文化产业跨界融合与管理体制机制创新研究》，《新闻界》2014 年第 12 期。

⑦　王家新：《加快推进国有文化企业并购重组》，《中国财政》2014 年第 22 期。

⑧　辜胜阻、庄芹芹、曹誉波：《构建服务实体经济多层次资本市场的路径选择》，《管理世界》2016 年第 4 期。

⑨　罗春燕、张品一等：《基于 DEA 方法的文化金融产业融资效率研究》，《统计与决策》2016 年第 23 期。

金、高效的资金利用率和丰富的资金渠道是文化企业经营活动顺利进行和长远发展的重要保障。

（三）文化企业证券化发展的具体目标

1.融资方式的选择

福尔奇（Farchy,2008）[①]认为文化企业产品的特殊性，在其所处国家还没有完善的数字版权管理系统的情况下，文化企业的证券化发展不适合采用类似 P2P 这样的新兴方式进行，因为这会带来很多问题。刘昱洋（2011）[②]认为文化企业的跨区域并购是证券化发展的一个战略方向，要注重并购绩效评价的综合性和长期性。陈波、王凡（2011）[③]指出，"文化产业的特殊属性决定了文化企业成长与发展都具有自身的特点"，文化企业要根据这些特点，灵活选择资本市场的融资方式，实现证券化发展。蒋建国（2014）[④]指出，"推动国有文化企业上市融资，支持跨地区、跨行业、跨所有制文化企业兼并重组"，扩大非公有制文化企业通过控股、收购、兼并等方式进入文化市场，是文化企业证券化的发展方向。

2.文化企业证券化发展的侧重点

张立斌等（2015）[⑤]通过数据包络分析方法对 32 家上市文化企业进行了效率研究，发现其效率不是很高，提出文化企业证券化的资源应向着生产技术研发与管理水平提升的方面配置。杨向阳、童馨乐（2015）[⑥]利用信号传递分析方法，对 178 家江苏文化企业进行了实证研究，指出解决信息的不对称是文化企业融资问题的关键，认为"搭建文化企业与金融供给主体之间充分对接的桥梁，积极促进文化企业融资模式创新和融资渠道多元化"，是文化企业证券化发展的有效路径。

---

① Farchy,J.,"P2P and Piracy:Challenging the Cultural Industries′ Financing System",Social Science Electronic Publishing,2008.

② 刘昱洋:《我国文化企业跨区域并购应注意的问题研究》,《区域经济评论》2011 年第 12 期。

③ 陈波、王凡:《我国文化企业融资模式分析》,《学习与实践》2011 年第 6 期。

④ 蒋建国:《建立健全现代文化市场体系》,《中国出版》2014 年第 1 期。

⑤ 张立斌、李星雨:《文化产业上市公司的公平与效率》,《财经科学》2015 年第 11 期。

⑥ 杨向阳、童馨乐:《财政支持、企业家社会资本与文化企业融资——基于信号传递分析视角》,《金融研究》2015 年第 1 期。

3. 文化企业证券化发展存在的不足

潘爱玲等(2016)①以我国 A 股文化类上市企业年并购数据为基础,研究了在现阶段文化企业并购方向选择与企业竞争力的关系,发现文化企业的并购所呈现出的跨区域、跨行业和跨所有制的趋势并没有提高企业本身的竞争力,指出文化企业在并购过程中,要根据自身的整合能力进行决策,并构建起风险预警、反馈纠偏和整合优化机制,以提高并购效率。卜凡婕等(2010)②认为文化企业的特性使其在证券化过程中存在产品难以"物化",文化企业上市将对意识形态、价值观等产生不利影响。王铮(2010)③认为鉴于文化企业改制上市存在具体可遵循操作的法律法规缺失、跨区域并购难等问题,不鼓励文化企业境外上市。卢一宣(2014)④认为证券化发展并非适合于任何组织形态的文化企业,也并非所有文化企业通过上市融资就可以获得较好发展,需要根据特色各异的现代文化企业多元化的投融资需求,因势利导,因企施策,促进文化企业走适合自己特色的差异化道路。

(四)文化企业证券化发展的实现基础

文化企业证券化发展,面临的主要问题是除了一些有较强影响力的文化企业(集团)之外,大部分中小微文化企业对资本市场认识不足,对证券化发展的条件、路径、目标没有一个清醒的认识。这就导致了其不具备证券化的发展基础,主要表现为现代企业制度不健全,难以有效地对接资本市场。相关研究主要集中在:

1. 夯实证券化发展的基础

一些学者将现代企业制度作为一个整体来研究其对文化企业证券化的作用,如林丽(2012)⑤认为文化企业要建立完善的现代企业制度,企业自身"内部环境"的建设是进行更好证券化发展的基础。陈波、王凡(2013)⑥比较了美国、

---

① 潘爱玲、邱金龙、闫家强:《"三跨"并购与文化企业综合竞争力提升研究——来自 A 股上市公司的实证据》,《山东大学学报(哲学社会科学版)》2016 年第 3 期。
② 卜凡婕、夏爽:《中国文化企业上市融资分析及模式比较》,《管理世界》2010 年第 11 期。
③ 王铮:《文化企业上市急行》,《上海国资》2010 年第 12 期。
④ 卢一宣:《文化产业投融资研究》,四川大学博士学位论文,2014 年。
⑤ 林丽:《我国文化产业发展中的投融资问题及对策》,《经济纵横》2012 年第 4 期。
⑥ 陈波、王凡:《西方三国文化企业融资模式及其经验借鉴》,《武汉大学学报(人文科学版)》2013 年第 1 期。

英国和法国的文化企业证券化发展模式,提出通过制度设计支持文化企业融资来源的多元化,建立多元化的投融资平台体系,是使文化企业能够从多元的融资平台上获得更多金融支持的基础。彭祝斌等(2016)①认为小微文化企业要想提高证券化效率,一定要建立起快速高效的信息披露体系。罗春燕等(2016)②提出文化金融产业上市公司应提升自身的内部管理水平和资源配置能力,加强资金的流动与周转,才可以提高证券化时文化企业单位资金的获利能力。

2. 完善法人制度

蒋祖烜(2013)③认为,文化企业除规模小、资产少外,法人治理结构不完善、管理制度不健全是影响中小微文化企业融资的重要原因,因此强化资金管理和财务管理,健全内部风险控制制度,建立起一整套全方位的企业资源计划体系是文化企业证券化发展的基础。郑自立(2014)④认为,文化产业通过并购进行跨界融合,基础和动力都在市场,要实施市场导向战略,就要壮大和培育文化企业这一市场主体,而核心在于完善文化企业的法人治理体系,创新选人用人、收入分配和"三会"运行机制。

3. 提高对国有文化企业属性的认识

政企关系影响文化企业效率。刘杨等(2014)⑤提出从制度层面需要进一步剥离计划经济体制对文化产业发展和文化企业的束缚,加快政企分离改革速度,推动国有文化企业上市融资,实现多元化产权以及所有权、管理权分离的治理结构。潘爱玲、王淋淋(2015)⑥以 102 家 A 股上市企业为样本,研究了其并购绩效与产权属性和政治关联的关系,认为加快企业内部改革步伐,培育和提升企业的核心竞争力,将国有文化企业培育为真正的市场主体是提升文化企业并购绩效的基础。陈庚、傅才武(2015)⑦认为,我国"转企改制"的文化企业要实现由实物形态的资产管理到价值形态的资本运营转变,需要赋予更为完整的自主权以进

---

① 彭祝斌、谢莹:《小微文化企业融资信息支撑体系建设研究》,《同济大学学报(社会科学版)》2016 年第 3 期。
② 罗春燕等:《基于 DEA 方法的文化金融产业融资的效率研究》,《统计与决策》2016 年第 23 期。
③ 蒋祖烜:《拓宽我国文化企业融资渠道的思考》,《求索》2013 年第 12 期。
④ 郑自立:《文化产业跨界融合与管理体制机制创新研究》,《新闻界》2014 年第 12 期。
⑤ 刘杨、赖柳华:《中国文化上市企业全要素生产率研究》,《经济与管理研究》2014 年第 7 期。
⑥ 潘爱玲、王淋淋:《产权属性、政治关联与文化企业并购绩效》,《华中师范大学学报(人文社会科学版)》2015 年第 3 期。
⑦ 陈庚、傅才武:《文化企业国有资产管理的特殊性及其政策思路》,《学习与实践》2015 年第 6 期。

行证券化运作。

4. 科学界定产权与证券化发展的关系

李彬（2015）①认为，当前文化企业的并购普遍存在高溢价情况，因此在现有会计准则的基础上，进一步完善文化资产的确认标准与报告形式，并构建与文化企业产权、文化产品相匹配的价值评估体系，是文化企业并购的基础。因此，文化企业国有资产管理必须建立一种适应经营性文化资本属性的管理体系。

（五）文化企业证券化发展的路径

证券化发展有多条路径，不同路径选择，实践效果也存在重大差异。

1. 传统路径

张敏（2008）②基于产业集群理论，分析了江苏省重点文化企业发展的影响因素，认为逐步扩大文化企业直接融资的比重，允许有条件的文化企业利用债券、股票等融资手段加速发展是文化企业发展的战略路径。蒋祖烜（2013）③认为，文化企业证券化发展的重要路径是上市。

2. 并购重组

常卫（2007）④认为运用兼并、重组、联合等现代企业的资本运作方式，优化和提升原属国有文化资产，促进其竞争能力的迅速提高，可以提高文化企业的创新能力，从而提升文化产业的国际竞争力。马静、李森（2016）⑤指出，鉴于国有文化企业资产的特殊性，鼓励国有文化企业作为兼并主体，通过购买、直接入股等方式取得其他文化企业所有权或控股权，优化资产配置管理，可以更好地发挥市场机制作用。

3. 多层次资本市场

张爱珠（2011）⑥在分析浙江省中小文化企业融资存在问题的基础上，指出

---

① 李彬：《文化企业并购高溢价之谜：结构解析、绩效反应与消化机制》，《广东社会科学》2015年第4期。

② 张敏：《江苏省重点文化企业发展影响因素实证研究》，《南京社会科学》2008年第11期。

③ 蒋祖烜：《拓宽我国文化企业融资渠道的思考》，《求索》2013年第12期。

④ 常卫：《试论中国文化企业创新能力的提高》，《中国特色社会主义研究》2007年第2期。

⑤ 马静、李森：《我国文化体制改革进程中的国有资产管理问题研究——以文化事业单位转企改制为例》，《山东社会科学》2016年第2期。

⑥ 张爱珠：《浙江省中小文化企业融资机制之创新》，《财会月刊》2011年第32期。

场外市场是中小文化企业证券化发展的有效路径。刘友芝(2013)①认为,资本市场是文化企业吸纳外部资本的重要直接融资来源渠道,目前我国文化企业证券化发展的模式比较单一,总体上偏好上市融资这一条路径,这种单一的路径选择不能满足大量中小微文化企业的需求,文化企业的投融资需求与多层次资本市场对不同类型文化企业的各类投资模式有机结合,可丰富文化企业证券化发展的路径。

4. 资产证券化

文化产品的证券化模式包括版权信托模式、公司型 SPV 模式和基金型信托模式三种②。例如,Edward(2006)③通过对好莱坞电影制作情况及当时利用资产证券化筹资的电影的效果分析,认为资产证券化具有分散风险、降低成本的明显优势,非常适合电影制作企业。英国在 1900 年为摇滚歌星 David Bowie 筹集5500 万美元资金的经验,将预期有固定收益的文化产品创设成可流通和出售的权利凭证进行市场化融资④的经验也值得借鉴。

(六)文献研究评述

对于文化企业的证券化发展,国外的研究文献相对较少。究其原因,主要是因为国外经济较发达国家(地区)的资本市场成熟、体制机制健全,企业大都建立了现代企业制度,文化企业借助资本市场证券化发展,被认为是理所当然的,并不需要进行特别研究。国外相关研究集中在行业划分、政策导向、文化与经济的关系等方面,重视文化与经济的融合及通过文化产业发展提升国家软实力,认为文化与经济融合存在福利、竞争、增长和创新四种模式⑤,催生了文化的经济化和经济的文化化。WPP、新闻集团和培生集团等世界知名文化企业,成功的关键都离不开文化与金融合作,借助资本市场,把文化资源有效转化为文化资本和文化产品,最终带动文化全产业链的升级发展。

---

① 刘友芝:《我国文化企业的多层次直接融资模式探析》,《浙江大学学报(人文社会科学版)》2013年第 3 期。

② 王锦慧、晏思雨:《电影版权证券化的融资模式选择》,《重庆社会科学》2014 年第 6 期。

③ De Sear, E., "Why Hollywood Turned to Securitization", *International Financial Law Review*, 2006.

④ 李华成:《欧美文化产业投融资制度及其对我国的启示》,《科技进步与对策》2012 年第 7 期。

⑤ Anheier, H. K., Isar, Y. R., "Cultures and Globalization: The Cultural Economy", SAGE Publications Ltd, 2008.

　　国内的相关研究较多,各个环节都有涉及,最多的切入点是文化与金融融合发展的意义,通过对直接金融的优势分析,论证其对文化企业带来的好处,以此证明文化企业证券化发展的重要性、必要性和紧迫性。同时,由于证券化涉及内容复杂,发展路径多,对文化企业的可持续发展影响大,这既是目前国内理论研究的重点,也为实践探索留下了很多研究空间:

　　一是解决文化企业证券化的关键问题深度欠缺。国内目前的相关研究,主要解决的是该不该进行证券化以及证券化的方向和路径问题,多集中在企业制度建设方面,而对证券化发展的主体基础以及如何有效促进证券化实现的研究,还不够深入;在文化企业财务、税收以及法律规范方面的综合研究,涉及较少,也不够系统。文化企业这些方面的问题,却与证券化高度相关,直接影响着文化企业证券化的准入条件满足与实现效率。

　　二是文化企业证券化路径的可操作性较弱。国内这一方面的研究,绝大部分是通过对特定区域、特定时段的已经进行证券化发展的文化企业进行分析,来验证某些具体路径更有效率。没有全面借鉴境外文化企业,以及我国文化企业境内、外市场证券化发展的经验与问题,着眼于将文化企业的证券化发展放在文化与金融融合发展的大背景下,全面审视相关政策的实施效果,不断完善相关规制建设;没有综合考虑为不同业态文化企业或同一文化企业不同发展阶段,并结合经济社会发展环境变化与文化企业自身发展实际,提供系统的、全方位的、差异化的证券化路径方案。

　　三是对文化企业的特殊属性重视不够。当前国内对文化企业证券化的研究,主要切入点是其“企业”的这部分,没有充分结合“文化”这部分特质,部分研究对象有“文化”之名无“文化”之实,对文化从业人员、文化生产方式、文化产品消费效用等对证券化发展的影响的讨论相对缺失,在研究结论的针对性和政策导向的引导性方面还大有可为。

　　综上,已有的研究为本书研究提供了有益参考,但对文化与金融有机融合的制度安排和具体方式的研究仍有待深入,对文化与金融在文化企业层面的对接模式、不同类型文化企业借助资本市场的差异化发展道路、文化工作者思维与资本运作规律的融合点等方面的研究,还很不够。本书拟从文化产品的经济和意识形态双重属性出发,突出问题导向,破解资本市场与文化企业对接和融合的关键问题,探究现代文化企业的证券化发展。

第四节　文化企业证券化发展的现实意义

一、文化产业发展现状

（一）文化产业发展情况①

2017 年,全国规模以上文化及相关产业 5.5 万家企业实现营业收入 91950 亿元,比 2016 年增长 10.8%(名义增长,未扣除价格因素),增速提高 3.3 个百分点,继续保持较快增长。文化及相关产业 10 个行业的营业收入均实现增长。其中,实现两位数增长的行业有 4 个,分别是:文化信息传输服务业营业收入 7990 亿元,增长 34.6%;文化艺术服务业 434 亿元,增长 17.1%;文化休闲娱乐服务业 1545 亿元,增长 14.7%;文化用品的生产 33665 亿元,增长 11.4%。

分区域看,东部地区规模以上文化及相关产业企业实现营业收入 68710 亿元,占全国 74.7%;中部、西部和东北地区分别为 14853 亿元、7400 亿元和 988 亿元,占全国比重分别为 16.2%、8.0% 和 1.1%。从增长速度看,西部地区增长 12.3%、中部地区增长 11.1%、东部地区增长 10.7%,东北地区下降 0.9%,但降幅比上年收窄 12.1 个百分点。详见表 1-2。

表 1-2　2017 年我国规模以上文化及相关产业企业营业收入情况

项　　目		绝对额（亿元）	比上年增长（%）
总　　计		91950	10.8
按内容统计	新闻出版发行服务	3566	7.2
	广播电视电影服务	1749	6.1
	文化艺术服务	434	17.1
	文化信息传输服务	7990	34.6
	文化创意和设计服务	11891	8.6
	文化休闲娱乐服务	1545	14.7

---

① 参见国家统计局:《2017 年全国规模以上文化及相关产业企业营业收入增长 10.8%》,2018 年 1 月 31 日,见 http://www.gov.cn/xinwen/2018-01/31/content_5262448.htm。

项　目		绝对额（亿元）	比上年增长（%）
	工艺美术品的生产	16544	7.5
	文化产品生产的辅助生产	9399	6.4
	文化用品的生产	33665	11.4
	文化专用设备的生产	5168	3.7
按区域统计	东部地区	68710	10.7
	中部地区	14853	11.1
	西部地区	7400	12.3
	东北地区	988	-0.9

注：①表中增长速度均为未扣除价格因素的名义增速。
　　②表中部分数据因四舍五入的原因，存在总计与分项合计不等的情况。

（二）文化企业证券化发展情况

1. A 股文化企业发行上市现状

（1）企业上市数量与募集资金取得较大发展。截至 2018 年 4 月 30 日，A 股共有 177 家文化及相关产业企业上市，占上市公司总数的 5.04%；文化企业 IPO 募资金额为 949.45 亿元，占 IPO 募资总额的 3.48%。其中，有 41 家企业为借壳上市，136 家为 IPO 上市；沪市主板 66 家，深市主板 17 家，中小板 52 家，创业板 42 家。

（2）上市时间波动幅度大。2015 年是文化企业上市的高峰，共有 30 家文化企业上市（创业板 7 家、中小板 8 家、沪深主板 15 家），其中 IPO 上市的 17 家企业募集资金 104.25 亿元。而 2013 年，受上市暂停、财务核查等政策影响，没有一家文化企业上市（详见图 1-3）。

（3）行业覆盖范围广。从行业分布来看，对标《文化及相关产业分类（2018）》的行业类别，发现 A 股市场已对文化及相关产业 9 个大类实现全覆盖，分别是：内容创作生产 54 家、文化传播渠道 35 家、创意设计服务 22 家、文化消费终端生产 20 家、文化娱乐休闲服务 16 家、文化辅助生产和中介服务 12 家、文化装备生产 11 家、新闻信息服务 6 家、文化投资运营 1 家。但从中类和小类来看，还有广播、互联网搜索信息、期刊出版等多个核心门类受政策等因素影响未能覆盖，文化企业上市的发展空间仍然巨大。从上市先后顺序来看，早期上市的企业多以传统的景区游览服务、文化用品制造等为主，到中小板、创业板开板后，

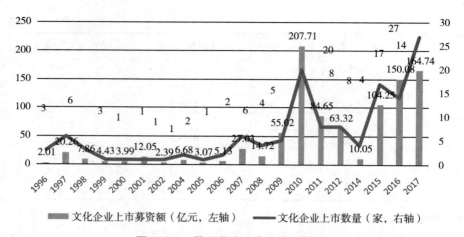

图 1-3　A 股文化企业发行上市情况

行业逐渐丰富起来,跨数字内容服务、广告服务、设计服务等多个领域。

(4)地域分布差异大。从地区分布来看,文化上市公司分布最多的六个省市分别为:广东(36 家)、北京(32 家)、浙江(21 家)、上海(12 家)、四川(10家)、江苏(10 家),文化上市公司地区分布与区域经济发达程度、政策支持力度等方面密切相关(详见图 1-4)。

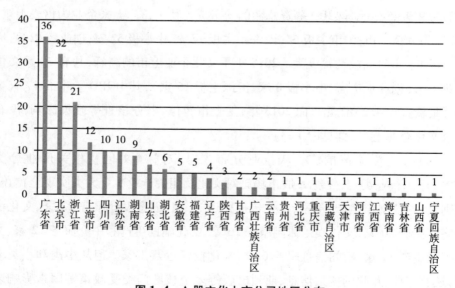

图 1-4　A 股文化上市公司地区分布

注:文化及相关产业分类方式依据《文化及相关产业分类(2018)》确定。
资料来源:WIND 资讯。

2. A 股文化企业上市后表现

（1）公司质地优良，业绩稳步增长。整体上看，A 股上市的 177 家文化企业最近三年（2015—2017 年）收入与归属母公司股东的净利润复合增长率均值分别达 18.31% 和 18.05%，其中深市中小板的文化企业业绩增长突出，分别为 23.19% 和 20.48%。

（2）市场认可度高，股价涨幅突出。以深市中小板和创业板为例，截至 2018 年 4 月 30 日，2004 年 6 月中小板开板后登陆深市的文化企业后复权价格较发行价平均涨幅为 271.25%，涨幅比例在 100% 以上的有 68 家（其中中小板 39 家、创业板 29 家）。

（3）发展前景良好，估值优势明显。截至 2018 年 4 月 30 日，A 股文化上市公司的平均市盈率、市净率、市销率分别为 56.14 倍、3.61 倍、6.94 倍。其中深市三个板块估值优势明显，文化上市公司的市盈率分别达 98.37 倍、65.22 倍、64.74 倍。

（4）企业市值领先，板块影响力强。截至 2018 年 4 月 30 日，A 股文化上市公司市值合计 2.07 万亿元，占全部上市公司总市值的 3.82%。

综合来看，资本市场已成为文化企业融资、发展的重要平台。主板上市的许多传统文化企业和非文化企业通过并购重组文化资源，实现业务转型，持续做优做强。中小板已成为文化细分龙头的聚集地，汇聚了一批行业龙头。创业板则是文化创业创新的助推平台，诞生了一批明星文化企业。这些企业股价上涨的背后是出色的业绩支撑，以创业板为例，2015—2017 年收入增速和归属母公司股东的净利润复合增长率在 30% 以上的文化企业分别有 11 家、12 家。A 股文化上市公司为文化产业更好地对接资本市场起到良好的示范带头作用。

（三）我国文化产业发展的新特征

国际经验显示，当人均 GDP 处于 5000—20000 美元期间时，文化消费将快速增长。中国在 2017 年人均 GDP 已超过 8000 美元，按照发达国家经验，我国文化消费正处于爆炸式增长阶段。文化消费的大发展依托文化产业的大繁荣，当前我国文化产业也处于快速发展期，呈现如下四个特征：

1. 文化产业快速发展

近年来,我国进一步加大了对文化产业的政策扶持力度,有效推进了文化领域供给侧结构性改革,实现了文化产业的较快增长、规模的不断壮大、整体竞争力的明显提高。

国家统计局统计数据显示(详见图1-5),2016 年我国文化及相关产业法人单位增加值达 3.08 万亿元,同比增长 13.0%(未扣除价格因素)。从相对规模来看,文化及相关产业在 GDP 中的占比增长较快,由 2004 年的 2.15% 增至 2016 年的 4.14%,同比提高 0.17 个百分点。北京等部分文化发达地区的文化及相关产业法人单位增加值占地区生产总值的比重早已超过 5%,成为区域的支柱性产业,在经济发展中发挥着重要作用。

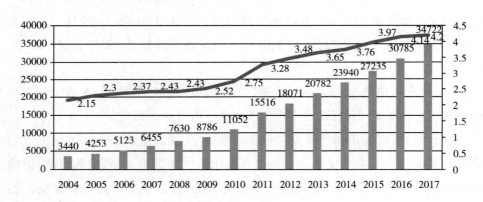

图 1-5　我国文化及相关产业增加值及占 GDP 的比重情况

注:1. 文化及相关产业分类依据《文化及相关产业分类(2018)》确定。

2. 文化及相关产业数据根据《文化及相关产业增加值核算方法》确定。

3. 2011 年按新标准调整为 15516 亿元,占 GDP 比重修正为 3.28%。往后年份按新标准进行测算。

4. 2017 年,我国 GDP 为 82.71 万亿元,截至 2017 年 12 月 31 日,A 股文化上市公司总市值 2.32 万亿元,文化上市公司营业总收入 0.68 万亿元,国家统计局尚未公布 2017 年文化及相关产业增加值数据。

资料来源:国家统计局。

2. 产业结构不断优化

我国文化产业结构不断优化,文化服务业成为推动文化产业发展的主要力量。2016 年文化制造业法人单位实现增加值 1.19 万亿元,文化批发和零售业实现增加值 0.29 万亿元,文化服务业实现增加值 1.60 万亿元,占文化产业整体增加值的比重分别为 39%、9%、52%。较之 2004 年,文化服务业的比重有较明显增大,符合我国经济结构调整、产业转型升级的大方向(详见图 1-6)。

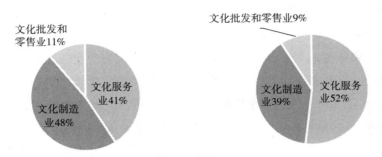

图 1-6　我国文化及相关产业法人单位增加值构成变化情况
(2004 年左图,2016 年右图)

资料来源:国家统计局。

3. 产业内部发展不平衡

(1)从数量上看,文化中类行业企业分布数量差距明显。其中,规模以上文化制造业的印刷复制服务、限额以上文化批发和零售业的工艺美术品的销售、规模以上文化服务业企业的广告服务企业数最多,分别为 5561 个、2722 个、4677个,而因行业属性、商业模式、发展成熟度等原因,规模以上文化制造业的文化用化学品的制造、限额以上文化批发和零售业的舞台照明设备的批发、规模以上文化服务业企业的文化研究和社团服务企业数最少,分别仅 160 个、79 个、3 个。

(2)从发展速度上看,新老文化领域发展速度差距大,新兴文化领域发展迅速。在当前文化创作生产和消费形态日趋数字化、网络化的形势下,以数字创意为代表的新兴文化产业飞速发展,代表着文化产业发展的新势能和新方向。根据文化部对全国规模以上文化及相关产业 5 万家企业调查,2016 年这些企业实现营业收入 8.03 万亿元,同比增长 7.5%,其中以“互联网+”为主要形式的文化信息传输服务业实现了两位数以上的增长。

(3)从贡献度上看,企业规模与收益贡献度不匹配。依据国家统计局2011 年颁布的《统计上大中小微型企业划分办法》,小型企业是我国文化产业的主要形态,以文化制造业为例,2016 年小型企业数量在规模以上文化制造业企业中的占比达 77.82%,但仅贡献了当年 38.18% 的营业收入和 39.54% 的营业利润。

4.产业政策实行严格管控和分业监管

鉴于文化产业的核心领域——文化传媒,在舆论和公共安全方面的特殊地位,目前我国对部分文化传媒领域实施严格管控。例如,按照《外商资本产业指导目录(2017年修订)》(中华人民共和国国家发展和改革委员会 中华人民共和国商务部令第4号)、《国务院关于非公有资本进入文化产业的若干规定》(国发〔2005〕10号)以及文化部等五部委联合下发的《关于文化领域引进外资的若干意见》(文办发〔2005〕19号)等政策,我国对非公资本、外商投资进入文化领域的基本态度是:鼓励并支持非公资本进入非核心领域或产业链附属环节,允许其在国有资本控股的前提下投资参股国有文化企业;外商资本禁止进入核心文化领域,在中方控股的前提下允许其投资非核心领域或产业链附属环节。

同时,从监管格局上看,我国文化产业长期采取分行业、属地化管理方式。这不仅使企业无法适应产业大融合发展趋势的要求,也增加了企业在各省市之间拓展业务的难度。在产业由粗放型增长向集约型发展转变的情况下,市场区域分割和行业分割的弊端愈发明显。结合2018年《国务院机构改革方案》,梳理我国文化产业分业管理的基本格局(详见表1-3),不难发现,对于行业核心资源,如刊号、书号、频率、频道、牌照等,行业主管部门以行政许可方式进行严格管理;同时,由中宣部及地方宣传部门不断加强监管并维护舆论导向安全。

表1-3 我国文化产业分业管理格局

监管体系	文化和旅游	广播电视	电影和新闻出版
准入监管	文化和旅游部	广播电视总局	中宣部
经营监管	文化和旅游部	广播电视总局 中宣部	中宣部
意见反馈	文化和旅游部	广播电视总局 中宣部	中宣部

在此背景下,传统出版、广电领域的"采编经营两分开""制作播出两分离"成为改制后企业运营常态,割裂的产业链结构增加了企业正常运作的内生成本,或将形成可持续发展阻碍。

二、影响文化企业证券化发展的制约因素

随着经济社会转向高质量发展，我国文化企业的数量和规模有了很大幅度提升，但与国际文化巨头相比，仍存在不少差距。究其原因，还是因为我国文化企业的市场化发展整体起步晚，整个产业不成熟，在基础建设、企业实力、融资能力和外部环境等方面存在诸多制约因素。

（一）基础建设有待加强

文化企业的基础建设情况决定其管理水平。在市场经济条件下，按照现代企业制度规范，可以大幅提升管理水平，从而提高文化企业的经济效益和社会效益。当前我国文化企业整体上与现代企业的要求，还有相当大的差距，主要表现在：

1. 国有经营性文化单位改制不彻底

目前，我国相当一部分文化企业，是伴随着文化体制改革的不断深入，由经营性文化事业单位陆续转企改制而来的。改制前，这些单位往往是政府部门的重要组成部分，承担着一定的行政管理职能，并拥有一定数量的经营性国有资产。改制后，不少企业并没有完全褪去之前作为行政、事业单位的功能，在体制机制转换、现代企业制度完善等方面还有不少差距。

（1）在管理体制方面：部分企业尚未与主管部门脱钩，管理团队建设、经营决策、资产、业务、财务、职工薪酬等由主管部门具体管理，需要审批的事项多，审批环节多，决策时间长，运行效率低，"三分开""五独立"①不彻底。

（2）在运行机制方面：文化资源配置更多的还是依赖行政划拨和调配，存在等、靠、要思想，市场意识不足，主动性不够，核心竞争力不强。

（3）在法人治理结构方面："三会一层"②形似神不至，议事规则不明，董事会、监事会职能严重缺位，重大事项决策的程序不完善，依据不充分，效果不明

① 指企业在与其关联方特别是控股股东方面，要实行资产、人员、财务分开，要保持机构、资产、业务、财务和人员独立。

② 指股东大会、董事会、监事会和经营管理层。

显,主要领导喜欢"拍脑袋"决策,"一言堂"现象还不是少数。

2. 新兴业态文化企业专业性不强

部分新兴业态文化企业,企业以"文化"命名,实际上做的事情,与"文化"没有多大关系。一是许多文化人不懂经营和管理,二是许多懂经营和管理的职业经理人缺乏"文化情怀",以致大多文化企业在企业经营与管理两方面都做得不好,企业建设停留在很初级的水平,不少文化企业连生存与发展的基本条件都不具备,更不知如何与资本市场对接。而条件相对好一点的文化企业,又受太多的市场"忽悠"式干扰,发展思路不清,"一窝蜂"、揠苗助长、急功近利现象普遍。

(二)企业整体实力不强

我国文化企业分布呈现多门类、多种所有制的特点,除个别国有文化企业和龙头民营文化上市企业外,大部分都是实力相对较弱的中小企业,与发达国家的文化企业集团相比,在规模、盈利能力和核心竞争力等方面,差距都很大。

1. 企业规模较小

相当一部分文化企业,其成立是基于某一创意或是掌握了某种文化资源,以相关人员的自有资金运作的,初期规模通常较小。由于文化企业的轻资产性,在还没有形成社会影响力之前,其资产价值很难得到认可,因此也很难形成良好的信用,在发展过程中很难得到传统渠道的融资和持续性融资,企业发展资本不足,规模难以较快增长,在相当长时期内一直保持较小的规模。

2. 盈利能力较弱

由于文化企业的特殊性,不少文化企业的经营是否能盈利取决于人民群众整体的文化需求偏好。大部分规模小的文化企业影响力有限,其生产的产品难在人民群众中形成共识,而其又不具备做大规模所需的诸如广告宣传的资金,其市场推广通常是通过熟人的口口相传,难以获得较大的市场需求和较快的市场认同,这大大限制了其经济效益实现。同时,由于其规模较小,也导致了其业务水平不高,这进一步影响了其盈利能力。

3. 核心竞争力不足

一般来说,人民群众的文化需求通常是在满足其他物质性需求之后才会涌现,而人们的精力是有限的,加之人们的消费习惯与消费情感趋向,造成在特定时期内人们的文化需求主要集中在几种特定的文化产品和服务上。那些热门的文化产品和服务的资源却往往被一些实力雄厚的文化企业所垄断着,例如文化作品的版权、具有票房号召力的影视演员等,而我国经济发展状况和文化市场的起步时间又使得整体文化资源的开发不足,广大中小微文化企业往往只能生产一些小众的文化产品和服务,很难在社会中形成较强影响力。所以从整体上看,大多文化企业的创新源泉和动力不够,核心竞争力不足。

(三)融资能力有限

文化企业的特性决定了在我国当前融资环境下,除了少数大企业、大集团之外,大多数文化企业的融资能力都存在瓶颈。这种瓶颈主要存在于融资渠道、政策扶持和地区差异三个方面。

1. 传统信贷渠道不畅

当前我国企业发展的资金需求主要依赖银行信贷。文化企业一般具有轻资产、高风险性特点,可供担保或抵(质)押的资产少,在以银行信贷为主的企业融资环境中,文化企业很难从银行获取信贷资金,部分满足相关条件的企业,其间接融资的成本也较高。而当前的资本市场功能尚未充分体现,IPO过程中的"堰塞湖"现象还比较严重,通过股票、债券、资产证券化等直接融资方式获取发展资本的道路十分艰辛和漫长。"融资难、融资贵"的问题依然十分普遍和具体。2017年中国企业社会融资方式、融资余额、平均融资成本见表1-4。

表1-4　2017年我国企业不同融资方式下融资成本比较表

融资方式	融资余额 (万亿元)	平均融资成本	占比权重
银行贷款	69.16	6.6%	54.84%
承兑汇票	12.54	5.19%	11.26%
企业发债	18.37	6.68%	16.5%
融资性信托	8.53	9.25%	7.66%
融资租赁	5.87	10.7%	3.95%

续表

融资方式	融资余额 （万亿元）	平均融资成本	占比权重
保　理	4900	12.1%	0.44%
小贷公司	9704	21.9%（个人消费贷 接近36%）	0.87%
互联网金融（网贷）	1.22	21.0%	1.10%
上市公司股权质押	3.77	7.24%	3.39%
企业平均融资成本：7.60%			

资料来源：《中国社会融资成本指数》和《中国社会融资环境报告》，2018年4月22日。

2. 政府补助和财政专项资金覆盖面窄

国家对文化产业的政策扶持也是文化企业重要的资金来源渠道，财政对文化产业的投入以按项目政府补贴为主要方式。数据显示，近年来，我国"文化事业费总量虽有所增长，但人均水平不高，文化事业费占全国财政总支出的比重明显偏小"，2014年全国文化事业费为583.44亿元，占国家财政总支出的比重为0.38%，人均42.65元；2015年全国文化事业费682.97亿元，占国家财政总支出比重为0.39%，人均49.68元；2016年全国文化事业费为770.69亿元，占国家财政总支出的比重为0.41%，人均56.06元。[1]

财政专项资金主要倾向投入重大文化产业和重点文化项目，或文化产业某些重点细分领域，中小微文化企业一般很难得到政府更多专项政策扶持资金支持。

3. 资金投入的地区性差异大

由于我国东西部经济发展不均衡，处在不同区域的文化企业的硬件条件也有很大差异。这些差异导致中西部地区的文化企业的经营理念、市场化思维和行业发展环境等与东部有明显的差距，中西部文化企业对外部资金的吸引力远远小于东部。同时，财政投入的区域性差异也很大，数据显示[2]，2014年，中国文

---

[1]　中国社会科学院文化研究中心：《文化蓝皮书：中国文化产业发展报告（2015—2016）》，社会科学文献出版社2016年版。

[2]　中国社会科学院文化研究中心：《文化蓝皮书：中国文化产业发展报告（2015—2016）》，社会科学文献出版社2016年版。

化事业费占当地国民生产总值比重,东部地区达 41.6%,西部地区占 29.3%,中部地区只有 22.9%,地区发展不平衡的现象比较严重,矛盾也比较突出。这种内、外部的双重环境差距,使中西部地区的文化企业发展严重受制,文化企业发展资金来源的区域结构性差异显著。

(四)金融服务质量提升空间大

企业的良好发展与其外部金融相关服务质量密切相关,特别是法律、财务、税收等的政策咨询服务以及业务联络平台影响较大,这些配套服务主要由政府和市场两方面提供。在现实中,大多文化企业难以获得这些有效服务,减少了发展机会。

1.政府服务不精准

一是政府相关职能部门职责不明确,边界不清楚,工作中缺位、错位、越位现象并存;二是思想僵化或保守,官本位情结重,服务意识差,工作中主动作为少,不担当;三是注重形式,热衷于搭台,热衷于营造环境,做表面文章;四是支持、配套的文件多,但大多写在纸上,挂在墙上,宣传在嘴上,实际工作中难落实。

2.市场机构不积极

文化企业获得金融支持的效率,依赖于文化企业与金融机构对接的有效性,离不开知识产权评估、文化管理咨询、风险补偿机制、文化产权交易市场等配套服务保障。由于文化企业的特殊性,目前市场上有针对性的相关的无形资产评估、资信评价、融资咨询服务、法律服务、财务服务等相关专业中介服务机构数量较少,且层次参差不齐,服务水平和服务质量有限,参与的积极性不高,缺乏主动性,直接影响着文化企业做大做强。

三、文化企业证券化发展的意义

文化企业的证券化发展,是通过直接金融方式进行的企业运营和融资,包括场内、外市场的股权融资、债权融资、并购重组与资产证券化等内容。文化企业采用这些手段进行证券化发展,不仅证券化本身会为企业带来规模、资金、业务等方面的拓展,而且为了满足证券化发展的要求和条件,企业本身还要进行被动的制度和法律等方面的规范。证券化发展为文化企业带来的或主动或被动的作用,能较好地解决文化企业发展中受到的制约。

(一)有助于现代企业制度的建立

现代企业制度是"以市场经济为基础,以企业法人制度为主体,以公司制度为核心,以产权清晰、权责明确、政企分开、管理科学为条件的新型企业制度"[①]。文化企业进行证券化发展,无论是股权融资对非股份公司的股份制改制要求,还是债权融资对公司内部控制制度的完整性、合理性、有效性不存在重大缺陷的要求,都会倒逼文化企业去建立现代企业制度。对那些改制不彻底的传统文化企业,证券化要求其理顺产权关系,完善法人治理结构,明确产权关系上的自负盈亏责任,解决好历史遗留问题[②];对那些新兴文化业态企业来说,证券化除了会促使其完善公司治理制度架构之外,还会倒逼其引进相应的高端人才以对接证券化业务,从而提升其经营的专业化水平,提升管理的科学水平和执行力。文化企业要完成相关制度规范,以符合证券化的政策性强制要求,也就意味着文化企业初步建立起了现代企业制度。

(二)有助于企业整体实力的增强

文化企业的证券化发展,无论是通过直接融资获得资金以拓展市场或业务,还是并购重组完成产业链整合或跨地区、跨行业、跨所有制的融合,直观体现都是企业的规模扩大,从而形成规模经济,获取规模效益。同时,我们通常也说,资本市场是社会经济的"晴雨表",资本市场的任何变动,都可能成为社会舆论追逐的焦点,都可能成为引领社会发展的潮流。文化企业一旦完成上市或是并购重组,大多会一跃成为热点,相当于附带了极强的广告效应,短时间内其影响力就可能得到较大的提升,这就会在一定程度上提升消费者对其产品和服务的认知与消费需求,增加其盈利源。而且证券化发展,既可以获得大量发展资金(或资本),可以用于引进更多、更好的相关专业技术和人才,以进一步提升文化企业的核心竞争力,还能在一定程度上引导市场预期,因为在

---

① 曹凤岐:《股份制与现代企业制度》,企业管理出版社 1998 年版。
② 参见林毅夫、李周:《现代企业制度的内涵与国有企业改革方向》,《经济研究》1997 年第 3 期。

资本市场中,资本对项目的选择会起到市场信号的作用。例如一家文化企业被某大企业或大集团并购,市场一定会认为该文化企业有着没被外界注意到的价值。结果,市场会对该文化企业重新进行全方位的分析和评估,通过各种各样的办法以得出其确实具有价值的结论。这样,该企业之前生产的所谓"小众"的文化产品和服务就会迅速成为市场的热门题材,从而其核心竞争力就得到了极大的提高。证券化对文化企业的这些影响,最终会使其实力获得整体性增强。

(三)有助于融资渠道的丰富

文化企业证券化发展,最大的好处就是丰富了其融资渠道,有利于逐步降低对信贷资金的依赖,提高直接融资比例。随着我国多层次资本市场的发展,现代文化产业融资体系也日趋完善。文化企业通过 IPO、发行债券、并购重组以及资产证券化等渠道获取增量资金,将一些没有投入到资本循环领域的资金吸收到文化产业领域中来(脱虚入实)。在金融发展史上,多层次资本市场与传统银行信贷一道,在企业不同的发展阶段和产业成长阶段,发挥了对应的投融资功能。证券化为文化企业带来更加丰富的融资渠道,可以有针对性地为满足那些不能或不愿通过传统信贷方式获取发展资本的文化企业提供资金需求,也弥补了财政与产业扶持资金的不足。另外,作为经济中市场化程度最高的资本市场,其内部资金流动的推动力,主要取决于企业本身的价值及市场对该企业未来价值的预期,也受资本市场功能及发展环境等因素的影响。

(四)有助于外部环境的改善

对于企业发展所需的和谐外部环境的构建,政府与市场共同发挥作用,形成互补机制。文化企业证券化发展,实质就是引入市场机制和资本的力量,必然就会有金融、法律、财务、税务、资产评估、财经公关等中介服务机构的进入。这些服务机构,是企业发展外部环境的重要组成因素,越来越多的文化企业选择证券化发展,就会增强这些机构对文化的参与度,从而也提升他们对文化领域发展的相关服务能力的专业性和有效性。文化企业发展的外部环境条件的成熟,可以大大提高文化企业证券化发展的效率。在我国大部分地区,证券化中的场内、场外上市等内容,往往还是评价地方政府支持资本市场发展力度的重要指标,文化企业的证券化发展,可以契合政府的施政,从而获得地方政府的更多政策支持。地方政府更好地发挥其政策引导、组织协调作用,又进一步完善了文化企业发展的外部环境。

第二章 境外文化企业证券化
发展情况

第一节　境外文化产业发展模式

　　文化产业已经成为许多国家特别是经济发达国家或地区的重要支柱产业。统计数据表明,"2013 年全球文化产业增加值占 GDP 的比重平均为 5.26%,约 3/4 的经济体在 4.0%—6.5%之间。其中,美国最高,达 11.3%,韩国、巴西、澳大利亚、新加坡和俄罗斯均超过 6%,加拿大、英国、中国香港、南非和中国台湾则分别达到 5.4%、5.2%、4.9%、4.1%和 2.9%"[①]。

　　据国家统计局统计数据显示,2016 年我国文化及相关产业法人单位增加值达 3.08 万亿元,同比增长 13.0%(未扣除价格因素)。从相对规模来看,文化及相关产业在 GDP 中的占比增长较快,由 2004 年的 2.15%增至 2016 年的 4.14%,平均每年提高 0.17 个百分点。北京等部分文化发达地区的文化及相关产业法人单位增加值占地区生产总值的比重早已超过 5%,成为区域的支柱性产业,在经济发展中发挥着重要作用。详见图 2-1。

　　相较于其他经济发达国家或地区,我国文化产业虽有了快速发展,但整个行业的成熟度还有较大的差距。纵观整个世界文化产业市场,欧美日等发达经济体占据了世界文化产业市场的绝对份额。以电影为例,2016 年全球累计票房 381 亿美元,在全球票房 TOP 12 中,排名前 11 位的电影由美国的公司出品,排名第 12 位

---

　　① 国家统计局:《世界主要经济体文化产业发展状况及特点》,2014 年 12 月 8 日,见 http://www.stats.gov.cn/tjzs/tjsj/tjcb/dysj/201412/t20141209_649990.html。

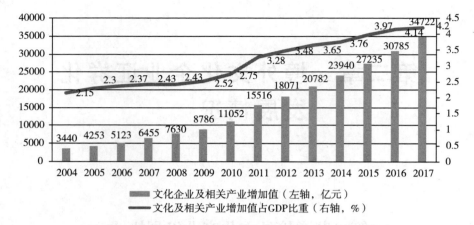

图 2-1 我国文化及相关产业增加值及占 GDP 的比重情况

注：文化及相关产业增加值数据根据《文化及相关产业增加值核算方法》确定。
资料来源：国家统计局。

的电影由日本的公司出品①（详见表 2-1），为争夺文化高地，增强文化领域的世界话语权和影响力，各国政府都十分重视文化产业的创新发展，都高度重视本土传统文化的继承与弘扬，采取积极措施，加大资本扶持力度，大力发展文化产业。如，美国利用其在国际上的政治、经济地位，极力推广自由经济并阻碍其他国家对本国文化产业实施保护性政策；欧盟采取国家干预主义原则，注重扶持和资助中小微文化企业特别是创意产业发展，避免过度集中和垄断；日本通过确立文化立国方略，以及知识产权立国战略等来促进文化产业的发展。② 我国应借鉴发达国家或地区的经验，不断深化文化体制改革，推动文化大发展大繁荣。

表 2-1 2016 年全球票房 TOP 12

	片名	全球票房（亿美元）	发行人	北美/比例	海外/比例
1	《美国队长 3》	11.53	迪士尼	4.08/35.4%	7.45/64.6%
2	《海底总动员 2》	10.28	迪士尼	4.86/47.3%	5.42/52.7%

---

① 参见吴裔敏：《基于 IP 价值打造价值链》，第十三届中国（深圳）国际文化产业博览交易会，2017 年 5 月。

② 参见世界主要经济体文化产业发展形状研究组：《世界主要经济体文化产业发展状况及特点》，《调研世界》2014 年第 10 期。

	片名	全球票房 （亿美元）	发行人	北美/比例	海外/比例
3	《疯狂动物城》	10.24	迪士尼	3.41/33.3%	6.83/66.7%
4	《侠盗一号》	9.83	迪士尼	5.02/51.1%	4.81/48.9%
5	《奇幻森林》	9.67	迪士尼	3.64/37.7%	6.03/62.3%
6	《爱宠大机密》	8.75	环　球	3.68/42.1%	5.07/57.9%
7	《蝙蝠侠大战超人》	8.73	华　纳	3.30/37.8%	5.43/62.2%
8	《神奇动物在哪里》	7.80	华　纳	2.29/28.8%	5.51/71.2%
9	《死侍》	7.83	福克斯	3.63/46.4%	4.20/53.6%
10	《自杀小队》	7.46	华　纳	3.25/43.6%	4.21/56.4%
11	《奇异博士》	6.58	迪士尼	2.30/35.0%	4.28/65.0%
12	《美人鱼》	5.54	索　尼	0.032/0.6%	5.51/99/4%

资料来源：微影数据研究院。

文化产业的发展，离不开文化企业的发展。文化企业证券化程度的高低，影响着文化产业的经济效益和发展前景，文化企业通过发行股票、债券、资产证券化产品，拓宽直接融资渠道，解决融资问题，将企业的规范管理和提升企业核心竞争力紧密结合，并通过并购重组，促进和实现文化资源的市场化整合，在做大做优做强的同时，切实履行好社会责任，打造文化精品，实现经济利益与社会效益的统一。

以下将简单介绍美欧日等发达国家和地区几种典型的文化产业发展模式。

一、市场驱动型的美国模式

美国作为文化产业的大国，其多元化的文化特性在世界范围内都具有较大影响力，美国文化产业的发展坚持以市场化为导向，强调文化企业发展及文化产品生产、销售和推广的高度经济市场化，让文化企业遵循市场经济规律，按照商业模式市场化运营，具有两个鲜明特征。

(一)遵循市场规律,追求高额利润

在自由市场经济体制下,实现企业利益的最大化是包括文化企业在内的所有企业发展的原动力与基本目标。文化企业在产品产出之前需要投入大量资金,一旦产品成功投入市场并获得市场认可,将会获得可观的回报,如美国电影业,一部口碑良好的电影,除了在本土的票房收入外,通过向全世界电影市场的投放,可以获得丰厚的境外收入,同时伴随电影业强大的号召力,使得影片的附加产品也成为巨大的收入来源。

(二)注重产品创新,拓展市场资源

美国文化的历史,实质上也是一部移民文化史,其主体文化更多的是从欧洲文化继承、移植和发展而来,多元化、高融合性的文化特色使得美国文化的复合性特点突出,通过不断汲取世界文化的精华,文化融合创新融入美国文化内涵。如热卖的《功夫熊猫》系列影片,源于我国的国宝熊猫与中华功夫的结合,基于西方人对东方文明的神秘感和中国巨大的消费市场,经文艺工作者创意改编,不是简单复制,加入了对中国文化元素的解构与还原,注入了新的消费心理与市场理念,通过多元的文化吸收融合,创造出更新颖的影视文化作品,从而增加了文化市场的多元化选择,保证了产品创新品质,也适应了市场消费需求。

表面上,美国倡行减少政府干预以追求自由市场经济的原则,实际上,在文化产业发展过程中,美国政府一方面通过优惠的财税政策,鼓励中小微文化企业发展,吸引更多的社会资本投入到文化产业发展中,逐步形成跨国跨多领域的电影巨头、传媒巨头、广播巨头等;另一方面通过成立文化产业投资基金,支持非营利性的文化事业机构的发展,同时还经常采取贸易保护政策,以限制文化产业竞争国内化,使美国国内文化企业通常可以获得较高的利润回报率。[①]

二、"资源驱动+政府引导"的英法模式

在欧洲,英国与法国都是具有悠久文化历史传统的国家,深厚的文化底蕴和

---

① 参见余晓泓:《美国文化产业投融资机制及启示》,《改革与战略》2008 年第 12 期。

丰富的文化资源,使得英法文化企业带有鲜明的民族特色,文化基础为文化企业发展提供了强有力的动力源泉。

(一)"文化资源"驱动文化产业更好发展

英法文化企业发展的资源驱动在于两国具有丰厚的文化历史资源。"创意产业"定义是英国率先提出的,英国也是第一个主要通过政府引导推动文化创意产业发展的国家。在英国文化历史上,出现了莎士比亚、狄更斯、萧伯纳等世界文化名人,其文化作品在世界范围内广泛流传。通过对文化资源的挖掘,借助文化创意产业的发展,英国的文化企业整体素质较高。

在法国,文学一定是会被浓墨重彩描述的,不仅诞生了巴尔扎克、雨果、罗曼罗兰等文学巨匠,像《巴黎圣母院》《红与黑》《高老头》等文学作品也被世人普遍称道。同时法国的建筑设计和艺术设计也有高超的造诣,卢浮宫就是最能体现法国艺术领域成就的代名词,还有埃菲尔铁塔、巴黎歌剧院、巴黎圣母院等都具有高度的艺术价值和考古价值。通过文化活动带动文化产业的繁荣,让人们在文化盛宴中感受艺术的熏陶,接受精神的洗礼,畅享幸福美好生活,这是文化的力量,也是文化企业的责任。

(二)"政府引导"推动文化产业加快发展

在政府引导文化企业发展方面,英法两国通过政府资助,成立特殊的权益资本基金,向文化企业注入资本,以帮助中小文化企业更好发展。在英国,成立的企业资本基金为创新型中小企业提供了共同投资计划,其中受企业资本基金支持的文化创意企业占整个受资助企业的四分之一。类似的,法国针对时装行业成立风尚基金,也为相关文化企业带来一定的资本支持。同时,法国还通过制定一系列的优惠政策,以保障文化企业的顺利发展。一方面从事文化活动的企业都可以向中央政府或者地方政府直接申请财政支持;另一方面法国政府通过制定减税政策鼓励企业为文化发展提供各种帮助,凡是进行促进文化发展经营活动的企业,都可以获得部分税收优惠。在支持文化企业上市方面,比较注重面的影响,就资本市场而言,根据伦敦和法国证交所公告数据(相关数据含他国企业在该交易所上市数),上市文化企业的数量占比,优于市值占比。英法两国文化企业上市情况如表2-2所示。

表 2-2　英法两国文化企业上市情况

证券交易所	文化企业上市情况				整体上市公司情况	
	数　量	数量占比	市值(亿元)	市值占比	数量	总市值(亿元)
英国伦敦证交所	82	3.49%	11751	1.40%	2352	837727
法国证交所	38	5.24%	4385	1.70%	725	257809

资料来源:根据 2016 年 7 月 31 日 WIND 资讯数据库资料整理所得。

三、政策驱动的日本模式

日本的文化产业,统称为娱乐观光业,注重强调文化的内容属性。自 20 世纪 90 年代起,日本的动漫、游戏产业迅速发展,如今动漫产业已经成为日本文化产业的代表。日本的动漫作品在世界上具有较大的市场份额,作为全球最大的动漫输出国,日本的动漫产业链处于全球领先甚至垄断状态。2016 年,全球动画播放量数据中,TOP 10 排名中全部为日本的动漫作品[①](见表 2-3)。除了动漫产业,日本的流行音乐也是世界第二大音乐市场。完整的知识产权保护体系为日本文化企业发展起到了重要作用。

表 2-3　2016 年全球动画播放量 TOP 10 排行榜

	片　　名
1	《Re:从零开始的异世界生活》
2	《冰上的尤里》
3	《双星之阴阳师》
4	《灵能百分百》
5	《ReLIFE》
6	《91Days》
7	《剑风传奇》
8	《大贵族:回醒》

---

①　参见吴裔敏:《基于 IP 价值打造价值链》,第十三届中国(深圳)国际文化产业博览交易会,2017 年 5 月。

	片 名
9	《JOJO 的奇妙冒险：不灭钻石》
10	《最终幻想 15：兄弟》

资料来源：动画配音网站 Crunchyroll。

（一）日本文化产业发展政策

日本文化产业的发展史，一定程度上就是日本政府文化产业政策的制定史。日本 1996 年制定了《文化立国 21 世纪方案》，1998 年提出了"文化振兴基本设想"，2001 年提出知识产权立国战略，2003 年制定了"观光立国战略"。[①] 日本政府不只是从宏观上提出文化产业发展政策，同时还对施政方略实行立法，比如：为全面实施《文化艺术振兴基本法》，制定了《关于文化艺术振兴的基本方针》；为全面实施《知识产权基本法》，制定了《知识产权大纲》，通过政府制定法律法规及相关配套政策，不仅完善了文化产业调控体系，也强化了文化法规实施的针对性和有效性。

（二）政策驱动日本文化企业发展

基于完善的知识产权立法，日本政府积极推动知识产权证券化发展，特别鼓励在动漫产业和电影业中以信托著作权的方式进行知识产权证券化，为企业拓展融资渠道，同时，通过政府投入设立文化艺术振兴基金。日本的文化企业证券化发展带有较为明显的政府引导色彩，日本政府会根据文化产业的发展状况而调整相应的产业政策，为中小文化企业获得直接融资途径提供便利（东京证券交易所相应板块上市情况详见表 2-4），降低日本文化企业直接融资门槛。日本文化企业上市主要集中在创业板上，达到 58 家，占上市文化企业数量的 63.7%，大多数的文化企业市场规模不大，但通过政府设立的新兴板块市场使中小文化企业上市直接融资变得可能，整体上提升了文化企业证券化程度。另外日本上市文化企业中各文化子行业分布不均，如广告业的上市公司有 42 家，占上市文化企业数量的 46%，市值约占上市文化企业总市值的 49%；而有线与卫星上市

---

① 参见庄严：《日本文化产业制度安排及其创新》，《经济纵横》2013 年第 11 期。

公司只有 1 家,占整个上市文化企业数量的比例不到 2%,市值占上市文化企业总市值的比例不到 3%。

表 2-4　东京证券交易所文化企业上市基本情况

日本东京证交所					
项　　目	上市企业数量	主板	中小板	创业板	总市值(亿元)	市值占比
上市公司总体情况	3516	1797	553	1166	325468	
文化企业上市情况	91	28	5	58	3813	文化企业市值占全部上市公司总市值比重 1.17%
出版业	23	7	1	15	280	占文化企业市值比重 7.33%
电影、娱乐	15	5	0	10	634	占文化企业市值比重 16.61%
广播业	10	6	2		926	占文化企业市值比重 24.28%
广告业	42	9	2	31	1872	占文化企业市值比重 49.03%
有线与卫星	1	1	0	0	99	占文化企业市值比重 2.75%

资料来源:根据 2016 年 7 月 31 日 WIND 资讯数据库资料整理。

第二节　境外文化企业证券化发展情况——以美国为例

以经济优势为支撑,美国文化企业依靠国家的政策、科技与外交等措施,构建起成熟的文化产业链,形成完整的文化产业市场,并培育出多元的文化消费主体。美国文化企业的发展,得益于其人力资源、技术和资本的投入,高投入获得高回报是美国文化企业发展的重要特征。随着全球文化产业结构的调整和经济全球化的潮流,使美国文化企业提供的文化产品不仅满足了本土消费,而且多样性的产品供给还源源不断地对外输出,其在广播电视和电影业的霸主地位更为明显,例如我们耳熟能详的各种好莱坞商业大片,不仅在美国境内有着不错的票房收益,同时通过巨大的海外电影市场也能获取不菲的票房收入。通过掌握全球文化市场的话语权和规则制定权,美国文化产业在世界文化产业中占据着重要地位。

一、美国文化产业的概况

美国的文化企业,分为非营利性的公益文化机构和营利性的企业。

在促进公益文化事业发展方面,美国是典型的社会主导型,其虽不设文化部,但有国家艺术基金会、国家人文基金会等社会中介组织,它们代表政府行使部分职能。美国对文化艺术事业的扶持,主要是通过法律法规和政策杠杆,鼓励加大对文化企业的投资,利用国家资金或私人基金会对文化事业进行经济资助,并引入民间资本,构建多元化的融资渠道;同时,通过各种税收优惠政策,对公共文化服务进行间接资助、培育和支持。[①]

在促进营利性文化企业发展方面,美国则属于市场主导型国家,通过文化企业上市、企业间的并购重组,或者资产证券化等方式来推动文化产业发展,使美国成为全球经济证券化率[②]比较高的国家,其文化上市公司的体量以及文化企业资产证券化程度在全球都有很大的影响力。根据美国商务部国家经济分析局和国家艺术基金会联合发布的《2008—2011 年度文化艺术对美国国民经济影响数据报告》,2011 年,美国文化艺术产值为 9160 亿美元,其中,广告服务业达2000 亿美元、艺术教育达 1040 亿美元、有线电视制作与播出达 1000 亿美元、电影和录像及服务达 830 亿美元。2011 年,文化艺术增加值为 5040 亿美元,占当年 GDP 的 3.2%;文化艺术产品生产和服务雇用了 200 万工人[③];美国文化产业产值占其 GDP 总量的 18% 至 25%,是仅次于军事产业的第二大产业;美国文化产品的出口居世界第一位,平均年增长率 6%。美国核心的文化产业主要包含

---

① 参见慕享宏:《"民间主导"的美国公共文化服务模式》,《中国文化报》2016 年 2 月 4 日。

② 证券化率指的是一国各类证券总市值与该国国内生产总值的比率,实际计算中证券总市值通常用股票总市值+债券总市值+共同基金总市值等来代表。证券化率是衡量国民经济市场化程度的重要指标。

③ 美国商务部国家经济分析局和国家艺术基金会:《2008—2011 年度文化艺术对美国国民经济影响数据报告》,转引自《文化艺术产业已占 GDP 重要比》,《中国文化报》2014 年 7 月 10 日。

了电影和录像、有线电视、电视和广播、广告服务、报刊出版等文化子行业。①

二、美国支持文化企业发展和证券化发展的法律体系

美国政府对文化产业的管理,主要通过法律规范和行业自律方式,形成了以美国宪法及其第一修正案为基础,涵盖文化产业基本法律和其他与文化产业相关的法律的完善体系。这些法律法规,定位清晰、层次分明、相互协调。

(一)美国《宪法》及《宪法第一修正案》

美国《宪法》规定,文化自由权和平等权是公民的合法文化权益。同时,通过限制国家权力以保护公民享有的基本文化权益,如美国《宪法第一修正案》规定:"国会不得制定限制公民言论自由和出版自由的法律"。公民合法文化权利及知识产权的法律保护,为美国整个电视、广播、报纸等电视出版业创造了一个相对宽松和自由的发展环境,文化企业在法律框架内按照市场经济规律运行,逐步形成了美国有线电视新闻网、美国广播公司等文化企业巨头。

(二)《国家艺术及人文事业基金法》

1965 年,美国制定了《国家艺术及人文事业基金法》,明确了人文、艺术所涵盖的范围,为美国文化产业发展提供了一个行业的框架体系。同时,依据该法,创立了国家艺术基金会与国家人文基金会,主要以资金支持和补贴方式促进美国艺术与人文事业的发展,"其宗旨是制定文化产业政策,扶持文化企业的发展,奖励文化艺术活动的优秀人员,以促进文化艺术水平的提高"②。按照该法,美国政府每年需拨付一定比例的政府预算资金,用于促进和发展文化艺术事业,该款项不能用于文化机构的运作或其他用途;对非营利性质的文化艺术单位免征所得税③,调动了社会资本,提升了民间参与热情。

---

① 慕享宏:《"民间主导"的美国公共文化服务模式》,《中国文化报》2016 年 2 月 4 日。
② 参见刘恩东:《美国文化产业发展的法律体系》,《中外文化交流》2015 年第 10 期。
③ 这也成为某些家族企业避税的首选方法。

（三）知识产权保护法律体系

美国号称是世界上施行知识产权制度最为严格的国家,有着体系完备的知识产权保护制度,建立了以版权保护为核心、以注册登记制和财产权保护制为途径的法律体系。知识产权作为现代文化企业发展的核心价值,保护知识产权就是保护整个行业赖以发展的关键,文化产业作为以"内容为王"的产业,文化产品就是文化企业的市场竞争力,而文化产品的产生则依赖于生产者的智慧创作,因而创作者的智慧成果必须以知识产权的形式来加以保护。在尊重和保护知识产权的制度中,创作者的创作积极性才能得到有效激发,行业才能得到健康的良性发展。

1. 以《版权法》为核心的知识产权保护制度

美国的知识产权分为商标权、版权、专利权和商业秘密四个种类,分别有《商标法》《版权法》《专利法》和《反不正当竞争法》对应,其中《版权法》是美国知识产权保护制度的核心。美国版权制度的发展和版权战略,完全以维护本国版权业的利益、促进本土文化和经济发展为核心,带有明显的实用主义色彩①。现有的版权制度,既加强和拓宽了对版权的法律保护范围(如开始对未发表的作品提供版权保护,保护著作权人的精神权利,延长版权保护期,规定版权收回制度,加强版权的侵权救济,提高作品独创性的司法要求),也增加了新的数字化版权保护。

2. 互联网知识产权保护

随着网络时代的到来,民众对信息的获取、处理和传送更加依赖于信息网络化的应用,网络数字化进程的加快与民众需求相得益彰,使得美国版权法律制度和版权市场的发展迅速进入网络化时代。而互联网技术的成熟,让美国网络技术的社会应用大为拓展,尤其对于大多数文化企业的文化产品而言,网络是文化产品的最佳传播载体,互联网技术的发展也为文化企业的发展提供了千载难逢的良机。为适应数字化时代版权业的发展要求,美国相继出台了《数字千年版权法》《计算机软件保护法》《半导体芯片保护法》《电子盗版禁止法》《伪造访问设备和计算机欺骗滥用法》等法律,这些法律的颁布

---

① 参见白海波:《试析美国版权战略与版权业发展的互动》,《科技与经济》2004 年第 6 期。

和实施,是对以版权法为核心的知识产权保护法律系统的不断完善,不仅加强了美国对知识产权的保护,也为文化企业的证券化发展起到了保驾护航作用。

3. 其他法律制度

包括但不限于如《联邦税法》《公平交易法》《反垄断法》《合同法》等,这些法律与《宪法》《知识产权法》共同构成了促进美国文化产业发展的法律体系,作为一个有机的统一体,相互关联、不可或缺。以《联邦税法》为例,通过针对公民个人、区域性的文化产业及特殊文化行业,分别制定税收优惠政策,引导和支持文化产业发展;对营利性与非营利性文化产业,实行区别对待或税收减免政策,有效地起到了杠杆调节作用。

三、美国文化企业证券化发展路径

美国金融融资体系完备,得益于美国完善的融资体制、多样化的融资方式,除了政府财政资助、税收优惠和银行对文化企业的信贷支持等渠道,美国文化企业发展资本筹集主要依靠证券化路径。

(一)证券市场

1. 美国证券市场发行制度

美国股票发行坚持以信息披露为中心,除《萨班斯法案》对公司治理的严格标准外,对证券发行的门槛较低,也不对股票的投资价值进行判断,只要满足了披露要求,任何企业皆可公开发行证券。对发行人的历史沿革、经营业绩、管理水平、行业地位、风险程度等的包容性更强,强调诚实守信和信息的充分披露。能否发行成功,主要取决于发行人及其商业模式能否获得市场和投资人的充分认可,强调了市场的事中监管和事后惩戒。

2. 美国文化企业在证券市场的表现

文化企业的成长特性和盈利模式的差别造成了美国文化企业之间具有较大的差异性。美国主要证券交易所(全美证券交易所、纳斯达克证券交易所和纽约证券交易所)的文化企业上市数据如表2-5所示。

表 2-5　美国文化企业上市情况

美股（不含 OTC）					
	总数	美交所	纳斯达克	纽交所	总市值（亿元）	市值占比
上市公司总数	4941	253	2614	2074	2348614	
文化企业上市总数	120	4	71	45	77680	文化企业市值占全部上市公司总市值比重3.3%
出版业	26	0	9	17	9502	占文化企业市值比重12%
电影、娱乐	25	2	11	12	25771	占文化企业市值比重33%
广播业	34	1	24	9	14800	占文化企业市值比重19%
广告业	18	1	5	12	4880	占文化企业市值比重7%
有线与卫星电视	17	0	15	2	22752	占文化企业市值比重29%

资料来源：根据 2016 年 7 月 31 日 WIND 资讯数据库资料整理所得。

　　截至 2016 年 7 月 31 日,在美国上市的文化企业共 120 家,占美国上市公司总数的 2.4%,文化企业市值大约为 77680 亿元人民币,约占上市公司总市值的 3.3%。其中,上市文化企业主要包含出版业 26 家公司、电影娱乐业 25 家、广播业 34 家、广告业 18 家、有线和卫星电视 17 家。其中:电影、娱乐业以 25771 亿元人民币市值占文化企业总市值的 33%,居所有文化子行业第一。遵循市场规律,追求高额利润使得美国电影、娱乐业得到迅速发展,通过高收入从而整合、投入更优质的资源以创造更优秀的文化作品,以此促进整个行业的良性发展,是美国电影娱乐业能够长期占据优势地位的关键。

　　美国有线和卫星电视行业共 17 家上市公司,以 22752 亿元人民币的市值占上市文化企业总市值的 29%;广播业公司总市值 14800 亿元人民币,占上市文化企业总市值的 19%;出版业以 9502 亿元人民币市值,占上市文化企业总市值的 12%;广告业以 4880 亿元人民币市值,占上市文化企业总市值的 7%。① 美国出版业实力雄厚,遍及主要的英语市场,广播电视、电影业更是独占鳌头,娱乐业发展十分迅速,成为新亮点。近 30 年来,美国的文化产业一直保持强劲增长,市场规模不断扩大,文化产业产品连同其价值观不断向全球输出。

3. 美国多层次资本市场促进文化企业证券化发展

美国资本市场,是全世界规模最大、体系最复杂的资本市场,主要包括三个层次:

一是以纽约证券交易所(NYSE)为核心的全国性证券交易市场,也称主板市场。该市场对上市公司的要求比较高,一般是业务成熟、业绩良好、治理机制完善,且拥有较长的历史存续性和较高投资回报的高知名度大企业。

二是以纳斯达克(NASDAQ)为核心的二板市场。纳斯达克注重上市公司的成长性和长期盈利性,高科技、高风险、高回报、规模相对较小是在纳斯达克上市的公司普遍具有的特征。目前,纳斯达克的交易额已经上升到全球第二,仅次于纽约证券交易所,而在上市企业数量、市场关注度、流动性比率等方面已经超过了纽约证券交易所。

三是由场外市场(OTC)及遍布各地区的全国性和区域性市场共同构成的三板市场。美国体系完整的多层次资本市场为文化企业提供了多渠道融资途径,这种多层次的资本市场不仅是大企业、大集团的主要融资平台,也是中小企业的证券化发展平台。美国多层次资本市场结构体系如图 2-2 所示。

(二)风险投资基金

中小文化企业,或者高投入风险的文化企业,引入风险投资无疑是对其最重要的资本支持。大多创意类文化企业,都有轻资产、融资担保能力弱、盈利模式不明确、持续盈利能力弱等风险,但是一旦成功就可能会获得较高回报,因而也会获得高风险偏好投资人的青睐。风险投资是文化产业领域较为普遍的融资方式,也是文化产业领域投资最具有活力的部分,是对文化企业的未来发展前景、盈利和管理能力的投资,并通过证券市场和产权交易市场转让股权等方式实现

---

① 根据 WIND 资讯数据库资料整理,统计日期为 2016 年 7 月 31 日。

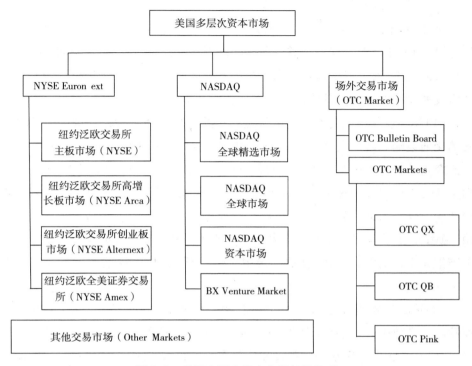

图 2-2 美国多层次资本市场结构体系

资料来源：深圳证券交易所中小企业之家网站，2016 年 3 月 31 日，见 http://www.homeforsmes.com.cn/ index.do。

投资退出。以电影业为例：美国的影片投资采用制片人制度，制片人对项目的运作和实施进行管理，风险投资人与制片人共同合作组成影片项目风险投资机构，按照相关合同或约定，共同承担风险，强化市场前期的可行性论证与评估，注重事中的监督与协调。风险投资的退出渠道一般是通过影片发行获得的收入回收投入资金，或者采取项目转让的方式提前退出。

（三）并购重组

并购重组不仅有利于促进文化企业快速成长，更能实现资源整合的深层次目标。美国拥有庞大的文化企业群体，也是世界上文化产业最为发达的国家之一，成熟的资本运作手段使得美国文化企业的并购重组成为世界范围内文化行业整合的典范，引领着文化企业国际并购重组发展的趋势。

1. 美国文化企业并购发展历程

早在 20 世纪初,美国文化企业就出现了企业间的整合与集团化的发展趋势,其后的文化产业发展与全球企业并购浪潮基本保持一致,每次并购重组浪潮的形成或发生,或多或少地都与当时经济发展周期相吻合,并表现出与当时经济技术发展阶段相适应的并购形式。

(1)第一次美国文化企业并购浪潮(19 世纪末 20 世纪初)。这一时期随着美国交通运输系统的发展,给美国企业带来铁路运输成本缩减的同时,进一步使美国企业认识到美国是一个完整的大市场,在规模经济策略的引导下,这一时期的企业希望通过并购重组以扩大企业经济规模,减少同行业的竞争,从而获得规模效应。这一次的并购浪潮,主要是同行业之间的并购重组,形成了美国钢铁集团、通用公司、全美烟草公司等垄断巨头。文化企业早期的并购重组主要体现在美国报业集团的整合扩张,报业的集中化进程开始加速,并呈现出报业集团的形式。

(2)第二次美国文化企业并购浪潮(第一次世界大战前后)。此次并购浪潮更倾向于产业整合,主要表现为纵向并购。在这一时期美国报业进行了新一轮的整合,通过资本运作整合报纸行业成为主流的扩张方式,一些发行量较大的报纸被某些大公司迅速控制,使得美国报业集中的趋势进一步加强。在此阶段,美国的电影业也得到迅速发展,主要源于第一次世界大战对欧洲各国经济文化的影响,美国电影业迎来了黄金发展时期,美国好莱坞也成为世界电影制片的中心,美国著名的大制片厂如米高梅、派拉蒙、福克斯等也都兴起于这个时代。

(3)第三次美国文化企业并购浪潮(20 世纪 60 年代)。因美国本土未受第二次世界大战影响,这一时期是美国经济快速增长的时期,经济的持续增长使企业并购的数量迅速增加。这次并购以混合型并购为主要特征,大多数被收购者是小规模或中等规模的企业,收购者以此采用多样化的战略进入自身传统行业以外的业务领域,实现公司业务的多元化发展。美国文化企业在这一浪潮的推动下,也开始了从单一经营向混合经营转变,如报业的赫斯特报团、论坛报团以及甘尼特公司等美国的主要报业集团纷纷向广播、电视等多种媒介拓展。

(4)第四次美国文化企业并购浪潮(20 世纪 80 年代)。与前几次的横向、纵向和混合并购的产业整合并购特征不同,杠杆收购在此次并购浪潮中开始展现出了资本的力量,文化企业间的杠杆收购逐渐兴起。1985 年大都会传播公司在沃伦·巴菲特的支持下,兼并了美国广播公司,同时,随着美国电视业的发展,电视业也逐渐成为本次并购浪潮的焦点,引领着美国文化企业并购重组的重头戏,掀开了美国电视产业的并购重组序幕。在电影业,为应对电视业的冲击,美国主流制片公司开始集团化策略,使电影业与其他相关行业不断交叉渗透,逐渐成为容括电视、音像、出版等产业链条的大集团。当时,电影业中发生了3件标志性并购事件:1981年米高梅收购联美电影公司、1985年新闻集团收购福克斯公司、1989年索尼收购哥伦比亚电影公司。

（5）第五次美国文化企业并购浪潮（20世纪末至本世纪初）。随着电子、通讯技术和网络技术的兴起,为适应技术发展新变化,美国降低了电信等行业的政策管控力度,加之产业融合理念的推动,文化企业之间开始了新一轮并购。其中,迪斯尼以190亿美元收购美国广播公司、美国电话电报公司以480亿美元的价格收购美国远程传播公司、维亚康姆以370亿美元收购哥伦比亚广播公司,这些收购对美国文化产业格局产生了深远影响。

回顾美国文化企业并购历程,犹如大浪淘沙一般,有的文化企业在并购浪潮中如一粒沙子湮没在浪潮之中;有的犹如金子,历经大浪的冲洗,愈加闪亮。美国文化企业的发展就是不断并购重组、生产资源和资本不断分配集中的过程。美国文化企业之所以一直处于世界范围内的优势地位,离不开这种多方位、多领域、多层级的行业并购,可以说并购重组成就了美国文化企业一步步的壮大,并助其获得全球文化市场主导地位。

2. 对美国文化企业并购的评述

美国文化企业间的并购浪潮并不是偶然的,伴随着各个时期经济社会环境的变化,每次并购浪潮都产生于产业整合的大环境下,都带有明显的阶段性特征,以市场的方式实现了产业的整合与升级,并占据世界文化市场的主导地位:第一次横向并购浪潮,报业进行了第一次整合;第二次纵向并购浪潮,使美国的文化产业链得到进一步集中;第三次混业并购浪潮,使得文化企业转而向多元化主营业务发展;第四次并购浪潮加入了杠杆收购的因子,资本运作愈加成熟;第五次并购浪潮,国际资本开始扮演重要角色。与此同时,并购重组与美国文化制度的发展相辅相成,第一次并购浪潮形成的行业垄断催生了美国反垄断的反托拉斯法,1996年美国《电信法》的重大修改,也是第五次美国文化企业并购重组发生的重要原因。

企业间并购重组导致的企业数量的减少并不意味着文化资源的消失,相反,这是文化资源的市场化整合及优化配置,通过并购重组形成的文化资源合力才能产生市场竞争的优势,这也是我国目前文化企业进行证券化发展的重要目标:通过产业整合,使文化资源集中,进一步利用政策、资金及市场资源形成文化品牌优势,提高核心竞争力。通过索尼公司收购哥伦比亚影视公司的案例,可以看出国际资源应是我国文化企业证券化发展的重要关注点,我国文化企业的成长不应只局限于国内市场,应考虑把国外优质资源引进来,让国内文化品牌走出去,2016年万达收购美国传奇影业的并购案例,值得观察和总结。

美国文化企业经过大规模的联合、兼并、重组,使得美国文化产业集中度提高,依托卓越的品牌、雄厚的实力和多元化经营能力,大型文化企业集团纷纷向欧洲、南美、亚洲等地扩张,逐步构建起以美国本土为中心、覆盖全球的文化传播体系,无论是其应对外部市场因素的压力选择,还是由于自身发展限制自内而外的内生要求,都对我国当下的文化企业证券化发展具有重要启发。

(四)知识产权资产证券化

资产证券化作为资本市场主要的融资工具之一,发源于20世纪70年代的美国,最先是美国政府国民抵押协会发行了以住房抵押贷款为担保的抵押担保证券(Mortgage-Backed Securities,MBS),此后资产证券化在美国获得了较快发展,早期的MBS在逐步完善后初具市场规模,创新品种也层出不穷。知识产权证券化是以知识产权的未来许可使用费用作为基础资产,以此设立资金池而发行资产证券进行融资的方式。知识产权是文化企业自身的核心竞争力,知识产权证券化能够使文化企业在获得融资的同时,保留对知识产权的自主性,发起人还能对知识产权进行进一步改良或应用,持续提升其价值。[①]

结合文化企业的特性,可供知识产权证券化的途径一般包含音乐版权证券化、电影版权证券化、转播权证券化和品牌使用权证券化等证券化方式[②]。这些方式,为文化企业拓宽了直接融资渠道,相较于传统融资方式,其融资成本低、融资效率高,知识产权证券化为文化企业注入了新的市场活力。

---

① 参见李建伟:《知识产权证券化:理论分析与应用研究》,《知识产权》2006年第1期。

② 参见何奎:《实施知识产权证券化创新文化产业融资模式》,《中国出版传媒商报》2014年9月16日。

1.音乐版权证券化

最早的知识产权证券化案例就是著名的发行"鲍伊债券",音乐版权证券化也开创了知识产权证券化的先河。

1997年,英国摇滚巨星大卫·鲍伊因陷入税务纠纷而急需大量资金,当时的美国银行以其个人的音乐专辑版权收入作为担保,发行了总额度为5500万美元、平均偿付期为十年的资产支持证券,该证券由法内斯托克公司承销并全部出售给保德信证券投资信托公司。其后的普尔曼集团以3位著名作曲家未来的歌曲版权收入作为基础资产,发行证券而成功募集3000万美元。

虽然以个人的音乐版权收入的证券化发行规模不大,但是随着音乐产业的发展,唱片公司可以将旗下的多种音乐版权收入打包设立资金池,通过资产组合的结构化设计而进行证券化操作,这样不仅可以提高证券发行规模,同时可以对优质但又达不到发行要求的音乐版权提供证券化的途径。因为音乐版权未来收入的不确定性,在进行证券化运作时,一般会通过唱片经销商的担保进行增信,提高证券化产品的信用等级以增加对投资人的吸引力。鲍伊债券的发行就受益于他的唱片经销商的担保。

2.电影版权证券化

继"鲍伊债券"之后,美国电影业也开始尝试电影版权证券化,并逐步形成较为成熟的电影版权证券化运作模式。

20世纪90年代,美国投资银行摩根大通通过支付著名的电影制片公司"梦工厂"10亿美元的制作费用,成立了梦工厂投资公司作为证券化操作流程中的特殊目的公司(Special Purpose Vehicle,SPV),并以拟拍摄的十余部电影版权收益实施了第一笔电影版权证券化,该特殊目的公司制作出一系列的脍炙人口的电影作品,如《拯救大兵瑞恩》《美国丽人》等,并且该公司拥有这些影片的收益。此后随着电影业的发展,包括福克斯、华纳兄弟、环球等著名电影公司先后发行电影版权收益资产支持证券,规模超过百亿美元的发行量。

实践中,知识产权证券化的操作也需要根据具体的基础资产而因势利导。资产证券化作为一种金融创新的融资工具,其结构化的融资手段需要较强的技术性支撑,其中包括基础资产的选定、风险隔离制度的构建以及市场的培育都需要成熟的运作体系保障。借鉴美国次贷危机的启示,文化企业的知识产权证券化更加需要注重投资者利益的保护,构建合理的文化企业资产证券化制度方可保障整个行业的良性运转。

第三节　境外文化企业证券化发展对我国的启示

文化企业具有意识形态和经济双重属性,探索文化企业的证券化发展之路,既要体现文化大发展、大繁荣的价值取向,也要遵循市场经济的一般规律,把文化自觉与市场机制有机结合起来,将文化企业发展融入到我国全面深化改革的过程中。文化产品通过资本运作和市场营销,当然要追求综合效益最优,但是,文化企业作为文化的传承人,要厚积文化底蕴和文化自觉,其经济、文化活动要有选择性,避免低俗化、媚俗化等"文化乱象",坚持文明底线不容亵渎。兼顾文化企业的双重属性,是文化企业利用资本市场的前提条件,是文化企业区别于其他企业的特殊要求。

一、境内外文化企业发展存在较大差距

通过对比境内外文化企业不难看出,我国文化企业龙头在规模、业务结构方面,均与境外龙头企业相差甚远。下面将以美国为例,比较中美文化企业在发展规模、业务结构方面的差距。

(一)规模比较

从中美在互联网与移动互联网领域的前十大市值上市公司(见表2-6)看,上市公司之间的差距一定程度上折射出两国经济发展存在的差距。

表2-6　中美在互联网与移动互联网领域的前十大市值公司

单位:亿美元

排名	中　　国		美　　国	
	公司名称	市　值	公司名称	市　值
1	腾讯控股	4773.93	苹果公司(APPLE)	8236.14
2	阿里巴巴	4481.02	亚马逊(AMAZON)	7630.78

排名	中　　国		美　　国	
	公司名称	市　值	公司名称	市　值
3	百　度	877.13	微软公司（MICROSOFT）	7362.04
4	京　东	524.32	谷歌（ALPHABET）	7159.04
5	360	430.07	FACEBOOK	5024.78
6	网　易	333.48	英特尔（INTEL）	2457.22
7	微　博	249.14	甲骨文（ORACLE）	1858.68
8	携程网	219.73	奈飞公司（NETFLIX）	1355.09
9	苏宁易购	188.62	IBM	1344.64
10	爱奇艺	127.31	SAP	1333.97

资料来源：IDG CAPITAL 根据 WIND 统计，截至 2018 年 4 月末。

从文化产业中影视行业龙头企业收入看，差异更加明显：我国影视娱乐行业龙头华谊兄弟、中视传媒、光线传媒，三家公司的营业收入总和远小于美国影视娱乐行业巨头迪士尼：2017 年，根据各公司年报，华谊兄弟收入 39.46 亿元人民币；中视传媒收入 7.18 亿元人民币；光线传媒收入 18.43 亿元人民币；迪士尼收入 3652.55 亿元人民币。①

（二）业务结构比较

以文化传媒子行业为例：我国文化传媒企业缺少跨区域、跨行业的大型集团。以出版类龙头新华文轩为例，其主要业务仅仅是图书、音像零售门店经营、教材教辅发行、向图书出版商提供辅助支持及服务。相对应的，美国新闻集团在全球拥有 800 多家企业，业务涉及电影娱乐、广播电视、有线电视节目网、卫星直播电视、出版、发行多个传媒领域，收入来源覆盖北美、欧洲、澳洲等地，在体量、多元化程度上远超我国企业。

二、构建我国文化企业发展的政策法规体系

我国有着丰富的文化资源和优秀的文化传统，文化企业在进入市场自由竞

---

① 根据 WIND 资讯数据库整理，统计日期为 2017 年 6 月 26 日。

争的状态下,文化产品所承载的文化内涵是市场选择性表达的结果,与文化产业相关的政策法规体系架构应该充分地考虑到文化产品的特性,通过政策法规引导,彰显文化自身特色,推动文化产业深入发展。

(一)完善法律制度方面

1. 推进股票发行制度的改革

我国文化企业证券化发展的主要途径包括促进文化企业上市、并购重组和进行文化企业知识产权证券化发展。我国目前的股票发行制度为核准制,发行人不仅有真实披露的义务,而且必须符合证券监管部门的若干具有一定实质性判断意义的条件。审核理念导向变化及对市场功能的认识差异,一定程度上影响着企业的上市进程。股票发行制度的改革,应当坚持市场化和法制化方向,强化以信息披露为核心,督促各市场主体归位尽责,进一步完善信息披露制度,提高信息披露的质量和效率,提高违法违规的惩诫威慑力。

2. 构建完善的知识产权保护体系

以美国为代表的发达国家和地区都十分重视知识产权的保护,因而在知识产权的保护方面形成了较为完备的法律体系,完备的知识产权保障制度为文化企业发展知识产权证券化打下了坚实的基础。我国目前尚无知识产权证券化的先例,有的只是知识产权金融化,资本市场主要是信贷资产证券化。我国目前的知识产权保护体系初步形成了以国内立法为基础,加上相应的国际知识产权保护条约为参照的法律体系,在我国知识产权立法日臻完善的同时,存在的立法滞后与执法监管力度不足的问题也显现出来。随着现代科学技术的发展,网络盗版问题突出,而我国对于网络信息传播过程中打击盗版的立法工作也相对滞后,打击盗版特别是网络盗版任务艰巨。加快打击盗版立法,建立统一高效的知识产权执法队伍,提高防盗版意识,加大侵犯知识产权违法行为的惩诫力度,构建良好的文化发展环境,任重道远。

(二)政策体系方面

发达国家和地区的文化发展政策表明,文化企业的发展,既需要遵循市场经济发展的一般规律,也要体现国家的意志,"两只手"的作用都不可偏废。如美国的文化产业政策就带有鲜明的国家色彩,整体上都是服务于美国文化传播的需求,因而具有实用主义色彩,其文化产品的输出进一步提升了美国文化的渗透力。美国关于文化企业的税收优惠制度,进一步激发了文化企业的活力,吸引了更多的资本进入文化产业,文化企业能轻装前行,可以走得更好、走得更稳、走得更快。日本政府根据文化产业发展需求,不断调整相关政策,从"文化立国方案"到"文化振兴基本设想",再到"观光立国战略",文化产业政策始终保持着动态发展的特点,这些鲜明的产业政策,引领着文化产业发展的模式,提升了文化产业在国民经济中的地位。

为促进文化企业更好发展,我国相关部门也出台了一系列的政策规定,比如税收优惠,但不同的税收优惠政策分散在各个税种当中,使得支持文化企业发展的税收优惠政策体系不完善,落实则更加困难。很多文化企业对相关政策不知道、不了解、不熟悉,需要加强对相关政策的梳理和政策宣讲,从文化企业的设立、融资、产品开发及推广、产品服务等多个环节来制定和完善支持的政策体系,加强政策导向,建立起科学统一、公平合理的政策体系。基于政策制定的滞后性,当前,始终坚持社会主义文化发展的前进方向,结合我国文化产业发展情况,完善相应的政策配套,就显得更为紧迫和必要。

三、加快现代企业制度的建立

文化企业建立现代制度的一个根本原因在于明晰产权的归属,企业产权是经济所有制关系的法律表现形式,不同的产权归属可能带来不同的运营模式,产生不同的经济效益。我国在进行文化体制改革以前,基于文化产品的公共物品属性,文化产业的发展一定程度上被视为文化事业的发展,在我国当时特定的经济体制下,文化事业单位在推动文化发展的进程中起了重要作用。但随着市场化程度的加深,文化事业单位不能适应整个文化产业的快速发展要求。虽然我国部分经营性文化事业单位已经成功实现了企业体制改革,但还不足以激发整个文化产业的市场活力。厘清文化产业与文化事业的范畴界定,有利于更好地推动文化企业的证券化发展。因此,加快文化企业体制机制改革,是我国文化企业证券化发展的基础。美国将文化企业分为营利性的文化企业和非营利性的文化机构,其中,在财政及税收上给予了非营利性文化机构一定优惠以支持其发展,而营利性文化企业则通过市场化的方式实现资源的有效配置,自主经营,按照现代企业的管理制度,去适应市场经济的竞争,值得我们学习和借鉴。

随着我国社会主义市场经济体制的不断完善,文化消费需求的增长,使得文化市场进一步扩大,文化产业逐步发展成为了国民经济的支柱产业。提升整个文化产业的发展质量,已经提升到了国家战略高度,是实现文化自信的基础前提,如果文化产业的发展还停留在政府行政化管理的模式当中,这无疑会抑制文化产业的发展。在文化企业证券化发展的过程中,明晰的产权归属可以界定知识产权的所有权,拥有知识产权的企业可以享有知识产权带来的经济利益。作为企业无形资产的知识产权不仅可以通过证券化的方式为企业提供融资的途径,也是文化企业打造自身核心竞争力的关键。文化企业证券化发展,对文化企业的盈利能力、财务状况、企业股权结构以及企业独立经营能力都有较高的要求,不具备条件的企业将失去证券化发展的机会,建立现代企业制度,是文化企业证券化发展的前提和基础。

四、加强与资本市场的对接,拓宽直接融资渠道

鼓励社会资本进入文化产业,拓宽文化企业融资渠道,是促进我国文化企业证券化发展的重要手段。文化产业自身的体制机制及运行特性,使得民营资本较少甚至不能进入文化产业的某些领域。在特定文化领域如新闻出版业、传媒业等,市场开放程度不高,依旧保持着较为严格的市场准入制度,文化企业的高风险性也使得民间资本的风险偏好差异较大。在引入外资方面,由于相关制度不完善,市场环境有待于进一步优化,在一定程度上对外资进入部分文化产业领域尚需一定的时间等待。美国文化企业发展是以市场化为基础的,开放的市场让更多的民间资本和外资进入文化产业中来,像美国的迪斯尼乐园、百老汇的文化设施都是通过吸收民间资本进行建设的,并且民间资本还带来了民间创意。民间资本进入美国文化产业不仅解决了其产业发展的资金问题,还提供了差异性的文化产品供给,更好地满足了民众的文化消费需求。在引进外资方面,美国政府积极鼓励外来资本的投资,把文化产业的大门向国际资本敞开,比如,日本索尼公司就收购了美国3个好莱坞制片公司。对于我国的文化企业证券化发展来说,需要加快市场投资主体的培育,引进优质的民间资本和外资,逐步使文化资源配置和经营机制社会化与市场化,通过利用市场的调节作用,引导文化企业

发展由政府调控向企业自主发展转变。

在加强文化企业与资本市场有效对接方面，我国现在也建立起了多层次的资本市场以满足不同规模的文化企业融资的需求，文化企业可以根据自身的经营状况或者发展规划选择上市、并购重组，登陆新三板或者其他场外市场。我国要加强文化企业与资本市场的对接就需要加快发行审核制度改革，增大市场容量和包容性，让更多的文化企业有上市融资的机会，同时要积极完善场外市场的制度建设，加快区域性股权市场规范发展，建立完备的多层次资本市场体系，为中小型文化企业提供畅通的直接融资渠道。

五、科技创新驱动文化企业证券化发展

美国文化企业依托科技优势，运用新的技术手段，将高科技融入到文化作品的创作中，给消费者带来全新的文化消费体验，吸引了众多的文化消费者，也使文化企业建立起自己的品牌号召力。在美国电影业，科技对企业发展的促进作用更为明显，通过运用科技手段增加电影作品的娱乐性和视觉体验，让更多的民众接受其电影作品，直接提高了企业的经济效益，还提升了文化企业的产品附加值。正是因为创新科技的应用，美国文化企业的文化作品获得了众多消费者的青睐，可预知的产品市场效应为美国文化企业进行知识产权证券化发展提供了良好的市场基础，投资者才有勇气为文化企业注入资金，科技与资金共同促进了企业的证券化发展。另外，美国文化企业的科技创新离不开文化精英们的努力，文化人才，才是整个文化产业发展的生命力。

我国同样有比较先进的文化科技基础，也有着丰富的文化资源，但大众对我国文化作品的市场反响并不强烈，其主要原因还是优秀文化人才的缺失，从而导致优秀作品的不足。人才促进科技创新、科技创新驱动文化企业发展。美国科技创新促进文化企业证券化发展告诉我们，我国文化企业的证券化发展需要培育和保留自身的文化人才，通过人才培养，打造企业核心竞争力。

六、借力资本市场推动行业龙头高质量发展

境外文化传媒行业的发展经验显示，"文化传媒企业发展到一定阶段，必然

选择进入资本市场,以最大限度筹集和盘活资金,实现超常规发展,形成大规模的多媒体、跨媒体文化传媒集团,巩固和加强在舆论领域的主导地位。可以预见,未来几年是我国文化传媒业变化最大的时期,变化之一即是文化传媒集团由现在'系列化'搭建变成'一体化'搭建,也就是跨媒体,将电视、广播、报纸、出版社、网络联合起来,多层面运用社会资源。跨媒体集团会打破旧的行政区划对传播市场的限制,这样就会形成更大范围内的市场竞争,形成大媒体之间的重新洗牌,出现更大规模的企业集团"。目前,我国文化传媒行业已经由增量增长发展至存量整合的阶段,行业内的并购整合与向区域外发展,都需要大量的资金支持,证券化发展成为有条件做大做强的文化传媒企业实现区域整合的重要手段。事实上,"大型文化媒体集团通过上市,可以借助资本市场力量,建立现代企业所必需的治理结构、激励和约束机制,全面提升竞争力,这不仅是深化我国文化体制改革的必由之路,也是新形势下对文化传媒企业提出的最新要求,是提高我国文化传媒企业全球竞争力的重要保障"。①

---

① 卢一宣:《文化传媒企业发行问题研究》,深圳证券交易所综合研究所研究报告,2013 年 6 月 28 日。

第三章 境内文化企业证券化发展情况

第一节 我国文化产业发展情况

党的十六大以来,随着全面建设小康社会的持续推进,党和国家对文化建设的重视程度逐步增强,明确提出要进行文化体制改革。党的十八大以后,文化体制改革进入全面深化阶段,文化产业发展环境不断改善,总量持续快速增长,结构不断优化,已成为经济增长的一个亮点,在推动经济发展、优化经济结构中发挥着越来越重要的作用。①

一、文化产业发展现状

近年来,我国文化产业保持高速增长态势。产业规模大幅攀升,产品种类异彩纷呈,从业者人数剧增。尤其是文化类的产品更新速度惊人,文学精品和互联网文化产品供给增加,快节奏、高质量、亲民化的形式和内容得到了消费者普遍好评。②

(一)总量规模持续扩大,GDP 占比稳步提升

2011—2015 年,文化产业法人单位数量持续增加,由 59.64 万个③增长至 114.0 万个;增加值快速增长,由 15516 亿元增长至 27231 亿元,年均增长

---

① 参见梁达:《将文化产业打造成重要支柱产业》,《上海证券报》2016 年 11 月 18 日。
② 参见许岩:《2017 年我国文化产业将迎发展黄金期》,《证券时报》2017 年 2 月 7 日。
③ 该数据根据 2012 年数据推算。

11.91%(见表3-1)。此外,规模以上文化企业在文化产业的主导作用日益凸现。截至2015年12月31日,我国共有规模以上文化企业49356家,资产总额83902亿元,实现营业收入74710.70亿元,占全部经营性文化企业营业收入的74.5%;实现增加值17796亿元,占全部文化产业的65.3%。[①] 2016年,规模以上文化及相关产业实现营业收入80314亿元,比2015年增长7.5%。[②] 据中投顾问预测,未来五年我国文化产业增加值的年均复合增长率约为14.50%,2020年我国文化产业增加值将达到53647亿元(见图3-1)。

表3-1　2011—2016年我国文化及相关产业法人单位数量与增加值

年　　份	法人单位数量(万个)	增加值(亿元)
2011	59.64	15516
2012	66.50	18071
2013	92.05	21351
2014	99.82	23940
2015	114.00	25829
2016[③]	—	30785

资料来源:国家统计局。

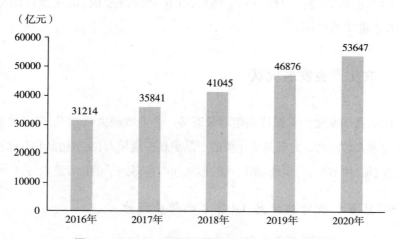

图3-1　2016—2020年我国文化产业增加值预测

资料来源:中投顾问产业研究中心。

① 参见殷国俊:《我国文化产业实现快速增长——解读2015年及2016年上半年全国文化及相关产业有关数据》,2016年10月26日,见 http://news.dahe.cn/2016/10-26/107669283.html。

② 参见陆娅楠:《2016年全国规模以上文化企业营收增长7.5%》,《人民日报》2017年2月7日。

③ 参见国家统计局:《中华人民共和国2017年国民经济和社会发展统计公报》,2018年2月28日。

　　与此同时,文化产业占经济总量的比重日益提高,对社会经济发展的拉动作用逐渐增强。2011—2016年,文化产业增加值占GDP的比重由2.85%增至4.14%(见表3-2)。预计2020年,文化产业占GDP的比重将达到5%以上,成为我国国民经济的支柱产业。[1]

表3-2　2011—2016年我国文化产业增加值占当年GDP比重

年　　份	文化产业增加值占GDP比重(%)
2011	2.85
2012	3.48
2013	3.63
2014	3.76
2015	3.97
2016	4.14

资料来源:国家统计局。

(二)结构调整步伐加快,跨界融合趋势明显

　　近年来,以"文化内容创作生产传播为核心,做强做优做大宣传文化主业"为主基调的文化产业结构优化升级步伐加快,代表文化核心内容的"文化产品的生产"创造的增加值,增速远高于"文化相关产品的生产",文化服务业快速发展。以2015年为例,按活动性质分,"文化产品的生产"和"文化相关产品的生产"创造的增加值分别为17071亿元、10165亿元,分别占文化企业总增加值的62.7%、37.3%,而作为我国文化产业的主体,"文化产品的生产"增速达13.4%,高于"文化相关产品的生产"的7.1%增速(见图3-2)。

　　按行业分,文化制造业、文化批发零食业、文化服务业的增加值分别为11053亿元、2542亿元、13640亿元,占比分别为40.6%、9.3%、50.1%;文化服务业增速达14.1%,高于文化制造业的8.4%和文化批发零食业的6.6%(见图3-3)。

　　与此同时,跨界融合成为当前文化产业发展的主要特点,"互联网+文化"

---

　　[1]　参见崔文苑、林紫晓:《文化部部长雒树刚:2020年文化产业预计占国家GDP 5%以上》,2016年3月13日,见http://finance.people.cn/n1/2016/0313/c1004-28195100.html。

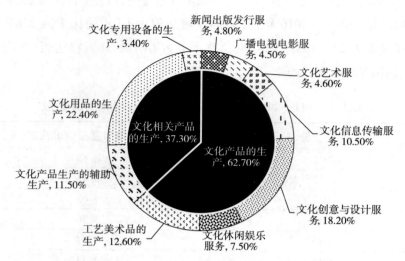

图 3-2 2015 年我国文化及相关产业增加值构成（按活动性质分类）

资料来源：国家统计局。

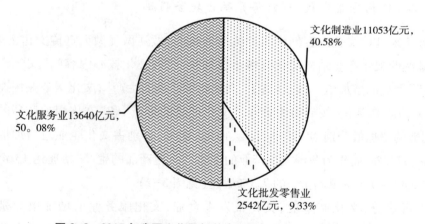

图 3-3 2015 年我国文化及相关产业增加值构成（按行业分类）

资料来源：国家统计局。

"科技+文化""娱乐+文化"等新兴文化业态发展势头迅猛。2015 年，文化休闲娱乐服务业和以"互联网+"为主要形式的文化信息传输服务业实现增加值分别为 2044 亿元和 2858 亿元，增速分别达 19.4% 和 16.3%，占文化产业的比重分别为 7.5% 和 10.5%（见图 3-2）。

(三)产业投资稳步增长,文化消费增长强劲

在国家文化产业发展扶持政策的引导下,我国文化产业固定资产投资规模持续扩大,投资对文化产业发展的推动作用显著。从总量来看,2011—2015年,文化产业固定资产投资实际到位资金由11003.6亿元增至28898亿元,平均增速达21.30%,占全社会固定资产投资的比重也由3.64%增至5.14%(见图3-4)。

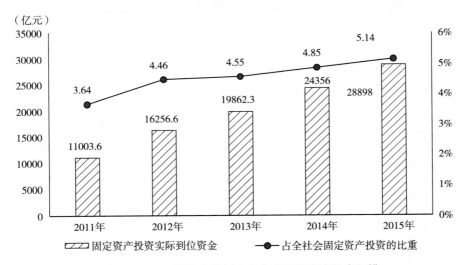

图3-4　2011—2015年我国文化产业固定资产投资规模

资料来源:《中国文化及相关产业统计年鉴》,中国统计出版社2016年版。

从来源来看,投资主体多元化趋势明显,社会资本进入文化产业的步伐不断加快(见图3-5)。2015年,国家预算资金和国内贷款分别占文化产业固定资产投资资金总额的4.70%、6.00%,比2011年分别降低0.41个百分点、2.14个百分点;而自筹资金占比达85.00,比2011年提高5.56个百分点(见图3-6)。文化产业正在摆脱“财政依赖症”“信贷依赖症”,不断引入社会资本以实现可持续性发展。

与此同时,随着文化产业的快速发展和居民生活质量的持续改善,文化消费水平稳步提升,群众多样化、多层次、多方面的精神需求得到满足,形成了对文化产业发展的强劲拉动。以“互联网+”为引领的文化新消费模式,以及品质化、升

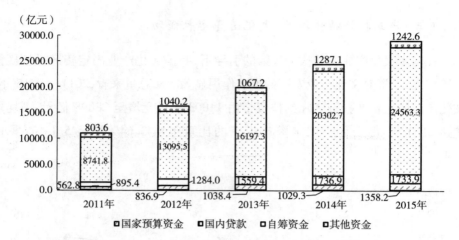

图 3-5　2011—2015 年我国文化产业固定资产投资资金来源

资料来源:《中国文化及相关产业统计年鉴》,中国统计出版社 2016 年版。

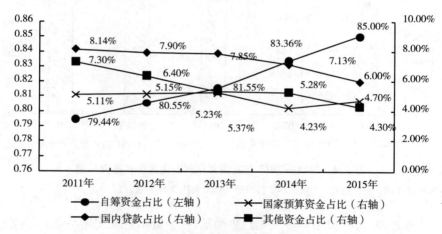

图 3-6　2011—2015 年我国文化产业固定资产投资资金来源各自占比

资料来源:《中国文化及相关产业统计年鉴》,中国统计出版社 2016 年版。

级类文化商品逐步成为文化消费的新亮点。2015 年,全国居民用于文化娱乐的人均消费支出为 760.1 元,占全部消费支出的 4.8%(见图 3-7)。

(四)国际交流日益频繁,"走出去"战略取得新进展

随着文化体制改革持续深入和对外文化工作全面融入国家发展战略,我国文化国际交流广度和深度均取得较大突破,对外文化交流项目数量和参加人数

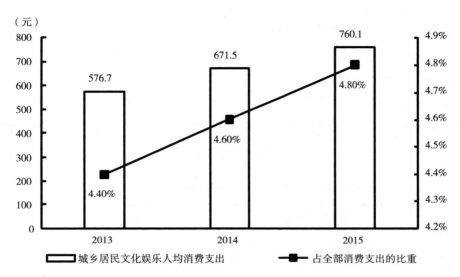

图 3-7　2013—2015 年我国城乡居民文化娱乐消费支出

资料来源:《中国文化及相关产业统计年鉴》,中国统计出版社 2016 年版。

日益增多,中华文化影响力不断扩大,对外文化工作进入了新的发展阶段(见图 3-8)。

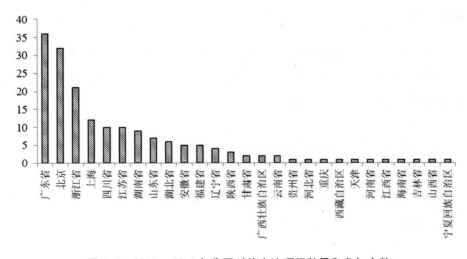

图 3-8　2012—2015 年我国对外交流项目数量和参加人数

资料来源:《中华人民共和国文化部 2015 年文化发展统计公报》。

此外,随着国务院《关于加快发展对外文化贸易的意见》(国发〔2014〕13号)的实施,我国文化产业发展更加注重国际、国内两个市场的统筹协调发展,政策支持力度提升,文化产品出口规模持续扩大,文化贸易迈上新台阶,逐渐成为我国外贸出口的新亮点。2013 年,我国文化产品出口总额达 898.6 亿美元,取代美国成为世界上文化产品的最大出口国[①]。2011—2015 年,我国文化产品出口额由 582.1 亿美元增至 1013.1 亿美元,年均增长 11.7%;文化贸易顺差也由 492.9 亿美元增至 729.3 亿美元,年均增长 8.2%(见表 3-3)。

表 3-3　2011—2015 年我国文化产品出口额与贸易差额

年份	文化产品出口		文化贸易差额	
	总额(亿美元)	同比(%)	总额(亿美元)	同比(%)
2011	582.1	35.7	492.9	32.9
2012	766.5	31.7	645.5	31.0
2013	898.6	17.2	726.4	12.5
2014	1118.3	24.5	962.9	32.6
2015	1013.1	-9.4	729.3	-24.3

资料来源:《中国文化及相关产业统计年鉴》,中国统计出版社 2016 年版。

在出口产品类别中,视觉艺术品(工艺品等)、新型媒介(游戏机等)、印刷品、乐器等比重较大,而"数字创意产品"也在推动文化强国、增强"文化自信"的过程中逐步成为出口主力军(见图 3-9)。

二、经营性文化事业单位的转企改制

党的十一届三中全会以来,我国的文化事业单位在改革开放进程中不断探索、尝试和积聚力量。作为改革重点和中心环节的经营性文化单位转企改制工

[①] 联合国教科文组织统计研究所在其发布的报告《文化贸易全球化:文化消费的转变——2004—2013 年文化产品与服务的国际流动》中称:中国 2013 年文化产品出口总值达 601 亿美元,高出排名第二的美国 279 亿美元一倍多,成为全球文化产品最大出口国。本书根据我国官方数据对 2013 年我国文化产品出口总值进行了修正。

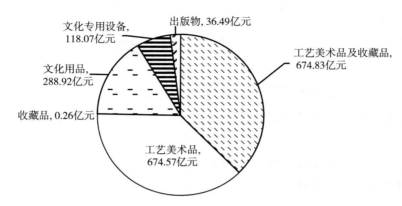

图 3-9　2014 年我国文化产品出口额构成（按商品类别分）

资料来源：《中国文化及相关产业统计年鉴》，中国统计出版社 2016 年版。

作，以组织实施为重要抓手，加大力度、加快进度、巩固提高、重点突破、全面推进，取得了实质性进展。然而，传统的文化体制导致文化事业单位的改革力度、广度和深度远远不足，无法从根本上取得突破。党的十六大以来，文化体制改革提速，经营性文化事业单位转企改制取得了显著成效。

（一）经营性文化事业单位转企改制情况

近年来，国有文化企业以加快产权制度改革、建立现代企业制度为根本，以互联网为平台，借助资本市场的力量，运用股权激励、跨界发展等措施，不断扩大经营规模，产出和利润得到持续增长，总体保持了稳健发展态势。① 截至 2015 年年末，全国国有文化企业共计 13994 户，比 2011 年增长 35.0%，年均增长 6.2%；资产总额达 31746.7 亿元，比 2011 年增长 98.8%，年均增长 14.7%；全年实现营业总收入 14085.2 亿元，比 2011 年增长 76.6%，年均增长 12.0%；利润总额 1311.4 亿元，比 2011 年增长 35.2%，年均 6.2%（见图 3-10）。

---

① 参见蔡武：《国务院关于深化文化体制改革推动社会主义文化大发展大繁荣工作情况的报告——2012 年 10 月 24 日在第十一届全国人民代表大会常务委员会第二十九次会议上》，《中华人民共和国全国人民代表大会常务委员会公报》2012 年第 6 期。

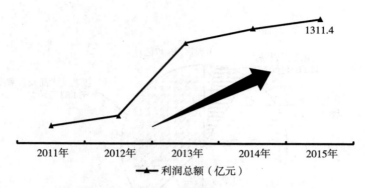

图 3-10　2011—2015 年我国国有文化企业发展状况

资料来源:《国有文化企业发展报告》。

(二)经营性文化事业单位转企改制的历程

1.“探索型”改革(2003—2006 年)

这一阶段从 2003 年党的十六大召开后至 2006 年《关于深化文化体制改革的若干意见》出台前。

党的十六大第一次把文化领域明确区分为公益性文化事业和经营性文化产业,厘清了文化体制改革的主体界线。同时,明确了文化体制改革的重点,即对国有经营性文化单位进行转企改制,建立现代企业制度和市场体系。2003 年,中宣部、文化部等部门联合出台《关于文化体制改革试点工作的意见》,确定了北京、上海、广东、浙江、重庆、深圳、沈阳、西安、丽江等 9 地为改革综合性试点地区,国家图书馆、中国电影集团公司等 35 家单位为改革试点单位,标志着我国国有经营性文化单位转企改制的试点工作正式启动。这一阶段,文化事业单位转企改制主要有三种路径:对重要媒体的经营性部分剥离转制、对经营性文化事业单位整体转制以及对具备条件的文化单位直接进行股份制改造。试点工作启动后,国家有关部门适时出台了一系列政策,如《关于非公有资本进入文化产业的若干决定》《关于支持文化事业发展若干经济政策的通知》《关于鼓励、支持和引导个体私营等非公有制经济发展的若干意见》等。改革试点工作从理论和实践的结合上进行了探索,为制定文化体制改革总体方案、全面启动转企改制工作做了准备。历时两年多时间,各试点地区和单位陆续完成了任务,并取得了良好成效。

2."发展型"改革(2006—2012年)

这一阶段从2006年《关于深化文化体制改革的若干意见》的出台至2012年党的十八大召开前。随着各试点地区和试点单位的改革进入尾声,部分文化单位转企改制完成,成为了新的市场主体,经营性文化单位转企改制工作日见成效。

2006年年初,在总结各试点地区和试点单位改革的成功经验基础上,开始全面部署文化体制改革,出台了《关于深化文化体制改革的若干意见》,明确了推进文化体制改革的指导思想、原则要求和目标任务,为深化经营性文化单位转企改制指明了方向。2006年9月,印发了《国家"十一五"时期文化发展规划纲要》,对进一步加快文化建设、改革文化体制做出了全面部署。该文件是我国第一个国家层面的文化发展规划,提出要坚持改革与发展并举的战略方针,在深化文化体制改革的同时,加快文化产业发展。2009年7月,国务院出台了我国第一部文化产业专项规划——《文化产业振兴规划》,支持有条件的文化企业进入主板、创业板上市融资,同时要降低准入门槛,积极吸收社会资本和外资参与国有文化企业股份制改造,为率先完成转企改制的文化事业单位明确了发展目标。2011年10月,党的十七届六中全会通过的《关于深化文化体制改革推动社会主义文化大发展大繁荣若干重大问题的决定》指出:"深化国有文化单位改革。以建立现代企业制度为重点,加快推进经营性文化单位改革,培育合格市场主体。科学界定文化单位性质和功能,区别对待、分类指导,循序渐进、逐步推开,推进一般国有文艺院团、非时政类报刊社、新闻网站转企改制,拓展出版、发行、影视企业改革成果,加快公司制、股份制改造,完善法人治理结构,形成符合现代企业制度要求、体现文化企业特点的资产组织形式和经营管理模式。创新投融资体制,支持国有文化企业面向资本市场融资,支持其吸引社会资本进行股份制改造。推动党报党刊[①]、电台电视台进一步完善管理和运行机制。"[②]2012年2月,《"十二五"时期文化改革发展规划纲要》明确了"十二五"时期我国文化改革发展的指导思想、方针原则、具体目标任务和重大举措,在实践层面对文化改革发展进行全面部署。《"十二五"时期文化改革发展规划纲要》将原本即将到期的

① 人民网在2012年4月在上海证券交易所上市。
② 《中共中央关于深化文化体制改革推动社会主义文化大发展大繁荣若干重大问题的决定》,人民出版社2011年版。

国有文化单位转企改制扶持政策再延续 5 年,并要求"十二五"期间要完成一般国有文艺院团以及新闻网站等经营性文化事业单位的转企改制工作。

这一阶段,在党和国家政策的指引下,文化体制改革逐步向纵深推进,经营性文化单位转企改制也进入高潮。截至 2012 年 9 月,全国承担改革任务的 580 家出版社、3000 家新华书店、850 家电影制作发行放映单位、57 家广电系统所属电视剧制作机构、38 家党报党刊发行单位等已全部完成转企改制;全国 3388 种应转企改制的非时政类报刊已有 3271 种完成改革任务,占总数的 96.5%;全国共注销经营性文化事业单位法人 6900 家、核销事业编制 29 万个。①

3."深入型"改革(2012 年至今)

这一阶段从 2012 年党的十八大召开后至今,经历了试点改革和全面启动两个阶段后,我国国有经营性文化事业单位的转企改制工作基本完成②。转企后的国有文化企业,成为了文化产业发展的主力军和文化市场的主导力量。但是,由于过度重视"量"的积累而在一定程度上忽视了"质"的发展,导致转企改制工作仍有一些难题尚未彻底破解。同时,民众已经不再是单纯地关注物质方面的需求,对精神文化层面个性化、多样化的追求日益强烈。由此,经营性文化单位转企改制工作进入了一个新的发展阶段。

2012 年 11 月,党的十八大提出要全面建成小康社会和全面深化改革开放,为文化体制改革打开了新的天地、注入了新的动力、提出了新的要求,"建设社会主义文化强国,关键是增强全民族文化创造活力",这一重要论断为继续深入推进文化体制改革指明了方向。"坚持把社会效益放在首位、社会效益和经济效益相统一",加快经营性文化单位转企改制,创新文化生产经营机制,完善法人治理结构,推动文化事业全面繁荣、文化产业快速发展。③ 2012 年 11 月 29 日,习近平总书记在参观大型展览《复兴之路》时,提出实现中华民族伟大复兴的"中国梦",强调一个国家、一个民族的强盛,总是以文化兴盛为支撑的,中华民族伟大复兴,需要以中华文化发展繁荣为条件;文化体制改革,必须把握好意

① 参见蔡武:《国务院关于深化文化体制改革推动社会主义文化大发展大繁荣工作情况的报告——2012 年 10 月 24 日在第十一届全国人民代表大会常务委员会第二十九次会议上》,《中华人民共和国全国人民代表大会常务委员会公报》2012 年第 6 期。

② 参见白瀛、周玮、璩静:《文化体制改革取得历史性成就》,《人民日报》2013 年 6 月 14 日。

③ 胡锦涛:《坚定不移沿着中国特色社会主义道路前进　为全面建成小康社会而奋斗:在中国共产党第十八次全国代表大会上的报告(2012 年 11 月 8 日)》,人民出版社 2012 年版。

识形态属性和产业属性的关系,必须把握好社会效益和经济效益的关系,必须增强阵地意识。①

2013 年 11 月,党的十八届三中全会通过了《中共中央关于全面深化改革若干重大问题的决定》,提出要继续推进国有经营性文化单位转企改制,加快公司制、股份制改造;完善文化管理体制,加快转变文化行政部门职能,开展简政放权,使市场在资源配置中起决定性作用和更好发挥政府作用;不断建立健全文化市场体系;鼓励经营性文化单位以市场主体参与公平竞争、优胜劣汰,促进文化资源在全国范围内流动;深化文化与金融合作,鼓励经营性文化单位借助资本市场发展壮大。②

2014 年 4 月,国务院办公厅发布《关于印发文化体制改革中经营性文化事业单位转制为企业和进一步支持文化企业发展两个规定的通知》,对 2008 年的相关政策文件进行修改、调整和补充,明确有关政策再继续执行五年③。随后,各地相继出台了与之配套的政策文件,这些文件从财政税收、投资融资、资产管理、工商管理等方面,鼓励经营性文化事业单位利用资本市场深化转企改制,激发创新动力,促进文化市场繁荣发展。

总体看,我国经营性文化单位的转企改制借鉴了国企改制与上市经验,取得了巨大成效。例如,中国木偶剧院于 2006 年开始转企改制,组建了第一家由民营公司控股的文化企业,2012 年正式成立股份公司,创作演出了 20 部大型儿童剧,62 部课本木偶戏、双语木偶戏;年演出场次从 2005 年的 200 场增长至 2012 年的 2526 场,观众人数从 5 万人增长至 80.8 万人,净资产增长 4 倍。④ 此外,还培育了一批发展势头良好、具有跨域经营能力和一定规模的文化企业集团,中视传媒、新华传媒等企业成为全国知名文化品牌,保利文化、中影股份、凤凰传媒等企业入选全国"文化企业 30 强"⑤。资本市场在为转制文化企业注入社会资本和引进现代治理模式方面发挥了重要作用。

---

① 参见中共中央宣传部:《习近平总书记系列重要讲话读本》,人民出版社 2016 年版。

② 参见《中共中央关于全面深化改革若干重大问题的决定》,人民出版社 2013 年版。

③ 参见国务院办公厅:《关于印发文化体制改革中经营性文化事业单位转制为企业和进一步支持文化企业发展两个规定的通知》,人民出版社 2014 年版。

④ 参见严晓蝶:《中国木偶剧院 IPO 终止审查》,2014 年 3 月 10 日,见 http://finance.sina.com.cn/stock/newstock/zxdt/20140310/080518456909.SHtml。

⑤ 参见张玉玲、李慧、严圣禾:《第八届"文化企业 30 强"发布》,《光明日报》2016 年 5 月 12 日。

4. 十九大报告关于"推动文化事业和文化产业发展"①

党的十九大提出，要"推动文化事业和文化产业发展。满足人民过上美好生活的新期待，必须提供丰富的精神食粮。要深化文化体制改革，完善文化管理体制，加快构建把社会效益放在首位、社会效益和经济效益相统一的体制机制。完善公共文化服务体系，深入实施文化惠民工程，丰富群众性文化活动。加强文物保护利用和文化遗产保护传承。健全现代文化产业体系和市场体系，创新生产经营机制，完善文化经济政策，培育新型文化业态。广泛开展全民健身活动，加快推进体育强国建设，筹办好北京冬奥会、冬残奥会。加强中外人文交流，以我为主、兼收并蓄。推进国际传播能力建设，讲好中国故事，展现真实、立体、全面的中国，提高国家文化软实力"。

（三）经营性文化单位转企改制过程中的问题

从经营性文化单位转企改制的实际情况来看，该项工作虽然有突破、有亮点，但是距建成"合格的市场主体"差距仍较大，主要表现在：

1. 治"标"不治"本"，转企改制不彻底

虽然一些经营性文化单位完成了转企过程中的工商登记，不再是事业单位，但是改制工作并未取得实质性突破。有些单位即便开始了转制，但仍处于"初级阶段"。

（1）"党政不分"造成了"错位"。在经营性文化单位的转企改制过程中，"党政不分""以党代政"的情况仍然存在。随着文化产业专业化程度越来越高，政府的文化职能部门与党委意识形态主管部门在管理过程中出现的职能交叉、重叠甚至矛盾问题日益凸显。

（2）"管办合一"造成了"越位"。政府"办"文化，掌握大部分文化资源和行政资源，可以既当"裁判员"又当"运动员"，不仅容易违背文化市场发展规律，也与"大社会、小政府"发展理念不符。此外，文化企业内部产权不清晰，仍保留着部分事业编制；体制变了机制没变，企业活力和职工创造力激发不充分；没有进行股份制、公司制改造，没有建立现代企业制度，社会资本引入效果不佳等问题普遍。

---

① 习近平：《决胜全面建成小康社会 夺取新时代中国特色社会主义伟大胜利——在中国共产党第十九次全国代表大会上的报告》，人民出版社 2017 年版。

2. 治"大"不治"小",转企改制不均衡

经济基础的状态决定了上层建筑的发展趋势。经济社会发展的不平衡直接反映在文化事业单位转企改制程度在不同地区、行业和单位的不均衡。

(1)不同地区的转企改制不均衡。由于东部地区和发达城市自身经济基础较好,财力相对雄厚,有足够资金支持文化基础设施和服务改善,再加上思想观念开放,经营性文化单位转企改制进程较为顺利。中西部地区、少数民族地区和欠发达地区自身经济落后,文化事业经费投入相对不足,相应配套的文化设施和服务不健全,导致转企改制进程缓慢。

(2)不同行业、单位的转企改制不均衡。不同文化行业的改制条件不相同,导致改制目标与路径千差万别。以出版发行单位和文艺院团为例,大多数出版发行单位资金雄厚,拥有一定的市场份额和客户资源,改制后可以通过资本市场吸引资金和人员;反观大多数院团,由于演出设施陈旧、演出场地缺失、优秀艺术人才流失严重、市场接受程度不高等原因,使其在面向市场时力不从心,难有作为。这些院团连简单再生产都无法保障,改制转企后更无法应对市场的冲击。[①]

3. 治"短"不治"长",转企改制后劲不足

(1)法律缺失、政策失效,影响转企改制外部环境。目前,关于文化建设方面的法律有四部,针对文化领域的基本性、统领性法律还是空白,全面依法治国在文化领域落实任重而道远。同时,现行政策侧重于鼓励文化行业发展,如免税条款、租金优惠等,对其管理规范和限制的内容较少,容易导致文化单位过度依赖"政策洼地",影响发展后劲。

(2)部门分割、行业壁垒,影响转企改制运行效率。目前,很多地方对文化产业的名字都不统一,有些叫文化产业,有些称之为创意产业;文化领域管理部门的名称也有差异,有的地方是文化广电新闻出版局(版权),文化与广电新闻出版已经合并为一个部门管理,有的地方是文化体育旅游局,文化(含广电新闻出版)已经与体育旅游合并为一个部门管理。在国家层面,管理部门有文化部、新闻出版署、广电总局、国家旅游局、国家体育局、国家版权局等。各具体细分行业,都有各自的行业标准和准入条件,文化领域仍处在部门分割和行业壁垒

---

① 参见覃振锋:《广西国有演艺产业体制改革的路径设计与发展研究》,《学术论坛》2007 年第3 期。

状态。

（3）氛围不强、人才不足，影响转企改制持续进行。"改到深处是产权，改到难处是人员"[1]，受传统体制的影响，文化事业单位人员已经习惯了原有的工作环境、工作方式和利益分配格局，不愿意改变现状和放弃"事业身份"的大有人在。因此，在转企改制过中，文化事业单位具有"效率较低""动力不足"等问题。同时，由于文化单位的人事制度、收入分配制度不合理，经常出现专业人才流失、后备人才不足的现象，进而影响到转企改制的进程。

这些问题，需要在实践中不断解放思想，坚持市场化、法制化理念，用现代企业制度理论，逐步解决。

三、新兴业态文化企业的建立发展

在经营性文化单位转企改制的过程中，以数字出版、动漫游戏、网络游戏等代表的新兴文化业态迅速崛起[2]。党和国家相继出台了《文化产业振兴规划》《关于推进文化创意和设计服务与相关产业融合发展的若干意见》等政策文件，积极培育新兴文化业态，大力推进文化创新。新兴文化业态企业大多具有低资源消耗、高附加值、高发展潜力以及对传统文化产业的改造提升等特性，使其逐步成长为文化产业的主力军。[3]

（一）新兴文化业态的发展现状

互联网络、移动数字等高新技术的快速发展和广泛应用，改变了人们的知识获取、信息传递，及文化鉴赏的渠道和方式，尤其是移动互联网的日益大众化、媒体化，为新兴文化业态和新表现形式的发展提供了更加广阔的空间。

1. 互联网成为重构文化产业的重要力量

现阶段，互联网深度融入人们生活，促使文化产业内部结构进行广泛而深刻

---

[1] 《中宣部文化部下发通知解答国有文艺院团体制改革 4 难题》，2011 年 5 月 11 日，见 http://www.xinhuanet.com/。

[2] 参见肖荣莲：《新兴文化业态与文化的多元化发展》，《学术论坛》2010 年第 3 期。

[3] 参见发展壮大文化创意产业政策研究组：《推进文化创意与科技深度融合，培育壮大文化产业新业态》，《广东经济》2015 年第 4 期。

的调整,主要表现为改造升级传统文化领域和创造文化领域的新业态,互联网文化成为独特风景线(如图3-11)。

图3-11a 视频弹幕来袭　　　图3-11b 网络流行语兴起　　　图3-11c 次元文化爆发

图3-11 互联网文化成为独特风景线

(1)互联网正在变革传统文化产业的资源整合和发展方式。以广告行业为例,2008—2014年,网络广告除了2009年的增长速度是22.1%外,其他年份年均增长都在40%以上,并于2014年第一次超过电视广告的总额;同时,传统的电视广告增长速度逐渐下滑,到2014年只有4%左右。可见,互联网对传统文化产业的发展造成了巨大冲击,但也为产生新兴文化业态发展提供了机会。互联网的快速渗透,打破了文化产业原有的生态系统,传统文化产业遭遇了很大的挑战,如收视率下降、用户离开、开机率不良等。影片众筹、弹幕观影、网上售票,等等,互联网已从图书出版、影视、游戏娱乐等各领域渗入文化行业,悄然改变着传统文化产业,人们在数字媒体上消费的时间已超过消费总时间的50%(见图3-12)。因此,各大文化企业正在积极寻求与互联网实现融合,探索新的商业模式,以维护自身的市场地位或开辟新的市场空间。

(2)互联网正在创造与技术、创意相结合的新兴文化业态。随着人口红利逐渐消失,互联网的发展趋于理性化,开始回归到追求好内容、好想法、好创意的本质,这种趋势在文化领域的表现就是文化创新,即创造与技术、创意相结合的新兴文化业态,如手机网游、网络直播、在线视频、IP改编等,文化产业进入了新的内容时代。从数字代名词到网络流行语、从QQ空间装修到次元文化大爆发,互联网文化已成为新生代心理活动的真实写照,是新生代理解了现实世界后的镜向反照。随着新生代步入成年、进入社会,话语权不断增强,互联网文化已成

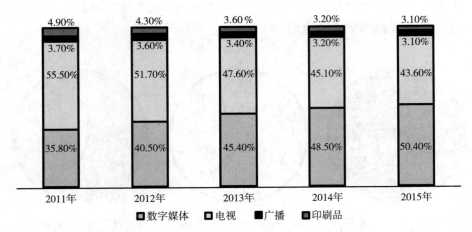

图 3-12 2011—2015 年用户在各种文化媒介消费总时间占比

资料来源:艾瑞研究院。

为不可忽视的文化力量。以网络游戏行业为例,2011—2016 年,我国网络游戏市场规模从 538.6 亿元增长至 1768 亿元,年均增长率超过 20%(见图 3-13)。2016 年,移动游戏占比更是首次超过 PC 游戏,达 56.3%。可见,新兴文化业态正在重塑文化的生产和消费方式,也逐步成为了文化产业发展的主要动力。

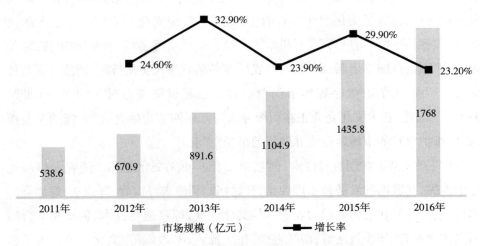

图 3-13 2011—2016 年我国网络游戏市场规模

资料来源:艾瑞研究院。

2. 新科技的应用和多维度的融合是新兴业态文化企业的主要特点

新兴业态①文化企业的发展,主要采用"文化+科技"的发展模式,因此,科技支撑是新型业态文化企业的首要特征。文化企业以计算机为载体,运用信息处理、网络通讯等技术,将图像、声音、画面、文字等进行制作、编辑、创作与传送,从而创造出具有创新性的内容。同时,在互联网用户娱乐消费的驱动下,文化产业单一运作模式被打破,跨界衍生成为常态,较活跃的游戏、电影、文学、动漫等细分领域率先融合,开展跨平台的业务合作,文化产业运作模式在创新融合中实现产业价值。新兴业态文化企业不可能完全脱离传统文化业态而存在,传统文化业态与科技的整合也是衍生新型文化业态的重要方式。通过双方融合,新兴业态文化企业可以打造成为全媒体形态的"媒体方阵"。② 因此,除了依靠科技的力量之外,必须积极探索与传统文化业态在内容、渠道、平台、经营、管理等方面的融合路径。

3. 集聚化和创意化是新兴业态文化企业的发展趋势

集聚化是新兴文化业态发展的基本空间形式和组织形态,也是未来的发展趋势之一。为适应日益激烈的文化市场竞争环境,新兴文化业态充分利用专业化分工与互动协作优势,逐渐形成具有明确空间地理边界、明确企业组织范围、明确产权边界和明确管理机构主体的"产业基地或园区"③,在地方政府主导下,通过园区建设形成文化创意类产业园区,如深圳文化创意园、成都321文化创意园区等。

在文化市场产品日趋同质化的大潮下,创意是文化企业的灵魂,也是其立足之本。创意不仅需要赋予文化产品高端的文化品质和鲜明的文化个性,也要求文化企业充分利用政府和资本市场的激励保障,在管理方式、经营理念、人才引进等方面突破原有的固化模式,优化企业运行机制和治理结构,不断提升产品与服务品质。④

---

① 新兴业态,也称新型业态。

② 参见胡洪斌、王倩:《新型文化业态与文化产业转型态势研究》,《曲靖师范学院学报》2014年第2期。

③ 《中国文化创意产业进入"升级版"》,《中外文化交流(英文版)》2015年第1期。

④ 参见发展壮大文化创意产业政策研究组:《推进文化创意与科技深度融合,培育壮大文化产业新业态》,《广东经济》2015年第4期。

（二）为什么要大力发展新兴文化业态

发展新兴文化业态，不仅是我国加快文化产业转型升级、促进中华文化传承创新的重要抓手，也是适应文化产业国际竞争的客观要求。发展新兴文化业态，拓展了我国文化产业的发展空间，争取更多的国际竞争主动权，真正提升我国文化的国际地位。

1. 发展新兴文化业态，加快文化产业"转过来""升上去"

新兴文化业态是现代服务业的有机组成部分，能够通过在技术创新、制度创新和管理创新的基础上进行服务创新，加快文化产业结构调整和发展方式转变，促进文化产业与教育、旅游、休闲等产业的联动发展；新兴文化业态具有低能耗、无污染等特点，通过集聚化组织与新技术应用，可以有效配置社会文化资源、减少交易成本，使之成为我国转变经济发展方式的重要力量；新兴文化业态改变了传统的文化生产和传播模式，拓展了文化产业链，提升了文化产业整体技术水平和竞争实力。①

2. 发展新兴文化业态，促进中华文化"传下去""走出去"

新兴文化业态是利用现代高新科技手段发展出来的具有跨领域、综合性发展、创新型等特征的文化业态，是加快中华文化"传下去""走出去"的重要形式。手工制品（陶瓷、剪纸等）、表演艺术（戏剧、相声等）等基于中华传统文化的行业，在赋予个人才智和创意的同时，充分运用高科技手段，通过生产方式、管理模式和营销策略的创新，形成具有规模化生产和市场潜力的文化创意产业，从而焕发出无限的生机活力。这种方式不仅带动中华文化的普及，还让新兴文化业态拥有一份传统感和仪式感。同时，在中华文化国际接受程度日益提高的背景下，我国新兴文化业态以此为契机，向世界大力宣传推介我国优秀传统文化艺术，让国外民众在审美过程中感受魅力，有利于其进一步加深对中华文化的认识和理解。②

3. 发展新兴文化业态，推动社会经济"跨过去""提上去"

新兴文化业态能够有效促进经济增长、提升文化产业结构、促进对外文化贸

---

① 参见黄伟一：《我国新型文化业态培育研究》，上海交通大学硕士学位论文，2009 年。

② 参见刘奇葆：《大力推动中华文化走向世界》，《光明日报》2014 年 5 月 22 日。

易,扩大社会就业,成为经济社会持续发展的动力。一方面,通过技术创新,文化企业为产品注入特定的文化内涵和赋予某种象征意义,实现产品附加值增长;另一方面,文化产业的跨边界融合与创新,加强了产业之间的横向联系,促进了新价值链结构与产业组织形式的诞生。此外,文化竞争有助于树立国家的文化形象,进而带动一国文化产品出口贸易的大幅增长;同时,随着生活水平的提高,人们消费观念发生了根本性的变化,由单纯的物质功能消费上升为精神文化消费。在供求质量均有所提高的情况下,新兴文化业态成为了现代经济的新增长点。①

(三)新兴文化业态发展存在的问题

目前,我国新兴文化业态发展迅速,态势良好,取得了巨大成效。新兴文化业态与传统文化产业融合速度加快,与高科技结合程度加深,与公共文化体系更加协调。但与此同时,发展过程中出现的问题也值得我们关注。

1. 一哄而上、大干快上:发展模式陈旧,创意管理混乱

自 2009 年《文化产业振兴规划》出台后,数字出版、动漫游戏、网络游戏等新兴文化业态全面开花,呈现出"千军万马齐上阵"的火热场景。但是,部分新兴业态文化企业在发展中仍沿用过去"粗放式"的发展方式,争先争快,片面强调速度和数量,而没有结合自身特点,充分利用后发优势,探讨长远发展规划,实现可持续发展。②

新兴文化业态的管理水平和管理层次有待提升:一方面,新兴文化业态总体上仍处于发展初级阶段,各项管理制度尚未完善;另一方面,新兴文化业态介入经济领域时,原本属于非经济领域的人参与领导和管理,造成企业在发展运营等方面存在较大缺陷。

2. 名新实旧、盲目跟风:发展规范欠缺,创意理念落后

由于专业化服务水平不高、同质化竞争严重、管理规范不健全等问题,部分文化创意园区"挂羊头卖狗肉",名为发展文化创意产业,实际上只是利用优惠扶持政策把工业厂房变身为商业地产,靠地产开发、收取租金盈利。③ 而真正想

---

① 参见张妹:《文化创意产业在社会经济发展中的作用与提升》,大连工业大学硕士学位论文,2013 年。

② 参见金元浦:《文化创意产业发展中存在的若干问题与对策》,2012 年 8 月 7 日,见 http://www.china.com.cn/。

③ 参见熊晓辉:《成功率仅 10% 上海文化创意产业将洗牌》,《中国经营报》2012 年 9 月 15 日。

从事新兴文化业态的企业,不了解文化市场规律,无法运用科学方法和新技术,把文化资源优势变成具有高附加值的文化产品。同时,还出现了一窝蜂式泡沫增长的"滥"现象,创意理念仍然采用以前的想法,或直接照搬照抄国外的创意成果。

3. 势单力薄、扶持疏浅:发展规模弱小,创意政策不足

新兴业态文化企业大多属于小微企业,有些甚至只有一人或几人组建一个文化创意公司,财务规模较小,抗风险能力较弱。同时,针对新兴文化业态的优惠政策只有局部性扶持,缺乏有效可持续的扶持政策体系;部分政策中条款设置不合理,不确定性影响因素多,导致了文化企业的发展成本攀升。[1]

四、文化企业的股份制改制

股份制是指按照《公司法》和《证券法》等法律规定,通过发行股票筹集资金,建立股份公司进行生产经营的企业经营管理制度。借鉴发达国家文化产业发展的历史经验,我国要进一步深化经营性文化单位转企改制,加快发展新兴文化业态,推动文化产业跨越式发展,文化企业就必须坚持以建立完善的现代企业制度为核心,借助资本市场的力量,走股份制改造之路。[2]

(一)股份制是文化企业发展壮大的必由之路

近年来,我国一批国有文化企业成为了改革的先行者,在股份制改造方面迈出了坚定的步伐,完成了改制上市。它们的经验为处于发展中的文化企业发出了一个重要信号:股份制是文化企业改革的方向,也是发展壮大的必由之路[3]。

1. 股份制是市场经济条件下的现代企业制度

改革开放初期,由于对文化建设的重要性和文化体制改革的目标认识不足,文化建设基础薄弱、体制改革滞后。经过三十多年的探索,我国的文化事业与文化产业均取得了巨大进步,基础设施日益充足、文化产品日益增多、文化消费日益发达、文化管理日趋完善。然而,由于过多关注"量"的增长而忽视了"质"的

---

①　参见杨新力:《转变文化发展方式 加快文化改革发展》,《江苏社会科学》2010 年第 4 期。

②　参见苗圩:《推动国有企业完善现代企业制度》,《求是》2013 年第 22 期。

③　参见孟繁明:《股份制是国有文化企业改革的必由之路》,《上海国资》2012 年第 1 期。

发展,导致优质文化产品和服务的供给存在着明显缺口。要改变这种现状,促使我国文化生产力跨越式发展,必须充分调动各方面积极性,大力发展国家、集体、私营和个体等多种所有制的文化企业,股份制成为文化行业的主要产权常态。实践证明,股份制是市场经济条件下更为有效的现代企业制度。

2. 股份制是适合我国文化产业发展的经济组织形式

企业实行股份制,可以跨地区、跨行业、跨所有制,甚至跨国界促进社会资本的积聚,实现资本、技术、人才资源等生产要素的优化配置和规范运营。当前,我国文化产业总体规模较小,为了实现规模扩张和高速发展,对增量资金需求巨大;同时,大型文化企业通过股份制改造和国内外上市走向了国际市场,积极参与国际上的文化市场竞争。这一切都决定了文化产业需要采取股份制的组织形式。

3. 股份制可以有效解决部分发展中的问题

目前,我国大多数文化企业面临资金规模较小、人才流失较多、治理结构不规范等问题。通过对文化企业进行股份制改制,可以实现文化企业投资主体的多元化,建立起以股东大会、董事会、监事会、总经理分权与制衡为特征的公司治理结构,将文化企业直接置于市场的竞争、反映与监督之中,较好地建立起企业竞争机制、激励机制和公司治理结构;在短期内将分散在社会上的闲散资金集中起来,筹集到扩大生产、规模经营所需要的巨额资本,增强文化企业的可持续发展能力;有利于优化资源配置,协调各方利益,突破部门、地区和所有制的界限,促使资金、人才等禀赋在合理范围内流动,推动文化企业"纵横"联合和专业化发展[1]。

(二)股份制改制要以建立现代企业制度为核心

文化产业过度追求规模扩张,必然会带来产品质量不良、资产负债率过高等问题。同时,文化企业的股份制改革进程缓慢,治理结构仍不完善;文化产业垄断现象凸显,有效竞争的市场环境尚未形成;经营性文化单位党政不分、政企不分的问题仍然存在。当前,我国文化产业发展进入新阶段,文化企业既面临市场化、国际化的历史机遇,也面对增速减缓、结构转型、竞争加剧等诸多风险挑战。

---

[1]　于纪渭:《股份制经济学概论》,复旦大学出版社 2015 年版。

因此,文化企业必须坚持走以建立完善的现代企业制度为核心的股份制改制之路。具体内容包括:坚持文化企业的公司制股份制改革,积极引入各类投资者实现股权多元化;健全公司法人治理结构,加强管理层内部制衡约束和外部监督队伍建设,建立健全业务高效、运转协调、有效制衡的决策执行监督机制;建立健全企业各类管理人员公开招聘、竞争上岗、分类管理等制度,实行选任制、委任制、聘任制等不同选人、用人方式,加强考核与监督;实行与市场相适应的企业薪酬分配制度,推进全员绩效考核,科学评价不同员工的贡献,做好收入能增能减和奖惩分明工作,切实充分调动广大员工积极性。[①]

综上,文化企业证券化发展,首先必须进行股份制改革。文化企业的股份制改革,有利于推进传统文化企业公司制、股份制改革,实现转型发展,是文化企业建立现代企业制度,完善财务、税收和法律规范的重要举措;有利于坚持社会主义先进文化的发展方向与市场决定文化资源配置的改革取向有机结合,促进文化自觉与市场机制"双轮驱动",是增强文化自信、弘扬传统中华文化和文明、激发文化企业活力和文化工作者创造力的重要途径。

第二节　我国文化产业与金融的融合发展

近年来,党和国家从推进文化体制改革、促进文化大发展大繁荣、提高国家文化"软实力"、维护国家文化安全和打造文化产业为新支柱产业等战略出发,采取一系列政策和措施,支持文化产业与金融深度融合发展。主要包括:支持符合条件的文化企业 IPO 上市与挂牌;鼓励文化企业采用公司债、可转债、私募债等债券融资方式;支持上市文化企业通过增发、配股等权益性融资;鼓励文化企业进行并购重组。[②] 良好的政策环境、活跃的投融资行为、完善的中介服务体系,及有效的市场监管,为我国文化产业与金融融合发展创造了条件。

---

① 参见《中共中央国务院关于深化国有企业改革的指导意见》,人民出版社 2015 年版。
② 文松辉:《李庆应:中国证监会四项举措支持文化企业上市》,2010 年 4 月 15 日,见 http://www.people.com.cn/。

一、政策环境

随着改革开放的深入推进,党和国家十分重视文化产业的跨界融合,尤其是与金融的融合发展,出台了一系列金融支持文化产业发展的政策措施,为文化产业与金融的融合发展指明了方向和路径。

(一)政策萌芽阶段(2003—2012 年)

2003 年,党的十六大明确提出要大力发展社会主义文化,建设社会主义精神文明,拉开了文化体制改革的大幕。文化体制改革逐渐为社会资本进入文化产业和文化产业进入资本市场融资扫除了障碍,为文化产业带来了巨大的资金流入。为鼓励文化产品和服务进出口以及外商投资我国文化产业,中共中央宣传部、文化部、国家广电总局、新闻出版总署、商务部、海关总署联合印发了《关于加强文化产品进口管理的办法》(中宣发〔2005〕15 号),文化部、国家广播电影电视总局、国家新闻出版总署、国家发展和改革委员会、商务部联合制定了《关于文化领域引进外资的若干意见》(文办发〔2005〕19 号)等文件。

2009 年,《文化产业振兴规划》将文化产业提升到国家发展战略层面,提出了"文化强国"战略,明确了将文化产业发展为国民经济支柱产业的战略目标。要求"降低文化产业准入门槛,积极吸收社会资本和外资进入政策允许的文化产业领域,参与国有文化企业股份制改造,形成公有制为主体、多种所有制共同发展的文化产业格局"[①],为金融支持文化产业发展提供了总纲领。

2010 年,中共中央宣传部、中国人民银行、财政部、文化部、广电总局、新闻出版总署、银监会、证监会、保监会联合印发了《关于金融支持文化产业振兴和发展繁荣的指导意见》(银发〔2010〕94 号),进一步要求加大金融业支持文化产业的力度。此后,关于金融支持文化产业的更多细则、文件陆续出台,实现了真正意义上的"有文可依"。同时,相关部门也积极出台金融行业支持文化产业的专项政策,如 2009—2010 年,文化部先后与中国银行、中国工商银行和中国农业

---

① 《文化产业振兴规划》,人民出版社 2009 年版。

银行签署了《支持文化产业发展战略合作协议》,明确银行业金融机构支持文化产业发展的具体工作要求和具体工作内容;2010年,中国保监会发布《关于保险业支持文化产业发展有关工作的通知》(保监发〔2010〕109号),明确细化了保险业支持文化产业的具体措施。

总体来看,这一阶段的融合政策主要依靠银行和保险扶持,涉及领域较窄,更多体现的是一种态度和发展理念,尚未形成系统的金融支持文化产业发展的制度体系。

(二)政策落实和发展阶段(2012年至今)

这一时期,关于金融与文化融合的政策开始向纵深发展,是政策具体落地和成效初现的阶段。

2012年,《"十二五"时期文化改革规划纲要》是我国第一部关于深化文化体制改革和加快文化建设的专项规划,明确提出"鼓励文化企业向资本市场融资"。为保障该《规划纲要》的实施,提出了五个方面的政策措施,包括政府投入保障政策、文化经济政策、文化贸易促进政策、版权保护政策、法制保障政策。

2014年3月,国务院印发了《关于推进文化创意和设计服务与相关产业融合发展的若干意见》(国发〔2014〕10号),强调文化产业要实现多维度的融合;同月,文化部、中国人民银行、财政部联合制定了《关于深入推进文化金融合作的意见》(文产发〔2014〕14号),明确了市场在配置文化资源与金融资源的决定性作用,并从创新文化金融体制机制、创新文化金融产品及服务、加强组织实施与配套保障等方面提出了深入推进文化金融合作的具体要求。同时,相关部门还出台了多项具体的实施意见和方案,如《深化新闻出版体制改革实施方案》《关于加快发展体育产业促进体育消费的若干意见》等,明确了文化领域各行业要积极参与文化产业与金融融合的要求。

2014年4月,国务院印发了有关部门和单位联合拟定的《关于印发文化体制改革中经营性文化事业单位转制为企业和进一步支持文化企业发展两个规定的通知》(国办发〔2014〕15号),修订完善了一系列推动文化改革发展的重要经济政策,为文化与金融融合发展继续提供有力支撑。两个文件主要涉及财政税收、投资融资、资产管理、土地处置、收入分配、社会保障、人员安置、工商管理等多方面支持政策。主要内容包括:一是保留和延续原有给予转制企业的财政支持、税收减免、社保接续、人员分流安置等多方面优惠政策,特别是保留了免征企业所得税政策,支持力度不减,确保转制规范到位的文化企业轻装上阵,早改革、多受益、快发展。二是调整和增加有关政策规定,提出建立党委和政府监管国有文化资产的管理机构,强调国有文化企业要健全协调运转、有效制衡的公司法人治理结构,探索实行特殊管理股试点和股权激励试点。三是进一步提高政策含金量,强调扩大文化产业发展专项资金规模,将有线数字电视增值税免税政策重新明确再延长 3 年,新增对农村有线电视、城市电影放映等增值税优惠政策;进一步明确划拨土地转增国有资本的程序和方式,鼓励利用划拨存量土地兴办文化产业;鼓励和引导社会资本以多种形式投资文化产业,创新金融产品和服务方式,推动实现融资渠道多元化;支持企业建立补充养老保险、补充医疗保险,将中央出版单位京外工作人员纳入当地社会保障体系,切实增强政策针对性和实效性。

2015 年 3 月,文化部发布《2015 年扶持成长型小微文化企业工作方案》,为积极探索金融支持小微文化企业发展的途径,该《工作方案》共提出了 6 项主要任务:包括推动政策落实和提升政府支持工作能力水平,进一步完善支持小微文化企业发展;以提升经营管理能力及品牌塑造营销水平,进一步支持文化领域创新创业和小微文化企业发展;建设完善公共服务平台,进一步优化小微文化企业创业发展环境;鼓励金融创新、拓宽融资渠道,进一步缓解小微文化企业融资难问题;谋划"十三五"时期小微文化企业发展,进一步加强对支持小微文化企业发展工作的指导;营造文化领域创新创业和小微文化企业发展的良好舆论氛围,进一步加大宣传力度。

2017 年 5 月,中共中央办公厅、国务院办公厅印发了《国家"十三五"时期文化发展改革规划纲要》,指出要牢牢把握文化发展改革的指导思想,把新发展理念贯穿于文化发展改革全过程,全面实现文化发展改革的目标任务。

二、投融资情况

随着文化体制改革的持续推进,我国文化产业与金融融合呈现出多路径、多模式的特点。财政拨款、银行信贷、资本市场、私募风投、产业基金等资金纷纷涌入文化产业,很多传统企业也将目光投向文化领域,为各类文化企业、文化产业项目提供金融支持。

（一）财政投入

由于文化企业的意识形态属性，党和国家对新闻、出版等文化行业采用集中管理的方式。党的十八大以后，各级财政认真落实党中央、国务院关于大力发展文化产业的文件精神，大幅增加文化投入，文化体育与传媒行业投入由 2011 年的 1809 亿元增长至 2016 年的 3165 亿元，年均增长超过 5%（见图 3-14、表 3-4）。在财政投入过程中，也存在一些问题：一是文化体育与传媒行业财政投入规模总量持续扩大，但占全国财政支出的比重却始终低于 2%，自 2013 年起的近三年甚至呈回落趋势；二是虽然全国文化体育与传媒行业财政投入规模年均增长超过 5%，但增长速度日趋放缓，且近三年低于财政总支出规模增长速度。此外，从实际投入情况来看，财政投入资金更多的流向国有国办文化企业，不利于充分吸收社会资本的广泛参与。

图 3-14　2011—2016 年我国文化体育与传媒行业财政支出规模

资料来源：财政部官网，见 http://www.mof.gov.cn/。

表 3-4　2011—2016 年我国文化体育与传媒行业财政支出增长率

年　份	文化体育与传媒行业财政支出增长率	全国财政支出增长率	差额（百分点）
2011	22.50%	21.20%	1.30
2012	18.90%	15.10%	3.80
2013	11.10%	10.90%	0.20

续表

年　份	文化体育与传媒行业 财政支出增长率	全国财政支出增长率	差额 （百分点）
2014	5.50%	8.20%	-2.70
2015	9.30%	15.80%	-6.50
2016	2.90%	6.40%	-3.50

资料来源：财政部官网，http://www.mof.gov.cn/。

（二）信贷融资

银行信贷一直是我国各行各业企业融资的主要途径和方式。面对文化产业的广阔前景和巨大市场，各大商业银行加快信贷产品研发，在金融产品创新和授信模式优化等方面不断突破，助力文化产业的迅速发展。[1] 截至 2014 年年底，文化产业本外币贷款余额达 2536.9 亿元[2]。但从银行投放信贷的实际情况看，能获得银行信贷资金的文化企业只是很小一部分，而且以大型文化企业和文化重点企业为主，大多数中小微文化企业难以得到银行信贷的青睐。

（三）上市融资

目前，上市融资是文化产业领域炙手可热的话题，更多文化企业希望借助资本市场的力量来迅速发展壮大。上市融资、风险投资、并购重组、发行债券、资产证券化等都成为当前文化企业获取资本的选择方式，在资本市场掀起"文化热"，在文化企业中激起了"上市潮"。

1. 文化企业境内上市概况

截至 2018 年 4 月 30 日，A 股共有 177 家文化及相关产业企业上市，占上市公司总数的 5.04%，IPO 募资金额为 949.45 亿元，占 IPO 募资总额的 3.48%。其中，有 41 家企业为借壳上市，136 家为 IPO 上市。

综合来看，资本市场已成为文化企业融资、发展的重要平台。境内主板上市的许多传统文化企业和非文化企业通过并购重组文化资源，实现业务转型，持续

---

① 参见徐传谌、周海金、刘芹：《国有文化产业融资模式创新何以可能》，《江汉论坛》2014 年第 2 期。

② 参见许亚群：《2015 文化金融合作取得突破》，《中国文化报》2016 年 2 月 6 日。

做优做强;中小板已成为文化细分龙头的聚集地,汇聚了一批行业龙头;创业板则是文化创业创新的助推平台,诞生了一批明星企业。A股文化上市公司为文化产业更好地对接资本市场起到了良好的示范带头作用。

2. 文化企业境内上市特点

(1)从行业分布上看:境内上市的文化企业主要覆盖影视动漫、互联网传媒(包括互联网信息服务和移动互联网服务,如网游、视频等)、有线电视、广告、出版、旅游、体育七个子行业(见图3-15)。其中,以"互联网+"与文化消费(影视、旅游)为主要特征的互联网传媒行业成为上市最热门的领域,上市企业共43家,占比29%,主要原因在于:伴随着"互联网+"的迅猛发展和国内消费水平的提高,阿里巴巴、腾讯、百度等互联网巨头开始涉足文化领域,欢聚时代、畅游等游戏厂商逐渐成为游戏市场主角,以互联网信息服务为代表的互联网文化成为了消费热点;同时这一行业的企业主要采用综合运营模式,所涉及的业务较多,包括互联网软件(包括网络游戏、视频软件、阅读器等)及手机软件(包括手机游戏、音乐软件、浏览器等)的开发、运营与服务,网站的制作、运行与维护等,其后依次是影视动漫、旅游、出版、广告、有线电视和体育行业。募集资金规模(首发、增发与借款)最高的前三名是旅游、影视动漫和互联网传媒,分别为1223.30亿元、1172.67亿元和1162.12亿元(见图3-16)。2011—2015年,营业总收入最高的前三名是旅游、出版和互联网传媒,分别实现营业收入3646.42亿元、3310.20亿元和2073.63亿元(见图3-17);净利润最高的前三名是互联网传媒、旅游和影视动漫,分别实现386.81亿元、368.75亿元和299.13亿元(见图3-18)。

从行业分布来看,对标《文化及相关产业分类(2018)》的行业类别,截至2018年4月30日,A股市场已对文化及相关产业9个大类实现全覆盖,分别是:内容创作生产54家、文化传播渠道35家、创意设计服务22家、文化消费终端生产20家、文化娱乐休闲服务16家、文化辅助生产和中介服务12家、文化装备生产11家、新闻信息服务6家、文化投资运营1家。但从中类和小类来看,还有广播、互联网搜索信息、期刊出版等多个核心门类受政策等因素影响未能覆盖,文化企业上市的发展空间仍然巨大。从上市先后顺序来看,早期上市的企业多以传统的景区游览服务、文化用品制造等为主,到中小板、创业板开板后,行业逐渐丰富起来,涵盖数字内容服务、广告服务、设计服务等多个领域。

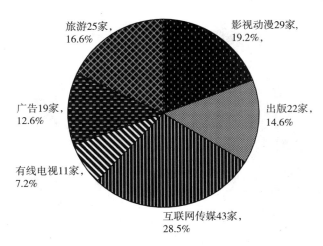

图 3-15 我国文化企业境内上市行业分布（截至 2016 年 12 月 31 日）

资料来源：WIND 数据库。

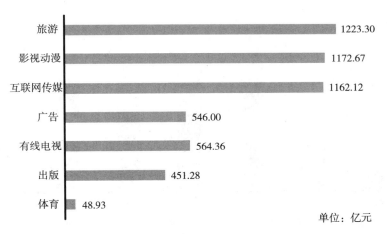

单位：亿元

图 3-16 我国文化产业七个子行业募集资金规模（包括首发、增发与借款）

资料来源：WIND 数据库。

（2）从时间分布上看：早期上市企业多以旅游、影视、出版行业为主，偶尔穿插广告、有线电视行业，随后延伸至互联网传媒、旅游、动漫、广告、出版等多个领域。早在 20 世 90 年代我国资本市场发展的初期，就有一些旅游、出版、影视类文化企业走在行业前列，开始了上市的步伐，如游久游戏（1990 年上市）、浙报传媒（1993 年上市）等。随着政策管制的放松，各个子行业的文化企业陆续开始尝

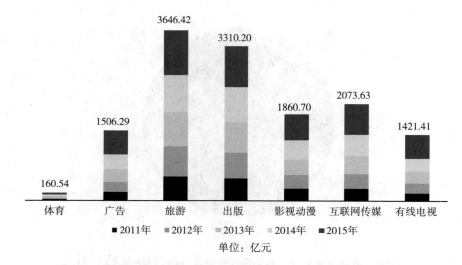

图 3-17   2011—2015 年我国文化产业七个子行业营业总收入

资料来源：WIND 数据库。

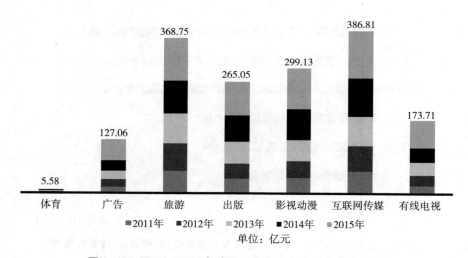

图 3-18   2011—2015 年我国文化产业七个子行业净利润

资料来源：WIND 数据库。

试通过上市来拓展企业的经营范围,实现其外延式发展。尤其是进入 21 世纪后,互联网开始普及并得到快速发展,文化企业"上市潮"逐渐延伸至互联网传媒、旅游、动漫、广告、出版等多个领域。2010 年,文化产业达到企业上市数量的高峰,共 21 家文化企业上市(见图 3-19)。文化产业发展政策和资本市场自身市场化、法制化改革与发展程度已成为影响文化企业上市效率的重要因素。

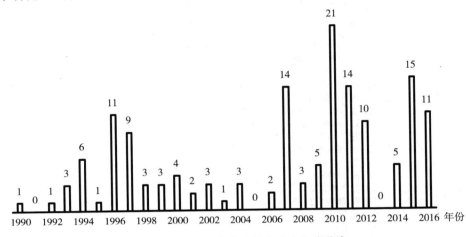

图 3-19 我国文化企业境内上市年度分布

资料来源:WIND 数据库。

(3)从地区分布上看:经济实力较强的地区,文化企业上市数量较多,文化产业综合实力较强,吸引资金的能力也明显更强;部分欠发达地区的文化企业融资规模有限,有些地区尚未有文化企业进行上市融资。截至 2015 年年末,北京、广东、浙江、江苏、上海是上市文化企业主要集聚地,文化企业上市数量超过全国文化企业上市数量的 50%,其中北京 25 家,广东 23 家,浙江、江苏与上海分别有 21 家、12 家和 10 家(见图 3-20)。广东、浙江、北京三省市上市文化企业的融资规模(包括 IPO 融资与增发融资,下同)合计超过全国总量的 50%。其中,广东 847.58 亿元,占比 21.20%;浙江 738.98 亿元,占比 18.48%;北京 652.17 亿元,占比 16.31%(见图 3-21)。可见,上市文化企业的分布与地区经济发展状况和文化产业发展水平密切相关,而上市文化企业数量与融资规模,在一定程度上也反映出该地区的文化产业发展水平。

2016—2017 年间,地区发展差异进一步加大。截至 2017 年年末,文化上市公司分布最多的六个省市变化为:广东(36 家)、北京(32 家)、浙江(21 家)、上海(12 家)、四川(10 家)、江苏(10 家),文化上市公司地区分布与地区经济发达程度、政策支持力度等方面密切相关(见图 3-22)。

(3)从上市地点上看:文化企业上市地点日趋多元化,境内上市更多的选择在深交所上市。选择在上海证券交易所上市的文化企业共 66 家,选择在深圳证

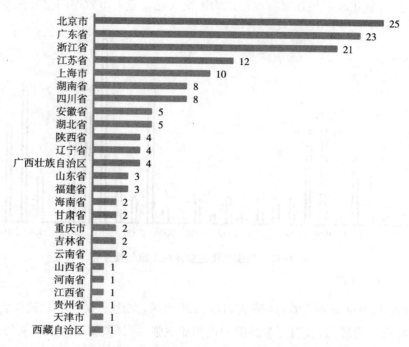

图 3-20　我国各地区境内上市文化企业数量（截至 2015 年年末）

券交易所上市的文化企业共 111 家。其中，主板①上市共 83 家，中小板上市共 52 家，创业板上市共 42 家（见表 3-5）。主要是深交所于 2004 年和 2012 年分别推出中小板和创业板，为众多中小型、创新型文化企业提供了上市机会。

表 3-5　我国文化企业境内上市地点分布

上市地点	数　　量
上海	66
深圳	111
其中：深圳主板	17
中小板	52
创业板	42

资料来源：WIND 数据库。

---

① 我国交易所市场的主板，包括上交所的主板、深交所的主板和中小板。

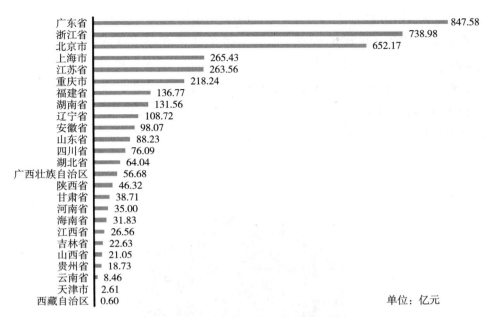

图 3-21　我国各地区境内上市文化企业融资规模（截至 2015 年年末）

资料来源：WIND 数据库。

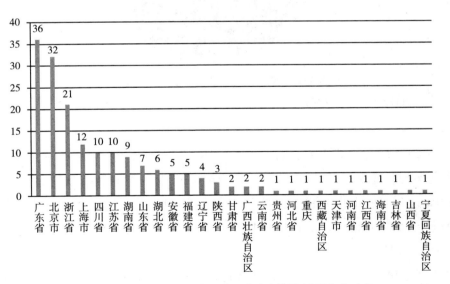

图 3-22　A 股上市文化企业地区分布（截至 2017 年年末）

注：文化及相关产业分类方式依据《文化及相关产业分类（2018）》确定。

资料来源：WIND 数据库。

（5）从上市方式上看：文化企业上市主要有 IPO 与借壳两种方式，且更多文化企业选择 IPO 公开上市（见图 3-23）。截至 2015 年年末，133 家通过 IPO 上市（占比 88.08%），18 家借壳上市（占比 11.92%）。随着证监会对借壳上市的监管趋严，再加上借壳短期内无法实现融资的缺陷，2012 年以后部分拟借"壳"文化企业终止借壳。鉴于 IPO 能快速直接融资，且流通性好，是文化企业首选的证券化发展路径。

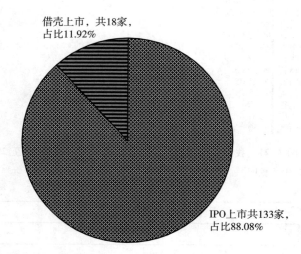

图 3-23　我国文化企业境内上市方式分布

资料来源：资料来源：WIND 数据库。

（6）从融资方式上看：定向增发是境内上市文化企业再融资的首选。文化企业上市后的融资渠道主要包括定向增发、发行债券和借款。截至 2016 年 12 月 31 日，上市文化企业共募集资金 6149.74 亿元。除了通过 IPO 募集资金 851.38 亿元（占比 13.84%）之外，增发、发债和借款募集资金规模分别为 3147.25 亿元、616.50 亿元、1534.61 亿元，占比分别为 51.18%、10.02%、24.95%，增发融资规模已超过总融资规模的 50%（见图 3-24）。与其他融资方式相比，定向增发具有要求低、费用少、速度快等优势，没有关于公司盈利等相关方面的硬性规定，且主要面向大股东，易于受到资金追捧。

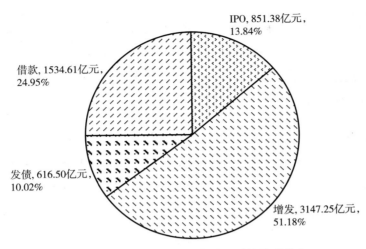

图3-24 我国境内上市文化企业融资方式分布

（7）从首发价格上看：不同子行业文化企业差异较大（见表3-6）。首发价格最高的是影视动漫行业，为68.00元，最低的是旅游行业，仅为0.26元[①]。互联网传媒、影视动漫等企业的首发 P/E 明显高于其他行业的企业，一定程度上说明文化消费日益成为热点，且市场对新兴文化企业的盈利模式、发展前景较为认可。首发 PE 最高与最低的分别是103.92倍、6.41倍，说明旅游企业的盈利估值水平存在较大差异。

表3-6 我国文化产业七个子行业首发价格与首发 PE 差异

指标/行业		体育	有线电视	广告	互联网传媒	影视动漫	旅游	出版
首发价格（元）	均值	4.74	7.96	17.21	22.49	17.43	9.65	8.42
	中位数	4.74	7.00	12.00	18.85	10.19	6.38	6.97
	最大	5.80	15.50	39.80	59.90	68.00	53.00	21.88
	最小	3.68	4.80	3.68	1.00	1.50	0.26	1.00
首发 PE	均值	—	31.36	33.75	41.34	40.43	34.08	33.71
	中位数	—	29.96	29.76	29.95	29.91	25.93	29.98

---

① 基于 A 股市场与 H 股市场的制度差异，不同文化企业的股本规模设置及估值效果存在一定差异，个股股价高低一般不具有可比性。通常采用市盈率、市净率、市销率等具有可比性的个股指标与行业平均指标进行对标比较。

续表

指标/行业		体育	有线电视	广告	互联网传媒	影视动漫	旅游	出版
	最大	—	44.90	67.72	93.75	85.43	103.92	84.15
	最小	—	22.86	15.55	18.16	13.00	6.41	14.67

资料来源:WIND 数据库。

（8）从发展趋势上看:上市文化企业扩张步伐加快,以并购、股权投资、新设子公司为主。截至 2016 年年末,我国上市文化企业实现投资规模 6212.55 亿元,其中并购与股权投资规模分别为 3928.46 亿元和 1697.25 亿元,占比达 90%以上。从投资方向上看,有行业内投资（横向或纵向）与跨行业投资两种途径。

3. 文化企业境外上市概况

2000 年之前,我国文化企业主要在中国境内上市;2000 年以后,文化企业上市地的选择逐渐多元化,在纽约、纳斯达克、中国香港、新加坡等地上市的文化企业逐渐增多。截至 2017 年 12 月 31 日,我国境外上市文化企业总市值 47050.98 万亿元①,境外上市文化企业 82 家,共发行 82 只股票。已披露上市地点的 80 家境外上市文化企业分布表见 3-7。

表 3-7　我国文化企业境外上市地点分布

上市地点	数　量
香港联交所	52
纳斯达克	18
纽约证券交易所	3
新加坡证券交易所	2
澳大利亚证券交易所	1
巴黎证券交易所	1
东京证券交易所	1
多伦多证券交易所	1
法兰克福证券交易所	1

---

① 2017 年 12 月 31 日,人民币兑美元的汇率为 6.5342∶1,人民币兑港币的汇率为 0.8359∶1,人民币兑欧元的汇率为 7.8023∶1,人民币兑新加坡元的汇率为 4.8831∶1,人民币兑日元的汇率为 0.057883∶1,人民币兑加拿大元的汇率为 5.2009∶1,人民币兑澳大利亚元的汇率为 5.0928∶1。

三、中介服务与市场监管情况

服务提升层次,监管维护秩序。目前,我国已经初步形成了以企业、银行、交易场所和证券服务机构为主体的文化企业证券化发展的中介服务体系,以及由"一行两会"[①]、中宣部、文化部、财政部、国家税务总局等部门及地方政府构成的文化金融监管体系,为文化与金融融合发展保驾护航。

(一)中介服务体系建设

完善的中介服务机构及高质量的金融服务能力是文化产业与金融市场有效对接的重要基础。各地都在积极探索建设更为有效的文化金融中介服务体系。主要做法有[②]:

1. 金融机构主动参与

商业银行、股份制银行、政策性银行等金融机构纷纷建立专门服务文化产业的专营机构、特色支行和文化金融专业服务团队,提高文化金融融合发展的专业化服务水平。比如,中国农业银行宁波分行成立了首家文化产业银行,为处于初创期的文化企业提供金融支持。[③]

2. 创新服务模式

探索支持小微文化企业发展和文化创意人才创业的金融服务新模式,加大对小微文化企业的融资支持。比如,华夏银行北京分行与北京国华文创融资担保有限公司合作,专门开设了"文创贷",推出了"担保+贷款"小微企业融资服务,一定程度上缓解了小微文化企业的融资难题。[④]

3. 政策引导

政府部门和行业协会通过政策引导、业务培训、资金支持等方式,服务于文

---

① 2018 年中国银监会与中国保监会合并,简称中国银保监会。
② 参见毛俊玉:《文化与金融对接出现新气象》,《中国文化报》2014 年 6 月 28 日。
③ 参见《宁波银行业设立首家服务文化创意产业支行》,2014 年 6 月 9 日,见 http://www.chinanews.com/sh/2014/06-09/6258694.shtml。
④ 参见《华夏银行:"担保+贷款"助力文创类小微融资》,2014 年 6 月 21 日,新华网,见 http://www.xinhuanet.com/。

化企业和金融机构。比如,北京市海淀区推出了文化企业银保共担信用贷款和纯信用贷款产品①;国家有关部门与上海市政府联合成立了上海文化产权交易所,为文化企业提供灵活、便捷的投融资服务②;温州市文化传媒协会发起成立了温州商道小微企业(文化产业)金融服务合作社③。

(二)市场监管

文化产业具有知识密集、资本密集的特征,金融具有高回报、高风险的特点。这些特点决定了文化产业与金融融合的健康发展,离不开强有力的市场监管。党的十八届四中全会明确提出:"坚持依法治国、依法执政、依法行政共同推进。"能否对文化金融融合实施有效监管,直接关系到能否实现建立健全现代文化市场体系的目标。长期以来,文化主管部门与金融监管部门各司其职、各负其责,密切配合,出台相关办法,监管与服务并重。

四、典型地区文化产业与金融融合发展的实践探索

自《关于金融支持文化产业振兴和发展繁荣的指导意见》(银发〔2010〕94号)发布以来,一些发达地区和城市积极响应,充分发挥自身优势,率先出台相关政策,打造出具有区域特色的文化金融融合之路,为其他地区探索实践树立了典范(见表3-8)。

此后,全国各地掀起了文化产业与金融融合发展的热潮。不同省份、不同地区"因地制宜、因企实策",出台差异化的政策与措施,引导、支持和鼓励文化企业、文化产业发展壮大。文化企业通过政府的行政支持,通过市场化道路,不断强化内生发展动力,逐步摆脱"要我发展"的被动成长模式,向"我要发展"的自主壮大转变。

---

① 参见《小微文化企业获贷款支持》,《人民日报海外版》2014年5月16日。
② 参见金鑫:《上海全球率先建立文化产权交易所》,2009年7月30日,见 https://news. artron. net/20090730/n82888.html。
③ 参见邹丽丹:《温州市力推首家文化产业专业金融服务机构帮助企业缓解融资难题》,2014年6月19日,见 http://www.66wz.com/。

表 3-8　典型地区文化产业与金融融合发展的实践探索

地区	事　项	开始时间	相关文件	具体政策
北京	打造"文化金融合作试验区",支持首都文化创意产业发展	2014 年	《文化金融战略合作协议》	推动文化融资担保、租赁、小额贷款、投资基金、信托、保险、银行等产业的集聚发展。搭建金融机构与文化企业的对接平台、文化项目孵化平台、文化企业信用评估平台、文化要素配置平台、文化金融人才聚集平台、文化金融信息传播平台等六大平台,并开展行业信用体系建设试点,探索文化企业信用贷款的融资新模式
上海	把握自由贸易试验区建设历史机遇,打造成文化与金融融合发展的"中国范本"	2010 年	《上海市金融支持文化产业发展繁荣的实施意见》	从加大对文化产业的信贷投入、推动文化产业直接融资、培育文化产业保险市场、改进对文化产业的综合金融服务和健全金融支持文化产业发展的配套措施方面,提出了金融支持文化产业发展的具体意见。搭建了重大文化项目、文化产业发展协同推进平台,聚焦产业政策、规划和重点文化产业项目,通过整合全市文化产业资源,积极发挥文金信息沟通平台的作用,通过倾听企业、跟踪服务等方式,促进文化与金融的互相了解,实现了文化金融的有效对接
深圳	探索"文化＋金融＋科技"新路径	2011 年	《深圳文化创意产业振兴发展规划》和配套政策	提出打造"文化＋科技""文化＋金融""文化＋旅游"的新路径,设立每年 5 亿元规模的专项资金,对文化创意企业的原创研发、贷款贴息、保险费资助、中小企业房租补贴等 20 个方面提供资助、补贴或奖励。积极探索政府金融机构合作服务企业新模式。充分发挥深圳文博会、深圳文交所和中国文化产业投资基金三大国家级文化平台的互动作用,搭建了文化产业博览、交易和投融资服务的一体化平台,成为促进文化产业发展繁荣、推动中国文化"走出去"的"三驾马车"
宁波	打造"中国金融数字文化城"	2012 年		打造中国首个集"金融、科技、文化创意"三大板块于一体的高端文化产业基地,整合各类投资服务、法律服务、财会服务机构,驻扎投资机构、银行、券商、保荐人、律师事务所、审计师事务所、心理治疗机构等各类金融服务企业。一批国际、国内顶尖投资银行、风险基金已经与产业园签署入驻意向,大批知名律所、会计师事务所陆续入驻。国内一流大学与浙江省政府签约,落户"中国金融数字文化城",相关研究机构和众多智力人才成为园区科研基地的骨干项目

资料来源:作者根据相关媒体报道整理。

第三节　文化与金融融合发展中存在的问题及原因

文化企业的证券化发展,是推进文化产业供给侧改革的关键一环。然而,我国文化产业的发展起步晚、基础薄弱,再加上文化的特殊性,导致文化产业与金融融合严重不足,制约了文化产业的进一步发展。

一、存在的主要问题

无论从文化产业自身发展的状况,还是从资本市场的发展阶段来看,我国文化产业与金融融合都仍处于初级阶段。表现在:融合深度不足,融合规模不大;融合强度不高,文化巨头与金融融合积极性不强;融合广度不够,文化产业与金融融合手段单一;融合支撑力不足,服务体系不完善。

(一)融合深度不足:文化产业与金融融合规模不大

文化企业融资来源单一,国有文化企业仍以财政投入为主。民营文化企业大都由旅游、房地产、广告等其他关联行业转入,新型业态文化企业风险较高,企业发展资本主要靠私人的原始积累,部分企业发展到一定程度后虽然有多元化趋向,但无论银行的间接融资还是资本市场的直接融资,都比较困难,利用外资和社会捐助就更少,产业与金融融合程度不够深入,规模相当有限。

(二)融合强度不高:文化企业与金融融合积极性不强

与庞大的文化企业基数相比,文化企业上市数量仍然较少,全行业证券化率仍然较低。以 2015 年国家统计局统计的文化企业资产总额(83902 亿元)为基础,境内上市文化企业的证券化率仅为 36.21%,明显低于我国平均资产证券化率(约 60%)。通过对比境内外文化传媒企业不难看出,我国文化产业龙头企业在规模、业务结构等方面均与境外文化企业巨头相差甚远。比如,美国影视娱乐行业巨头迪士尼 2015 年的总收入约合人民币 3457.6

亿元,与我国所有上市文化企业的营业收入总和基本持平;迪士尼 2015 年净利润约合 583.37 亿元人民币,高于我国上市文化企业的净利润总和。此外,我国文化企业缺少大型企业(集团),广告、发行业务的经营范围区域特点十分明显,而美国新闻集团在全球拥有 800 多家企业,业务涉及电影娱乐、广播电视、出版、发行等多个传媒领域,在体量、多元化程度上远超我国文化企业。我国大型文化企业少,有金融意识和市场竞争能力的企业集团更少。

(三)融合广度不够:文化产业与金融融合手段单一

从上市方式和融资方式上看,文化企业主要采用 IPO、并购重组或借壳上市方式融资,上市后的融资渠道主要包括定向增发、发行债券和银行信贷,投资主要用于产业链完善或者并购。上述不同融资渠道筹集的资金规模存在巨大差异,尤其是以借款为核心的间接融资所占比重超过了 70%。①

此外,除了上述融资方式之外,我国资本市场金融衍生工具的不发达也导致文化企业在与金融融合的探索之路上面临着"无枪可用"的尴尬境况。

(四)融合支撑力不足:中介服务薄弱,监管体系不完善

现阶段,我国文化与金融融合的中介服务与监管体系仍存在着一些问题:

一是文化产业投融资服务平台较少,有些地方尚未建立;文化金融市场中风险控制和中介服务不到位,限制了金融资源的投入;关于文化企业的无形资产评估、流转与保护体系尚未构建,增加了交易标的的复杂性。

二是在文化金融融合发展的大背景下,为确保文化产业和金融市场的健康发展秩序,相关部门加强了监管协作与执法体制完善,如联合执法、交叉办公等。但监管"割据"局面在短时间内无法完全转变,部门之间协调不力,"纸上文字多,落到实处少""监管部门多,专业人才少",影响了实践效果。

---

① 截至 2017 年年末,中国社会融资规模存量 174.6 万亿元,全部金融机构本外币各项贷款余额 125.6 万亿元,当年新增 13.5 万亿元。2017 年全年上市公司通过境内市场累计筹资 4.08 万亿元,其中通过沪深交易所发行债券筹资 2.81 万亿元。中国金融以银行信贷资金为主,资本市场中直接融资占比较低。

二、原因分析①

（一）政策层面

文化产业在现代服务业中处于中高端位置，其健康发展离不开强有力的产业政策支持。当前涉及文化产业与金融资本融合发展的立法较少，无法满足文化产业的发展需要：

一是现有法律法规立法层级较低，大多属于行政法规或部门规章层面，稳定性和权威性较差。

二是缺乏文化与金融融合的长远规划，"重审批、轻保障"的特点明显，相关条文主要强调了"如何加强管理"，而对于"如何保障发展"的规定与措施较少。

三是政策的系统性、专业性和差异化不足，企业需求与政策目标在时间和空间方面存在差异和错位，执行效果不理想。

（二）金融市场层面

以 2014 年的相关权威数据为例，2014 年我国文化产业共获得银行贷款 5328 亿元，仅占年末全部金融机构各项贷款余额总额 86.8 万亿元的 0.6%，占当年全部新增贷款 9.78 万亿元的 5.4%②。金融机构对文化产业支持力度不够，主要原因有：

一是金融机构对文化产业的特性认识和了解不足，熟悉文化产业的金融高端专业人才匮乏，对文化产业与金融融合的认识不到位。

二是传统文化企业对证券化发展的法规、方法、路径不熟悉、不了解，国有文化企业仍不适应市场化竞争环境，遇到困难还习惯于"向上伸手"，民营文化企业大多属于中小微企业，容易被金融机构边缘化，发展资本主要靠自身力量解决。

三是银行借贷和专项资金、私募资金扶持门槛高，大多数文化企业无法达到

---

① 参见徐鹏程：《当前阻碍金融资本与文化产业融合的主要问题》，《金融时报》2016 年 6 月 20 日。
② 参见中国银行业协会：《2014 年度中国银行业社会责任报告》，2015 年 6 月 26 日。

信贷条件,文化企业轻资产属性及对文化资产的评估方法选择与一般企业存在较大差异,资产作价估值不能体现文化企业真正价值。

四是针对文化产业的金融创新较为薄弱,我国金融市场不成熟,功能不完善,金融产品单一,金融创新与实践差异大,适用于文化企业的金融工具不多。

五是境外发展限制多,需要面对经济文化差异、规则制度差异甚至语言沟通障碍等诸多实际问题。

(三)企业自身层面

经营性文化事业单位转企改制不彻底,"多头管理、条块分割"的现状尚存,未建立现代企业制度,或者虽有制度,但执行力不够、执行效果差、体制机制不顺、激励机制缺乏、核心竞争力不够,部分子行业还存在一定的行政管制、产业垄断和准入壁垒限制。不少企业自身"小、弱、单",发展问题较多,如资金回收期限长、研发风险程度高、治理结构不规范、财务及信用评估难,很多资产无法量化。加之文化企业的主要经营管理者是"文化人",经营管理经验不足,资本运作的政策知识与实战能力欠缺,一些政策和常见方法都不知道,即使知道也不会合理运用。

三、解决路径

深化文化企业与金融融合,既需要系统的顶层设计,又需要不断的实践探索,绝不可能毕其功于一役。

(一)培育文化要素市场

完善文化类资产的评估鉴定和交易机制。逐步建立涉及文化资产的确权、登记、评估、交易综合服务体系,使得知识产权、文化创意有价值、可流通、能交易,打通文化资产抵押的阻隔,加强交易规则的设定和规范化管理,先行先试,从区域试点开始,不断探索完善,逐步建立全国性的文化要素交易市场。

(二)创新金融产品和服务

充分发挥各类金融机构的比较优势和特点,在有效控制风险的前提下,积极推进产品和服务创新,开发符合文化企业特点和需求的金融产品,逐步扩大产业链融资、股权质押融资等适合文化企业特点的创新产品规模;探索综合质押贷款模式,拓宽文化企业抵质押物范围,鼓励银行等金融机构针对具有一定实力的文化企业开展信用或类信用贷款,建立文化产业行业信用评级制度。充分发挥互联网金融等新型金融模式,提供精准、灵活、快捷的金融支持服务。

(三)推动金融机构协同联动

金融支持文化产业发展,不是某一个或某一类金融机构包打天下,需要不同类型金融机构在各自的业务和风险范围内,积极协同联动。比如从单一的银行贷款到投贷联动,甚至逐步到投、险、证、贷联动等,降低综合金融风险;针对文化企业不同的需求,引入小额贷款公司、典当、信托等机构,提供多元化的金融服务;帮助有能力的文化企业通过发行企业债券、集合债券等方式,实现债权融资;设立由财政资金参与的文化产业投资基金,加大对优质文化产业项目的直接投资力度;鼓励、引导具备条件的文化企业通过 IPO 上市融资,加快建设多层次金融服务体系。

(四)加强政策引导

政策的引导和支持,对于促进文化金融融合发展,十分重要。施策的重点,一是应该集中在制度的创新和管理规范的制定,明确游戏规则和行为边界,明晰风险底线;二是要积极引导建立文化版权投资交易市场,完善评估交易体系,创建公共服务平台;三是要大力推进文化产业行业信用评价体系建设工作,培养企业信用意识和习惯,建立规范的信披制度。同时要加大金融支持文化产业的支持力度,通过风险补偿、贴保贴息等方式,降低风险,积极引导民间资本成立风险投资、私募股权公司,直接投资文化项目。努力打造文化环境共建,文明成果共享的具有新时代中国特色的文化金融融合发展新环境。

第四章　文化企业证券化发展的基础条件

第一节　现代企业制度建设

一、我国文化企业的制度特点

（一）国有经营性文化事业单位转企改制情况

随着文化体制改革的深化，一大批新型文化市场主体在市场竞争中重现生机与活力，其中国有文化企业发挥着中流砥柱的作用。现阶段的国有文化企业，很大一部分是由原经营性文化事业单位转企改制而来。数据显示[①]，截至 2015 年年末，全国国有文化企业 13994 户（按独立法人统计），从业人员137.1 万人，资产总额 31746.7 亿元；2015 年实现营业总收入 14085.2 亿元，利润总额 1311.4 亿元，净利润 1148.7 亿元。其中：中央文化企业 3458 户，资产总额 8223.4 亿元，2015 年实现利润总额 513.3 亿元，净利润 432.1 亿元；地方国有文化企业共计 10536 户，资产总额 23523.3 亿元，实现利润总额 798.1亿元，净利润 716.6 亿元。但从实际情况来看，很多国有文化企业改制不彻底，还没有建立通常意义上的现代企业制度，市场化程度不高，不符合证券化发展的要求。

---

① 参见财政部文化司:《国有文化企业发展报告（2016）》,2016 年。

（二）新型文化业态企业情况

随着国家文化战略布局与产业扶持政策的陆续出台，越来越多的新型文化业态企业（以非国有为主）出现并得到了长足的发展，逐渐成长为推动我国文化软实力提升的重要力量。然而从整体来看，新型文化业态企业呈现出"小、散"的特点，其现代企业制度建设还不够充分和专业，主要体现在两个方面：一是部分文化企业的所有者或合伙人自身就是文化从业者，他们并不熟悉现代企业的管理模式和经营方式，其企业日常管理的随意性和人的主观性成分多；二是一些其他行业的企业家或投资人，希望借助文化产业扶持政策的便利，转型或成立新的文化企业，但却不了解文化行业的特点，照搬自己熟悉的一套制度，使文化企业管理僵化，缺乏文化内涵。这些情况的存在，都制约着新型文化业态企业的效率，增加了证券化发展的难度。

二、文化企业建立现代企业制度的必要性

（一）现代企业制度是文化企业证券化发展的基础

现代企业制度的主要形式是公司制度。一般地，文化企业只有建立了公司制度，才具有发行债券或者进入场内、场外市场进行股权融资的法定主体资格。现代企业制度的建立，代表着管理的规范化和经营的市场化，可以通过 IPO、收购、兼并、重组、资产证券化等方式谋求企业的更好发展，可以通过破产、被兼并等方式寻求资产和其他生产要素的再配置，这些，都是证券化的必然结果。现代企业制度与证券化发展有着天然的内在联系，现代企业制度建设是文化企业证券化发展的基础。

（二）现代企业制度是市场化发展的客观要求

现代企业制度是社会主义市场经济体制的基础，其核心内涵是"产权清晰、权责明确、政企分开、管理科学"。其中"产权清晰"是指企业资产具有明确的实物边界和价值边界，这是企业市场化资本运作的前提；"权责明确"是指合理区分和确定文化企业所有者、经营者和劳动工作者各自的权利和责任，这是对企业

收益分配的明确和各参与主体行为的约束,是企业依托市场化提高运营效率的保障;"政企分开"是政府行政管理职能、宏观和行业管理职能与企业经营与管理职能分开;"管理科学"是一个相对宽泛的概念,但是影响着企业的运营效率,是市场对企业价值评估的重要内容。文化企业建立现代企业制度,符合社会主义市场经济建设的基本要求①。

(三)建立现代企业制度是深化文化体制改革的发展方向

文化体制改革的目的,是促进文化的大发展、大繁荣。作为文化产业的微观主体,文化企业是文化体制改革所规范的对象。党的十七届六中全会明确提出要"以建立现代企业制度为重点,加快推进经营性文化单位改革,培育合格市场主体"②,现代企业制度对文化企业实力的壮大与影响力的提升的重要性得到顶层设计的充分肯定。文化体制改革所涉及层面是全方位的,转制后的经营性国有文化企业与新型业态文化企业共同构成我国文化产业市场主体基础,夯实主体基础、提升文化主体的市场竞争力,是全面深化文化体制改革的重要方向。

三、文化企业建立现代企业制度的路径

(一)构建学习型文化组织

学习型组织,是"将知识作为实现组织价值的关键资源,通过系统的组织学习,对不断变化的内外环境做出有效反应,从而获得适应与变革能力和持续竞争优势的组织"③。组织学习对于文化企业至关重要,而且为全面提升自身竞争力提供了"解决之道",并成为文化企业对接资本市场的前提与基础。

学习型组织的构建需要在企业内部形成人人主动学习、要求学习、终身学习的氛围。学习型组织的构建,主要应解决"学什么"和"怎么学"的问题。在组织

---

① 参见钟财:《〈中共中央关于建立社会主义市场经济体制若干问题的决定〉名词术语解释》,人民出版社 1994 年版。

② 《中共中央关于深化文化体制改革　推动社会主义文化大发展大繁荣若干重大问题的决定》,人民出版社 2011 年版。

③ 杜坤伦:《上市公司——现代经济最富活力的微观基础》,四川人民出版社 2008 年版。

外部,可以通过搭建组织间的如行业内部、行业之间以及区域性的学习交流平台,实现知识学习的信息化与网络化。作为文化企业的经营管理人员,特别是需要直接对接文化企业证券化发展的高级管理人员,首先要学的就是规矩,资本市场的最大规矩就是公开、公平、公正,规矩不仅包括国家、区域内的法律法规、行业规范,也包括市场环境秩序的公正与透明;其次要学的就是知识与技能,通过掌握专业知识与政策,提升专业素养,培养专业能力,塑造专业精神,以增强满足企业发展需要的市场管理能力、企业管理方法与技巧,加强对我国宏观经济发展方向与趋势的总体把握,提高决策能力并形成创新发展动力。

(二)塑造诚信的企业文化

诚信,即诚实守信,是人类社会千百年传承下来的道德传统,也是道德建设的重点内容,它强调诚实劳动、信守承诺、诚恳待人。诚信不仅是建立社会主义市场经济秩序的必要保证,而且是市场活动主体赖以生存的必要条件。我国资本市场建立发展 20 多年来,对整个社会生产力的发展起到了巨大的推动作用,资本市场创造投资机会和就业机会使更多的人能够分享经济发展的成果,资本市场的诚信文化已成为社会主义市场经济条件下先进文化的重要组成部分。[①]

实际工作中,诚信也是企业文化体系的重要内容,涉及方方面面,包括经营理念、组织管理、企业家精神等。因此,文化企业的诚信文化建设,不仅要系统化、立体化,满足公司各利益相关主体的需要,还应全方位地按照诚信文化的内容体系,来安排自己的经营管理与资本运作,构建有自身特色的企业文化,包括但不限于以下方面:

1. 诚信披露

信息披露是资本市场对企业证券化发展的基本要求。然而其对于文化从业者来说又是一个全新的领域,伴随资本而来的巨大利益具有相当的诱惑力,这就可能使文化企业暗生违规、虚假信息披露的动机。更加隐蔽的信息造假手段与利益输送、内幕交易和操纵市场相结合的倾向性更加突出,将直接影响广大投资者利益和资本市场秩序,性质恶劣,危害性强。文化企业证券化发展,就应当增

---

① 参见温斌:《证券期货监管实践积极探索党的先进性建设的有效途径》,中国证监会研究报告,2006 年 6 月。

强维护市场秩序、保护投资者合法权益的责任意识，自觉规范自身经营管理、资本运作与相对应的信息披露行为，保证信息披露的真实、准确、完整、及时和公平，自觉增强信息披露透明度。

2. 诚信融资

融资诚信文化是对证券化的企业资金获取的一种软性监督文化，是指企业要遵循诚实守信原则，以诚信的理念指导在资本市场上的融资行为。[①] 这种诚信文化要求企业做到"言必行，行必果"，将投资者的信任放在首位，不管是募集资金信息披露还是募集资金使用，都要把诚信作为自己的行为准则和信条。融资是为了文化企业更好地发展，而不是为了"圈钱"。没有诚信理念，文化企业的融资行为将不能给企业带来持续发展动力。

3. 诚信经营

文化企业要弘扬诚信经营理念，童叟无欺、买卖公平；要倡导诚信观念，加强诚信教育，把诚信理念贯穿于企业经济活动的各个环节；要恪守信誉，奉行"信誉高于一切"的行为准则，不唯利是图，不见钱眼开，不生产庸俗、低俗和媚俗的文化产品，坚持原创文化，不生产低劣的抄袭作品欺骗文化受众，做一个经营理念和经营思想高尚的对社会有一定正能量的"身心健康"的市场主体。

4. 管理团队诚信

文化企业管理团队应转变观念，将身份从"文化人"转换为企业家，控股股东、实际控制人以及公司董事、监事和高级管理人员，要意识到自身在企业诚信文化建设中所起的作用。特别是企业主要领导的遵纪守法尤为重要，要有敬畏之心，敬畏市场，敬畏规则，自觉做一个有"底线"的人，"班长"要带动整个团队，大家都"自觉、觉他、觉行"，努力营造良好的工作环境。如果管理团队不诚实经营，追名逐利，欺骗投资者，就会把企业带入歧途。

5. 社会责任履行的诚信

人既有自然属性，也有社会属性，人可以是一个纯粹的自然人，也应当是一个经济人、社会人，企业也一样。文化企业既要关注自身的生存与发展，也要承担相应的社会责任。诚信不仅表现在行为上，也表现在对行为后果的承担上。文化企业社会责任履行上的诚信不仅表现在其自身，还表现在与其相关的各类

---

① 参见杜坤伦：《上市公司——现代经济最富活力的微观基础》，四川人民出版社 2008 年版。

主体上。树立社会责任履行的诚信,企业、控股股东、实际控制人、公司的董监高都要有规范意识,严格履行忠实和勤勉义务,严格履行自身的相关承诺。

6. 公司治理诚信

文化企业证券化的基础前提是进行股份制改制,即按照《公司法》要求所建立起的股东会、董事会、监事会、经理层等法人治理结构和运行机制,应当权责分明,各司其职、相互配合、相互制衡,切实发挥各自作用。不能只是做"表面文章",要形似且神至。

(三)健全公司法人治理结构

企业法人治理结构是基于公司所有权和控制权分离、为实现股东与所有利害相关者的利益而形成的关于公司组织机构之间的权力和利益分配与制衡的法律体系与制度规范。① 我国转企改制而来的国有经营性文化企业和新型业态文化企业在法人治理结构方面仍不同程度地存在一些缺陷,需要在实现证券化发展目标时按照相关规则进行自我改进与完善。实践中应重点关注以下方面:

1. 企业职能形式改革

需要进行证券化发展的文化企业,尤其是一些转企改制后形成的国有文化企业,要有改革自己、规范自身行为的决心;要对自身的职能进行全面的梳理,将公益性职能与商业性职能分离。公益性职能的剥离,仍以政府为主导。随后将其商业性职能作为主体进行后续的证券化准备。在这期间,要理顺政府与国有文化企业的关系,尤其是产权关系,彻底实现政事分开、管办分离,使国有文化企业真正具备"法人自主权",形成政府宏观管理、文化企业自主发展的格局。

2. 人事管理制度改革

转换用人机制,完善用人制度,健全聘用制度和岗位管理制度,建立权责清晰、机制灵活、激励与约束相协调的人事管理制度。尤其是基于文化企业自身的特殊性,要对文化创作人员与日常职能部门人员进行差异化管理,以彰显管理制度的科学与灵活。国有文化企业要逐步将单一编制用工转向多种用工形式,由传统的身份管理向岗位管理转变,实现岗位设置、岗位结构的科学合理。岗位设

---

① 参见马俊驹、聂德宗:《公司法人治理结构的当代发展:兼论我国公司法人治理结构的重构》,《法学研究》2000 年第 2 期。

置重在"事权",不因人设岗,要因事招人。

3. 收入分配制度改革

与人事管理制度改革相配套,要完善收入分配激励约束机制,健全体现岗位绩效和分级、分类管理要求的收入分配制度。要充分认识"生产要素"在文化产品生产中的作用,即给予提供才华和创意的文化创作人员更多的收入回报。其他方面,要将薪酬与岗位、绩效挂钩,以体现"按劳分配"原则。不同岗位对职称、技能、管理能力的要求各有特点,要逐步建立相应的绩效评价体系。收入分配既要按劳取酬,又要高度重视文化工作者的特殊智力成果转化,还要体现文化资本的财产性收入。

4. 健全现代企业"三会一层"制

股东会方面,要积极引进战略投资者,改变某些国有文化企业国有股"一股独大"的局面,增强文化企业的核心竞争力和创新能力。

董事会方面,要遵循董事会议事规则,充分发挥董事会的职能与作用,按照现代企业制度要求和公司的实际需要,有条件的企业,可以逐步建立董事会专门委员会或者聘请相应的决策、咨询专家,目的是提高董事会的决策效率,增强决策的科学性,减少决策失误。另外,对于有证券化发展需求特别是拟 IPO 的文化企业,要按监管部门的要求引入独立董事制度,维护中小股东权益。

监事会方面,要避免职能虚化,保证监督权的行使,可以考虑引进外部监事,增加职工监事,加强"三会一层"的沟通与协调,增强监事的专业素养,提高监事会的独立性和监督质量。

经理层方面,要将对经理人的选拔任命权交于董事会,减少国有文化企业对管理人员任命的行政干预。特别要建立经理层任命的市场竞争机制和优胜劣汰机制,根据企业发展需求选择最符合自身目标的经理人员。对于一些较小的民营文化企业,基于成本的考量,可考虑首先引入熟悉资本市场运作的职业经理人,以解决当前最迫切的问题,在得到资本市场支持力量之后再进一步完善经理层。

第二节　运营规范

文化企业证券化发展,应当遵循资本市场的一般规律和要求,规范运营是对其最起码和最基本的要求。实践中,关联交易和同业竞争是影响企业规范运营程度评价的最主要因素。

一、关联交易

关联方交易,是"指关联方之间转移资源、劳务或义务的行为,而不论是否收取价款"①。鉴于过往违法违规的案件中,控股股东或实际控制人多利用关联方关系,通过关联交易或关联交易非关联化,采取非经营性资金占用、违规担保等方式侵占公司利益,以致在行业评价、IPO审核、公司上市后的监管环节,关联交易均为关注重点。(拟)上市公司的"资产完整、业务独立,具有完整的业务体系和直接面向市场独立经营的能力"均与关联交易的程度直接相关。在理论和实践中,对关联方的认定是前提和基础,关联交易定价的公允性、信息披露的真实、准确、完整性,以及决策程序的合规性是公司规范运营和市场监管的衡量标准,合理利用关联交易可以达到节约交易费用、提高资金的营运效率、加强企业间的合作,提升公司经济效果,但要避免成为利益相关方的利益输送通道。

(一)对关联方认定的法定依据

对关联方的判定依据,主要有《公司法》《企业会计准则》《上市公司信息披露管理办法》和沪深交易所的《上市规则》,以及司法和税务方面,几种标准的内涵基本一致,但在具体适用的判断与执行标准的外延方面存在一定差异。

1.《公司法》

《公司法》第21条规定:"公司的控股股东、实际控制人、董事、监事、高级管理人员不得利用其关联关系损害公司利益"。《公司法》第216条列举了关联方的具体情形,关联关系"是指公司控股股东、实际控制人、董事、监事、高级管理人员与其直接或者间接控制的企业之间的关系,以及可能导致公司利益转移的其他关系,但国家控股的企业之间不仅因为同受国家控股而具有关联关系"。《公司法》规范关联方,是为了防范关联方利用关联关系转移公司利益,最终侵害股东或债权人利益。在《公司法》中,确定关联方的前提是确定关联关系,理

---

① 《企业会计准则第36号——关联方披露(2006)》第3章第7条。

解关联关系的前提是定义控股股东和实际控制人,详见表4-1。

表4-1　《公司法》关于关联方的认定标准

关联关系	是指公司控股股东、实际控制人、董事、监事、高级管理人员与其直接或者间接控制的企业之间的关系,以及可能导致公司利益转移的其他关系。但是,国家控股的企业之间不仅因为同受国家控股而具有关联关系
控股股东	是指其出资额占有限责任公司资本总额百分之五十以上或者其持有的股份占股份有限公司股本总额百分之五十以上的股东;出资额或者持有股份的比例虽然不足百分之五十,但依其出资额或者持有的股份所享有的表决权已足以对股东会、股东大会的决议产生重大影响的股东
实际控制人	是指虽不是公司的股东,但通过投资关系、协议或者其他安排,能够实际支配公司行为的人

2.《企业会计准则第36号——关联方披露》

《企业会计准则第36号——关联方披露》(简称《会计准则第36号》)第2条规定,"企业财务报表中应当披露所有关联方关系及其交易的相关信息""对外提供合并财务报表的,对于已经包括在合并范围内各企业之间的交易不予披露,但应当披露与合并范围外各关联方的关系及其交易,即企业个别报表和合并财务报表中披露的关联方关系和关联交易相关信息存在差异,合并财务报表中不披露企业与它的控股子公司之间的关联交易"。根据《会计准则第36号》第3条、第4条规定,关联方认定如图4-1所示。

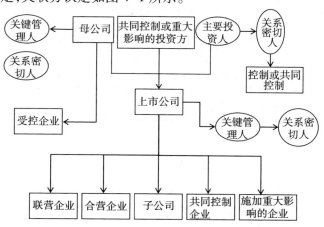

图4-1　《会计准则第36号》关于关联方的认定

3. 证监会《上市公司信息披露管理办法》

《上市公司信息披露管理办法》中定义了关联交易,并将关联方分为关联法人及关联自然人,详见表4-2。

表4-2 《上市公司信息披露管理办法》中关于关联方的认定

关联交易		指上市公司或其控股子公司与上市公司关联人之间的转移资源或义务的事项
关联方	**关联法人**	1. 直接或者间接地控制上市公司的法人
		2. 由前项所述法人直接或者间接控制的除上市公司及其控股子公司以外的法人
		3. 关联自然人直接或者间接控制的,或者担任董事、高级管理人员的,除上市公司及其控股子公司以外的法人
		4. 持有上市公司5%以上股份的法人或者一致行动人
		5. 在过去12个月内或者根据相关协议安排在未来12月内,存在上述情形之一的
		6. 中国证监会、证券交易所或者上市公司根据实质重于形式的原则认定的其他与上市公司有特殊关系,可能或者已经造成上市公司对其利益倾斜的法人
	关联自然人	1. 直接或者间接持有上市公司5%以上股份的自然人
		2. 上市公司董事、监事及高级管理人员
		3. 直接或者间接地控制上市公司的法人的董事、监事及高级管理人员
		4. 上述第1、2项所述人士的关系密切的家庭成员,包括配偶、父母、年满18周岁的子女及其配偶、兄弟姐妹及其配偶,配偶的父母、兄弟姐妹,子女配偶的父母
		5. 在过去12个月内或者根据相关协议安排在未来12个月内,存在上述情形之一的
		6. 中国证监会、证券交易所或者上市公司根据实质重于形式的原则认定的其他与上市公司有特殊关系,可能或者已经造成上市公司对其利益倾斜的自然人

4. 上海证券交易所《股票上市规则》

根据上海证券交易所《股票上市规则》(简称《上交所上市规则》)第10章第1节规定,上市公司的关联方,包括关联法人和关联自然人。

关联法人包括母、子、兄弟公司(与发行人受同一母公司控制的其他企业)、对其实施共同控制或重大影响的投资方、其能够实施共同控制或重大影响的被投资方(合营企业、联营企业)、关联自然人直接或者间接控制或担任董事和高级管理人员的、实施共同控制或重大影响的被投资方,以及"根据实质重于形式原则认定的其他与公司有特殊关系且可能导致公司对其利益倾斜的法人或其他组织"。

关联自然人包括:"直接或间接持有上市公司5%以上股份的自然人股东;上市公司董事、监事及高级管理人员;直接或间接控制上市公司法人的董事、监事及高级管理人员;主要自然人股东、上市公司董事、监事及高级管理人员的关系密切的家庭成员(包括配偶、父母及配偶的父母、兄弟姐妹及其配偶、年满18周岁的子女及其配偶、配偶的兄弟姐妹和子女配偶的父母)以及依据实质重于形式原则认定的其他与上市公司有特殊关系,可能导致对其利益倾斜的自然人。"

同时,《上交所上市规则》设定了关联董事和关联股东的回避制度、关联交易披露制度以及重大关联交易的审批制度。其关联方认定如图4-2所示。

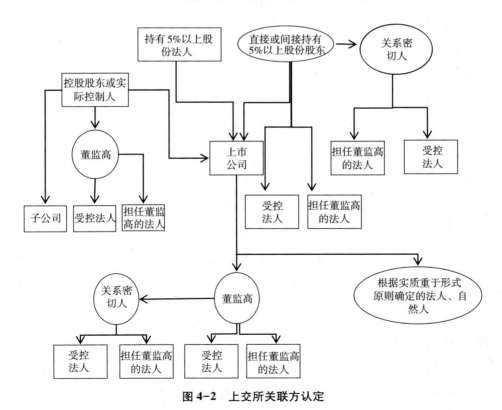

图4-2　上交所关联方认定

5.深圳证券交易所《股票上市规则》

深圳证券交易所《股票上市规则》(简称《深交所上市规则》)和深圳证券交易所《创业板股票上市规则》(简称《创业板上市规则》)认定的关联方范围与《上交所上市规则》基本相同,但增加了持股5%以上股份的法人的一致行动人为公司关联方,具体如图4-3所示。

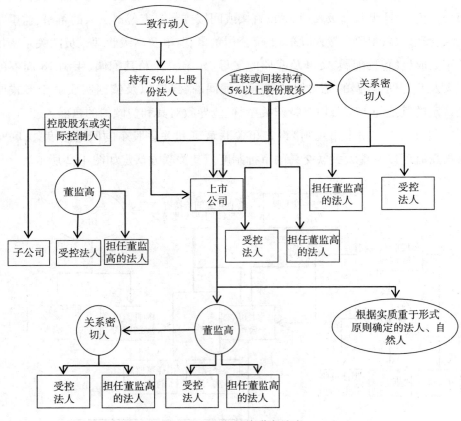

图4-3 深交所关联方认定

6.司法、诉讼领域

《民法通则》司法解释第12条规定:"《民法通则》中规定的近亲属,包括配偶、父母、子女、兄弟姐妹、祖父母、外祖父母、孙子女、外孙子女。"详见图4-4。

7.私募基金领域

中国基金业协会未对关联交易出台文件性定义,仅在中基协ambers系统

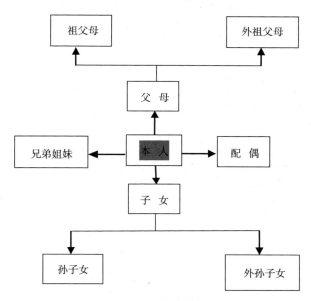

图 4-4　《民法通则》中的近亲属关系

（资产管理业务综合报送平台）中有文字性描述，详见表 4-3。

表 4-3　中基协 ambers 系统中对关联方的定义

关联方	受同一控股股东/实际控制人控制的金融企业、资产管理机构或相关服务机构
实际控制人	是指控股股东（或派出董事最多的股东、互相之间签有一致行动协议的股东）或能够实际支配企业行为的自然人、法人或其他组织。认定实际控制人应一致追溯到最后的自然人、国资控股企业或集体企业、上市公司、受国外金融监管部门监管的境外机构。可以为共同实际控制 在符合上述要求的前提下，实际控制人可按照下列情形进行认定： 1. 持股 50% 以上的； 2. 通过行使表决权能够决定董事会半数以上成员当选的； 3. 通过投资关系、协议或者其他安排能够实际支配公司行为且表决权持股超过 50% 的； 4. 合伙企业的执行事务合伙人； 5. 在无法满足前述认定标准时，可以在系统中填报"第一大股东"，由其第一大股东承担相应的责任

8. 税务领域

税务部门对关联方及其交易的判断，主要依据见表 4-4。

表 4-4　税务部门对关联方及其交易的判断标准

关联方(关联企业、关联关系)	《企业所得税法实施条例》(2008 年 1 月 1 日起施行)所称关联方,是指与企业有下列关联关系之一的企业、其他组织或者个人	(一)在资金、经营、购销等方面存在直接或者间接的控制关系
		(二)直接或者间接地同为第三者控制
		(三)在利益上具有相关联的其他关系
	《税收征收管理法实施细则》(2002 年 10 月 15 日起施行)所称关联企业,是指有下列关系之一的公司、企业和其他经济组织	(一)在资金、经营、购销等方面,存在直接或者间接的拥有或者控制关系
		(二)直接或者间接地同为第三者所拥有或者控制
		(三)在利益上具有相关联的其他关系
	《特别纳税调整实施办法(试行)》(2009 年 1 月 8 日)所称关联关系,主要是指企业与其他企业、组织或个人具有右列之一关系	(一)一方直接或间接持有另一方的股份总和达到 25% 以上,或者双方直接或间接同为第三方所持有的股份达到 25% 以上。若一方通过中间方对另一方间接持有股份,只要一方对中间方持股比例达到 25% 以上,则一方对另一方的持股比例按照中间方对另一方的持股比例计算
		(二)一方与另一方(独立金融机构除外)之间借贷资金占一方实收资本 50% 以上,或者一方借贷资金总额的 10% 以上是由另一方(独立金融机构除外)担保
		(三)一方半数以上的高级管理人员(包括董事会成员和经理)或至少一名可以控制董事会的董事会高级成员是由另一方委派,或者双方半数以上的高级管理人员(包括董事会成员和经理)或至少一名可以控制董事会的董事会高级成员同为第三方委派
		(四)一方半数以上的高级管理人员(包括董事会成员和经理)同时担任另一方的高级管理人员(包括董事会成员和经理),或者一方至少一名可以控制董事会的董事会高级成员同时担任另一方的董事会高级成员
		(五)一方的生产经营活动必须由另一方提供的工业产权、专有技术等特许权才能正常进行
		(六)一方的购买或销售活动主要由另一方控制

续表

		（七）一方接受或提供劳务主要由另一方控制
		（八）一方对另一方的生产经营、交易具有实质控制，或者双方在利益上具有相关联的其他关系，包括虽未达到本条第（一）项持股比例，但一方与另一方的主要持股方享受基本相同的经济利益，以及家族、亲属关系等
	《特别纳税调查调整及相互协商程序管理办法》（2017 年 3 月 17 日）规定"税务机关认定关联关系类型"：应当按以下关联关系认定标准逐条进行审核认定，并选填代码 A、B、C 等，有多个关联关系类型的，应当选填多个代码	A.一方直接或者间接持有另一方的股份总和达到 25%以上；双方直接或者间接同为第三方所持有的股份达到 25%以上。如果一方通过中间方对另一方间接持有股份，只要其对中间方持股比例达到 25%以上，则其对另一方的持股比例按照中间方对另一方的持股比例计算；两个以上具有夫妻、直系血亲、兄弟姐妹以及其他抚养、赡养关系的自然人共同持股同一企业，在判定关联关系时持股比例合并计算
		B.双方存在持股关系或者同为第三方持股，虽持股比例未达到本条第 A 项规定，但双方之间借贷资金总额占任一方实收资本比例达到 50%以上，或者一方全部借贷资金总额的 10%以上由另一方担保（与独立金融机构之间的借贷或者担保除外）。借贷资金总额占实收资本比例=年度加权平均借贷资金/年度加权平均实收资本，其中：年度加权平均借贷资金=i 笔借入或者贷出资金账面金额×i 笔借入或者贷出资金年度实际占用天数/365 年度加权平均实收资本=i 笔实收资本账面金额×i 笔实收资本年度实际占用天数/365
		C.双方存在持股关系或者同为第三方持股，虽持股比例未达到本条第 A 项规定，但一方的生产经营活动必须由另一方提供专利权、非专利技术、商标权、著作权等特许权才能正常进行
		D.双方存在持股关系或者同为第三方持股，虽持股比例未达到本条第 A 项规定，但一方的购买、销售、接受劳务、提供劳务等经营活动由另一方控制。上述控制是指一方有权决定另一方的财务和经营政策，并能据以从另一方的经营活动中获取利益
		E.一方半数以上董事或者半数以上高级管理人员（包括上市公司董事会秘书、经理、副经理、财务负责人和公司章程规定的其他人员）由另一方任命或者委派，或者同时担任另一方的董事或者高级管理人员；或者双方各自半数以上董事或者半数以上高级管理人员同为第三方任命或者委派

续表

		F.具有夫妻、直系血亲、兄弟姐妹以及其他抚养、赡养关系的两个自然人分别与双方具有本条第 A 至 E 项关系之一
		G.双方在实质上具有其他共同利益
		除 B 项规定外,上述关联关系年度内发生变化的,按照关联关系实际存续期间认定。仅因国家持股或者由国有资产管理部门委派董事、高级管理人员而存在第 A 至 E 项关系的,不构成关联关系
关联交易		(一)有形资产的购销、转让和使用,包括房屋建筑物、交通工具、机器设备、工具、商品、产品等有形资产的购销、转让和租赁业务
		(二)无形资产的转让和使用,包括土地使用权、版权(著作权)、专利、商标、客户名单、营销渠道、牌号、商业秘密和专有技术等特许权,以及工业品外观设计或实用新型等工业产权的所有权转让和使用权的提供业务
		(三)融通资金,包括各类长短期资金拆借和担保以及各类计息预付款和延期付款等业务
		(四)提供劳务,包括市场调查、行销、管理、行政事务、技术服务、维修、设计、咨询、代理、科研、法律、会计事务等服务的提供

以上对于关联方认定的应用情形包括企业上市和信息披露、股权投资中的条款约定、私募基金管理人登记和产品备案、出具财务报告、纳税等。不同规则中对于母子公司是否构成关联方存在较大差异。证监会、证券交易所或者上市公司根据实质重于形式的原则认定关联方的做法在很大程度上决定了认定上的"难度"和"灵活度"。

9.证券化过程中主要适用规则间关于关联方认定差异的比较说明

《会计准则第 36 号》实际上是根据"实质重于形式"的原则来认定关联方,与《上交所上市规则》《深交所上市规则》对关联方认定的侧重点不同,《会计准则第 36 号》认定原则为一方对企业财务和经营政策的影响,企业能够对其子公司实施控制、共同控制或重大影响,因此企业的子公司应该是企业的关联方,而《上交所上市规则》强调可能导致上市公司利益受损而对其倾斜。

不同于《上交所上市规则》的规定,《会计准则第 36 号》未明确列举关键管理人员和关系密切的家庭成员,没有对潜在的关联方进行规定;《会计准则第 36 号》规定了企业的子公司、联营企业、合营企业也是企业的关联方,该部分关联方和关联交易仅在企业个别报表中反映,合并报表无须体现。

在沪深交易所的《股票上市规则》中,深交所的范畴要更宽泛些,增加了持股 5% 以上股份的法人的一致行动人为公司关联方。

(二)关联交易的类型

关联交易的具体表现形式多样,我国相关法律、法规及行业规范所指的关联交易,包括但不限于以下类型:购买或者销售资产;对外投资;提供担保;租入或者租出资产;代表企业或由企业代表另一方进行债务结算;合作研究与开发技术项目的转移;签订许可;提供或者接受劳务;与关联人共同投资;向关联方支付报酬(关键管理人员薪酬);出让与受让股权以及其他对发行人有影响的重大交易。[①] 文化企业的关联交易的表现形式也不例外,例如:

新华文轩出版传媒股份有限公司(以下简称"新华文轩")于 2016 年 8 月发出关联关系公告,公告其向持股比例为 48% 的四川文轩卓泰投资有限公司(以下简称"文卓公司")提供委托贷款展期金额 1.2 亿元人民币的半年委托贷款展期,并做出不损害公司及股东利益的承诺。本次委托贷款资金为新华文轩自有资金,且董事会已审议批准文卓公司股权转让方案,该方案包括受让方代文卓公司偿还该笔委托贷款并支付相应的利息。此外文卓公司的股东四川卓泰实业有限公司以其持有的文卓公司 49% 的股权及其派生权益为质,用于对新华文轩在前述委托贷款合同中债权 49% 部分进行担保。2016 年 10 月,新华文轩出版传媒股份有限公司披露了其与四川出版集团关于房屋租赁的经常性关联交易。[②]

四川新闻网传媒(集团)股份有限公司(以下简称"四川新闻网")于 2016 年 12 月首发申请未获得通过,发审委审议关注的主要问题,除了财务不规范、部分业务可持续性存疑、内控制度及执行有效性等方面外,特别关注关联交易及同业竞争的披露上,包括发行人四川新闻网与其兄弟公司蓉墕置业 2014 年签订的

---

① 参见《企业会计准则第 36 号——关联方披露》的第 3 章第 8 条。

② 参见上海证券交易所官网,见 http://www.sse.com.cn/。

《商品房买卖合同》所购买的房屋是否存在必要性、关联交易的公允性及决策程序的合规性,发行人部分高管领取"双份"工资、补贴所涉及发行人高管薪酬独立性问题①以及由于关联交易占比大且无直接可比的市场价而要求对关联交易公允性的核查方法和核查过程的说明。②

(三)关联交易的履行

关联交易作为文化企业减少交易成本、优化资源配置、促进规模经济发展等的主要手段,其执行的可期待性高,其合法性、合规性及正当性都至关重要。根据我国现行有效的法律、法规及业务规则的规定,关联交易应遵循一定的程序规范,主要涉及关联交易的决策程序的合规性和信息披露的有效性。

1.关联交易的决策程序

文化企业间拟进行关联交易,应由相关职能部门就交易的具体事项、定价依据和对企业自身及股东利益的影响做出分析或说明。首先要明确关联交易的决策权限,各职能部门依据不同的交易目的、标的、类型和额度分别做出专业判断。相关董事在董事会会议决议事项所涉及的有关联方关系的,应予以回避;如果未予回避,根据《公司法》第 22 条规定,董事会的表决方式违反法律规定,股东可请求人民法院撤销决议。③ 股东大会审议关联交易事项时,关联股东应当回避。

2.信息披露

(1)《上交所上市规则》《深交所上市规则》与《创业板上市规则》均在第 10 章第 2 节规定,应当及时披露的重大关联交易为,"上市公司与关联自然人发生的交易金额在 30 万元以上的关联交易",以及"上市公司与关联法人发生的交易金额在 300 万元以上,且占公司最近一期经审计净资产绝对值 0.5% 以上的关联交易"。前述关联交易不含上市公司提供的担保。

---

① 关联交易与董监高任期内的薪酬具有相关性,也就是当今理论界对关联交易对高管薪酬业绩敏感度影响的研究。潘红波、徐明桂通过一系列的假设及样本分析认为:无论是家族成员还是外部职业经理人担任公司高管,集团内关联交易均会降低成员公司高管薪酬业绩敏感度。(参见潘红波、余明桂:《集团内关联交易、高管薪酬激励与资本配置效率》,《会计研究》2014 年第 10 期)比如,在当今的 IPO 审核过程中,董监高年薪就是一个关注要点,如果董监高年薪明显低于市场水平,则可能视为操作业绩的非公允关联交易,同时还会关注董监高年薪与业绩敏感度之间的关联性,来核查其是否合理、正当。

② 参见中国证券监督管理委员会官网,2017 年 3 月 22 日,见 http://www.csrc.gov.cn/。

③ 参见谢发友、李化:《简析关联方之规则》,北京市天元律师事务所研究报告。

（2）由于关联方之间就关联交易作价的公允性及交易方式（包括销售政策执行等）上具有较大的灵活性，关联方间存在利用关联交易进行利益输送的空间和可能，关联交易往往会成为关联方间企业财务会计信息造假、调节企业利润、虚假陈述、虚假信息披露的重要手段。《企业会计准则第36号》规定了关联方交易及披露问题应遵循"重要性原则"和"实质重于形式原则"，使关联方之间的信息披露向更规范的方向发展。一直以来，对上市文化企业公司治理、信息披露方面的监管都是重点和难点。关联交易的常态化对信息披露的真实性、准确性和完整性提出了更高要求，而延迟披露、重大遗漏及虚假披露是主要的违法违规表现形式。

第一，延迟披露，信息披露不及时。上市文化企业对经营中发生需要及时进行披露的关联交易事项，应及时进行信息披露，不得故意延迟，很多企业往往根据自身利益需要而决定何时披露重大事件，降低了相关会计信息及其他信息的及时性。

第二，重大遗漏，信息披露不充分。信息披露要求所公开的信息应当完备、全面、完整地反映企业经营管理过程中的重大信息，不得在信息披露时根据公司自身利益而故意遗漏，或者随意选择披露对象、披露内容、披露方式等，使得信息披露不充分。同时，信息披露负责人未具备应有的谨慎义务和注意义务，也加大了信息披露不充分和重大遗漏现象发生的风险。

第三，虚假披露，利用关联交易进行利润操作。信息披露的真实性原则要求文化企业无论何时何地，以何种方式，所披露的信息都必须真实可靠，必须能客观、真实地反映其某一时点或某段时期的资产负债、经营成果和现金流情况，不得有编造、伪饰等虚假内容。[①] 现实中，企业为了实现非法目的，利用关联交易粉饰财务会计信息进行虚假的会计陈述和利润操纵，比较普遍。

（3）信息披露制度的完善。

第一，从制度角度，应建立关联交易的强制信息披露与鼓励自主信息披露相结合的适度信息披露制度，对影响公司估值的信息，必须强制信息披露义务人真实、准确、完整、及时和公平地予以披露。

第二，从企业角度，应完善关联交易披露的方式，除了按照《公司法》《证券

---

① 参见陈明军：《我国上市公司关联交易信息披露问题思考》，《企业经济》2010年第5期。

法》等有关规定采用定期报告外,还要善于利用"互联网+"时代的技术条件,根据需要采用不定期的网上披露方式,使信息披露更加详细、全面、及时。

第三,从监管角度,应完善关联交易披露要素,实现职能监督和社会监督协同并进,要充分发挥券商、会计师、律师等证券中介服务机构的作用,加大对关联交易信息披露违法违规行为的惩处力度,提高执法的威慑力和警戒性,保护投资者的合法权益。

3. 关联交易的影响

文化企业之间的关联交易在经济生活中不可避免,但是关联交易对于企业来说是一把双刃剑。

(1)积极意义:一是关联交易凭借关联方之间互相了解,减少寻找交易对象的成本,实现信息对称,容易获得精确的市场信息,发现相对价格,并减少参与交易主体之间谈判、签约(缔约成本)及履行合同等方面的成本,提高资金运营效益;二是合理的关联交易通过价格安排等方式能够帮助企业减少税务负担,降低交易成本,提高经营效率;三是从长远和整体上来看,恰当的关联交易可以加强和关联方之间的合作,构建适合文化企业自身发展的产业链,促进资源的优化配置,提升文化企业的规模效益。

(2)蕴藏的风险:一是关联交易方通常采取谈判、协商等手段促进交易的进行,可能在交易的价格或是交易方式上出现不正当交易行为,维护了关联方的利益,损害了其他利益关系人的正当权益;二是关联交易可能增加文化企业的经营风险和投资风险,上市文化企业陷入财务困境主要体现在关联方之间的担保、资金拆借,关联方之间的不等价交易以及其他方式占用企业的资金,增加企业的潜在财务风险;三是关联交易使得对关联方间的依赖较严重,且构成没有竞争威胁的利益共同体,从长远来看可能会影响企业的独立性,降低文化企业自身的抗风险能力;同时存在大量的关联交易会影响文化企业社会形象,降低文化企业的商誉,不利于文化企业健康可持续发展。

(四)实践中需要把握和坚持的原则

1. 关联交易作价的公允性

基于关联方间的关联关系,在交易价格、交易方式等方面与非关联交易相比,关联交易在规避赋税、转移利润以及其他权责义务匹配等方面,提供了市场外衣下的合法手段,为非公允的关联交易提供了更大的空间。相关法律法规及业务规则对关联方交易价格的公允性均提出了明确的要求,关联交易定价的公允是实践中需要把握和坚持的最基本的原则。定价的公允,主要是指关联交易的价格需要有合理的定价方式,不因关联交易导致合法利益被不恰当转移。主要定价依据包括:国家定价、可比市场价格(如大宗商品价格、资产的评估价格)、推定价格(如产品的生产成本加上合理的利润)。文化企业利用与关联方之间的显失公允的关联交易来逃避税款、规避风险、操纵利润等,既违背会计核算基本原则,也不符合资本市场公开、公平、公正原则。作为企业经常性的经济手段,应该规范关联交易行为,遵循关联交易的公允性。

我国《特别纳税调整实施办法(试行)》(国税发〔2009〕2号)第4章第21条第1款规定,"企业发生关联交易以及税务机关审核、评估关联交易均应遵循独立交易原则,选用合理的转让定价方法";第2款规定,"根据《所得税法实施条例》第111条的规定,转让定价方法包括可比非受控价格法、再销售价格法、成本加成法、交易净利润法、利润分割法和其他符合独立交易原则的方法"。判断一个关联交易价格是否公允,主要体现在交易价格和交易条款是否偏离了公平市场价值,是否发生公司间利益非公允性转移,如是,则构成非公允关联交易。

实践中,一般通过关联方对关联交易的回避表决的特殊审议程序,来保证关联交易的公允性。

2. 关联交易的合理性

关联交易长期存在,有很大的必然性,特别是在知识产权方面的关联交易,除了关注合理避税、降低交易成本及优化资源配置外,还应该关注关联交易内容的正当性和交易发生背景的合理性。对于关联交易的正当性,一般从两个方面来分析:一是不以损害利益相关人[①]的合法权益为代价的关联交易对企业是有利的;二是对于一个公司来说,基于逐利性或者是其他目的的考量,关联交易的发生也有其一定的合理性。在关联交易过程中,对交易对方的资产应该进行科学合理的评估,对其经营和盈利情况应有适当的了解,同时对自身的经常性关联交易和偶发性关联交易有一个合理的定位,对关联交易的合理性、正当性和必要性

---

① 利益相关人,在此是指所有与企业利益密切相关的人,即企业的利益群体。

有相对专业和权威的认识和理解,以此来增强信息的对称性。

3. 关联交易的非关联化

关联交易非关联化是指企业通过相关手段,将实质上的关联交易转换为形式上非关联交易方式的情形。常见的关联交易非关联化形式有:分解交易(将关联交易事项转让给表面上无关联关系的第三方)、并购重组、解除关联关系(注销关联方法人、消除关联方非主营的关联业务)等,在实践中违规操作现象十分普遍,有些企业采用隐蔽的非关联化手段来隐藏实质上的关联关系,规避信息披露,甚至以此来操纵、转移利润,逃避监管。比如在 IPO 审核过程中,为了促进公司的独立性,监管部门通常要求对关联交易的真实性、合法性和合理性,是否存在关联交易非关联化情形,是否存在其他利益安排等进行重点核查。针对在报告期内转让给第三方的,除了关注关联方在报告期内的资产、经营和盈利情况和转让前的交易情况外,还会关注转让后的情况,如转让后的股东变化、经营业绩、与发行人交易情况、是否存在重大违法违规等。针对采用注销方式处理关联交易的情形,一般会关注其注销履行的程序、注销时间、资产和债权债务的处理方式、是否存在潜在纠纷,并关注其历史承续情况:包括有效承续、经营业绩、注销后资产、负债及人员的处置,从而判断是否存在利用关联交易或关联交易非关联化进行利益调节、权责转移的情形。

综上所述,关联交易本身没有"好坏"之分,相关法律法规为规范交易主体间交易的公允性,促进经营主体的独立性,一般都要求特定主体间的经济行为要有利于"减少关联交易"。实践中,要明晰关联方的关系,对关联交易履行必要的程序、确保交易价格公允、有关信息披露充分。如果关联方间的交易频繁、金额大、占比高,达到已经影响特定主体经营的独立性程度,则需对相关主体进行股权或业务的整合。

二、同业竞争

同业竞争一直是监管部门的关注重点,在拟公开发行股票、规范公司治理结构和上市主体经营范围时应尽量避免同业竞争的政策红线;对于已上市文化企业,同业竞争作为影响公司规范运营、持续盈利和市场估值等关键因素,对上市公司、投资者和其他利益相关主体的影响也比较明显。

（一）同业竞争的释义

我国现行有效的法律法规没有对同业竞争进行明确界定。对于同业竞争的表述，更多的是实践与理论概括的结果，已经废止的《股票发行审核标准备忘录第 1 号》（中国证监会发行监管部〔2001〕第 1 号）中对同业竞争进行了较为间接的描述，即"控股股东不得与上市公司从事相同产品的生产经营，以避免同业竞争"。当前，关于同业竞争的判断标准，理论界和实务界一般都认可："同业竞争是指企业所从事的业务与其控股股东或实际控制人所控制的其他企业所从事的业务相同或近似，双方构成或可能构成直接或间接的竞争关系。"[①]

实务中，直接、间接地控制公司或对公司有重大影响的自然人或法人及其控制的法人单位被视为竞争方。如果竞争方从事与文化企业相同或相似业务，既可能造成利益冲突，也容易出现竞争方间的利益不公平转移，损害其他利益相关者利益的情形。基于持续经营能力较为薄弱、市场环境不稳定、投资回报高风险等文化行业特性，同业竞争问题的解决，对其证券化发展能否成功具有实质性影响。

（二）法律法规规定

关于同业竞争问题，现行有效法律文件中只有《公司法》第 148 条有相关规定，其他主要以证监会的规范性文件为主，以沪、深证券交易所等自律机构的业务规则为辅来规制。主要规范性法律文件和业务规则如表 4-5 所示。

表 4-5　关于同业竞争的相关规定

规范性法律文件 和业务规则	内　　容	发文机构
《中华人民共和国公司法》（2013 修订）	第一百四十八条　董事、高级管理人员不得有下列行为： （五）未经股东会或者股东大会同意，利用职务便利为自己或者他人谋取属于公司的商业机会，自营或者为他人经营与所任职公司同类的业务	全国人大常委会

---

① 《挂牌新三板需要注意的同业竞争问题及案例解读》，2016 年 6 月 15 日，中商情报网，见 http://www.askci.com/news/finance/20160615/17243429546.SHtml。

规范性法律文件和业务规则	内　　容	发文机构
《上市公司证券发行管理办法》	第六条　上市公司的组织机构健全、运行良好，符合下列规定： (四)上市公司与控股股东或实际控制人的人员、资产、财务分开，机构、业务独立，能够自主经营管理 第十条　上市公司募集资金的数额和使用应当符合下列规定： (四)投资项目实施后，不会与控股股东或实际控制人产生同业竞争或影响公司生产经营的独立性	中国证监会
《上市公司非公开发行股票实施细则》(证监发行字〔2007〕302号)	第二条　上市公司非公开发行股票，应当有利于减少关联交易、避免同业竞争、增强独立性；应当有利于提高资产质量、改善财务状况、增强持续盈利能力	中国证监会
《首次公开发行股票并上市管理办法》(2015修订)(简称"《首发办法》")	第四十二条　发行人应当在招股说明书中披露已达到发行监管对公司独立性的基本要求	中国证监会
《首次公开发行股票并在创业板上市管理暂行办法》(2015修订)	第三十四条　发行人应当在招股说明书中披露已达到发行监管对公司独立性的基本要求	中国证监会
《公开发行证券的公司信息披露内容与格式准则第28号——创业板公司招股说明书(2015修订)》(证监会公告〔2015〕33号)	第四十九条　发行人应披露已达到发行监管对公司独立性的下列基本要求： (五)业务独立方面。发行人的业务独立于控股股东、实际控制人及其控制的其他企业，与控股股东、实际控制人及其控制的其他企业间不存在同业竞争或者显失公平的关联交易 第五十条　发行人应披露是否存在与控股股东、实际控制人及其控制的其他企业从事相同或相似业务的情况。对存在相同或相似业务的，发行人应对是否存在同业竞争作出合理解释 第五十一条　发行人应披露控股股东、实际控制人作出的避免同业竞争的承诺	中国证监会
《公开发行证券的公司信息披露内容与格式准则第1号——招股说明书》(2015修订)(简称《上市招股说明书准则》)	第五十一条　发行人应披露已达到发行监管对公司独立性的下列基本要求： (五)业务独立方面。发行人的业务独立于控股股东、实际控制人及其控制的其他企业，与控股股东、实际控制人及其控制的其他企业间不存在同业竞争或者显失公平的关联交易 第五十二条　发行人应披露是否存在与控股股东、实际控制人及其控制的其他企业从事相同、相似业务的情况。对存在相同、相似业务的，发行人应对是否存在同业竞争作出合理解释 第五十三条　发行人应披露控股股东、实际控制人作出的避免同业竞争的承诺	中国证监会

续表

规范性法律文件和业务规则	内　　　容	发文机构
《上市公司治理准则》	第二十七条　上市公司业务应完全独立于控股股东。控股股东及其下属的其他单位不应从事与上市公司相同或相近的业务。控股股东应采取有效措施避免同业竞争	中国证监会
《上海证券交易所股票上市规则（2014 修订）》	9.13　上市公司应当根据交易类型,披露下述所有适用其交易的有关内容: (十一)关于交易完成后可能产生同业竞争的情况及相关应对措施的说明	上海证券交易所
《深圳证券交易所主板上市公司规范运作指引（2015 修订）》	2.1.9　上市公司业务应当完全独立于控股股东、实际控制人及其关联人。 控股股东及其下属的其他单位不得从事与上市公司相同或者相近的业务。 控股股东应当采取有效措施避免同业竞争	深圳证券交易所
《深圳证券交易所中小板上市公司规范运作指引（2015 修订）》	2.1.9　上市公司业务应当完全独立于控股股东、实际控制人及其关联人。控股股东及其下属的其他单位不得从事与上市公司相同或者相近的业务。控股股东应当采取有效措施避免同业竞争	深圳证券交易所
《深圳证券交易所创业板上市公司规范运作指引（2015 修订）》	2.1.9　上市公司业务应当完全独立于控股股东、实际控制人及其关联人。控股股东及其下属的其他单位不得从事与上市公司相同或者相近的业务。控股股东应当采取有效措施避免同业竞争	深圳证券交易所

资料来源:根据中国证券监督管理委员会、上海证券交易所、深圳证券交易所相关文件整理。

值得注意的是,2015 年年底,中国证监会相继修订了《首发办法》和《上市招股说明书准则》。其中,最大的变化在于删除了《首发办法》第 30 条的独立性条款,将其放在了《上市招股说明书准则》的第 51 条里,并在《首次公开发行股票并上市管理办法》修订说明中明确表示:“独立性带来的问题和矛盾已经基本解决,不需要再作为发行上市的门槛,拟采用披露方式对同业竞争和关联交易问题进行监管”。与此相对应,《首次公开发行股票并在创业板上市管理暂行办法》也在同一时间删除了第 16 条“发行人资产完整,业务及人员、财务、机构独立,具有完整的业务体系和直接面向市场独立经营的能力。与控股股东、实际控制人及其控制的其他企业间不存在同业竞争,以及严重影响公司独立性或者显失公允的关联交易”的规定,增加了一条,作为第 34 条:“发行人应当在招股说明书中披露已达到发行监管对公司独立性的基本要求。”

（三）同业竞争的判断标准

1. 关注同业竞争的合理性

世界各国的监管机构都将避免同业竞争作为证券公开发行应遵循的基本原则[①]。我国于 2015 年年底删除了相关规则对独立性的要求,采用强化披露的方式对独立性进行适当监管,但在实务界,特别是 IPO、短期融资、并购重组等证券化发展中对同业竞争的审查和监管仍然十分严格。上市公司与实际控制人及其控制的企业之间若存在同业竞争,难以保证竞争的公平性,并存在操纵公司利益的空间和可能,因此,同业竞争通常被视为证券化发展的实质性障碍,是规则明确要求"避免"的红线。

2. 同业竞争的判断标准

因为同业竞争更多的是发生在存在着利益转移的竞争关系中,相比较于关联交易的判定,同业竞争的判定难度更大。是否同业、同业是否构成了竞争,需要根据实际情况进行判断,不应仅局限于从经营范围上做出判断,要遵循"实质重于形式"的原则,既从具有同业内涵的竞争主体关系、客户重合度、实际发生的经营业务内容的相同性、提供产品或劳务的差异性、市场区域或定位的区分等方面进行判断,也应充分考虑同业竞争对拟上市企业及其关联方持续经营和交易公平的实质影响。基于"实质重于形式"的判断,有利于促进发行人规范自身的经营行为,通过对同业竞争的披露等手段来规范公司行为,避免对发行人独立性带来实质性影响。[②]

3. 同业竞争的界定

对同业竞争的界定,一般从竞争主体、同业标准和是否构成同业竞争三个方面进行认定。

（1）竞争主体。能与发行人构成同业竞争的主体包括三部分:控股股东、实际控制人、实际控制人控制的其他企业。在证监会的审核中,往往采取扩大其外延的解释,对同业的相关主体,范围略小于《公司法》及《企业会计准则》中关联

[①] 参见上海证券交易所、上海交通大学证券金融研究所联合组:《中国上市公司同业竞争问题研究》,《上海证券报》2011 年 9 月 15 日。

[②] 参见王茉郦:《同业竞争审核标准探析——基于审核实践和案例的考察》,《证券法苑》2012 年第 2 期。

方的范畴,但包括控股股东和实际控制人的近亲属控制的企业以及上市公司的董监高等经营或任职的企业。

例如,2017年2月,乐漾影视在韩国首尔举行了年度总结战略会,会上乐漾影视创始人甘薇宣布,成立不到2年的乐漾影视已完成A轮融资,估值12亿元。一天之后,深交所对乐视网下发了《关于对乐视网信息技术(北京)股份有限公司实际控制人贾跃亭及其配偶甘薇的监管函》,指出乐漾影视主营业务为网络电视剧的制作与发行,与上市公司子公司花儿影视的主营业务相同或相近,因此与上市公司构成同业竞争。

上述案例表明:在同业竞争主体的认定上,乐视网实际控制人贾跃亭与乐漾影视创始人甘薇为夫妻关系,构成同业竞争认定的条件。同时对于主体的判定,还需要注意竞争对象不仅限于上市公司,上市公司的子公司也在审查范围之内,此次乐漾同业竞争的对象并非乐视,而是乐视子公司花儿影视。控股股东、实际控制人及其控制的其他企业构成竞争方情形的法律规定十分明确,实务操作中争议较少。其他构成竞争方的情形还有:一是持股5%以上非控股股东纳入同业竞争范畴;二是公司控股股东、实际控制人夫妻双方的直系亲属拥有的相竞争业务,构成同业竞争;三是对于公司控股股东、实际控制人夫妻双方的其他亲属拥有的相竞争业务是否构成同业竞争,应从相关企业的历史沿革、资产、技术、人员、业务等方面的关系、客户和供应商、采购和销售渠道等方面进行个案分析和判断。

(2)同业标准的判定。涉嫌同业竞争的相关主体,在经营业务方面的同行业的判断上,实质是判断公司与其关联方间是否存在竞争或替代关系,以及对公司独立性的影响。对同业的判断最基本的认定是从相关主体的经营范围进行对比,如果相关主体确实存在经营范围的重合,一般就直接认定为构成同业竞争,同时遵循"实质重于形式"原则,充分考虑客观影响,如从相关企业实际从事业务的内容、客户、区域等进行实质性综合判断。

(3)是否构成同业竞争。是否构成竞争关系是存在经营范围重叠的相关同业主体之间同业竞争认定的最后一道屏障,实践中虽然有很多企业都是同业,也都存在竞争关系,但是基于审慎的考量,同业但不构成竞争关系的情况也不乏个例。《上市公司治理准则》第27条虽有"控股股东及其下属的其他单位不应从事与上市公司相同或相近的业务",但从"实质重于形式"的原则出发,更需从深层次的角度来认定。

例如,上海电影股份有限公司与永乐股份下属嘉定分公司属同一实际控制人下的并列公司,因嘉定分公司存在公益性质,故与上海电影股份有限公司同业但不构成同业竞争。受嘉定区文广局委托,嘉定分公司长期以来负责和管理嘉定地区的农村电影放映工作。与上海电影股份有限公司商业化运营影院模式不同的是,嘉定分公司的电影放映属于公益性质,非以营利为目的,其经营主要受政府控制和指导,放映区域范围仅限嘉定地区,采取流动放映的方式,受众主要为中老年人和学生,且不对外公开售票,由政府部门(嘉定区文广局)统一采购并与嘉定分公司结算。此外,嘉定分公司放映的电影为商业影院下档后的电影,与商业影院之间不存在市场竞争。

沪深主板审核通过同业但不竞争的文化企业还有:新华网股份有限公司因央企的同业而不竞争,广西广播电视信息股份有限公司的同地区的同业不竞争的情况。

所以同业但不竞争只要具备合理性,就不成为阻碍 IPO 审核通过的实质性障碍。对竞争关系的界定也应做到有的放矢,既不阻碍发行人的上市权利,也有利于保护投资者的合法利益。

4.监管部门对同业竞争的审核态度

需要清晰判断是否属于同业,以及同业是否构成竞争关系。对同业但不竞争(如属于产业链中的上下游关系)的审核原则是从严审核。竞争方原则上限定为控股股东、实际控制人及其关联企业。实际控制人的近亲属、直系亲属在竞争方之列,旁系亲属从事与拟上市公司竞争业务根据具体情况判定是否属于竞争方、是否构成同业竞争。在解决同业竞争方面,具有可替代性、明确的地域档次区分的,不构成同业竞争;共用采购或销售渠道的情况,是不允许的。

中国证监会在 2016 年 7 月举办的保荐机构专题培训中强调:拟上市公司的同业竞争问题,其实质上体现出中国证监会对同业竞争的审核态度,即首发审核基本原则包括依法审核、审慎监管、实质重于形式、重大性原则等;同业竞争是首发审核关注的主要问题,同业竞争解决不好,不仅影响独立性,也可能将构成发行的实质性障碍,需要通过充分、真实的信息披露和切实有效的应对措施来规避法律和审核风险。

（四）同业竞争解决方案

同业竞争问题的解决（或披露或避免），已经触碰到审核能否通过的底线，因而对于发行人出现的同业竞争及可能影响独立性问题，需要充分说明是否属于同业，同业是否构成竞争。如果构成同业竞争关系，其主要解决方法有以下几种[1]：

1. 股权收购

采用股权收购将同业竞争方作为发行人子公司，纳入发行人合并财务报表范围，是解决同业竞争最为普遍的方式。采用这种方式，由发行人与关联公司（竞争方）的股东签订股权转让协议，使关联公司成为上市主体的组成部分，或者通过吸收合并后注销该关联公司。收购多少股权，以在会计上能够纳入合并报表为最低限度，最好是100%，除非存在其他合理的商业理由。

2. 资产重组

由控股股东将该部分与公司的业务具有相同或相似性质的资产、业务、技术和人员等整合进公司，一般通过现金购买竞争方资产、股份置换或以其他非主业资产与竞争资产进行置换。这是目前解决同业竞争问题最为常见也是最彻底的方式，但需要关注资产评估的公允性和程序的合规性。

3. 向无关联第三方转让

此种处置方案一般适用于竞争方资产规模较小、盈利能力不佳，或竞争资产注入公司存在障碍（如存在权属瑕疵或无法获得少数股东同意等）的情形。但应避免关联交易非关联化，要重点关注关联企业转让清算是否真实、价格是否公允、受让方是否具有合理的商业理由、是否掩盖历史的违法违规行为或存在其他利益安排。

4. 停业或注销

公司与竞争方股东协议解决同业竞争问题，包括存在同业竞争的企业改变经营业务范围；竞争方股东作出今后不再进行同业竞争的书面承诺；或者直接注销存在同业竞争的关联方企业；或将主要资产投资转让后注销关联方企业。

---

[1]　参见上海证券交易所、上海交通大学证券金融研究所联合组：《中国上市公司同业竞争问题研究》，《上海证券报》2011年9月15日。

5. 整体上市①

整体上市是指上市公司的集团公司将其非上市部分改制上市,并与原上市子公司整合为一家上市公司,以改变集团公司分拆上市的状态。整体上市能够改变母公司控股上市公司的格局,因而在消除同业竞争的多种方法中是最彻底的一种。但整体上市成本较高、风险较大,前置审批事项较多,涉及较大规模的资产交易和定价,容易产生内幕交易、资产价值高估等不规范现象。

在条件允许情况下,一般还会关注上述方式实施后,相关存续主体其后至少一年的实际运行情况。同时,2015 年年底修订的《首发办法》将公司独立性问题不再作为强制性的规定,而是调整独立性条件为信息披露要求,这一举措有利于推进股票发行制度改革。股票发行制度改革是以信息披露为核心,监管部门不再对企业公开发行股票条件做实质性审查,这一定程度上降低了对公司独立性的要求。法律法规降低对企业主体的独立性的要求,体现了对市场发展的包容性,实践中,需要相关主体更好地按照现代企业制度要求,更好地加强独立性建设,"避免同业竞争"。公平市场秩序的建立与投资者合法权益保护始终是证券市场的监管目标,资本市场对企业独立性的要求,以及对同业竞争的规范和披露要求,始终是关注的要点。

第三节　财务规范

文化是民族生存和发展的重要力量,实现中华民族伟大复兴需要中华文化繁荣兴盛。② 在追求文化传承的过程中,作为文化传播主体的企业要为社会提供更有意义的文化产品和服务,运用资本市场,利用证券化路径,秉承文化属性,重视特殊性和差异性,提高文化企业的核心竞争力,实现文化自信,十分重要。

"不以规矩,不能成方圆"③,现代文化企业之所以"现代化",前提是财务规范,这直接影响企业运营质量。从场外市场到场内市场,其准入条件逐步提升,

---

① 参见上海证券交易所:《解决同业竞争首选整体上市》,上海证券交易所研究报告,2011 年 9 月。
② 参见习近平:《在文艺工作座谈会上的讲话》,《人民日报》2014 年 10 月 15 日。
③ 孟轲:《孟子·离娄上》。

对企业的业务体系和财务会计规范要求标准更高。在财务方面的要求包括：会计基础工作规范、内部控制制度健全、资金管理制度严格等。作为上市公众公司，需要接受监管部门、投资者、新闻媒体等的监督，其组织机构必须健全，信息披露真实、准确和完整，具有良好的持续经营能力，才是对利益相关者负责任的表现，也才能获得投资者信任和更多文化资源。财务的规范性是交易所市场的"入场券"和"敲门砖"，是进入更高层级资本市场所必备的基本素质。

一、财务规范的判断标准

（一）基本要求

现代企业必须受企业财务规制的约束，企业财务制度包括广义的和狭义的两个层面。广义的层面指法律法规、财务会计准则和办法的总和，狭义的财务制度特指企业内部的财务管理制度。《公司法》《证券法》中的财务要求是对所有企业的整体指导，分行业、分企业规模、企业性质还有具体的财务规范要求。我国企业一般都采取财务与会计合并的财务管理组织形式。

1.会计法规体系

就企业而言，从外部约束看，必须在法律层面、行政法规层面、部门规章和规范性文件层面分别遵守一定的约束，具体见表4-6。

表4-6　我国会计法规体系

发布日期	会计准则和制度	文　号
1996年6月17日	《财政部关于会计基础工作规范化的意见》	财会字〔1996〕20号
1997年7月10日	《会计基础工作规范化管理办法》	
1999年10月31日	《会计法》	中华人民共和国主席令第二十四号
2000年6月21日	《企业财务会计报告条例》	国务院令第287号
2000年12月29日	《企业会计制度》	财会〔2000〕25号
2006年12月4日	《企业财务通则》	财政部令第41号
2008年5月22日	《企业内部控制基本规范》	财会〔2008〕7号

续表

发布日期	会计准则和制度	文　号
2011 年 10 月 18 日	《小企业会计准则》	财会〔2011〕17 号
2014 年 7 月 23 日	《企业会计准则》 基本准则、具体准则、相关 应用指南	财政部令第 76 号

2. 企业会计准则体系

目前,我国的企业会计准则体系是以《企业会计准则——基本准则》(简称《基本准则》)为基础,配套以具体准则和有关应用指南。这套准则于 2007 年 1 月 1 日在上市公司范围内施行,之后逐步扩大到几乎所有大中型企业,2014 年 7 月 23 日,财政部发布第 76 号文对《基本准则》进行了修改。这套会计准则体系是我国企业统一的会计核算平台,适用于绝大多数现代企业。

3. 行业的企业财务制度

对文化行业来说,特定文化企业的会计核算办法还要遵循行业的企业财务制度。对非中央文化企业的新闻出版业而言,应采用《新闻出版业会计核算办法》(财会〔2004〕1 号)中的会计核算方法。根据《关于中央文化企业执行〈企业会计准则〉有关事项的通知》(财文资〔2014〕17 号),对中央文化企业及其各级子企业,应遵守基本准则、具体准则和应用指南,不再执行《企业会计制度》、行业会计制度、《新闻出版业会计核算办法》等专业核算办法和问题解答。对电影企业而言,会计核算应执行财政部 2004 年 12 月印发的《电影企业会计核算办法》(财会〔2004〕19 号)。具体见表 4-7。

表 4-7　特定文化企业会计核算办法

日　期	会计准则和制度	文　号
2004 年 1 月 14 日	财政部关于印发《新闻出版业会计核算办法》的通知	财会〔2004〕1 号
2004 年 4 月 23 日	财政部关于中央文化企业执行《企业会计准则》有关事项的通知	财文资〔2014〕17 号
2004 年 12 月 9 日	财政部关于印发《电影企业会计核算办法》的通知	财会〔2004〕19 号

(二)企业进入场外市场的财务规范要求

企业在初创期和成长期,大多存在财务不规范现象。我国场外市场的设立一方面是为了对接中小微企业的融资需求,夯实我国多层次资本市场"塔基";另一方面也是为了帮助中小微企业在获得更多融资、对股权更准确定价外,从初创期或成长期就在场外市场平台和推荐机构等中介机构引导下,进行规范化运作,及早发现在规范性方面存在的不足。

关于我国场外市场,除了必须满足国务院《关于清理整顿各类交易场所切实防范金融风险的决定》(国发〔2011〕38 号)、国务院办公厅《关于清理整顿各类交易场所的实施意见》(国办发〔2012〕37 号)规定的条件,还必须符合《非上市公众公司监督管理办法》(中国证监会令第 96 号)等相关法规和规范性文件的要求。因此,一般包括全国中小企业股份转让系统(俗称"新三板")和区域性股权市场(俗称"四板市场")。

1. 全国中小企业股份转让系统[1]

2012 年 9 月,全国中小企业股份转让系统(简称"全国股转系统")在国家工商总局注册成立,注册资本 30 亿元,是在中国证券业协会于 2001 年设立的"证券公司代办股份转让系统"基础上,经过多次扩容、变革而逐渐演变形成的。

2013 年 12 月,《国务院关于全国中小企业股份转让系统有关问题的决定》(国发〔2013〕49 号文)(即"49 号文")发布,明确了全国股转系统的法律定位、性质和业务内容等,全国股转系统业务开展有了明确的法律依据。同时规定"申请挂牌的公司应当业务明确、产权清晰、依法规范经营、公司治理健全,可以尚未盈利,但须履行信息披露义务,所披露的信息应当真实、准确、完整"。

2012 年 9 月,中国证监会公布了《非上市公众公司监督管理办法》(中国证监会令第 85 号),并于 2013 年进行了修订(中国证监会令第 96 号),对非上市公众公司在公司治理、股票转让、定向发行、信息披露等方面做出了总体的要求,在财务规范方面具有指导性意义。

---

[1]　参见杜坤伦:《资本的阶梯——中小微企业场外市场挂牌融资的理论与实务》,人民出版社 2016 年版。

（1）股票挂牌、发行、转让。2013 年 2 月 8 日，全国股转系统发布《全国中小企业股份转让系统业务规则（试行）》（股转系统公告〔2013〕40 号发布），并于 2013 年 12 月 30 日修改。其中对股票的挂牌、转让和发行作出了系统性规定，同时配套了一系列规定、指引和问答。

2015 年 11 月，《关于进一步推进全国中小企业股份转让系统发展的若干意见》（中国证监会公告〔2015〕26 号）首次提出在新三板实施市场内部分层，提高风险管理和差异化服务能力。2016 年 5 月，《全国中小企业股份转让系统挂牌公司分层管理办法（试行）》（股转系统公告〔2016〕37 号）（以下简称《分层管理办法》）正式实施，确定了具体的分层标准和维持标准。2016 年 6 月 27 日起正式实施新三板市场分层。

（2）并购重组。中国证监会于 2014 年 6 月发布了《非上市公众公司重大资产重组管理办法》（中国证监会令第 103 号）。2014 年 7 月 25 日，全国股转系统发布《非上市公众公司重大资产重组业务指引（试行）》，对在新三板挂牌的公司进行资产重组业务作出了规定和具体安排。

2. 区域性股权市场

在区域性场外市场建设中，既要关注其是否合法合规问题，也必须符合中国证监会《关于规范证券公司参与区域性股权交易市场的指导意见（试行）》（中国证监会公告〔2012〕20 号）。我国现有的 40 个区域性股权交易市场发展差异较大，各具特色，典型代表如前海股权交易中心、天府（四川）联合股权交易中心、厦门股权交易中心，分别是互联网运营模式、跨区域模式和托管模式。各区域性股权市场所在区域的省级人民政府、监管部门等针对不同地区的经济情况、企业发展情况，制定了相应的监管规则、扶持政策，各区域性股权市场也针对当地公司制定了具有区域特色的业务规则、业务指南。

关于场外市场的主要规范性文件见表 4-8。

表 4-8　场外市场财务规范文件

日　　期	财务规范文件	文　　号
2011 年 11 月 11 日	《国务院关于清理整顿各类交易场所切实防范金融风险的决定》	国发〔2011〕38 号

日　　期	财务规范文件	文　号
2012 年 7 月 12 日	《国务院办公厅关于清理整顿各类交易场所的实施意见》	国办发〔2012〕37 号
2012 年 8 月 23 日	《关于规范证券公司参与区域性股权交易市场的指导意见(试行)》	证监会公告〔2012〕20 号
2013 年 2 月 8 日	《全国中小企业股份转让系统业务规则(试行)》	股转系统公告〔2013〕40 号发布
2013 年 12 月 13 日	《国务院关于全国中小企业股份转让系统有关问题的决定》	国发〔2013〕49 号文
2013 年 12 月 26 日	《非上市公众公司监督管理办法》	证监会令第 96 号
2014 年 6 月 23 日	《非上市公众公司重大资产重组管理办法》	证监会令第 103 号
2014 年 7 月 25 日	全国中小企业股份转让系统有限责任公司关于发布《全国中小企业股份转让系统非上市公众公司重大资产重组业务指引(试行)》的公告	股转系统公告〔2014〕70 号
2015 年 11 月 16 日	《中国证监会关于进一步推进全国中小企业股份转让系统发展的若干意见》	证监会公告〔2015〕26 号
2016 年 5 月 27 日	《全国中小企业股份转让系统挂牌公司分层管理办法(试行)》	股转系统公告〔2016〕37 号
2017 年 1 月 26 日	《关于规范发展区域性股权市场的通知》	国办发〔2017〕11 号
2017 年 5 月 5 日	《区域性股权市场监督管理试行办法》	证监会令【第 132 号】

（三）企业进入交易所市场财务规范的标准

企业进入到交易所市场,公开发行股票、债券、实施并购重组等,都需要接受更严格的监管,以及更高要求的外部约束和内部控制,这是对社会公众负责的必要条件。

上市是企业发展到一定阶段的重要路径选择,通过高流动性的股票交易市场,形成对企业的产权定价,提高资源配置效率。企业境内上市要在遵循《企业会计准则》《企业内部控制基本规范》及其配套应用指引、评价指引和审计指引、沪深交易所的上市公司内部控制指引(上交所上市公司内部控制指引和深交所主板、中小板、创业板上市公司规范运作指引)等前提下,满足中国证监会的相关证券法规、财务核查要求、审核基本理念和监管要求。对国有企业来说,还应满足一系列对国有资产的监管要求,如2011年1月8日国务院修订的《企业国有资产监督管理暂行条例》(国务院令第588号),2006年6月6日国务院发布的《国务院国有资产监督管理委员会关于印发〈中央企业全面风险管理指引〉的通知》(国资发改革〔2006〕108号)中,都包含了对国有企业财务规范的总体性要求。

1. 上市

(1)是否符合IPO相关法律法规。在满足《公司法》《证券法》的基本要求外,对拟在主板和中小板上市的企业,还需满足中国证监会2006年5月17日发布的《首次公开发行股票并上市管理办法》(2006年5月17日,证监会令第32号发布;2015年12月30日,证监会令第122号修订)的相关规定;对拟在创业板上市的企业,还需满足中国证监会2014年5月14日发布的《首次公开发行股票并在创业板上市管理办法》(证监会令第99号发布,证监会令第123号修订)相关规定。另外,拟上市公司还应遵循中国证监会发布的《上市公司信息披露管理办法》(中国证监会令第40号)及配套的内容与格式要求、《上市公司治理准则》(证监发〔2002〕1号),以及沪深交易所关于信息披露和公司治理的具体规定。

(2)是否符合中国证监会财务核查的基本要求。中国证监会对拟上市公司财务核查的主要标准有:《关于进一步提高首次公开发行股票公司财务信息披露质量有关问题的意见》(中国证监会公告〔2012〕14号)、《关于做好首次公开发行股票公司2012年度财务报告专项检查工作的通知》(发行监管函〔2012〕551号)和《关于印发〈会计监管风险提示第4号——首次公开发行股票公司审计〉的通知》(证监办发〔2012〕89号)。

(3)是否符合中国证监会IPO审核的理念及监管要求。企业上市意味着财务指标的高要求和会计工作的高规范,因此,企业都应以上市的要求进行自我约束。企业评估自身是否具备上市的财务条件,应着重关注以下方面内容:优良的资产质量、稳定现金流量、持续的盈利能力、合理的资产负债结构、可发展的业务和市场;会计基础工作规范、内部控制有效;按重要性原则恰当披露关联方及关联交易,关联交易价格公允,不存在通过关联交易操纵利润和关联交易非关联化的情形;不存在大量对外投资而导致非经常性损益占比过高的情形;经营的独立性和可持续性,不过度依赖关联方或重大不确定性的客户;在募投项目设计初期,应关注项目实施后的规模与现有状况之间是否匹配、产能能否消化等。①

企业上市的财务规范文件以及中国证监会的审核要求详见表4-9和表4-10。

表4-9 上市企业财务规范文件

日 期	财务规范文件	文 号
2002 年 1 月 7 日	中国证券监督管理委员会、国家经济贸易委员会关于发布《上市公司治理准则》的通知	证监发〔2002〕1 号
2006 年 6 月 5 日	上海证券交易所关于发布《上海证券交易所上市公司内部控制指引》的通知	
2007 年 1 月 30 日	《上市公司信息披露管理办法》	证监会第 40 号
2012 年 5 月 23 日	《中国证券监督管理委员会关于进一步提高首次公开发行股票公司财务信息披露质量有关问题的意见》	证监会公告〔2012〕14 号
2012 年 10 月 18 日	中国证券监督管理委员会关于印发《会计监管风险提示第4 号——首次公开发行股票公司审计》的通知	证监办发〔2012〕89 号
2012 年 12 月 28 日	《中国证监会发行监管部、创业板发行监管部、会计部关于做好首次公开发行股票公司2012 年度财务报告专项检查工作的通知》	发行监管函〔2012〕551 号
2014 年 5 月 14 日	《首次公开发行股票并在创业板上市管理办法》	证监会令第 99 号

① 深圳证券交易所创业企业培训中心:《中小企业板、创业板股票发行上市问答》,中国财政经济出版社 2014 年版。

续表

日 期	财务规范文件	文 号
2015 年 2 月 11 日	《深圳证券交易所主板上市公司规范运作指引》	
2015 年 2 月 11 日	《深圳证券交易所中小企业板上市公司规范运作指引》	
2015 年 12 月 30 日	《首次公开发行股票并上市管理办法》	证监会令第 122 号

表 4-10 IPO 企业关于财务与会计的监管要求

关注点	主板/中小板	创业板
资产质量	资产负债结构合理、盈利能力较强、现金流正常	
公司内部财务内控制度完善	内部控制有效,并由注册会计师出具了无保留意见的内部控制鉴证报告	
公司财务报表规范	财务报表的编制符合规范、公允的反映发行人财务状况并需会计师出具无保留的审计报告	
会计核算符合规定	报表以实际发生的交易或事项为依据,谨慎地对会计报告确认和计量、尽量采用一致的会计政策,不得随意变更	
完整披露关联方关系	完整披露关联方关系并按重要性原则恰当披露关联交易、不存在操纵利润行为	
净利润	最近 3 个会计年度累计超过 3000 万元人民币	最近两年累计不少于 1000 万元;或最近一年盈利,最近一年营业收入不少于 5000 万元
现金流	最近 3 个会计年度现金流净额累计超过 5000 万元或营业收入超过 3 亿元人民币	或者最近一年盈利,且净利润不少于 500 万元,最近一年营业收入不少于 5000 万元,最近两年营业收入增长率均不低于 30%
股 本	发行前股本总额不少于 3000 万元人民币	发行后股本总额不少于 3000 万元
资产结构	无形资产占净资产比例不超过 20%	最近一期末净资产不少于 2000 万元,且不存在未弥补亏损
税 务	合法纳税,各项优惠税收符合法律规范,对税收优惠不存在严重依赖	
债 务	不存在重大偿债风险,不存在影响持续经营的担保、诉讼及仲裁等重大或有关事项	

续表

关注点	主板/中小板	创业板
财务报表信息真实	不存在遗漏或交易虚假、滥用会计政策、伪造报表或类似行为等情况	
持续盈利能力	有完整的业务体系和独立经营的能力;经营模式、产品或服务、行业地位和环境对发行人的盈利能力、客户依赖程度、知识产权等没有重大影响	发行人应当主要经营一种业务,其生产经营活动符合法律、行政法规和公司章程的规定,符合国家产业政策及环境保护政策

注:涉及具体财务指标,相关部门根据社会发展所处阶段及企业实际情况,已经(或将)作出相应调整。如2018年6月6日中国证监会发布9项规则拥抱新经济。
资料来源:根据《首次公开发行股票并上市管理办法》《首次公开发行股票并在创业板上市管理办法》整理。

2. 发行债券和并购重组

企业发行债券和进行并购重组行为,相关规范性文件详见表4-11。

表4-11　其他涉及财务规范的文件

日　期	财务规范文件	文　号
2007年12月15日	《〈首次公开发行股票并上市管理办法〉第十二条"实际控制人没有发生变更"的理解和适用——证券期货法律适用意见第1号》	证监法律字〔2007〕15号
2014年3月7日	《国务院关于进一步优化企业兼并重组市场环境的意见》	国发〔2014〕14号
2014年10月23日	中国证监会《关于修改〈上市公司收购管理办法〉的决定》	证监会令第108号
2014年12月24日	《公开发行证券的公司信息披露内容与格式准则第26号——上市公司重大资产重组》	证监会公告〔2014〕53号
2014年12月25日	《公开发行证券的公司信息披露编报规则第15号——财务报告的一般规定》	证监会公告〔2014〕54号
2015年1月15日	《公司债券发行与交易管理办法》	证监会第113号令

日　　期	财务规范文件	文　　号
2016 年 9 月 8 日	中国证监会《关于修改〈上市公司重大资产重组管理办法〉的决定》	证监会令第 127 号

二、IPO 过程中涉及的主要财务问题

由于政策变化、同业竞争者、新进入者、替代品、消费者等外部因素,以及企业经营行为、会计基础工作等内部因素的不确定性,企业或多或少都会存在一些不符合上市条件的财务问题。主要分为三类:一是业务型财务问题,主要表现形式是虚构或隐瞒交易和财务事项;二是企业经营活动中的财务规范问题,包括出资不规范、主要经营业务不规范、投资活动不规范、资金管理不规范、会计主体不明晰,存在资产完整性问题、产权问题、纳税不规范、违规占用资金和其他违规行为;三是财务会计处理未按会计准则要求进行处理而形成的规范问题,包括会计政策或(和)会计估计方法不谨慎或随意变更、资产减值准备计提、收入成本的归集与匹配不规范、随意费用计提和摊销、投资收益确认、关联交易、会计基础工作不规范等问题。

(一)财务真实性

根据《首次公开发行股票并上市管理办法》中第 23 条、第 24 条和《首次公开发行股票并在创业板上市管理办法》第 17 条、第 18 条的规定,财务信息真实具体指企业在披露信息时的准确性和真实性,应以实际发生的交易或事项作为依据,必须尊重事实,如实反映或披露,不得存在遗漏或虚假交易、滥用会计政策或伪造报表等类似行为,在进行会计确认、计量和报告时应当保持应有的谨慎。

1. 毛利率水平大幅偏离同行业水平

在充分竞争的市场中,同行业的毛利率水平差异是判断财务信息真实与否的重要指标。除非企业有足够合理的理由,如先进的专利技术、行业领头雁等,

企业取得远高于同行业的毛利率,必须有充分、适当的理由,有充分的证据可以证明其远高于同行业毛利率的合理性及有效性。

2.收入确认和成本归集的有效性与合规性

收入是企业利润产生的基础,决定着企业盈利能力的强弱和可持续性。收入是企业 IPO 中最重要的财务事项,是企业、监管部门和各方中介机构均关注的重大财务问题。如:

北京巅峰智业旅游文化创意股份有限公司(以下简称"巅峰智业")是最早以旅游规划设计为主营业务的旅游创意服务商之一,主要设计产品包括规划方案文本、设计文件和图纸、专项报告以及其他形式的咨询服务产品等,每年 2 亿元的营业收入相当于行业第二至第九的公司的营收之和。巅峰智业 2014 年 6 月公布招股说明书,但在 2016 年 11 月 25 日创业板发审委第 70 次会议上未过会,发审委会议提出询问的主要问题中,有两处对收入和补偿确认提出了质疑①:

(1)2015 年度,发行人确认对景德镇市旅游发展委员会创建国际旅游名城系列规划收入 452.83 万元(相应成本 91.36 万元),该合同于 2015 年 12 月 21 日签订,合同总价 600 万元,约定发行人工作时间为 250 个工作日,并对工作进度有详细的约定。请发行人代表说明确认上述收入时,该项目所处的阶段和节点,工程完工比例及其外部证据,以及项目的进展情况及款项收回情况,请保荐代表人说明对该项目的核查过程和核查结论。

(2)2013 年至 2016 年上半年,公司其他业务收入中包括竞标补偿收入分别为 338.19 万元、184.91 万元、310.42 万元和 76.40 万元,且无相应成本对应,请发行人代表说明竞标补偿收入确认的依据、补偿的标准,请保荐代表人说明对竞标补偿收入的核查过程和核查结论。

这两大疑问,表示发审委对发行人已确认收入,但却可能并无实际业务进展的工程和竞标补偿收入提出了质疑,也对保荐机构是否进行了尽职核查提出了疑问。最终该公司未能通过证监会发审委的审核。

(二)企业经营活动的财务规范问题

企业经营活动不规范属于系统性风险,是导致财务不规范的根本原因,对

---

① 参见中国证监会:《创业板发审委 2016 年第 70 次会议审核结果公告》,2016 年 11 月 25 日,见 ht-tp://www.csrc.gov.cn/pub/zjhpublic/G00306202/201611/t20161125_306663.htm。

IPO 的负面影响较大。在经营活动中的不规范问题主要包括出资不规范、经营业务不规范、投融资活动不规范、资产权属不规范、资金管理不规范、纳税行为不规范、公司治理不规范等,对文化企业而言,主要问题出现在出资、经营业务、知识产权权属、资金管理以及存在其他违规行为和潜在风险等方面。还有包括员工薪酬及股份支付问题,比如通过短期缩减人员、降低工资、减少"五险一金"费用、放宽信用政策促进销售等方式粉饰业绩。

1. 主体历史沿革或主体合法合规问题

以主体出资为例,具体又包括出资不实和出资程序存在瑕疵两个方面。

(1)出资不实。通常有以下情形:以非货币资产出资但未办理财产转移手续;出资不足;虚假出资或抽逃出资。

(2)出资程序存在瑕疵。包括但不限于:无出资报告;验资瑕疵;由无出具报告资格的机构出具验资报告[①]。对严重的虚假出资、抽逃出资等不规范情形,应判断出资规范是否对申请首发构成实质性障碍,对不严重的情形,应督促出资人补足出资额,对出资方式进行规范,由有资格的机构出具验资报告,取得相关机构的备案、认可,并进行如实的信息披露等。例如:掌趣科技(300315)的子公司大连卧龙在股本演变过程中,其设立及历次增资均未履行验资程序。根据大连市地方性法规规定,一定金额以下以单一货币出资的有限责任公司,可以由银行出具证明替代验资报告,大连卧龙提供了这一证明,因此符合大连市地方性法规规定,其未履行验资程序不构成对发行人上市的实质性障碍。

2. 主要经营业务不规范

经营业务不规范以各种形式存在于企业采购、生产和销售等各个环节,直接导致财务信息不能准确反映企业的经营情况。四川省新闻网传媒(集团)股份有限公司(以下简称"四川新闻网")是一家以信息传播服务业务为主营业务的新媒体企业,包括互联网信息传播、移动信息传播、互联网舆情信息服务、媒介代理业务等,其分别于 2014 年 12 月 23 日和 2016 年 8 月 26 日报送两次申报稿,但由于存在未解决的相关问题,最终未能进入创业板。其中证监会对申请文件中关于现金收付、合同、市场推广等方面提出了质疑:

---

① 麦格律师事务所:《案例分享:IPO 出资瑕疵的总结及其解决办法》,2016 年 11 月 29 日。

（1）采购：对内容供应商的部分采购采用现金支付，未签订合同也无对应发票。

（2）生产：未与部分编辑人员签订劳务合同，存在用现金支付行业版编辑人员工资的情形。

（3）销售：宣传费收入直接收取客户现金，客户款项集中通过个人卡转款至四川新闻网账户；付款时登记的收款方与实际收款人不一致，存在对广告公司支付通过银行转账给个人的情形；2013年、2014年四川新闻网销售费用——市场推广费中外呼费和群发费的占比较大，大部分市场推广费未签订合同，且部分以现金支付。

这些经营和资金管理不规范的问题，说明了公司在内部财务控制制度完善及其执行的有效性方面存在问题，且发审委对保荐代表人是否勤勉尽责也表示关切。

3. 知识产权等无形资产问题

资产权属清晰是企业上市必要的条件，若在用的商标、专利等重要资产或技术的取得或者使用没有权属证明，对企业持续经营可能构成重大不利影响。对文化企业来说，知识产权是收益的重要来源，作为最重要的资产，知识产权存在纠纷、易受侵害、信息披露不真实完整等问题很可能构成上市的实质性障碍。

4. 盈利的持续性

盈利的持续性是证监会关注的要点之一，根据《首次公开发行并上市管理办法》，对持续盈利能力造成影响的包括：发行人的经营模式、产品或服务的品种结构，行业地位或所处行业的经营环境发生的重大变化；最近1个会计年度的营业收入或净利润对关联方或者存在重大不确定性的客户存在重大依赖；最近1个会计年度的净利润主要来自合并财务报表范围以外的投资收益；在用的商标、专利、专有技术以及特许经营权等重要资产或技术的取得或者使用存在重大不利变化的风险；以及其他情形，如业务单一且产品市场化程度不够。

对文化企业而言，影响盈利持续性的问题包括知识产权、产品、商业模式、人员、技术等不确定因素。

（1）过于依赖重大客户。例如，北京信诺传播顾问股份有限公司（以下简称"信诺传播"）在时隔两年后再次冲刺IPO，但在2016年11月28日的主板发审委第166次会议审核中依然被否，其中最重要的原因之一就是过于依赖重大客户。根据预披露文件，2013—2016年，公司来源于汽车行业的收入占当期营收的比重逐年上升,这一数据在 2016 年上半年达 88.47%。报告期内①,公司前五大客户收入占当期营业收入的比重分别为 53.77%、70.64%、66.00% 和 68.08%。由此,反馈意见要求公司结合其客户开发方式、主要业务订单获取和实施情况、竞争对手情况和主要客户的行业发展前景,说明"是否存在经营模式、产品或服务的品种结构已经或者将要发生对持续盈利能力构成重大不利影响的情形"。

实际上,公司自身也意识到了存在这一问题,并进行了风险提示,说明如汽车行业受宏观环境影响而减少营销预算,对公司的生产经营活动会造成不利影响②,但这一实质性障碍还是对公司的上市进程产生重大影响。

(2)核心人员流失风险。文化企业的核心资源是人,创意是人的创造性思维,创意产品和创意衍生品则是文化企业重要的盈利来源。以媒体行业为例,传统媒体受各种自媒体和新媒体的双向挤压,媒体从业人员掀起一阵跳槽热。根据职场社交平台领英(Linked In)的相关统计数据显示,21%的人选择了高科技互联网领域,占比最多;第二的是广告公司、公关公司等专门服务类公司,占比18%;2011—2015 中,媒体行业从业者年均跳槽率增长达到 4.5%,2015 年跳槽率达到 13.45%。③

前例信诺传播除了对重点客户依赖过大等原因外,监管机构对其核心人才流失的风险问题也有关注,要求信诺传播对员工离职情况进行说明、将员工薪酬与同行业公司进行对比。信诺传播的主营业务为传播服务业,依赖大量的专业高素质人才为客户提供活动创意策划、方案以及管理执行服务,在我国公关人才短缺且流动率较高的情形下,这一问题很可能是未来持续盈利能力不足的潜在隐患。④

(3)盈利模式是否具有可持续和稳定性问题。在定期报告中,盈利指标固然是反映企业盈利状况最重要的指标之一,但非业绩指标也能反映出企业的运营状况,其传递的潜在信息也不可忽视。例如,企业的盈利需要充足的现金流支撑,对影视企业来讲,虽然净利润相当可观,但在现金流量表中,当期新开展的项

---

① 指 2013 年、2014 年、2015 年和 2016 年上半年。

② 参见《信诺传播再次冲刺 IPO 反馈意见曝光四大隐忧》,《上海证券报》2016 年 9 月 26 日。

③ 参见《传媒行业吸引力不再,媒体人流失现象严重》,2016 年 7 月 11 日,见 http://www.jiemian. com/article/733557.html。

④ 《信诺传播再次冲刺 IPO 反馈意见曝光四大隐忧》,《上海证券报》2016 年 9 月 26 日。

目对影视器材、院线等投资款、预付款大幅增加可能造成现金流为负,这种情况预示着资金链断裂的潜在风险。文化企业应对这一风险进行充分的披露,引导投资者正视风险,做出正确的投资决策。现阶段,部分影视公司还未重视这一问题,这会影响投资者和债权人对公司的判断,形成高利润的预期,可能误导。

例如,根据华策影视(300133)2015年年报中的合并利润表显示,其净利润接近5亿元,但经营活动产生的现金流量净额为-6.19亿元,而2014年这一指标为2.04亿元,较同期下降402.95%。原因在于2015年,尤其是第四季度,公司扩大了生产规模,包括全网剧、电影、综艺节目和SIP版权采购等生产性投资,存货增加5.37亿元,经营性应收账款增加9.24亿元。但在风险提示部分中,却并未对经营活动净现金流量波动的风险进行阐述和提示。

再如,华录百纳(300291)2015年净利润为2.68亿元,但经营性净现金流为-1.43亿,其在年报的"应收账款余额较大"的风险提示中,提到了"影视剧发行时点的变化,会导致应收账款余额的波动,使得公司资金管理的难度加大和资金短缺风险增加"。华谊兄弟(300027)在2015年年报中,提示了经营活动净现金流量阶段性不稳定的风险,说明了公司在扩大经营规模的阶段,虽然现阶段可以通过吸收投资、取得借款等活动补充公司经营活动的现金缺口,但若资金无法筹集或筹集成本过高,可能会影响生产计划和盈利能力。

5. 违规行为

相关规范性文件要求,"发行人的内部控制制度要健全且被有效执行,能合理保证财务报告的可靠性和生产经营的规范合规"。

例如,中国证监会对南航传媒的审核结果中,就提到要结合有关协议约定、目前实施情况以及当地政治经济形势,说明该公司通过新疆广天合传媒有限公司实施募投项目喀纳斯演艺中心建设项目是否存在现实或潜在的法律纠纷和风险。

6. 关联交易

关联交易在我国上市公司中是普遍存在的,但关联交易并不意味着不合理或不合法。关联交易是中性的,既可能对公司有好处,如帮助企业合理避税、降低成本、提高经营效率等,也可能会出现利益输送、粉饰或虚构上市公司业绩等损害公司和中小股东利益的行为。

在关联交易中,关联方的认定是关键,《公司法》、沪深交易所《上市规则》以及《企业会计准则》都对关联方关系进行了定义,在进行证券化分析的时候,应取三者的并集,进行分析讨论。在文化企业的上市进程中,主要存在关联交易公允性核查困难和关联交易比例过大而被证监会质疑和询问两种情况。

(1)关联交易公允性核查难。在财务问题上,关联交易的非公允主要体现在对价非公允方面。一般交易对价的公允性是用在相同条件下,独立交易双方的类似产品交易价格作为标准价来进行衡量,然而对文化企业来说,其产品定价难、价格波动大,看似相似的创意可能存在差异极大的价值,因此其交易的价格公允性难以核查,极易利用这点进行利润操纵,或是通过各种交易安排,进行关联交易非关联化。

(2)关联交易比例过大。关联交易占比过高可能意味着企业的业务独立性和经营独立性还不够,目前虽然取消了关联交易占比 30% 以下的量化指标,但在实质重于形式的标准下,也应该控制关联交易的比例,确保文化企业的独立性。实质上的关联交易表现在两个层面:一是核心业务环节或重要环节的交易金额和比例虽然不大,但是依赖关联方;二是若发行人业务不完整,只是集团业务的一个环节,关联交易比例虽低于 30%,但也可能构成发行障碍。

非公允和比例过大的关联交易,易导致拟上市企业缺乏独立性和持续盈利能力。2015 年以来,证监会不再披露 IPO 被否企业的否决原因,而是披露发审会聆讯问题。截至 2016 年 12 月 31 日,申请上会企业共 268 家,其中未通过 18 家,取消审核 2 家。证监会共公布了 192 项被否的具体原因(部分公司被否含多项原因),其中,独立性缺失和持续盈利能力的不足是造成公司 IPO 被否最多的两项因素。2010—2016 年[1],因持续盈利能力不足而被否的占比为 37%,因独立性缺失被否的占比为 17%;其次是规范运营问题占比 14%,会计核算问题占比 12%[2],尤其对申报创业板的企业来说,持续盈利能力和独立性问题占比高达74%,如图 4-5 所示。

对 IPO 企业而言,发行人的独立性是指发行人的资产完整,业务、人员、财务和机构独立,即通常所说的"三分开"(资产、人员、机构分开)、"五独立"(资

---

① 受多种因素影响,2017 年 1 月至 2018 年 6 月期间被否决的部分案例,不具有可比性,不纳入本书综合考量范畴。

② 参见致同中国:《2006—2016 年 IPO 被否原因总结》,见 http://www.grantthornton.cn/cn/index.html。

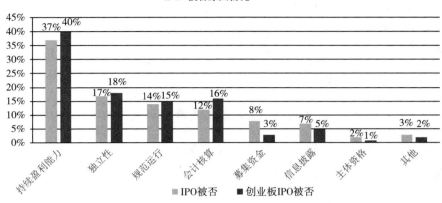

图 4-5　2010—2016 年境内 IPO 被否原因占比分析

资料来源:致同官网,见 http://www.grantthornton.cn/cn/index.html。

产、业务、人员、财务和机构独立)。"业务独立性是指发行人的业务应当独立于控股股东、实际控制人及其控制的其他企业,与控股股东、实际控制人及其控制的其他企业间不得有同业竞争或者显失公平的关联交易。财务独立性是指发行人应建立独立的财务核算体系,能独立作出财务决策,发行人不得与控股股东、实际控制人及其控制的其他企业共用银行账户。企业的财务决策和资金使用不受控股股东干预。"[1]

以中国南航集团文化传媒股份有限公司为例,根据中国证监会 2016 年 6 月 22 日的反馈意见,在交易公允性方面,主要存在两点问题:其一是缺乏南航传媒取得关联方南方航空的航机媒体资源特许使用权的定价公允性说明,主要在于采用四分法而非定期调整比例分成的确定依据,以及从南方航空与其他航空公司分别取得媒体资源的交易定价差异性问题;其二是缺乏无偿使用南方航空商标的定价公允性说明。[2]

根据南航传媒的预披露文件,南航传媒向关联方销售商品和提供劳务的交易金额在 2013 年、2014 年和 2015 年上半年分别占当期营业收入的 19.35%、18.80% 和 16.89%;而同期,其向关联方采购的交易金额占其营业成本的比例分

————————

[1]　深圳证券交易所创业企业培训中心:《中小企业板、创业板股票发行上市问答》,中国财政经济出版社 2014 年版。

[2]　参见中国证监会:《主板发审委 2016 年第 97 次会议审核结果公告》,2016 年 6 月 22 日。

别达 29.88%、29.37%和26.54%①，较高的关联交易比例使得监管机构对其业务独立性提出了质疑。同时，持续盈利能力也会因为关联方风险而受到质疑。

规范关联交易问题需从以下四方面着手：一是尽量避免不必要的关联交易；二是不可避免的，要保持价格的公允性；三是通过股东大会、董事会程序进行审议和表决（关联股东和关联董事回避）；四是进行充分的信息披露。

（三）不按会计准则、会计制度要求进行会计处理的财务规范问题

由于文化企业经营模式、盈利模式的特殊性，可能出现现行会计准则不匹配或是会计准则的自由裁量权允许进行不同方式会计处理的情况，但财务人员对会计准则的理解不深入、运用不恰当都会使得处理方式存在争议。这种情形下的财务不规范，一般通过会计政策调整、会计估计变更及差错更正予以解决。比较具有代表性的有以下几个方面的问题：

1. 收入确认的总额法与净额法

根据《企业会计准则第14号——收入》，"收入是指企业在日常活动中形成的、会导致所有者权益增加的、与所有者投入资本无关的经济利益的总流入，包括销售商品收入、提供劳务收入和让渡资产使用权收入"，而代第三方收取的款项，只能作为负债，不能作为收入。收入应按照企业会计准则的要求进行确认，且与企业的经营模式相契合。

收入确认的方法包括总额法和净额法，总额法通常适用于视同直接买断模式，净额法适用于代销商品、收取手续费模式。收入确认总额法和净额法的判定主要取决于主体是委托人还是代理人，我国的会计准则并未对此进行明确，但可参考国际会计准则或美国会计准则的指引，通常如果主体承担与销售的商品或提供的劳务相关的重大风险和报酬，则该主体是委托人。② 在现代服务业中，尤其是广告代理行业，经常出现收入确认方法不合理的问题。

例如，华谊嘉信（300071）的主营业务之一是为客户组建销售团队并进行管理，销售团队与华谊嘉信签订劳动合同，但团队薪酬由客户确定。华谊嘉信认为，团队的薪酬无法控制，因此，公司仅将按比例或人员收取的服务费确认为公

① 参见《探查16家IPO被否公司"命门"》，《上海证券报》2016年12月21日。
② 参见中财金略CPA：《收入应该按照总额还是净额确认》，2016年9月26日。

司收入。但实质上,华谊嘉信在交易中属于委托人,直接承担与客户的交易后果,因此应该将向客户收取的全部款项确认为收入,净额法无法真实反映终端销售团队管理的业务实质。由于不正确使用净额法,而未通过审核①(后经整改,被获准于 2010 年 4 月 21 日首发上市)。在实际情况中,还存在较多不正确使用总额法的情形。

2. 费用化与资本化

成本支出的费用化与资本化在特定盈利模式,或特定支出项目如研发费用中,存在较多争议。

(1)特定盈利模式的成本支出确认。影视和网络游戏企业应高度重视研发费用资本化问题,动漫产业也存在成本支出费用化与资本化的争议,部分企业滥用费用资本化。

以奥飞动漫(002292)为例,作为 A 股首家以动漫玩具为主业的上市公司,其以免费或收取较低费用给电视台播出动漫为条件,换得黄金时段的播出时间,相当于作为广告,促进动漫衍生品的销售,从而获得利润。因此,其在动漫制作的投入成本甚少,主要在动漫电视片支出上,而收益大部分来源于动漫衍生品的销售。有人认为,由于公司不能保证动漫影视片的收益,因此,这部分费用支出应该一次性计入当期损益。但实际上,其动漫制作的费用体现在"预付账款""在产品"和"产成品"三个会计科目上。这种成本处理方式引发了争议,支持前期成本应该费用化的人认为,前期制作动漫的成本应该作为播出的广告费用,若通过放入存货科目进行摊销,有推迟确认费用的嫌疑②;支持成本资本化的人认为,前期的制作费用相当于投资,是为了支撑后期玩具的销售收入,符合资产确认的基本条件,成本应该按照动漫衍生品的生产周期来摊销。

再比如乐视购买影视产品版权,版权的 5 年有效期对应直线摊销的 5 年期间,与之对应的优酷网采用加速摊销法,前期内容投入成本比乐视网稍高,但摊销金额是其 2 倍。由于影视版权的实效性强,在 5 年的前阶段已将大部分流量消耗,影视企业每年都要投入大量资金用于购买版权,因此,这部分费用应该费

---

① 参见卢一宣、廖涵平:《文化企业盈利模式与财务问题研究》,深圳证券交易所综合研究所研究报告,2013 年 3 月。

② 参见夏草:《大道至简——会计魔术就这么简单》,2010 年 5 月 1 日,见 http://blog.sina.com.cn/s/blog_53983d690100i30q.html。

用化而不能资本化。在现实中,若是创新速度快,新版权、产品等更新换代速度极快,要注意成本费用化和资本化的合理处理。

(2)研发费用的费用化与资本化。研发费用作为成本中的重要组成部分,对于无形资产占比较高的文化创意企业来说,也是成本中占比较大的。研发费用资本化有两大难点:一是区隔研究阶段和开发阶段的时点难以确定,通常研究活动与开发活动相互渗透,无具体和特定的标准;二是难以判断是否达到资本化的条件。[①]《企业内部控制应用指引第 10 号——研究与开发》中明确应结合企业自身研发特点,设置研发活动满足资本化条件的关键时点,主要在于要有充分的证据表明盈利能力明显增强和资产质量明显改善,比如形成专利、开发出新产品和产品的层次明显提升。

原则上,研究阶段的支出应计入当期费用,开发阶段的支出符合资本化条件的应确认为无形资产,不符合的计入当期费用。无形资产资本化需同时满足以下标准,即:"无形资产的研发形成、投入使用和出售在技术上可行;能说明开发无形资产的目的;无形资产产生经济利益的方式,并能提供证明生产的产品存在市场和在内部具有有用性的证据;有足够的技术、财务和其他资源支持无形资产的开发,并能使用或出售该无形资产;无形资产开发阶段的支出能可靠计量。"

3. 存货减值准备计提不合理

图书库存是出版企业重要的存货资产,统计数据表明,截至 2015 年年底,全国新华书店系统、出版社自办发行单位年末库存 67.83 亿册、码洋 1082.44 亿元,同口径出版物总销售 199.45 亿册、码洋 2563.74 亿元,库销比达 42.22%。[②] 这说明对出版企业来说,存货是重要的资产,其减值计提对净利润等指标影响较大。

据《新闻出版业会计核算办法》(财会〔2004〕1 号)的减值计提要求,"纸质图书,分三年提取,当年出版的不提;前一年出版的,按年末库存图书总定价提取 10%—20%;前两年出版的,按年末库存图书总定价提取 20%—30%;前三年及三年以上的,按年末库存图书总定价提取 30%—40%"。虽然有此要求,但由于不同类型的图书畅销程度、经典程度不同,出版早的图书不一定不畅销,如词典类、古诗词类图书,而近期出版的图书不一定销售周期长,如时效性很强的主题

---

① 参见深圳证券交易所创业企业培训中心:《中小企业板、创业板股票发行上市问答》,中国财政经济出版社 2014 年版。

② 参见国家新闻出版广电总局:《2015 年全国新闻出版业基本情况》,2016 年 9 月 1 日。

宣传类图书①。因此,仅从版龄进行跌价计提比例的确定不够科学,有失公允,还应根据图书的种类、经典程度、畅销程度等特点选择不同的计提比例和方法。

表4-12列举了几家典型上市出版企业纸质图书的跌价准备计提方法,大部分企业是按照《新闻出版业会计核算办法》的要求进行跌价计提,主要的差异体现在不同的计提比例上。长江传媒(600757)结合公司情况,规定新华书店系统按照库存商品和委托代销商品年末图书码洋价的3%,并结合个别认定法提取存货跌价准备。但在财务报表中,图书的出版时间没有标明,部分企业的计提比例并未明确,导致计提跌价准备困难、可操作性不强且操纵空间大。在按分类特点计提方法上,天舟文化(300148)结合企业特点,对会计核算办法进行创新和优化,在分类成畅销书和非畅销书的基础上,再针对教辅、期刊、社科类、青春类等不同种类、不同库龄的图书进行跌价准备计提。

表4-12　上市出版企业 2015 年纸质图书存货跌价准备计提方法

公司简称	计提方法
长江传媒 (600757)	当年出版的不提; 前一年出版的按年末库存图书码洋价提取 10%; 前二年出版的按年末库存图书码洋价提取 20%; 前三年及三年以上出版的按年末库存图书码洋价提取 30%; 新华书店系统按照库存商品和委托代销商品年末图书码洋价的 3%并结合个别认定法提取存货跌价准备
凤凰传媒 (601928)	纸质图书按库存图书总定价分年计提: 当年出版不计提; 前一年出版计提 20%; 前二年出版计提 30%; 前三年及三年以上出版计提 40%
皖新传媒 (601801)	当年出版,不计提; 前一年出版,按码价提取 10%; 前二年出版,按码价提取 30%; 前三年及三年以上出版,按码价提取 50%
读者出版 (603999) 大地传媒 (000719)	当年出版的不提; 前一年出版的,按年末库存图书总定价提取 10%~20%(含); 前二年出版的,按年末库存图书总定价提取 20%~30%(含); 前三年及三年以上的,按年末库存图书总定价提取 30%~40%

---

① 参见卢一宣、廖涵平:《文化企业盈利模式与财务问题研究》,深圳证券交易所综合研究所研究报告,2013 年 3 月。

续表

公司简称	计提方法
天舟文化 （300148）	对红魔语法阅读词汇系列图书、少儿及经典名著系列图书等畅销书： 1.1 年内不计提存货跌价准备； 2.1—2 年按图书总定价计提 3%存货跌价准备； 3.2—3 年以上按图书总定价计提 5%存货跌价准备； 4.3 年以上按图书总定价计提 10%存货跌价准备 在非畅销书中： 对当年出版的过季同步教辅和纸质期刊扣除图书总定价 3%全额计提存货跌价准备； 对社科类、青春类等非畅销书类图书按库龄不同，库龄 1—2 年库存社科类、青春类等畅销图书按图书总定价的 10%计提存货跌价准备，图书库龄超过 2 年的按图书总定价的 20%计提存货跌价准备

资料来源：根据相关公司 2015 年年报整理。

4.成本与收入配比难判断

文化创意产业在境外发展相对成熟，因此在我国通常会借鉴境外资本市场的会计处理方法，但由于境内外文化背景、消费偏好的差异，会造成境外会计方法在我国文化企业中不适用。例如美国的电视剧，大多以多季的形式拍摄，一部剧的周期可长达 10 年，其成本确认采用计划收入比例法，摊销期通常为 5—10 年；而在我国，影视剧的收入一般在 2 年内即可全部确认，采用与境外相同的处理方法将无法准确反映经济实质。对不同的文化企业来说，由于产品类型和特点不同，收入预测周期不同，摊销期也不同，比如动漫企业的动漫片播映周期一般比影视剧长，通常为 3—5 年。

对影视企业来说，根据《电影企业会计核算办法》（财会〔2014〕19 号），企业结转影片成本，需遵守配比原则和谨慎性原则。"企业采用按票款、发行收入等分账结算方式，或采用多次、局部将发行权、放映权转让给部分电影院线（发行公司）或电视台等，且仍可继续向其他单位发行、销售的影片，应在符合收入确认条件之日起，不超过 24 个月的期间内""采用计划收入比例法将其全部实际成本逐笔（期）结转销售成本"。①

计划收入比例法的计算原则和方法是从符合收入确认条件之日起，在各收入确认的期间内，以本期确认收入占预计总收入的比例为权数，计算确定本期应

---

① 财政部：《电影企业会计核算办法》，2004 年 12 月 29 日。

结转的销售成本。计划收入比例法具有谨慎、可靠和可配比等特性,但存在两个问题,造成文化企业的成本与收入的准确配比难度加大。

(1)对文化产品未来收入预估困难。文化产品具有非标准化、无形化特征,如演艺公司针对不同群体、不同企业定制的演艺服务,公共关系企业提供的个性化品牌推广、公共关系维护方案,每一部不同主题、演员、情节的影视剧,每一款不同风格、攻略的游戏等,都较难以统一标准衡量。同时文化产品的生产具有不连续性,造成成本支出、未来收入预估、盈利预测都有较大的随意性。这些特征决定了文化产品的价格、销售收入和公允价值评估都难以预估,且核心资产如创意、人力、人脉等资源难以在财务报表上准确体现。

(2)收入确认时点合理性难判断。"企业需同时满足以下条件才能确认收入:一是企业已将商品所有权上的主要风险和报酬转移给购货方;二是企业既没有保留通常与所有权相联系的继续管理权,也没有对已售出的商品实施有效控制;三是收入的金额能够可靠地计量;四是相关的经济利益很可能流入企业;五是相关的已发生或将发生的成本能够可靠地计量"①。具有前瞻性、市场敏锐度高的文化企业,其创意产品和服务在首次上市时也许不能产生效益,且可能具有一定风险,但这并不代表其在未来不具有影响力。同时,文化创意产品的宣传时点、渠道、方式,消费者观念的转变等,都会造成销售收入的时点不确定,其合理性也难以判断。

例如《激情燃烧的岁月》作为经典电视剧却并非在首轮发行时引爆市场,1500万元的摄制成本仅收回300万元,但两年后,该剧在江苏卫视播映后却立即受到追捧,成为2004年到2005年收视率最高、销售收入最高的国产电视剧之一。按照《电影企业会计核算办法》,若是2年内将成本结转完毕,将会形成当期的亏损,但后期的盈利又会巨量增加。因此,对文化企业来说,其成本与收入难以准确配比,只能尽量合理。

三、上市文化企业并购重组中需关注的财务事项

企业通常出于寻求新增长点、自身外延式发展、延长产业链、获得协同效应、

---

① 财政部:《企业会计准则第14号——收入》,2006年2月15日。

扩大市场份额、提升竞争力等目的进行并购重组。根据 WIND 资讯,2015 年 1 月 1 日到 2016 年 12 月 21 日期间,上市公司实施重大资产重组计划经并购重组委审核的共有 574 例①,未通过审核的有 45 例,占总数的 7.84%,其中,大部分是因为不符合《上市公司重大资产重组管理办法》第十一条和第四十三条的情况,而这两条约束又包含了诸多财务规范的条件。

第十一条:重大资产重组所涉及的资产定价公允,不存在损害上市公司和股东合法权益的情形;有利于上市公司增强持续经营能力,不存在可能导致上市公司重组后主要资产为现金或者无具体经营业务的情形;有利于上市公司在业务、资产、财务、人员、机构等方面与实际控制人及其关联人保持独立,符合中国证监会关于上市公司独立性的相关规定。

第四十三条:充分说明并披露本次交易有利于提高上市公司资产质量、改善财务状况和增强持续盈利能力,有利于上市公司减少关联交易、避免同业竞争、增强独立性;上市公司最近一年及一期财务会计报告被注册会计师出具无保留意见审计报告;被出具保留意见、否定意见或者无法表示意见的审计报告的,须经注册会计师专项核查确认,该保留意见、否定意见或者无法表示意见所涉及事项的重大影响已经消除或者将通过本次交易予以消除等。

上市公司的并购重组时间表受制于停牌时间和财务信息有效期的双重制约,提前关注和应对关键财务问题至关重要。2017 年 2 月 8 日,证监会《关于政协十二届全国委员会第四次会议第 0456 号(财税金融类 057 号)提案的答复(摘要)》(以下简称《提案答复摘要》),对《关于加强对并购重组商誉有关审核及披露的监管的提案》进行了答复,内容包括加强企业并购审核、加强收购企业对被收购业务的信息披露、加强对商誉减值测试监管的建议、关于"利用大数据技术,向投资者、资产评估师、注册会计师提供分析商誉是否应当计提减值准备的技术性数据"的建议等内容,这是控制并购重组风险,进行财务规范的必要措施。

(一)标的资产经营情况差,或未来盈利不稳定

由于标的资产在资产质量和财务状况等方面存在问题,导致经营状况不佳,或是上市公司提供的标的企业数据不准确、不完整,导致标的企业的盈利

---

① 未考虑存在境外标的的特殊情形。

存在不确定性,影响并购重组后上市公司的持续盈利能力,难以通过监管机构审核。

例如,根据并购重组委 2015 年第 12 次会议审核结果公告,万家文化(600576)发行股份购买资产方案未获通过,原因在于此次重组的三家标的公司(东阳青雨影视文化股份有限公司、兆讯传媒广告股份有限公司、厦门翔通动漫有限公司)"属于不同的业务领域,且上市公司控制权发生变化,未来存在较大整合风险,盈利能力存在较大不确定性",不符合《上市公司重大资产重组管理办法》第十一条"有利于上市公司增强持续经营能力""有利于上市公司形成或者保持健全有效的法人治理结构"的规定。

与之形成对比的是 2013 年 10 月 23 日,奥飞动漫(002292)公布重组预案,拟以 6.92 亿元发行股份加现金支付收购方寸科技 100% 股权和爱乐游 100% 股权,其中现金支付约占 65%,股份支付约占 35%。奥飞动漫以动漫和衍生业务为主营业务,而方寸科技和爱乐游都拥有业内知名动漫的精品制作团队,并购双方的内容和产业能充分互动,实现以内容品牌为核心的玩具和游戏双轮驱动产业模式,深度挖掘和优化资源,产生巨大协同效应。数据资料显示,方寸科技在签订的盈利补偿协议中承诺 2013 年至 2016 年分别实现合并报表扣除非经常性损益后归属于母公司股东的净利润不低于 2500 万元、3500 万元、4725 万元和6142.5 万元,其 2013 年和 2014 年分别实现业绩 2578.34 万元和 3609.83 万元,完成率分别达 103.13% 和 103.14%;爱乐游承诺 2013 年至 2016 年分别实现合并报表扣除非经常性损益后归属于母公司股东的净利润不低于 3080 万元、3909万元、4930 万元和 6200 万元,其 2013 年和 2014 年分别实现净利润 3496.84 万元和20361.29 万元,完成率分别达 113.53% 和 521.42%。在奥飞动漫重组停牌日,市值为 173.02 亿元,11 月 23 日复牌 1 月后,市值达 202.87 亿元,2017 年 1月市值已接近 500 亿元。此次交易被认为是能最大化上市公司价值链,大大增强盈利能力的典型成功案例。[①]

(二)估值合理性和定价公允性

在标的公司交易作价的公允性判定中,可能存在与历次股权转让定价存在

---

① 参见深圳证券交易所中小板公司管理部:《中小企业板上市公司重大资产重组案例汇编》,2017年 1 月。

差异的情形,这部分差异需充分披露并进行合理性分析,可重点关注①:此次交易价格与历次增资、股权转让价格差异较大的原因;选取估值依据的合理性;是否考虑估值的影响因素;详细披露影响估值和定价的因素。

在前述的《提案答复摘要》中,中国证监会表示:要以信息披露为中心,充分披露估值合理性和相关风险,对不同估值方法运用情况、差异原因和最终估值结果选择充分解释说明,回归理性估值;同时加强信息披露监管,充分揭示风险。另外,还"要重点关注上市公司相关会计处理是否符合企业会计准则规定,是否存在滥用会计政策、会计差错更正或会计估计变更等情形,尤其关注应收账款、存货、商誉大幅计提减值准备的情形,并要求中介机构对业绩真实性和会计处理合规性进行专项核查"②。

例如,暴风科技(300431)2016 年 3 月 14 日公布并购重组方案,拟以 31.05 亿元的股份加现金购买甘普科技 100% 股权、稻草熊影业 60% 股权、立动科技 100% 股权,收购金额分别为 10.5 亿元、10.8 亿元和 9.75 亿元,增值率分别达到了 106 倍、38 倍以及 60 倍。稻草熊影业是影视明星吴奇隆创立的品牌系列公司之一,自成立以来,投资拍摄了 2 部 100 集电视剧,2015 年实现净利润 2852.08 万元,截至 2015 年 12 月 31 日,稻草熊影业的资产负债率达 76.76%,同时稻草熊股东与暴风科技签订了《业绩补偿协议》,承诺 2016 年、2017 年、2018 年净利润分别超过 1 亿元、2.4 亿元、4.36 亿地,意味着后两年年均业绩增长须达到 140%,但从现状看来,稻草熊能否实现上述业绩承诺存在较大不确定性。而另外两家公司的业绩也不容乐观,甘普科技的主要业务是移动网络游戏的海外发行及运营,2014 年尚处于亏损状态,2015 年靠游戏"Sailing World"的海外发行收入扭亏为盈实现利润 2500 万元;立动科技成立于 2015 年,主营业务是移动网络游戏的研发与运营,2015 年依靠《云中歌》《星际来袭》等手游实现利润 473 万元。在 3 家公司业绩无法支撑、名人效应变现无法确认的情况下,如此高的估值遭到了中国证监会质疑。

根据并购重组委 2016 年第 41 次会议审核结果公告,暴风科技发行股份购

---

① 参见广证恒生:《45 例上市公司实施重大资产重组计划未通过并购重组委审核原因归纳分析》,2016 年 12 月 21 日。

② 中国证监会:《关于政协十二届全国委员会第四次会议第 0456 号(财税金融类 057 号)提案的答复(摘要)》,2017 年 2 月 8 日。

买资产方案未获通过,是因为标的公司盈利能力具有较大不确定性,不符合《上市公司重大资产重组管理办法》第四十三条的相关规定。

暴风科技收购稻草熊影业并非个案。华谊兄弟 2013 年 9 月以 3 亿元收购了张国立成立的浙江常升影视制作有限公司,当时常升影视成立不到 4 个月,注册资本 1000 万元,尚无营收数据;2015 年 10 月和 11 月,华谊兄弟又分别以 10.8 亿元、15 亿元,12 倍和 15 倍的溢价收购了东阳浩瀚和东阳美拉两家公司,其中东阳浩瀚的部分股东为李晨、冯绍峰、杨颖、郑凯等知名艺人,东阳拉美的股东则是知名导演冯小刚和制片人陆国强。另一个案例是唐德影视收购由范冰冰成立的爱美神影视公司 51% 的股权,定价超过 4 亿元,估值高达 8 亿元,而爱美神公司核准成立时间是 2016 年 1 月 29 日,当时尚未确认收入。

在收购过程中,若无合理业绩支撑的非理性高溢价和业绩对赌,将严重损害公司及中小投资者的利益,在审核标准更趋严格的背景下,市场估值也将逐渐回归理性。

(三)大额商誉形成和未来减值确认

通常,被并购的标的企业,特别是文化企业都会获得较高的估值,要格外关注高溢价的合理性。可辨认资产的高估值导致折旧和摊销费用的增加,可能减少后期盈利预测,对财务报表形成影响;高估值还会形成巨额商誉,若商誉后期减值,公司的预期业绩下降,对有对赌协议的并购交易双方会有较大影响。对轻资产的文化企业而言,并购中可能出现较大比例的商誉,但当文化企业的业务团队解散或客户流失后,核心竞争力下降,可能出现业绩下滑,发生商誉减值。

以 2014 年 5 月 29 日公告的华闻传媒(000798)收购漫友文化 85.61% 的股权为例,漫友文化对华闻传媒的盈利承诺情况见表 4-13。

表 4-13　漫友文化承诺盈利完成情况

年　　度	净利润预测数	净利润实现数	完成率
2014	2311.47	2526.93	109.32%
2015	2996.35	3075.8	102.65%
2016	4280.5	−40.84	−0.95%
合计	9588.32	5561.89	58.01%

资料来源:华闻传媒 2015 年、2016 年、2017 年分别公布的《重大资产重组标的资产业绩承诺实现情况的公告》。

由于 2016 年漫友文化未能完成盈利承诺,根据 2017 年 4 月 14 日发布的《华闻传媒发行股份及支付现金购买资产并募集配套资金事项之标的资产减值测试专项审核报告》,漫友文化股东全部权益价值减值 21004.49 万元,对应漫友文化 85.61% 股权部分减值为 17981.95 万元,华闻传媒 2017 年年报中已体现为商誉减值准备。

(四)拟收购的企业能否合并财务报表

根据《企业会计准则第 33 号——合并财务报表》,"合并财务报表的合并范围应当以控制为基础予以确定"。"控制,是指投资方拥有对被投资方的权力,通过参与被投资方的相关活动而享有可变回报,并且有能力运用对被投资方的权力影响其回报金额。"换句话说,控制就是购买方能够决定被购买方的财务和经营政策,并能从被购买方的经营活动中获取利益。① 确定控制的条件包括但不限于:"拥有被投资方半数以上的表决权;持有被投资方半数或以下的表决权,但通过与其他投资者的协议,拥有被投资方半数以上的表决权;根据公司章程或协议,有权决定被投资单位的财务和经营政策;有权任免董事会或类似机构的多数成员;在董事会或类似机构占多数表决权;潜在表决权。"对控制的最终认定,要遵循"实质重于形式"的原则,作出审慎合理的判断。

(五)收购的企业是同一控制下的企业合并还是非同一控制下的企业合并

根据《企业会计准则第 20 号——企业合并》,"企业合并分为同一控制下的企业合并和非同一控制下的企业合并",这两种合并在会计处理方式上有着本质的区别,对未来业绩的影响也不同,表 4-14 总结了两种合并对财务报表的影响②。

---

① 参见深圳证券交易所创业企业培训中心:《上市公司并购重组问答》,中国财政经济出版社 2014 年版。
② 参见深圳证券交易所创业企业培训中心:《上市公司并购重组问答》,中国财政经济出版社 2014 年版。

表 4-14　同一控制下的企业合并和非同一控制下的企业合并对财务报表的影响

对财务报表的影响内容	同一控制下的企业合并	非同一控制下的企业合并
是否产生新的资产和负债	不产生	会产生,如无形资产、预计负债等
购买方取得被购买方资产、负债的计量	按被购买方原账面价值计量	可辨认资产、负债按公允价值计量
支付对价与取得的净资产入账价值的差额,是否计入合并当期损益	在合并中取得的净资产的入账价值与为收购支付的对价账面价值之间的差额,调整所有者权益相关项目,不计入企业合并当期损益	若支付对价的公允价值大于取得的被购买方的可辨认净资产公允价值份额的差额,则确认为商誉;若小于,则差额计入合并当期损益
是否追溯合并财务报表	是	否,从购买日开始合并被购买方的财务报表
被合并方在合并前已确认的商誉和递延税资产/负债,是否在合并中确认为资产/负债	是	否,不予考虑已确认的商誉和递延税资产/负债
合并方支付的合并对价按何种价值核算	账面价值	购买日的公允价值,包括或有对价

(六)并购重组中以发行股份作为合并对价的公允价值的确定

对同一控制下的企业合并,以发行股票作为收购对价时,按照股票面值计入股本,取得的净资产账面价值的份额与发行股票面值总额的差额计入资本公积;对非同一控制下的企业合并,以发行股份作为合并对价的,合并成本应该是在购买日发行股份的公允价值,公允价值与面值总额的差额计入资本公积,合并成本的大小直接影响商誉的计量。

(七)对赌条款对收购当期和后期财务报表的影响

在文化企业的并购重组行为中,现实中存在大量的对赌约定。对赌条款中通常包含对未来事项发生或不发生是否及如何调整收购对价的条款,购买方应评估其在购买日的公允价值,并计入企业合并成本,在未来若有新的情况发生并有证据证明或有对价需要调整,应进行相应调整,同时调整已确认的商誉。若能确认对赌条款中的事项发生或不发生,则要对形成的资产或负债金额进行相应调整,这些调整可能会影响当期或后期损益。

(八)中介费用的处理

无论是同一控制下的企业合并还是非同一控制下的企业合并,在进行收购时产生的审计、法律、评估、咨询和其他相关费用需在发生时计入当期损益。但如果是通过发行股份或债券进行企业合并,期间产生的相关手续费和佣金应抵减发行股份的溢价收入或是冲减发行债务收回的款项,不计入当期损益。

(九)标的公司为文化企业需关注的其他事项

由于上市公司并购重组后,也必须达到对上市公司原有的要求,因此部分并购重组的要求与上市是一致的。特别是对标的企业为文化企业的并购交易,需关注文化企业的收入确认、研发费用资本化、股权激励、政府补助等方面的财务事项(具体内容可参考 IPO 中的关注点)。

四、财务不规范形成原因和解决思路

财务不规范问题出现的原因,在于企业的自身经营不规范和财务会计规则的缺陷上,但归根结底,大多是由于企业自身的规范意识不到位,规范行为还欠缺,甚至企图以不规范的行为蒙混过关。当前,对文化企业存在鼓励和限制双重规则的政策导向,文化企业发展还不够成熟,发展模式也日新月异,财务会计规则也在进行不断调适和完善。但即使是规则有缺陷,企业也应该接受这一"游戏规则",努力进行自身规范以适应相关的规则。

针对文化企业出现的财务不规范问题,首先应在相关法律法规、行业规定对企业起总指导作用,具体指引、指南、规则、条例等对实务规范起具体指导作用的前提下,遵循"经营行为合法合规合理,财务信息真实准确完整,财务证据可审可查可证"的原则,来准确评估企业财务是否规范及规范程度,将存在较多财务问题的中小微文化企业逐步引入财务规范的正轨中,让更规范的上市文化企业保持其规范性运作,让拟上市企业和进行并购重组的企业守住财务规范边界和"不做假账"的底线,在经营活动中防范财务风险,进一步提高财务的规范化水平。

　　进入新三板、四板的中小微文化企业，要根据企业会计准则，做好会计基础规范，高度重视信息披露质量，为今后更长远的发展打好基础。拟上市的文化企业要充分衡量是否符合 IPO 的条件，通常 IPO 的申报过程持续时间较长，需要付出大量时间、财力成本，按照要求提前规范会大大降低审核被否的风险。有并购重组意愿的企业，要根据自身的基础条件和标的企业的发展潜力，考虑并购重组对财务报表的影响和未来发展的长远影响后，再进行并购活动。对任何企业来说，规范化的财务会计运行体系和透明适当的信息披露都是获取投资者和债权人信任的必要条件，也是赢得社会认可、塑造良好社会形象的重要因素，作为文化企业，承担起文化产品的创新创作、培育、践行社会主义核心价值观，弘扬中华文明的社会责任，需以规范的内部运营和财务制度彰显正气和品德。比如，作为文艺工作者，必须处理好义利关系，要"认真严肃地考虑作品的社会效果，讲品位，重艺德，为历史存正气，为世人弘美德，为自身留清名，努力以高尚的职业操守、良好的社会形象、文质兼美的优秀作品赢得人民喜爱和欢迎"[1]；对文化企业家，应当遵守规则底线，遵守职业道德操守，弘扬企业家精神，做个有责任能担当的、受人尊敬的企业家。

第四节　税务规范

　　作为国家最重要的一种财政收入手段，税收对国民收入进行再分配，通过合理调整经济结构，充分监督经济活动，从而促进平等竞争，保持经济社会和谐发展。企业依法足额及时纳税，自觉承担相应的社会义务，是履行社会责任的应有之义；同时，作为市场主体，必须在遵循税收法律、法规的前提下，加强对日常经营事项的统筹策划，充分用好相关税收支持政策，降低企业税收负担。[2]

　　对于文化企业，同样如此。一方面，文化企业必须依照税法和其他有关条例的规定，按时申报纳税，依法缴足税款（即规范纳税）；另一方面，在法律规定许

---

①　习近平：《在文艺工作座谈会上的讲话》，《人民日报》2014 年 10 月 15 日。

②　参见臧红文、张园园：《我国文化产业税收政策的现状与建议》，《财务与会计》2015 年第 24 期。

可的范围内,文化企业可以充分利用包括减免税费在内的一切税收优惠政策,通过对经营、投资、理财等活动的事先筹划和安排,对纳税行为进行选择和优化,最终实现税收利益最大化。

一、文化企业纳税状况

(一)文化产业税收收入与负担分析

目前,我国文化产业涉及的税种主要包括增值税、所得税、城市维护建设税、教育费附加税等。近年来,国家和部分地方政府出台了一系列文化产业的税收优惠政策,鼓励文化产业壮大发展。考虑数据的可获得性与可比性,以截至2015年年末的我国151家文化上市公司作为文化产业的代表,以其2010—2015年的年度财务报告为依据,来分析我国文化产业当前的税负状况。

1. 从总量来看

151家文化上市企业的税收总额不断增长,由2010年的38.08亿元增至2015年的106.87亿元,年均增长18.77%。尤其是2015年,税收总额同比增长44.96%,远高于全国GDP与第三产业GDP的增速(见图4-6)。

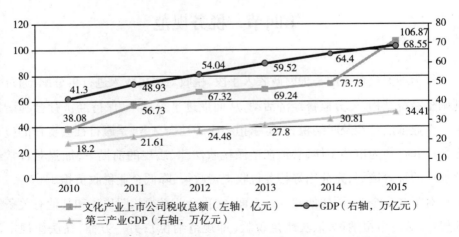

图4-6 2010—2015年我国GDP与文化产业上市公司税收总额

资料来源:WIND数据库。

2. 从强度来看

文化产业上市公司税收总额占营业总收入的比例呈下降趋势,由 2010 年的 3.54%降至 2015 年的 2.95%(见图 4-7)。其原因主要是:一方面,文化产业高速发展,文化企业的营利能力和市场接受程度日益提高;另一方面,随着税收扶持与财政补贴政策的持续深入,文化企业面临的税收负担日趋减轻。

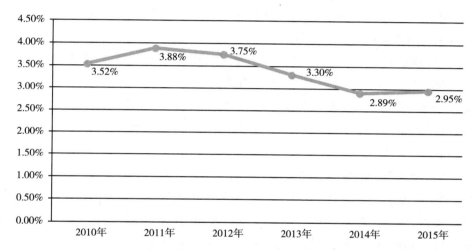

图 4-7　2010—2015 年我国文化产业上市公司税收总额占收入的比重

资料来源:WIND 数据库。

(二)文化企业纳税的主要问题

1. 政策方面①

近几年,相关部门陆续出台了一系列税收优惠政策,扶持文化产业发展,也取得了积极的社会效果。但仍有诸多不完善之处:

(1)政策体系缺乏系统性。随着文化体制改革的深入推进,传统文化产业和新兴文化业态出现了不同的产业特征。部分文件政策表现出"各自为政"的缺陷,缺乏整体性、系统性和持续性,无法达到"1+1>2"的效果。

---

① 参见曹芳:《我国文化产业税收政策探析》,西南财经大学硕士学位论文,2014 年。

（2）优惠政策惠及面较窄。税收优惠政策普及覆盖面不全，相互不配套，相关规定相对来说还有些笼统，能够享受到这些政策的企业较少，很难充分实现税收政策对文化产业发展的宏观调控和引导激励作用。相关政策仍以直接减免税收优惠政策和直接补贴为主，政策引导社会资本的参与程度较低。

（3）税收制度战略导向性不足。表现在：新兴文化产业的税负偏高，中小微文化企业税收负担较重，大多数中小微文化企业无法达到享受现有税收优惠政策的条件，特别是在"营改增"后，目前税政改革还没有对中小微文化企业的人工成本如何抵扣做出明确说明。

（4）税收优惠政策存在缺位。部分文化产业存在政策空白，例如在非物质文化遗产保护与传承方面，由于非物质文化遗产往往要借助于人本身存在，变现手段主要是声音、形象和技艺，手工技术含量高，往往以作坊式的、零散的生产状态生产，原材料成本低，人工成本比重较高，致使增值税进项税抵扣等问题凸显。

（5）缺乏激励文化消费的政策。现行的文化产业税收政策更加关注文化供给，对文化需求方面的关注度不够。从税收优惠和财政扶持出台的方式来看，通常以通知、公告的形式出现，立法层次不高、约束力不强；税收和扶持政策大多数是区域化和临时的，让文化企业难以预测未来的政策倾向，不利于文化产业的长远发展。

2. 企业与个人方面

我国文化产业发展不均衡问题突出。除少数上市企业外，大多文化企业仍是中小微企业，产业集约化程度较低，市场竞争力不足，导致其在纳税方面还存在一些不规范的问题。

（1）偷、漏、欠税现象严重。大多数文化企业和个人对国家和地方出台的税收政策了解不充分，同时与专业中介机构和税务机关沟通不畅，从而在适用政策的选择上出现"错误"或"过度"。个别企业和个人纳税意识不强，甚至故意不履行纳税义务。

（2）违法违规减免税收。部分文化企业和个人，利用国家大力扶持文化产业的政策不完善，大打政策"擦边球"。如演员艺人采用阴阳合同或大量使用现金结算而不上报；随意变更征税方式；未按对文化产品的特殊要求正确确认收入等。

（3）监管不严格。文化产业占国民经济比重相对较小。一方面，国家更多的出台一些扶持性政策，而规范文化产业纳税行为的政策法令不多，也缺乏对文化企业偷、漏、欠税等行为进行评判和处罚的制度安排，从而出现执法边界模糊、执法依据缺乏等问题；另一方面，执法人员缺少必要的培训，无法充分界定"文化企业"，出现执法力度不强等不作为现象。相关政策对实践的具体影响，缺乏后续跟踪与评估，政策执行的实际效果不理想。

因此，为激励和促进文化产业的发展，需要完善文化产业税收政策的顶层设计，强化日常监管，只有"双手齐下"，政策合理，努力"不让雷锋吃亏"，才能进一步支持和促进文化产业更好发展。首先要努力构建完善的税收政策体系，优化财税扶持机制，加强税收征管。以广告服务业为例，财政部、国家税务总局《关于将铁路运输和邮政业纳入营业税改征增值税试点的通知》（财税〔2013〕106号）规定："广告业的一些业务不划归广告服务范畴；而广告策划、设计、制作不包括在广告服务之中。"实际上，大多广告业纳税人的业务种类都包括广告制作。所以，调整广告业的税种登记需以调查清理为基础。其次，基于行业实际，因"业"制宜，进行差异化征管，提高征管效率，节约税收资源；要积极引导纳税人主动纳税，加强基层执法人员的专业培训。再次，要增强纳税意识，在行动上要充分用好现有的税收优惠和支持政策，既不少交，也不多交；要建立完善的财务管理制度，规范企业经营行为，会计核算准确，经营业绩真实，信息披露完整；主动加强与税务部门的沟通，合理用好相关优惠和支持政策。

二、文化企业合理纳税

文化企业既要严格遵守税法和相关税收政策的规定，履行纳税义务，规范纳税行为，又要充分运用税收优惠政策进行合理的税务规划，减轻企业税负、提高盈利能力。

（一）文化产业税收优惠政策梳理

《文化产业振兴规划》的颁布实施，以及党的十八大以来，党和国家相继出台的一系列文化税收政策和措施,激活了文化产品和文化服务的供给市场和需求市场,促进了文化产业的大发展和文化市场的大繁荣。从文化企业角度看,具体税收优惠政策梳理①如表4-15所示。

表4-15　我国文化企业税收专项优惠政策汇总

文号	文件	具体规定
国税发〔2001〕15号（第二条失效）	《国家税务总局关于广播电视事业单位征收企业所得税若干问题的通知》（第二条失效）	广播电视事业单位的下列收入不征企业所得税:1.财政拨款;2.事业单位从主管部门和上级单位取得的用于事业发展的专项补助收入;3.社会各界的捐赠收入;4.国务院明确批准的其他项目
财税〔2009〕65号（第一条、第三条失效）	《关于扶持动漫产业发展有关税收政策的通知》（第一条、第三条失效）	1.经认定的动漫企业自主开发、生产动漫产品,可申请享受国家现行鼓励软件产业发展的所得税优惠政策 2.经国务院有关部门认定的动漫企业自主开发、生产动漫直接产品,确需进口的商品可享受免征进口关税和进口环节增值税的优惠政策
财税〔2013〕87号	《财政部、国家税务总局关于延续宣传文化增值税和营业税优惠政策的通知》	一、自2013年1月1日起至2017年12月31日,执行下列增值税先征后退政策。 (一)对下列出版物在出版环节执行增值税100%先征后退的政策: 1.中国共产党和各民主党派的各级组织的机关报纸和机关期刊,各级人大、政协、政府、工会、共青团、妇联、残联、科协的机关报纸和机关期刊,新华社的机关报纸和机关期刊,军事部门的机关报纸和机关期刊。上述各级组织不含其所属部门。机关报纸和机关期刊增值税先征后退范围掌握在一个单位一份报纸和一份期刊以内。 2.专为少年儿童出版发行的报纸和期刊,中小学的学生课本。 3.专为老年人出版发行的报纸和期刊。 4.少数民族文字出版物。 5.盲文图书和盲文期刊。 6.经批准在内蒙古、广西、西藏、宁夏、新疆五个自治区内注册的出版单位出版的出版物。 7.列入本通知附件的图书、报纸和期刊。 (二)对下列出版物在出版环节执行增值税先征后退50%的政策:

---

① 基于群众举报,2018年8月,国家税务总局责成相关地方税务部门,依法对有关明星演职人员的税收缴纳情况进行了调查和行政处罚。为此,不排除税务管理部门将对部分涉及文化领域的税收优惠政策进行清理、规范和调整。

续表

文号	文件	具体规定
		1.各类图书、期刊、音像制品、电子出版物,但本通知第一条第(一)项规定执行增值税100%先征后退的出版物除外。 2.列入本通知附件的报纸。 (三)对下列印刷、制作业务执行增值税100%先征后退的政策: 1.对少数民族文字出版物的印刷或制作业务。 2.列入本通知附件的新疆维吾尔自治区印刷企业的印刷业务。 二、自2013年1月1日起至2017年12月31日,免征图书批发、零售环节增值税。 三、自2013年1月1日起至2017年12月31日,对科普单位的门票收入,以及县(含县级市、区、旗)及县以上党政部门和科协开展的科普活动的门票收入免征营业税。自2013年1月1日至2013年7月31日,对境外单位向境内科普单位转让科普影视作品播映权取得的收入,免征营业税
财税〔2013〕98号	《财政部、国家税务总局关于动漫产业增值税和营业税政策的通知》	对属于增值税一般纳税人的动漫企业销售其自主开发生产的动漫软件,按17%的税率征收增值税后,对其增值税实际税负超过3%的部分,实行即征即退政策。动漫软件出口免征增值税
财税〔2014〕85号	《关于继续实施支持文化企业发展若干税收政策的通知》	一、新闻出版广电行政主管部门(包括中央、省、地市及县级)按照各自职能权限批准从事电影制片、发行、放映的电影集团公司(含成员企业)、电影制片厂及其他电影企业取得的销售电影拷贝(含数字拷贝)收入、转让电影版权(包括转让和许可使用)收入、电影发行收入以及在农村取得的电影放映收入免征增值税。一般纳税人提供的城市电影放映服务,可以按现行政策规定,选择按照简易计税办法计算缴纳增值税。 二、为承担国家鼓励类文化产业项目而进口国内不能生产的自用设备及配套件、备件,在政策规定范围内,免征进口关税。支持文化产品和服务出口的税收优惠政策由财政部、税务总局会同有关部门另行制定。 三、对从事文化产业支撑技术等领域的文化企业,按规定认定为高新技术企业的,减按15%的税率征收企业所得税;开发新技术、新产品、新工艺发生的研究开发费用,允许按照税收法律法规的规定,在计算应纳税所得额时加计扣除。文化产业支撑技术等领域的具体范围和认定工作由科技部、财政部、税务总局商中央宣传部等部门另行明确。

续表

文号	文件	具体规定
		四、出版、发行企业处置库存呆滞出版物形成的损失,允许按照税收法律法规的规定在企业所得税前扣除。 五、对文化企业按照本通知规定应予减免的税款,在本通知下发以前已经征收入库的,可抵减以后纳税期应缴税款或办理退库
财税〔2014〕84号	《关于继续实施文化体制改革中经营性文化事业单位转制为企业若干税收政策的通知》	一、经营性文化事业单位转制为企业,可以享受以下税收优惠政策: (一)经营性文化事业单位转制为企业,自转制注册之日起免征企业所得税; (二)由财政部门拨付事业经费的文化单位转制为企业,自转制注册之日起对其自用房产免征房产税; (三)党报、党刊将其发行、印刷业务及相应的经营性资产剥离组建的文化企业,自注册之日起所取得的党报、党刊发行收入和印刷收入免征增值税; (四)对经营性文化事业单位转制中资产评估增值、资产转让或划转涉及的企业所得税、增值税、营业税、城市维护建设税、印花税、契税等,符合现行规定的享受相应税收优惠政策; (五)转制为企业的出版、发行单位处置库存呆滞出版物形成的损失,允许按照税收法律法规的规定在企业所得税前扣除
国发〔2014〕10号	《关于推进文化创意和设计服务与相关产业融合发展的若干意见》	在文化创意和设计服务领域开展高新技术企业认定管理办法试点,将文化创意和设计服务内容纳入文化产业支撑技术等领域,对经认定为高新技术企业的文化创意和设计服务企业,减按15%的税率征收企业所得税。文化创意和设计服务企业发生的职工教育经费支出,不超过工资薪金总额8%的部分,准予在计算应纳税所得额时扣除。企业发生的符合条件的创意和设计费用,执行税前加计扣除政策。对国家重点鼓励的文化创意和设计服务出口实行营业税免税。落实营业税改增值税试点有关政策,对纳入增值税征收范围的国家重点鼓励的文化创意和设计服务出口实行增值税零税率或免税,对国家重点鼓励的创意和设计产品出口实行增值税零税率
国办发〔2014〕15号	《国务院办公厅关于印发文化体制改革中经营性文化事业单位转制为企业和进一步支持文化企业发展两个规定的通知》	经营性文化事业单位转企改制: 1.经营性文化事业单位转制为企业后,免征企业所得税; 2.由财政部门拨付事业经费的经营性文化事业单位转制为企业,对其自用房产免征房产税; 3.对经营性文化事业单位转制中资产评估增值、资产转让或划转涉及的企业所得税、增值税、营业税、城市维护建设税、契税等,符合现行规定的享受相应税收优惠政策

续表

文号	文件	具体规定
		4. 党报、党刊将其发行、印刷业务及相应的经营性资产剥离组建的文化企业，所取得的党报、党刊发行收入和印刷收入免征增值税 进一步支持文化企业： 1. 对电影制片企业销售电影拷贝（含数字拷贝）、转让版权取得的收入，电影发行企业取得的电影发行收入，电影放映企业在农村的电影放映收入免征增值税。一般纳税人提供的城市电影放映服务，可以按现行政策规定，选择按照简易计税办法计算缴纳增值税； 2. 落实和完善有利于文化内容创意生产、非物质文化遗产项目经营的税收优惠政策； 3. 对国家重点鼓励的文化产品出口实行增值税零税率。对国家重点鼓励的文化服务出口实行营业税免税。结合营业税改征增值税改革试点，逐步将文化服务行业纳入改革试点范围，对纳入增值税征收范围的上述文化服务出口实行增值税零税率或免税。享受上述税收优惠政策的国家重点鼓励的文化产品和服务的具体范围由财政部、税务总局会同有关部门确定。为承担国家鼓励类文化产业项目而进口国内不能生产的自用设备及配套件、备件，在政策规定范围内，免征进口关税； 4. 在国务院批准的中国服务外包示范城市从事服务外包业务的文化企业，符合现行税收优惠政策规定的技术先进型服务企业相关条件的，经认定后，可享受有关税收优惠政策； 5. 对从事文化产业支撑技术等领域的文化企业，按规定认定为高新技术企业的，减按 15% 的税率征收企业所得税；开发新技术、新产品、新工艺发生的研究开发费用，允许按国家税法规定，在计算应纳税所得额时加计扣除。文化产业支撑技术等领域的具体范围和认定工作由科技部、财政部、税务总局商中央宣传部等部门另行明确； 6. 经认定并符合软件企业相关条件的动漫企业，可申请享受国家现行鼓励软件产业发展的所得税优惠政策；2017 年年底前，符合条件的动漫企业，按规定享受增值税优惠政策；经认定的动漫企业自主开发、生产动漫直接产品，确需进口的商品可按现行规定享受免征进口关税和进口环节增值税的优惠政策
财教〔2014〕56 号	《关于支持电影发展若干经济政策的通知》	对电影制片企业销售电影拷贝（含数字拷贝）、转让版权取得的收入，电影发行企业取得的电影发行收入，电影放映企业在农村的电影放映收入，自 2014 年 1 月 1 日至 2018 年 12 月 31 日免征增值税。一般纳税人提供的城市电影放映服务，可以按现行政策规定，选择按照简易计税办法计算缴纳增值税

续表

文号	文件	具体规定
财关税〔2016〕36号	《财政部、海关总署、国家税务总局关于〈动漫企业进口动漫开发生产用品税收政策〉的通知》	自2016年1月1日至2020年12月31日,经国务院有关部门认定的动漫企业自主开发、生产动漫直接产品,确需进口的商品可享受免征进口关税及进口环节增值税的政策

　　除了上述针对文化产业的税收专项优惠政策外,相关部门还陆续出台了一系列一般性或鼓励其他产业发展的指导文件和税收政策,其中有些条款也涉及文化产业,梳理如表4-16所示。

表4-16　我国文化企业税收相关优惠政策汇总

文　号	文　件	具体规定
国发〔1986〕第90号	《中华人民共和国房产税暂行条例》	宗教寺庙、公园、名胜古迹自用的房产免纳房产税和土地使用税
国务院令〔1998〕第17号	《中华人民共和国城镇土地使用税暂行条例》	
财税〔2006〕73号	《财政部、国家税务总局关于中国金融教育发展基金会等10家单位公益救济性捐赠所得税税前扣除问题的通知》	对企业、事业单位、社会团体和个人等社会力量通过中国少年儿童文化艺术基金会用于公益救济性捐赠,企业在年度应纳税所得额3%以内的部分,个人在申报应纳税所得额30%以内的部分,准予在计算缴纳企业所得税和个人所得税税前扣除
国税发〔2009〕81号	《国家税务总局关于企业固定资产加速折旧所得税处理有关问题的通知》	涉及文化企业固定资产实行加速折旧的所得税处理
国税发〔2009〕87号	《国家税务总局关于实施创业投资企业所得税优惠问题的通知》	创业投资企业采取股权投资方式投资于未上市的中小高新技术企业2年(24个月)以上,凡符合以下条件的,可以按照其对中小高新技术企业投资额的70%,在股权持有满2年的当年抵扣该创业投资企业的应纳税所得额;当年不足抵扣的,可以在以后纳税年度结转抵扣

文　号	文　件	具体规定
国发〔2011〕4号	《国务院关于印发〈进一步鼓励软件产业和集成电路产业发展若干政策〉的通知》	对我国境内新办集成电路设计企业和符合条件的软件企业,经认定后,自获利年度起,享受企业所得税"两免三减半"优惠政策。经认定的集成电路设计企业和符合条件的软件企业的进口料件,符合现行法律法规规定的,可享受保税政策
财税〔2012〕27号	《财政部、国家税务总局关于进一步鼓励软件产业和集成电路产业发展企业所得税政策的通知》	一、国家规划布局内的重点软件企业和集成电路设计企业,如当年未享受免税优惠的,可减按10%的税率征收企业所得税。 二、符合条件的软件企业按照《财政部 国家税务总局关于软件产品增值税政策的通知》(财税〔2011〕100号)规定取得的即征即退增值税款,由企业专项用于软件产品研发和扩大再生产并单独进行核算,可以作为不征税收入,在计算应纳税所得额时从收入总额中减除。 三、集成电路设计企业和符合条件软件企业的职工培训费用,应单独进行核算并按实际发生额在计算应纳税所得额时扣除。 四、企业外购的软件,凡符合固定资产或无形资产确认条件的,可以按照固定资产或无形资产进行核算,其折旧或摊销年限可以适当缩短,最短可为2年(含)
国发〔2014〕13号	《国务院关于加快发展对外文化贸易的意见》	一、对国家重点鼓励的文化产品出口实行增值税零税率。对国家重点鼓励的文化服务出口实行营业税免税。结合营业税改征增值税改革试点,逐步将文化服务行业纳入"营改增"试点范围,对纳入增值税征收范围的文化服务出口实行增值税零税率或免税。享受税收优惠政策的国家重点鼓励的文化产品和服务的具体范围由财政部、税务总局会同有关部门确定。 二、在国务院批准的服务外包示范城市从事服务外包业务的文化企业,符合现行税收优惠政策规定的技术先进型服务企业相关条件的,经认定可享受减按15%的税率征收企业所得税和职工教育经费不超过工资薪金总额8%的部分税前扣除政策
国家税务总局公告2014年第13号	《关于外贸综合服务企业出口货物退(免)税有关问题的公告》	外贸综合服务企业以自营方式出口国内生产企业与境外单位或个人签约的出口货物,同时具备以下情形的,可由外贸综合服务企业按自营出口的规定申报退(免)税: (一)出口货物为生产企业自产货物; (二)生产企业已将出口货物销售给外贸综合服务企业; (三)生产企业与境外单位或个人已经签订出口合同,并约定货物由外贸综合服务企业出口至境外单位或个人,货款由境外单位或个人支付给外贸综合服务企业; (四)外贸综合服务企业以自营方式出口

文　号	文　件	具体规定
国家税务总局公告2014年第57号	《关于小微企业免征增值税和营业税有关问题的公告》	一、增值税小规模纳税人和营业税纳税人,月销售额或营业额不超过3万元(含3万元,下同)的,按照上述文件规定免征增值税或营业税。其中,以1个季度为纳税期限的增值税小规模纳税人和营业税纳税人,季度销售额或营业额不超过9万元的,按照上述文件规定免征增值税或营业税。 二、增值税小规模纳税人兼营营业税应税项目的,应当分别核算增值税应税项目的销售额和营业税应税项目的营业额,月销售额不超过3万元(按季纳税9万元)的,免征增值税;月营业额不超过3万元(按季纳税9万元)的,免征营业税。 三、增值税小规模纳税人月销售额不超过3万元(按季纳税9万元)的,当期因代开增值税专用发票(含货物运输业增值税专用发票)已经缴纳的税款,在专用发票全部联次追回或者按规定开具红字专用发票后,可以向主管税务机关申请退还
财税〔2014〕59号	《财政部、国家税务总局、商务部、科技部、国家发展改革委关于完善技术先进型服务企业有关企业所得税政策问题的通知》	自2014年1月1日起至2018年12月31日止,在北京、天津、上海、重庆、大连、深圳、广州、武汉、哈尔滨、成都、南京、西安、济南、杭州、合肥、南昌、长沙、大庆、苏州、无锡、厦门等21个中国服务外包示范城市(以下简称示范城市)继续实行以下企业所得税优惠政策: 1. 对经认定的技术先进型服务企业,减按15%的税率征收企业所得税。 2. 经认定的技术先进型服务企业发生的职工教育经费支出,不超过工资薪金总额8%的部分,准予在计算应纳税所得额时扣除;超过部分,准予在以后纳税年度结转扣除
财税〔2014〕71号	《财政部、国家税务总局关于进一步支持小微企业增值税和营业税政策的通知》	为进一步加大对小微企业的税收支持力度,经国务院批准,自2014年10月1日起至2015年12月31日,对月销售额2万元(含本数,下同)至3万元的增值税小规模纳税人,免征增值税;对月营业额2万元至3万元的营业税纳税人,免征营业税
财税〔2014〕75号	《财政部、国家税务总局关于完善固定资产加速折旧企业所得税政策的通知》	一、对所有行业企业2014年1月1日后新购进的专门用于研发的仪器、设备,单位价值不超过100万元的,允许一次性计入当期成本费用在计算应纳税所得额时扣除,不再分年度计算折旧;单位价值超过100万元的,可缩短折旧年限或采取加速折旧的方法。 二、对所有行业企业持有的单位价值不超过5000元的固定资产,允许一次性计入当期成本费用在计算应纳税所得额时扣除,不再分年度计算折旧
财税〔2014〕78号	《关于金融机构与小型微型企业签订借款合同免征印花税的通知》	自2014年11月1日至2017年12月31日,对金融机构与小型、微型企业签订的借款合同免征印花税

文　　号	文　件	具体规定
财税〔2014〕109 号	《财政部、国家税务总局关于促进企业重组有关企业所得税处理问题的通知》	文化企业重组企业所得税的特殊性税务处理
财税〔2015〕34 号	《财政部、国家税务总局关于小型微利企业所得税优惠政策的通知》	自 2015 年 1 月 1 日至 2017 年 12 月 31 日,对年应纳税所得额低于 20 万元(含 20 万元)的小型微利企业,其所得减按 50% 计入应纳税所得额,按 20% 的税率缴纳企业所得税
财税〔2015〕96 号	《财政部、国家税务总局关于继续执行小微企业增值税和营业税政策的通知》	为继续支持小微企业发展、推动创业就业,经国务院批准,《财政部、国家税务总局关于进一步支持小微企业增值税和营业税政策的通知》(财税〔2014〕71 号)规定的增值税和营业税政策继续执行至 2017 年 12 月 31 日
财税〔2015〕119 号	《关于完善研究开发费用税前加计扣除政策的通知》	企业开展研发活动中实际发生的研发费用,未形成无形资产计入当期损益的,在按规定据实扣除的基础上,按照本年度实际发生额的 50%,从本年度应纳税所得额中扣除;形成无形资产的,按照无形资产成本的 150% 在税前摊销
财税〔2015〕116 号	《财政部、国家税务总局关于将国家自主创新示范区有关税收试点政策推广到全国范围实施的通知》	高新技术企业所得税与个人所得税的税收优惠政策
财税〔2016〕25 号	《关于营业税改征增值税试点有关文化事业建设费政策及征收管理问题的通知》	增值税小规模纳税人中月销售额不超过 2 万元(按季纳税 6 万元)的企业和非企业性单位提供的应税服务,免征文化事业建设费 自 2015 年 1 月 1 日起至 2017 年 12 月 31 日,对按月纳税的月销售额不超过 3 万元(含 3 万元),以及按季纳税的季度销售额不超过 9 万元(含 9 万元)的缴纳义务人,免征文化事业建设费
财税〔2016〕121 号	《财政部、商务部、国家税务总局关于继续执行研发机构采购设备增值税政策的通知》	为了鼓励科学研究和技术开发,促进科技进步,经国务院批准,继续对内资研发机构和外资研发中心采购国产设备全额退还增值税
国科发火〔2016〕195 号	《科技部、财政部、国家税务总局关于修订印发〈高新技术企业认定管理工作指引〉的通知》	2016 年 1 月 1 日前已按《高新技术企业认定管理办法》(国科发火〔2008〕172 号,以下简称 2008 版《认定办法》)认定的仍在有效期内的高新技术企业,其资格依然有效,可依照《企业所得税法》及其实施条例等有关规定享受企业所得税优惠政策

（二）个人合理纳税

文化产业从业人员，主要是指新闻出版、影视文艺、游戏动漫、网络等行业的从业人员，既包括文化部、国家广播电视总局、国家电影局、国家新闻出版署（国家版权局）等职能部门以及文广新局等地方部门和文化行业协会的工作人员，也包括经纪、演艺、动漫、网络等企业的高管和职工。在国家大力支持文化产业发展的大背景下，文化产业从业人员可以根据企业和个人的具体情况，制定合理纳税计划，以降低税收负担。下面以社会反映最突出的演员艺人为例，对其选择不同签约方式缴纳个人所得税的情况进行说明。

1. 适用税种

在缴纳个税上，演员艺人和其他自然人并无显著不同，都按取得收入的类型缴纳。但由于演员艺人的收入来源更具多样化，因此，明确各项收入类型并按对应税率及时纳税也会更加复杂。具体分类如下：演员艺人从签约影视公司取得的固定工资，按照"工资薪金所得"缴纳个税；演员艺人的片酬、商业广告收入，按照"劳务报酬所得"缴纳个税；演员艺人肖像权获得的收入，按照"特许权使用费"缴纳个税；演员艺人获得签约影视公司的股权激励，按照"工资薪金所得"缴纳个税；演员艺人出书获得的稿酬，按照"稿酬所得"缴纳个税；演员艺人对外投资获得的分红，按照"利息、股息红利所得"缴纳个税；演员艺人成立个人独资性质的工作室收入，按照"个体工商户的生产、经营所得"缴纳个税；演员艺人出售房产、股权获得的收入，按照"财产转让所得"缴纳个税；演员艺人个人房产出租获得的收入，按照"财产租赁所得"缴纳个税；演员艺人获奖所得，按照"偶然所得"缴纳个税等。

2. 签约方式

现阶段，我国的演员艺人在参加演出（包括舞台演出、商业活动、录音、录像、拍摄影视等）时，一般采用三种方式：签约于经纪公司、成立依托经纪公司的工作室和成立独立工作室。演员艺人会根据自身的需求和对方的要求，选择适当的签约方式。这种"可选择"的方式就为演员艺人进行税收规划提供了机会。

（1）签约于经纪公司。签约于经纪公司是指演员艺人对外参加演出时，以经纪公司的员工身份，或者以独立劳务（一般会与经纪公司约定演出结束后按比例分成）的形式与对方签订演出合同。根据国家税务总局国税发〔1995〕171号文件规定，"演职员参加非任职单位组织的演出取得的报酬为劳务报酬所得，按次缴纳个人所得税。演职员参加任职单位组织的演出取得的报酬为工资、薪金所得，按月缴纳个人所得税"①。

　　如果选择独立劳务形式参加演出，演员艺人将以劳务报酬的形式纳税；如果选择员工身份参加演出，演员艺人将以工资、薪金的形式纳税。

　　（2）成立依托经纪公司的艺人工作室。为了挽留和激励艺人，一些经纪公司常与艺人共同出资，为其成立工作室，从而给予艺人更多的自主权。对于经纪公司而言，一方面以工作室名义进行商业谈判和演出，公司可以少缴纳企业所得税；另一方面，公司将工作室注册于某些城市经济开发区或园区，可以充分享受各项优惠和财税扶持政策。对于演员艺人来说，成立工作室既可以利用公司资源发展自己的事业，又有权对经纪公司提供的演出项目选择接受与否，更灵活地去参加商演和自己争取来的演艺活动。

　　如果采用这种模式，演员艺人的收入来源主要有两类：一种是来源于经纪公司，在这种情况下，工作室类似于经纪公司的一个部门，只不过演员艺人具有更多的自主选择权，其纳税情况与签约于经纪公司基本相同；另一种是工作室"挂靠"于经纪公司，在这种情况下，经纪公司与演员艺人约定取得管理费性质的固定收益，剩余收益归演员艺人。此时，有两个问题需要关注：第一个问题是关于纳税主体。根据《营业税改征增值税试点实施办法》的规定，以挂靠方式经营的，挂靠人发生应税行为，承包人以被挂靠人名义对外经营并由被挂靠人承担相关法律责任的，以被挂靠人为纳税人；否则以挂靠人为纳税人。② 即以谁的名义经营，就以谁作为纳税主体。第二个问题是关于演员艺人取得剩余收益的缴税问题。一般而言，工作室规模较小，应将其划归个体工商户。根据国家税务总局《关于个人对企事业单位实行承包经营、承租经营取得所得征税问题的通知》（国税发〔1994〕179 号）规定："企业实行个人承包、承租经营后，如工商登记改变为个体工商户的，应依照个体工商户的生产、经营所得项目计征个人所得税，不再征收企业所得税。"③即工作室挂靠至经纪公司后，演员艺人将按个体工商

　　① 国家税务总局、文化部：《关于印发〈演出市场个人所得税征收管理暂行办法〉的通知》，1995 年11 月 18 日。

　　② 参见财政部、国家税务总局：《营业税改征增值税试点实施办法》，2016 年 3 月 24 日。

　　③ 国家税务总局：《关于个人对企事业单位实行承包经营、承租经营取得所得征税问题的通知》，1994 年 8 月 1 日。

户所得缴纳个人所得税,根据其规模,税务部门对其实行定期定额征收或核定征收,并征收增值税、城建税、教育费附加等税费。

在实务中,演员艺人的大部分挂靠行为均采用以工作室名义对外经营,同时以经纪公司名义面对税务机关,并给予经纪公司额外补偿,从而充分利用经纪公司享受的税收优惠政策(如高新技术企业认定、出口退税、研发费用扣除等)。

(3)成立独立工作室。当演员艺人在演艺事业上取得了一些成就,商业价值越来越大时,演员艺人更多的会选择成立独立工作室。

规模较大的工作室会有多个演员艺人,其实质上是一个小型经纪公司,以法人实体运营。演员艺人相当于自己是老板,同时也对工作室的工作人员以及工作室的其他艺人负责,一切支出经费都来源于演员艺人自己的收入,一切收入也都归演员艺人所有。在这种情况下,工作室需要缴纳25%的企业所得税,演员艺人还要缴纳20%的个人所得税,不考虑其他费用情况下,实际税负多是40%。

规模较小的工作室一般由一个艺人独立出资或多个艺人合伙出资组成,其实质上是个体工商户或合伙企业。根据财政部、国家税务总局《关于印发〈关于个人独资企业和合伙企业投资者征收个人所得税的规定〉的通知》(财税〔2000〕91号):"个人独资企业和合伙企业每一纳税年度的收入总额减除成本、费用以及损失后的余额,作为投资者个人的生产经营所得,比照个人所得税法的个体工商户的生产经营所得应税项目,适用5%—35%的五级超额累进税率。"[1]根据财政部、国家税务总局《关于调整个体工商户业主个人独资企业和合伙企业自然人投资者个人所得税费用扣除标准的通知》(财税〔2011〕62号)的规定:"对个体工商户业主、个人独资企业和合伙企业自然人投资者的生产经营所得依法计征个人所得税时,个体工商户业主、个人独资企业和合伙企业自然人投资者本人的费用扣除标准统一确定为42000元/年。同时,根据其经营规模,税务部门对其实行定期定额征收或核定征收。"[2]

---

[1] 财政部、国家税务总局:《关于个人独资企业和合伙企业投资者征收个人所得税的规定》,2000年9月19日。

[2] 财政部、国家税务总局:《关于调整个体工商户业主个人独资企业和合伙企业自然人投资者个人所得税费用扣除标准的通知》,2011年7月29日。

此外,演员艺人可以选择把工作室注册在某些具有优惠和扶持政策的城市经济开发区和产业园区。比如,注册在上海、新疆、西藏等特定园区的工作室(包括个人独资企业和合伙企业)均可以享受按实缴增值税税额 20%—35%(最高可达 50%)比例返税奖励,个人独资工作室还可享受按实缴个税税额 7%—10%(最高可达 50%)比例返税奖励。

(三)企业合理纳税

目前,税收优惠政策已成为助推文化产业加速发展的重要推动力。文化企业可以充分利用相关政策进行合理有效的税务规划。

1.基于产品与服务的交易行为

文化企业主要分为两类:生产与销售文化产品(如报刊、图书等)的文化企业与提供文化服务的文化企业(如舞蹈、影视等)。根据提供产品与服务类型和数量的不同,文化企业可以利用税收政策中对于关税、增值税、企业所得税等税种的优惠条款,如关税上"文化创意和设计服务出口实行增值税零税率",增值税上"一般纳税人的动漫企业销售其自主开发生产的动漫软件,按 17%的税率征收增值税后,其增值税实际税负超过 3%的部分,实行即征即退政策",企业所得税上"对经认定为高新技术企业的文化创意和设计服务企业,减按 15%的税率征收企业所得税"等。[①]

(1)利用进出口的税收优惠政策

根据国务院《关于推进文化创意和设计服务与相关产业融合发展的若干意见》(国发〔2014〕10 号)和《国务院办公厅关于印发文化体制改革中经营性文化事业单位转制为企业和进一步支持文化企业发展两个规定的通知》(国办发〔2014〕15 号)的规定,"对国家重点鼓励的文化产品出口实行增值税零税率""对纳入增值税征收范围的国家重点鼓励的文化创意和设计服务出口实行增值税零税率或免税""为承担国家鼓励类文化产业项目而进口国内不能生产的自用设备及配套件、备件,在政策规定范围内,免征进口关税""经认定的动漫企业自主开发、生产动漫直接产品,确需进口的商品可按现行规定享受免征进口关税

---

① 《国务院办公厅关于印发文化体制改革中经营性文化事业单位转制为企业和进一步支持文化企业发展两个规定的通知》,人民出版社 2014 年版。

和进口环节增值税的优惠政策"等。① 一方面,实行增值税零税率或免税,能够鼓励我国文化产品和服务出口,既有利于文化企业自身的壮大,也有利于中华文化"走出去",提高中华文化在世界的影响力,具有良好的经济效益和社会效益;另一方面,对规定范围内的文化产品的进口免征关税,有利于把优秀的国外文化产品、服务以及与文化相关的先进技术"引进来",激发我国文化市场的创新潜力和竞争活力,丰富我国人民的文化生活。

(2)利用增值税的税收优惠政策

国发〔2014〕10 号、国办发〔2014〕15 号和财税〔2013〕87 号,规定了适用于部分文化企业的增值税免征政策,如"新闻出版广电行政主管部门(包括中央、省、地市及县级)按照各自职能权限批准从事电影制片、发行、放映的电影集团公司(含成员企业)、电影制片厂及其他电影企业取得的销售电影拷贝(含数字拷贝)收入、转让电影版权(包括转让和许可使用)收入、电影发行收入以及在农村取得的电影放映收入免征增值税。一般纳税人提供的城市电影放映服务,可以按现行政策规定,选择按照简易计税办法计算缴纳增值税""2014 年 1 月 1 日至 2016 年 12 月 31 日,对广播电视运营服务企业收取的有线数字电视基本收视维护费和农村有线电视基本收视费,免征增值税"。② 从税收征收角度看,"按照简易计税的办法计算缴纳增值税,简化了税收征收的手续,提高了企业报税的效率,但更重要的是给文化企业明确的政策信号,有意识的文化企业可以从计税办法中合理确定项目财务投入、回款进度等,提高企业财务结算效率,强化企业成本效益的意识"③。

财税〔2013〕87 号文还规定了部分出版物增值税先征后退的政策,如"对中国共产党和各民主党派的各级组织的机关报纸和机关期刊执行增值税100%先征后退""对部分图书、期刊、音像制品、电子出版物执行增值税 50%

---

① 《国务院关于推进文化创意和设计服务与相关产业融合发展的若干意见》,人民出版社 2014 年版;《国务院办公厅关于印发文化体制改革中经营性文化事业单位转制为企业和进一步支持文化企业发展两个规定的通知》,人民出版社 2014 年版。

② 《国务院关于推进文化创意和设计服务与相关产业融合发展的若干意见》,人民出版社 2014 年版;《国务院办公厅关于印发文化体制改革中经营性文化事业单位转制为企业和进一步支持文化企业发展两个规定的通知》,人民出版社 2014 年版;财政部、国家税务总局:《关于延续宣传文化增值税和营业税优惠政策的通知》,2013 年 12 月 25 日。

③ 李小兵、浦奕安:《税收优惠力挺"文化出口"》,《上海证券报》2014 年 4 月 17 日。

先征后退等"。① 财税〔2013〕98 号文规定:"增值税一般纳税人的动漫企业销售其自主开发生产的动漫软件,按 17% 的税率征收增值税后,其增值税实际税负超过 3% 的部分,实行即征即退政策。"②

同时,"营改增"后,文化企业可以通过选择纳税人身份(一般纳税人或小规模纳税人)进行合理的税务规划。按照经营规模和会计核算健全程度,将文化企业划分成一般纳税人和小规模纳税人,"一般纳税人实行增值税专用发票抵扣税款制度,小规模纳税人的税收征收率为 3%,购进货物进项税不能抵扣"。对此,文化企业可计算出两类纳税人的税负平衡点(含税),如表 4-17 所示。

表 4-17　增值税一般纳税人与小规模纳税人税负平衡表(含税)

适用税率 (%)A	税负平衡点 (%)B	实际增值率 (%)C	应纳税额	
			一般纳税人 D	小规模纳税人 E
17	20.05	C=B	D=E	
		C>B	D>E	
		C<B	D<E	
13	25.32	C=B	D=E	
		C>B	D>E	
		C<B	D<E	

当纳税人的增值率达到平衡点时,按一般纳税人计算的应纳增值税额等于按小规模纳税人计算的应纳增值税额;当纳税人增值率大于平衡点时,按一般纳税人计算的应纳增值税额大于按小规模纳税人计算的应纳增值税额;当纳税人增值率小于平衡点时,按一般纳税人计算的应纳增值税额小于按小规模纳税人计算的应纳增值税额。

(3)利用所得税的税收优惠政策

①研发费用的抵扣。根据财税〔2015〕119 号的规定,"企业开展研发活动中实际发生的研发费用,未形成无形资产计入当期损益的,在按规定据实扣除的基础上,按照本年度实际发生额的 50%,从本年度应纳税所得额中扣除;形成无形

①　财政部、国家税务总局:《关于延续宣传文化增值税和营业税优惠政策的通知》,2013 年 12 月 25 日。

②　财政部、国家税务总局:《关于动漫产业增值税和营业税政策的通知》,2013 年 11 月 28 日。

资产的,按照无形资产成本的150%在税前摊销。研发费用的具体范围包括:人员人工费用、直接投入费用、折旧费用、无形资产摊销、新产品设计费、新工艺规程制定费、新药研制的临床试验费、勘探开发技术的现场试验费和其他相关费用""企业为获得创新性、创意性、突破性的产品进行创意设计活动而发生的相关费用,可按照本通知规定进行税前加计扣除。创意设计活动是指多媒体软件、动漫游戏软件开发,数字动漫、游戏设计制作;房屋建筑工程设计(绿色建筑评价标准为三星)、风景园林工程专项设计;工业设计、多媒体设计、动漫及衍生产品设计、模型设计等"。①

文化企业生产经营的对象是文化产品与服务,文化企业以"人"为主,其提供的产品与服务主要依托人的"思想"。因此,文化企业的无形资产和人工费用占有较大的比重。在研发新产品与服务的过程中,文化企业可以利用上述规定,对产生的人工费用和研发费用进行税前加计扣除。

②高新技术企业的认定。根据财税〔2014〕85号的规定,"对从事文化产业支撑技术等领域的文化企业,按规定认定为高新技术企业的,减按15%的税率征收企业所得税;开发新技术、新产品、新工艺发生的研究开发费用,允许按照税收法律法规的规定,在计算应纳税所得额时加计扣除。文化产业支撑技术等领域的具体范围和认定工作由科技部、财政部、税务总局商中央宣传部等部门另行明确"②。这就意味着,从事文化经营的高新技术企业,如广播电视、虚拟现实(VR)、文化创意等,通过法定程序获得高新技术认定后,可以减按15%的税率征收企业所得税。

根据国办发〔2014〕15号规定,"经认定并符合软件企业相关条件的动漫企业,可申请享受国家现行鼓励软件产业发展的所得税优惠政策"③。根据财税〔2012〕27号的规定,"我国境内新办的集成电路设计企业和符合条件的软件企业,经认定后,在2017年12月31日前自获利年度起计算优惠期,第一年至第二

---

① 财政部、国家税务总局、科技部:《关于完善研究开发费用税前加计扣除政策的通知》,2015年11月2日。

② 财政部、海关总署、国家税务总局:《关于继续实施支持文化企业发展若干税收政策的通知》,2014年11月27日。

③ 《国务院关于推进文化创意和设计服务与相关产业融合发展的若干意见》,人民出版社2014年版;《国务院办公厅关于印发文化体制改革中经营性文化事业单位转制为企业和进一步支持文化企业发展两个规定的通知》(国办发〔2014〕15号),人民出版社2014年版。

年免征企业所得税,第三年至第五年按照 25% 的法定税率减半征收企业所得税,并享受至期满为止"("两免三减半"),"国家规划布局内的重点软件企业和集成电路设计企业,如当年未享受免税优惠的,可减按 10% 的税率征收企业所得税""符合条件的软件企业职工培训费用,应单独进行核算并按实际发生额在计算应纳税所得额时扣除""企业外购的软件,凡符合固定资产或无形资产确认条件的,可以按照固定资产或无形资产进行核算,其折旧或摊销年限可以适当缩短,最短可为 2 年(含)"。[①] 可见,如果动漫企业能够达到规定中软件企业的条件,并准确划分相关费用,可以充分享受企业所得税减免优惠。

③其他优惠政策。比如,根据国办发〔2014〕15 号的规定,"经营性文化事业单位转制为企业后,免征企业所得税"[②],这意味着转制越早免税时间越长。因此,经营性文化事业单位应抓紧时间转制为企业,即可以享受更长时间的免企业所得税的政策待遇。根据财税〔2014〕85 号的规定,"出版、发行企业处置库存呆滞出版物形成的损失,允许按照税收法律法规的规定在企业所得税前扣除"[③],出版、发行企业可利用该条规定,及时处置库存呆滞出版物,协调税务部门,将相关处置损失予以税前扣除,从而减少企业所得税。

实践中,存在文化企业根据《企业所得税法实施条例》中的有关规定进行税务规划的案例。比如:撤销下属亏损子公司的法人资格,将其变更为分公司,相关亏损因合并报表可以从总部或其他分(子)公司实现的利润中予以抵扣,达到少缴所得税的目的;在符合条件的情况下,将赞助支出转换为广告费和业务宣传费支出,享受税前费用的抵扣;文化企业从事公益活动时,若"公益性捐赠支出不超过年度利润总额 12% 的部分",相关税收政策规定准予扣除,如果当年的捐赠达到限额上限,就考虑在下一个纳税年度初再捐赠。

2. 基于资产(资本)的交易行为

近年来,由于经济增长放缓、产能过剩等因素的影响,传统文化企业和中小微文化企业的运营压力居高不下,部分文化企业开始寻求"自救","并购"和"重

---

① 财政部、国家税务总局:《关于进一步鼓励软件产业和集成电路产业发展企业所得税政策的通知》(财税〔2012〕27 号),2012 年 4 月 20 日。

② 《国务院办公厅关于印发文化体制改革中经营性文化事业单位转制为企业和进一步支持文化企业发展两个规定的通知》,人民出版社 2014 年版。

③ 财政部、海关总署、国家税务总局:《关于继续实施支持文化企业发展若干税收政策的通知》,2014 年 11 月 27 日。

组"也成为最近几年文化产业的关键词。在文化企业的设立、改制与并购重组过程中,通常会涉及增值税、营业税、契税、印花税、土地增值税、个人所得税、企业所得税等税种,特别是所得税税种。积极、主动地进行合理的税务规划,充分利用国家的税收支持政策,可以降低文化企业的设立改制与并购重组的税负成本。

(1)文化企业设立与改制。

在文化企业的设立与改制过程中,主要从两方面考虑:企业组织形式的选择和注册地的选择。

①不同企业组织形式的选择。在设立时,文化企业可以选择的组织形式主要包括:"个人独资企业、合伙企业和公司制企业。"依照《企业所得税法》和《个人所得税法》,个人独资企业和合伙企业不征收企业所得税,仅对投资者个人征收个人所得税①。根据财税〔2008〕159号文件规定:"合伙企业以每一个合伙人为纳税义务人。合伙企业合伙人是自然人的,缴纳个人所得税;合伙人是法人和其他组织的,缴纳企业所得税。"而公司制企业是具有法人资格的企业,除需缴纳企业所得税以外,投资者个人从公司获得的股息和红利还需缴纳个人所得税。②对于文化企业而言,虽然公司设立和经营管理的成本比个人独资企业和合伙企业高,但是我国目前出台的针对文化产业的税收优惠政策(如国办发〔2014〕15号、财税〔2014〕85号等)的作用主体主要是公司制企业,个人独资企业和合伙企业则无法享受。因此,文化企业在设立和改制时,要充分考虑自身情况和不同组织形式的税收政策差异。

②注册地的选择。为了招商引资和发展地方经济,国家及地方层面均出台了一系列的区域性税收优惠政策,部分经济开发区、自由贸易区还出台了大量的地方性的税收扶持和财政返还政策。比如,国家先后出台了关于西部大开发、中部崛起、东北等老工业基地振兴的国家级的税收政策;新疆霍尔果斯、珠海横琴新区、西藏、四川天府新区、重庆市两江新区等出台了一系列的地方性的税收优惠政策,如重庆市两江新区规定,"新区内所有国家鼓励类产业的企业,到2020年以前按15%税率征收企业所得税"③。文化企业可以综合考虑不同地区针对

---

① 参见《中华人民共和国企业所得税法》,中国法制出版社2007年版;《中华人民共和国个人所得税法》,中国法制出版社2010年版。

② 参见财政部、国家税务总局:《关于合伙企业合伙人所得税问题的通知》,2008年12月31日。

③ 张国圣:《重庆两江新区:手里有几把"金钥匙"》,《光明日报》2010年6月21日。

文化产业发展的税收优惠政策,合理选择注册地。

（2）并购与重组

文化企业的并购重组可以采用"纵横"的方式,即文化企业可通过现金收购、定向增发、发行股份购买资产及换股吸收合并等多种方式,既可以与高新技术企业、动漫企业、软件与集成电路等企业实现"纵向"并购,充分享受其他行业的税收优惠政策,也可以与同行业其他文化企业进行"横向"重组,达到开拓市场、提高市场份额、丰富产品结构和提高服务能力的目的,实现文化资源的市场化配置,提升文化资本的影响力,实现向新兴业态拓展、向海外文化市场进军和话语权与影响力的增强。在实施"纵横"并购重组的过程中,文化企业通常从以下三个方面争取条件,以享受相关的税收优惠政策:

一是争取特殊性税务处理递延纳税。根据财税〔2014〕109号规定,"适用特殊性税务处理的股权收购和资产收购比例由不低于75%调整为不低于50%"[1]。甚至规定,若满足以下条件,企业可申请特殊性税务处理,暂时不用缴纳税款:"具有合理的商业目的,且不以减少、免除或者推迟缴纳税款为主要目的;被收购、合并或分立部分的资产或股权比例达到50%;重组后的连续12个月内不改变重组资产原来的实质性经营活动;重组交易对价中涉及股权支付金额达到85%;企业重组中取得股权支付的原主要股东,在重组后连续12个月内,不得转让所取得的股权。"[2]

二是资产收购与股权收购的选择。其优缺点如表4-18所示。

表4-18 资产收购与股权收购的优缺点比较

	优 点	缺 点
股权交易	1.目标公司享受的税收优惠政策延续; 2.没有流转税税负; 3.享受目标公司历史亏损而带来的所得税减免; 4.税务程序较简单。	潜在的税务风险会被收购方承继。

---

① 财政部、国家税务总局:《关于促进企业重组有关企业所得税处理问题的通知》（财税〔2014〕109号）,2014年12月25日。

② 财政部、国家税务总局:《关于企业重组业务企业所得税处理若干问题的通知》,2009年4月30日。

续表

	优　点	缺　点
资产交易	税务风险一般不被收购方承继。	1. 资产交易可能会产生较高的交易税费； 2. 收购方不能享受目标公司历史亏损而带来的所得税减免； 3. 目标公司的税收优惠无法延续； 4. 程序更复杂。

三是资产与债权、债务等"打包转让"。根据国家税务总局公告 2011 年第 13 号的规定，"纳税人在资产重组过程中，通过合并、分立、出售、置换等方式，将全部或者部分实物资产以及与其相关联的债权、负债和劳动力一并转让给其他单位和个人，不属于增值税的征税范围，其中涉及的货物转让，不征收增值税"①。

文化企业在并购重组过程中，也可能会面临不同程度的税务风险。比如，在股权收购的情形下，被收购公司的历史遗留税务问题将被新股东承继，包括假发票、纳税申报不合规、偷税、欠缴税款等；部分文化企业符合政策规定的特殊性税务处理条件，但由于没有备案，后续也未进行纳税申报，被税务机关发现后认定为偷税；对税收优惠过度依赖，导致政策到期后经营无法持续等。因此，文化企业需要在并购重组前积极进行税务尽职调查，规划并购重组税务架构与交易方式，及时识别并购公司隐藏的税务缺陷，提升并购重组的税务风险管理水平。

第五节　法律规范

一、我国文化企业证券化发展的法律环境

自 2014 年起，全国金融市场的改革在降低企业融资成本的同时，也提高了对证券市场法律监管实质性与有效性的要求。《证券法》修订进程的推进，资产

---

①　国家税务总局：《关于纳税人资产重组有关增值税问题的公告》（国家税务总局公告 2011 年第 13 号），2013 年 11 月 19 日。

证券化业务监管制度的改革等措施,全面加大了对企业直接融资的扶持力度。文化企业也应该在市场化改革中分享证券化发展的红利。目前我国文化企业证券化发展的深度和广度都不够,完善法律监管体系,弥补相关保障的立法缺失,十分重要。

(一)文化企业证券化发展的法律法规监管体系

我国文化企业证券化发展形成了以国家政策为引导、以法律法规监管为核心的规范化发展体系。其中法律法规主要以《公司法》《证券法》和《知识产权法》为基础,配套中国证监会等行政部门规章为实施细则的规范体系,涵盖文化企业股票发行上市、上市文化企业重组并购、发行企业债券和资产证券化等内容。相关规制既着眼促进发展,更强调加强监管。作为以"文化内容"为核心载体的文化企业,其证券化发展也融合了资本市场直接融资的特点,市场的不断变化使得文化企业证券化发展需要适应时代的发展,而立法的滞后性也为文化企业证券化发展的监管带来了挑战。

1. 文化企业证券化发展的政策引导

(1)中央和地方的政策支持,奠定了文化企业证券化发展的基础。就全面推动整个文化产业发展的政策来说,2009 年国务院《文化产业振兴规划》以国家战略规划的形式,确定了文化产业的战略地位,给出了文化与金融结合较为具体的措施。随后各有关部门及社会逐步聚焦于文化与金融的融合发展。2010 年 3 月,由中国人民银行牵头的九部委联合发布了《关于金融支持文化产业振兴和发展繁荣的指导意见》,成为了文化企业证券化法律规制的有效依托。随后,其他促进文化企业证券化发展的指导性文件相继出台,相关文件的指向性和可操作性更加明确和具体,如文化部 2012 年颁布的《"十二五"时期文化产业倍增计划》(文产发〔2012〕7 号)、2015 年通过的《中共中央关于制定国民经济和社会发展第十三个五年规划的建议》、2015 年中共中央办公厅、国务院办公厅印发的《关于推动国有文化企业把社会效益放在首位实现社会效益和经济效益相统一的指导意见》(中办发〔2015〕50 号)、2015 年保监会发布的《资产支持计划业务管理暂行办法》(保监发〔2015〕85 号)、2017 年文化部印发的《文化部"十三五"时期文化产业发展规划》和《关于推动数字文化产业创新发展的指导意见》(文产发〔2017〕8 号)等文件,其目的都是为了促使金融与文化产业的互动,并形成了较为稳定的正向相关关系。

（2）交易平台的设立与规范，推动了文化企业证券化发展。在文化与金融密切融合的发展背景下，北京、天津、广东、浙江、江苏、山东、安徽、四川等 18 个省、直辖市、自治区先后成立了 26 家文交所，文交所成为了文化企业证券化发展的交易平台，"文交所"也正在变身为"证券市场"。随着市场的快速发展，在规制相对滞后的情况下，各类不同利益诉求的市场主体的介入，导致市场乱象丛生。为规范市场秩序，国务院发布《关于清理整顿各类交易场所切实防范金融风险的决定》（国发〔2011〕38 号），中宣部发布《关于贯彻落实国务院决定加强文化产权交易和艺术品交易管理的意见》（中宣发〔2011〕49 号），两份文件的出台，规范了文交所在资产证券化方面的尝试，对包括文交所、其他金融机构在内的相关机构的证券化操作进行了规范。

（3）明确监管职责，建立综合管理协调机制。除了针对文化企业的有关指导性文件，具体到细节监管中，不论是深圳华侨城欢乐谷典型案例，还是叫停天津文交所首推的艺术家个人作品份额化交易，再到驳回暴风科技收购三家标的公司，从中不难看出，根据国务院《关于界定中央和地方金融监管职责和风险处置责任的意见》（国发〔2014〕30 号）要求，文化企业证券化发展初步形成了"中央为主，地方补充，规制统一，权责明晰，运转协调，安全高效"的中央和地方金融监管协调配合的运行机制。

2. 文化企业上市法律法规规范体系

对于业绩突出、公司治理良好且符合 IPO 条件，有上市愿望且符合相关条件要求的文化企业来说，证券化发展是拓宽融资渠道、降低融资成本和实现经济规模效益的重要途径。文化企业上市，涉及利益相关者众多，需要相关各方严格遵守相关法律法规，依法履职，勤勉尽责。

（1）《公司法》要求。文化企业证券化发展一个重要的前提是建立现代企业制度，现代企业制度具有鲜明的商法组织属性。《公司法》对公司类型的划分，从公司设立要求和股东结构方面，区分了有限公司和股份有限责任公司，对公司设立程序、股东人数和股东承担责任形式做了详细的规定，建立现代企业制度是文化企业证券化发展的基本要求。《公司法》实行注册资本认缴制降低了公司设立门槛，对于文化企业来说拓宽了市场空间，激发了设立新型的文化业态公司的积极性。文化企业若选择证券化发展路径特别是 IPO，除了满足股份有限公司组织机构的一般要求外,还需满足设立独立董事和董事会秘书等特别规定。

（2）《证券法》要求。多层次资本市场体系的建立,有利于扩大企业多元化的直接融资渠道。《证券法》对公司首次公开发行股票做了规范性要求,《首次公开发行股票并上市管理办法》中规定了股份有限公司首次公开发行股票并上市的条件,并从发行人主体资格、规范运行、财务与会计等方面做了详细规定。比如公司持续盈利条件,文化公司不仅要做到其组织特性要符合《公司法》《证券法》的规定,公司运营和财务会计情况也应达到发行要求。此外,在《公司法》《证券法》规范的法律框架下,文化企业上市还需遵循上海、深圳证券交易所的股票上市规则。主要规范制度体系如表4-19所示。

表4-19　文化企业证券化发展的主要规制

上市前	《公司法》	上市公司需要满足的组织形式与内部机构
	《证券法》	公司上市的条件与上市流程
发行过程中	《首次公开发行股票并上市管理办法》	主要详细补充了《证券法》中的发行条件、程序和信息披露等具体内容
	《证券发行与承销管理办法》《深圳证券交易所的股票上市规则》	明确证券的定价与配售,证券承销,发行承销过程中信息披露及监管处罚问题
	《上海证券交易所股票上市规则》	规定股票上市过程中的人员要求,信息披露要求,关联方交易及其他重大事项的处理,停牌、复牌、暂停上市、恢复上市、终止上市等情况的处理
上市后证监会部门规章	《上市公司信息披露管理办法》	着重说明需要披露的招股说明书、募集说明书与上市公告,如何制作定期报告、临时报告,强调信息披露事务管理的重要性,明确监管与责任
	《关于上市公司建立内幕信息知情人登记管理制度的规定》	界定内幕信息和知情人的概念,明确登记制度的内容、程序,强调法律责任
	《上市公司股东大会规则》	规范股东大会的召集方式、提案与通知程序、召开流程以及监管股东大会的措施
	《上市公司董事监事和高级管理人员所持本公司股份及其变动管理规则》	规制上市公司的董事监事和高级管理人员持有本公司股票情况下的变更和滥用情况

续表

上市后 证监会 部门 规章	《上市公司重大资产重组管理办法》	提出重大资产重组的原则和标准,明确重大资产重组的程序及信息管理,具体规范发行股份购买资产的情况,进一步对重大资产重组后申请发行新股或者公司债券问题给予规定
	《上市公司收购管理办法》	分别规制要约收购、协议收购、间接收购的收购上市公司行为,指出其中的权益披露和持续监管问题,给出豁免申请的情况与要求,做出上市公司收购时需要财务顾问的规定
	《信息披露违法行为行政责任认定规则》	对信息披露义务人、有关人员做出定义,并对其信息披露违法行为认定予以规定

3. 文化企业债券发行法律法规规范体系

发行债券也是文化企业证券化发展的一个重要途径。我国法律法规及业务规范对公开发行公司债券做了较为详细的规定,其中《证券法》第16条对公司公开发行债券的公司净资产、发行债券规模和债券利率等条件做了规定,当公司出现前一次公开发行的公司债券尚未募足、出现违约或延迟支付本息的事实或改变公开发行公司债券所募资金的用途等违反证券法相关规定的行为时,公司不得再次公开发行债券。对于公司非公开发行债券,中国证监会发布了《公司债券发行与交易管理办法》,为确保该《管理办法》的有效实施,中国证券业协会、上海证券交易所、深圳证券交易所等自律组织制定发布了相关配套规则,包括《非公开发行公司债券备案管理办法》《非公开发行公司债券项目承接负面清单指引》《公司债券受托管理人执业行为准则》,上海证券交易所《公司债券上市规则》《非公开发行公司债券业务管理暂行办法》《债券市场投资者适当性管理办法》等配套规则,以及《公司债券上市预审核工作流程》。同时,《证券法》《上海证券交易所公司债券上市规则》《深圳证券交易所公司债券上市规则》对公司债券的发行条件做了一般规定。

根据沪深证券交易所修订后的《公司债券上市规则》,"证券交易所对债券上市交易实行分类管理,采取差异化的交易机制,实行投资者适当性制度"。证券交易所根据有关法律、行政法规和交易所相关规则,对债券发行相关信息披露义务人的信息披露文件进行完备性核对,对其内容的真实性不承担责任。《非公开发行公司债券业务管理暂行办法》全面规范了非公开发行债券挂牌转让行为,包括"简化挂牌转让流程;体现私募债特点,完善监管制度;体现特殊品种的差异化,促进私募债市场发展"。《债券市场投资者适当性管理办法》实行合格投资者准入制度,明确了投资者可投资的债券范围,完善了投资者适当性管理,明确了名单的报备途径。相关规定见表4-20。

表4-20　我国公司债券发行条件相关规定汇总

相关法规文件	债券发行条件
《证券法》	第16条的规定,公司公开发行公司债券,应当符合下列条件: (1)股份有限公司的净资产不低于人民币三千万元,有限责任公司的净资产不低于人民币六千万元; (2)累计债券余额不超过公司净资产的百分之四十; (3)最近三年平均可分配利润足以支付公司债券一年的利息; (4)筹集的资金投向符合国家产业政策; (5)债券的利率不超过国务院限定的利率水平; (6)国务院规定的其他条件
	第57条的规定,股份有限公司或者有限责任公司依法公开发行的债券,可以申请公司债券上市交易,应当符合下列条件: (1)公司债券的期限为一年以上; (2)公司债券实际发行额不少于人民币五千万元; (3)公司申请债券上市时仍符合法定的公司债券发行条件
《上海证券交易所公司债券上市规则》(2015年修订)	第2.1.1条规定,发行人申请债券在上海证券交易所上市,应当符合以下基本条件: (1)符合《证券法》规定的上市条件; (2)申请债券上市时仍符合法定的债券发行条件; (3)债券持有人符合本所投资者适当性管理规定; (4)本所规定的其他条件。 债券符合上述规定上市条件的,上海证券交易所根据其资信状况实行分类管理。公众投资者和符合上海证券交易所规定的合格投资者参与交易面向公众投资者公开发行的债券,除了满足上述规定外,还需要符合以下几个条件: (1)发行人最近三年无债务违约或者延迟支付本息的事实; (2)发行人最近三个会计年度实现的年均可分配利润不少于债券一年利息的1.5倍; (3)债券信用评级达到AAA级; (4)中国证监会及本所根据投资者保护的需要规定的其他条件

相关法规文件	债券发行条件
	发行人应当保证向上海证券交易所提交的上市申请文件内容真实、准确、完整,不存在虚假记载、误导性陈述或者重大遗漏,并确保提交的电子文件、传真件、复印件等与原件一致
《深圳证券交易所公司债券上市规则》(2015修订)	第3.1.1条规定,发行人申请债券在深圳证券交易所上市,应当符合以下基本条件: (1)符合《证券法》规定的上市条件; (2)债券已经有权部门核准并且已公开发行; (3)债券持有人符合本所投资者适当性管理规定; (4)本所规定的其他条件。 发行人申请其发行的债券在深交所上市,且同时通过深交所集中竞价系统和综合协议交易平台挂牌交易的,除应符合上述条件外,还应符合以下条件: (1)债券信用评级达到AA级及以上; (2)发行人最近一期末的资产负债率或者加权平均资产负债率(以集合形式发行债券的)不高于75%,或者发行人最近一期末的净资产不低于5亿元人民币; (3)发行人最近三个会计年度经审计的年均可分配利润不少于债券一年利息的1.5倍,以集合形式发行的债券,所有发行人最近三个会计年度经审计的加总年均可分配利润不少于债券一年利息的1.5倍; (4)本所规定的其他条件。 发行人应当保证向深圳证券交易所提交的上市申请文件内容真实、准确、完整,不存在虚假记载、误导性陈述或者重大遗漏,并确保提交的电子文件、传真件、复印件等与原件一致

4. 文化企业资产证券化法律法规规范体系

资产证券化作为金融创新工具,因其结构化融资和直接融资的特点,其发展受到各国的青睐。我国资产证券化业务开展较晚,市场规模和经济效益以及制度完善程度都与国外发达地区存在较大差距。从我国开展的资产证券化业务来看,拟证券化的基础资产更多集中在企业贷款、银行债券和个人住房抵押贷款方面,较为单一的拟证券化资产对于文化企业证券化发展来说形成了较大发展障碍。

关于文化企业资产证券化的法律法规规范体系,主要体现在中央集中的监管制度方面:一方面是银监会与中国人民银行联动促进资产证券化备案制、注册制落地;二是国务院关于拟通过5000亿元支持信贷资产证券化试点扩容,中国人民银行、银监会等部门按照试点与立法并行的思路同时加强建章立制,随后发布了《信贷资产证券化试点管理办法》《金融机构信贷资产证券化试点监督管理办法》等。在整体监管架构构建中,目前还未涉及专门针对文化产业方面的有关规定。在文化企业改制方面,2014 年国务院办公厅《关于印发文化体制改革中经营性文化事业单位转制为企业和进一步支持文化企业发展两个规定的通知》以及《文化企业国有资产产权登记管理暂行办法》(国办发〔2014〕15 号),将原国有形式的文化企业作为一种示范进行产权登记,为全面铺开文化企业证券化发展的道路提供了一盏指明灯。为响应该办法的落实,广西、山东、浙江、福建等地也纷纷出台了地方政策。《证券公司及基金管理公司子公司资产证券化业务管理规定》《证券公司及基金管理公司子公司资产证券化业务信息披露指引》和《证券公司及基金管理公司子公司资产证券化业务尽职调查工作指引》(中国证券监督管理委员会公告〔2014〕49 号),为两融债权资产证券化业务予以规范指引。同时保监会《资产支持计划业务管理暂行办法》(保监发〔2015〕85 号),在一定程度上体现了保险业对资产证券化业务的支持。面对尚不成熟的评估市场,中国资产评估协会也印发了《文化企业无形资产评估指导意见》(中评协〔2016〕14 号)。

在我国的文化企业证券化发展中,北京、上海、四川、山东、浙江等地走在前沿。随着文化部印发《2015 年扶持成长型小微文化企业工作方案》,山东省济宁市、曲阜市等联合深圳证券交易所结合自身省市特点,完善了具体落实意见;四川省成立四川文化产业股权投资基金并出台配套文件,对四川省文化企业证券化发展提供制度保障;上海市财政局、发改委、科学技术委员会出台《上海市天使投资风险补偿管理暂行办法》,对文化企业证券化发展进行补偿管理的同时引入了监督管理体制,并参照《财政违法行为处罚处分条例》予以处罚;北京市政府出台了《关于加快发展对外文化贸易的实施意见》,在对外文化贸易推动经济转型升级中文化企业的税收、融资渠道、出口、保险、评估、知识产权等方面既有管理程序性内容,又有实质操作内容型的规定;北京证监局联合光大银行、中国人民银行等,探讨了文化企业融资、重组上市、银团、资产证券化等问题,实施《上市备忘录》政策。

综合来看,对我国文化企业资产证券化发展的监管制度和业务指导规则呈现出集中于《证券法》和《公司法》,而分散于部门规章和政策规定的态势。虽然规定得较为全面,但也因太过于分散而缺乏集中的规范体系。相关法规目录及简要内容见表 4-21。

表 4-21 我国企业资产证券化法律法规目录及简要内容

证监会关于资产证券化的相关规则	《私募投资基金监督管理暂行办法》	规定了私募投资基金的登记备案要求,资金募集的方式途径,投资运作的规范及监督管理办法,进而规制通过募集投资基金进行资产证券化
	《证券公司客户资产管理业务管理办法》	明确证券公司在管理客户资产过程中的业务范围、基本业务的内容,主要控制托管、明晰监管责任,规范证券公司客户资产管理活动
	《证券公司及基金管理公司子公司资产证券化业务管理办法》	规范证券公司、基金管理公司子公司等相关主体开展资产证券化业务时专项计划的设立及备案,资产支持证券的挂牌、转让、披露等系列程序及要求
	《证券公司及基金管理公司子公司资产证券化业务尽职调查工作指引》	规范尽职调查的内容、要求及尽职调查报告的格式与内容,从而指导资产证券化业务的尽职调查工作
	《证券公司及基金管理公司子公司资产证券化业务信息披露指引》	规范证券公司、基金管理公司子公司等相关主体开展资产证券化业务,保障投资者的合法权益,着重规定了资产证券化的信息披露义务
中国基金业协会关于资产证券化的相关规则	《资产支持专项计划备案管理办法》	针对资产支持证券化专项计划的备案、日常报告进行规定,明确各方主体的责任及监管
	《资产证券化业务基础资产负面清单指引》	要求列明不适宜采用资产证券化业务形式、或者不符合资产证券化业务监管要求的基础资产,对资产证券化业务基础资产负面清单管理工作给出指引
	《资产支持专项计划说明书内容与格式指引(试行)》	规范资产支持专项计划说明书的内容与格式
	《××资产支持专项计划资产支持证券认购协议与风险揭示书(适用于个人投资者)》	个人投资者适用的资产支持证券认购协议书格式合同及风险揭示书的格式性文件
	《××资产支持专项计划资产支持证券认购协议与风险揭示书(适用于机构投资者)》	机构投资者适用的资产支持证券认购协议书格式合同及风险揭示书的格式性文件

续表

上海证券交易所关于资产证券化的相关规则	《上海证券交易所资产证券化业务指引》	明确资产支持证券化的挂牌申请条件、投资者适当性管理,信息披露义务与转让服务的禁止
	《上海证券交易所资产证券化业务指南》	资产支持证券从发行前申请与确认到登记与挂牌,直至信息披露与后期管理业务的整个流程,给予指导与规范
深圳证券交易所关于资产证券化的相关规则	《深圳证券交易所资产证券化业务指引》	规定资产支持证券的挂牌、停止挂牌的要求,转让服务的规则,信息披露的要求,监管、记录处分的措施
	《资产证券化业务问答》	详细明确了资产支持证券的挂牌条件确认、挂牌申请核对、存续期管理的流程与问题

（二）文化企业证券化发展中制度保障的立法缺失问题

我国证券市场发展起步较晚,文化企业证券化更是金融市场中较为落后的环节,不完备的市场制度使得监管体制滞后,针对文化企业证券化发展的监管规制,我国没有统一的规定,对文化企业证券化发展的监管更多的是统一适用企业证券化发展监管的标准。统一的监管标准有利于维护市场秩序,但是对中小微文化企业证券化发展来说有些方面要求较高,例如公开发行债券对公司净资产的要求、上市条件等,相较于其他产业的企业,文化企业自身的价值彰显不突出,中小微文化企业很难达到公开发行证券的条件。

1.《证券法》关于发行制度的缺失

我国目前正在积极推动证券法的修订,修改内容的着力点在于推进证券发行制度的注册制改革①、加强信息披露义务以及保障投资者利益等方面,推动注册制改革是证券法修订的重要内容。在注册制下,证券发行审核机构只对注册文件进行形式审查,不进行实质判断,突出以信息披露为核心,强调发行人的主体责任和中介机构的归位尽责,明确"买者自负,卖者有责",对市场化和法制化

---

① 证券发行注册制改革是我国民间和理论界为区别证券发行的额度制、通道制、审批制、核准制的一种通俗简称提法,是更加适应我国经济社会发展需要的证券发行制度改革的方向和目标。一般意义上,理论界普遍将美国的证券发行制度作为注册制的典型代表。

的要求更高。目前我国实行的证券发行制度还不能进一步扩大市场主体上市融资的体量,注册制更具有发行成本更低、上市效率更高的特点,有利于提高资本市场市场化资源配置效率。资本市场发行制度的市场化改革,更有利于促进文化企业实现直接融资。

2. 我国资产证券化缺乏统一立法

资产证券化面临法律支持严重不足的局面。我国目前没有专门的关于资产证券化方面的法律,只有一些分散的部门规章和文件规范。对文化企业来说,从传统的信贷资产向企业以真实资产为基础的资产证券化业务转变还有待立法的支持。我国资产证券化法律制度的缺失给证券化这项金融创新在我国的适用带来了不便,需要对资产证券化及其发行、上市、交易进行专门立法,统一规则。

(1)实践中"类资产证券化"界定不清。文化企业进行资产证券化的发展路径从法律规制主体来看,目前不止"文交所"平台,一些金融机构也在推出如资产管理计划等金融投资产品,有关机构将所谓的文化企业资产,尤其是某些难以量化的无形资产,进行"项目资产包"化,并推送至 P2P 等类似平台进行交易。该种操作行为,是否属于资产证券化范畴,尚有待商榷:从我国现有的法律规制体系来讲,如若被视为资产证券化,则必须遵守上文中所提及的现有政策的规定,即金融资产交易只能在金融交易所进行,而在"文交所"交易没有法律认可的保障地位;发行的文化投资产品也不得超过 200 个对象等。然而现存情况则是,相关机构的尝试,是将文化产业资产收益权在私募范围内进行市场转让,受到的是私募股权、债券抑或是民间借贷等方面的法律监管与规制。当然,也有部分学者、专家、业内专业人士认为,有关操作并不是证券化交易,只是通过转让市场使其产品流通性提高,进一步提高价值,出售小部分资产后盘活资金的一种模式。该类操作如何归类划分,成为有关法律需要定纷止争的问题。从中以小窥大,文化企业如果运用资产证券化的结构化融资,出现的形式或是模式必将是纷繁复杂的,如果想从法律角度更为系统有效地进行监管,则首先必须对文化企业资产证券化等相关概念和内容从法律角度进行明确的定义和归类,同时划清适用的主体和客体,特别是要明晰收益权及收益主体。

(2)缺乏可操作性的立法指引。文化企业作为轻资产型的企业,其基础资产较为薄弱,在资产证券化过程中,法律层面上虽然同样涉及有关物权、债权的相关客体,但目前阶段还是主要依托于传统资产证券化企业模式。然而文化企业资产证券化所衍生涉及的物权和债权却大多无法依附于某些具体实体,如:公共事业收费收益权、服务事业收费收益权、物业租金债权等,这也导致了文化企业难以形成具有稳定未来现金流的有效基础资产,文化企业拟证券化资产的缺失是阻碍其快速发展的重要因素。除了文化企业自身资产结构的局限性外,我国关于资产证券化对基础资产要求较为严格①,资产证券化的基础资产除了具有一般资产的特征,还必须是符合证券化发展的相关法律法规规定,权属明确,可以产生独立的、可预测的现金流且可特定化的财产权利、财产或资产组合,其交易基础应当真实,交易对价应当公允。因而针对文化企业的特性,法律层面是否可以考虑拓宽文化企业拟资产证券化资产的范围,在充分考虑投资者利益保护的前提下,将知识产权的收益权也纳入拟证券化资产的范围,或者补充相关立法促进文化企业资产证券化的发展。

(3)缺乏对收益量化定价的规制。当前,针对如何量化定价文化企业的预期现金流,以及如何规避相关风险,主要要求发行人要设计更为严密高效的产品结构、进行专属信用增级、以基础资产确定的收益作为融资保障、监管收益来源等相关措施。然而,什么标准的产品结构加之怎样的基础性资产匹配才称得上是严密高效的?信用等级应当达到几 A 级才是将收益不确定风险与可行性结合的最佳平衡点?对融资保障的要求,是以什么样的形式,以基础资产进行抵押还是有关责任人的相关保证责任?监管收益来源的执法机构或是有关部门是现存机构还是新设机构专门监管(跨部门监管协作)?是否需要将证券化发展前景风险与破产相隔离?等等,都是问题,需要在实践中进一步探索和完善。

国内对文化企业资产证券化现已有不少尝试,但广泛触及的是与其他企业类似的基础资产,尚未完全体现出文化企业证券化融资的风险与其特定运营模式、经营状况密切相关的融资特色。面对尚未成熟的市场环境,有关法律法规的制定与规制并不能因市场的不成熟而止步不前。如何借鉴国外经验,在法律层面上对市场监管做出前瞻性、框架性的规制,使得文化企业资产证券化在法律架构下有序开展,同样是一个需要在实践中深入研究的问题。

---

① 我国资产证券化的基础资产实行的是负面清单的管理制度,实行资产证券化的基础资产应当符合《证券公司及基金管理公司子公司资产证券化业务管理规定》等相关法规的规定,且不属于负面清单范畴。

3. 文化企业债券融资的法律障碍

对于大多数文化企业而言,上市融资设定的高门槛和高要求使得多数企业"望洋兴叹",退而求其次选择债券融资渠道以适应企业发展需求。目前我国文化企业债券融资主要存在的法律障碍在于债券融资相关立法不衔接。在我国,债券融资存在着企业债券与公司债券的区分,企业债券主要包含一些项目收益债,而公司债主要包含了上市公司与非上市公司的中小私募债、可转债、并购债等,公司债券的发行主体是股份有限公司或有限责任公司,而企业债则是"中央政府部门所属机构、国有独资企业或国有控股企业"发行的债券,它对发债主体的限制,比公司债更窄。由于这两种债券发行主体的不同,因而债券融资的条件及资金用途有着巨大差异。

两种债券融资方式与我国经济发展历史和经济制度有很大的关联。我国《证券法》对公司发行债券的条件和发行程序要求有着规范性的规定,企业债发行一直沿用《企业债券管理暂行条例》的规定,对规范企业债券的发行、交易等起到了积极作用。合理利用两种债券,有利于文化企业利用债券融资工具,促进自身发展。

二、文化企业证券化发展过程中的典型问题

(一)知识产权保护

知识产权保护是促进文化产业健康发展的重要保障。我国知识产权保护形势不容乐观,知识产权侵权行为高发、频发,版权保护进程缓慢,商标保护严重滞后,专利权保护的瓶颈有待突破,商业秘密保护意识缺乏。需要加强版权立法与执法,重视商标保护,实施品牌战略,强化专利权的申请资格审查,保护商业秘密,不断加强传统文化的源头保护,逐步形成一个完整的全方位知识产权保护体系,构建一个长效的执法机制,以促进文化产业的持续健康发展,推进文化强国建设。

1. 版权保护问题

(1)版权内涵

版权,也称著作权[①],是指"作者及其他权利人对文学、艺术和科学作品享有

[①] 参见《中华人民共和国著作权法(2010 修正)》第一章。

的人身权和财产权的总称"。文化企业证券化过程中的版权保护,可以分为著作人的人身权和财产权①,著作权保障的是思想的表达形式(不是保护思想本身)。在保障私人之财产权利益的同时,须兼顾文明的累积和知识的传播,用法、公式、数学方法、技术或机器的设计不属著作权所要保障的对象。版权在经过一定期限后,任何人皆可自由利用。

(2)主要法律问题

当前,我国的图书报刊出版、广播电视、音乐动漫等与文化产业相关的版权产业,发展势头良好,但版权保护进程缓慢,表现在:

一是对版权的漠视与滥用现象严重。在传统观念中,文化作品所有权界限模糊,将作品和版权的人身属性和财产属性混为一谈,对版权的法律地位缺乏认识,对版权的侵权纠纷和相应的司法救济措施缺乏理解和重视,导致现实生活中普遍存在对版权的漠视和滥用,阻碍了著作权法的贯彻、实施和版权产业②的发展。

二是版权立法相对滞后。我国版权保护适用《著作权法》《侵权责任法》《民法通则》《刑法》等法律,《著作权法实施条例》《著作权集体管理条例》《计算机软件保护条例》《信息网络传播权保护条例》《出版管理条例》《音像制品管理条例》,以及《著作权质权登记办法》《计算机软件著作权登记办法》等部门规章和其他规范性文件。随着文化产业的发展,特别是随着互联网技术的广泛应用,越来越多的版权领域的新情况、新问题凸显,使得许多版权纠纷无具体适用的法律规定,需要对现行版权保护法律体系加以健全和完善,完善一系列有针对性的版权保护专门法律法规,满足现实需要,以促进版权产业的健康发展。

三是缺乏长效的版权保护执法机制。由于对版权范围界定的大小不一、政策和法律界限模糊、互联网版权侵权等新型侵权行为频发、版权保护的国际压力剧增、执法机构人员不足、执法力度不够,版权执法面临的形势严峻,版权执法成效难以取得重大突破。"版权保护制度需要一个长效的版权保护执法机制,需

---

① 人身权包括了发表权、姓名署名权、修改权和保护作品完整权。著作财产权是无形的财产权,是基于人类智慧所产生之权利,故属知识产权之一种,包括复制权、发行权、出租权、展览权、表演权、放映权、广播权、信息网络传播权、摄制权、改编权、汇编权及应由著作权人享有的其他权利。

② 对版权产业的一般性描述是版权可以发挥显著作用的活动或者产业。康建辉、郭雅明在《我国版权产业发展中的版权保护问题研究》一文中提出:"版权产业是指建立在版权作品的创作、生产、传播和消费之上,以版权法为主要保护依据,具有私权性和社会公共属性,围绕市场经济活动而展开的产业。"

要将版权保护日常化、经常化。"①加强版权执法,建立相关的专项执法体制机制,营造公平的市场环境,对打击各类版权违法行为十分必要。

(3)解决方案

一是提高版权保护认知度。我国社会公众的版权认知度与"十二五"规划提出的80%的目标还有很大距离,"版权保护还未引起社会公众的普遍重视"②。强化版权知识的宣传普及,改变传统观念,提高社会公众的版权意识,借助社会各方力量,让大家都知法、懂法、守法,是版权保护首先需要解决的问题。我国的文化产业发展起步较晚,版权发展又跨入了新的产业时代,出现了许多新型版权,遇到了前所未有的挑战,需要加强对相关从业人员的版权知识培训,开展形式多样的版权法律知识宣讲,提升文化企业对版权的创造、运用、保护和管理水平,强化版权保护意识,努力营造尊重版权、注重版权保护的和谐氛围。

二是完善版权保护法律法规。基于新兴文化企业的出现和互联网时代的到来,新兴版权产业快速发展,版权范围迅速扩大,出现了以网络等高新技术为载体的版权,如新媒体版权、计算机云服务、电子出版发行、音乐共享平台、掌上阅读等,这都需要有相关法律制度对相关版权予以确认和保护,以解决现有立法的滞后性问题。同时,许多新类型的版权侵权现象无法用现行法律手段来解决,需要专门立法或修改既往法律法规,对新兴版权的概念、内容、范畴、责任主体进行精准定义,明确侵权行为和相关责任,确定统一标准,尽快建立起对传统版权和网络版权、新媒体版权等新型版权的法律保护体系。

三是加大版权保护执法力度。版权保护执法体系执行效率的提高也是我国版权保护的重点内容。要加强版权保护的执法力度,完善版权保护执法长效机制。版权作品凝结着创作人的智力劳动,但作品复制却很容易,成本也很低,在高额利润的驱动下,侵权者往往铤而走险,"加强版权执法,尤其要重视打击盗版,切实保护版权人和作品传播者的利益",需要明确责任主体,加强执法部门间的合作,并培养版权专业技术人员,提高执法效能,严格执法。③

---

① 冯军、黄忠宝:《版权保护法制的完善与发展》,社会科学出版社2008年版。
② 康建辉、郭雅明:《我国版权产业发展中的版权保护问题研究》,《科技管理研究》2012年第4期。
③ 曾丹:《浅析我国文化产业的知识产权保护》,《中共成都市委党校学报》2013年第2期。

2. 商标权保护问题

（1）商标权内涵

"商标是用以区别商品和服务不同来源的商业性标志,由文字、图形、字母、数字、三维标志、颜色组合或者上述要素的组合构成。"①商标权,又称商标专用权,是"指商标主管机关依法授予所有权人对其注册商标受法律保护的专有权"。商标注册人享有商标的支配权、排他权、收益权、处分权、续展权等权利。

（2）主要法律问题

我国先后制定了一系列保护商标权和打击各种商标违法活动的法律法规,但相关制约措施明显滞后。一些文化企业缺乏自我保护意识,对商标权法律保护问题不够重视,致使自身商标被他人恶意抢注,或为谋取不正当利益以非法手段取得,给当事人造成不应有的损失。主要表现在:

一是商标保护和品牌意识缺乏,商标权侵权现象普遍。商标是文化企业实力和竞争力的重要体现,文化企业所提供的文化产品和文化服务,特别需要得到商标权的保护。文化品牌是文化经济价值和精神价值的双重凝聚,是企业的一种无形资产,对商标权的保护,能为企业带来商誉和长远的经济利益。由于对自身的商标保护意识和品牌意识不足,使得许多文化企业没有自己的商标或者有自身的商标但是缺乏唯一的指向性,增加了文化企业在市场长远发展的风险,导致企业经营行为无意识的侵犯别人的商标权与自己的合法商标权被别人侵犯并存,同时商标被恶意抢注、商标淡化现象也时有发生。

二是商标权法律保护的不完善,阻碍了文化产业效益提升。现行商标法,对商标种类的规定范围过窄,主要集中在"文字商标、图形商标和组合商标三种构成要素"上,对气味商标、立体商标等新型商标没有法律规定,甚至对防御商标、联合商标也没有相应规定。加之商标注册程序和商标代理制度不完善,"在先申请原则"应用混乱,商标代理人没有明确、严格的准入门槛且商标代理人才评定机制亟待规范与完善;商标权保护力度不够,对于商标抢注、滥用商标权等商标侵权行为的救济措施尚需要形成体系化的法律规定;缺乏驰名商标特殊保护,需要顺应国际大趋势,遵守国际公约,加强对反淡化的法律制度的研究和设计。

三是恶意、非法的商标抢注行为,成为了困扰我国文化企业发展的重大难

---

① 商标具有识别功能、品质保证功能、广告竞争功能,以及独占性的权利宣示功能。

题。在经济生活中出现的一般是属于狭义范畴的商标抢注行为①,发生原因虽是多方面的,但根本原因却是我国现行商标法律制度的不完善以及人们对相关法律规定的误解,因为并非所有的商标抢注行为都是违法的。结合我国商标注册实行的"在先申请原则"以及其他相关法律规定,如果不允许进行任何形式的商标抢注,则意味着任何商业标识的使用者,无论营业规模及地域范围,都可以阻止他人进行商标注册,从而妨碍他人申请商标注册和使用的自由,阻碍产业的发展,影响商标权人利益。②

四是商标淡化现象频繁,驰名商标被侵权普遍。商标淡化是指"商标显著性及其商标的内在价值因他人的使用而弱化,影响了该商标在公众中的形象,削减了商标权人商品的销售力"③。美国、加拿大、日本、英国、委内瑞拉等国家都将驰名商标的淡化视为是侵权行为,并制定了专门的法律对商标淡化行为加以规范。我国现有法律并没有关于商标淡化的相关规定,上海在地方立法中首先使用了"商标淡化"这个概念,确定了商标淡化的侵权性质并将其作为一种不正当竞争行为。探索对商标淡化的法律设计,有其紧迫性和现实性。

(3)解决方案

一是提高商标法律意识,加强商标保护,实施品牌战略。文化企业的经营者,应该既具备对商标注册、商标侵权、商标保护等方面的法律意识,又具备商标广告效应、易识别功能、品质保证功能等价值理念,积极使用商标标识,高度重视文化企业商标权,加强对文化产品和服务的知识产权保护,实施品牌战略,营造品牌文化,防止商标抢注现象,并能够对不正当抢注行为进行有效维权。

二是完善商标立法,科学界定专业术语的法律界限。2013年对《商标法》的第三次修订,是对我国商标法律制度的重大完善,解决了我国商标实践中出现的一些急需解决的问题,比如扩大了可注册商标的范围、完善了电子申请注册制度、规范了驰名商标的认定、商标侵权认定引入了混淆标准、加强商标专用权的行政执法和司法保护力度、商标代理制度的明确等。随着科学技术和文化知识

---

① 商标抢注有广义和狭义之分,广义的商标抢注是指未经在先权益人许可,将其享有财产权益或者人身权益的标识申请商标注册的行为;狭义的商标抢注则是指未经在先商业标识使用者许可,将其商业标识申请商标注册的行为。
② 参见李扬:《我国商标抢注法律界限之重新划定》,《法商研究》2012年第3期。
③ 须建楚:《商标淡化的法律问题初探》,《法学》1997年第7期。

的日新月异,出现了许多新的商标侵权行为以及商标新型法律现象,再加上《商标法》及配套法规本身仍存在一些问题,商标立法体系还不完备、不统一,需要对专业性、复杂性强的商标问题进行立法上的再设计,包括对新型法律现象概念的释明以厘清新的法律关系、对法规竞合时法律适用规则的具体化和明确化、对商标载体的有效保护等方面,以顺应商标法律规定的国际化趋势,实现法律规范体系的完善。

三是建立和完善多层次的商标保护体系,营造公平有序的竞争环境。充分发挥"行政、司法、行业、企业"四位一体保护体系的主导作用,把"行政处罚、刑事制裁、民事制约"有机结合,建立健全长效、常态的商标保护机制。加大商标司法保护和行政保护力度,积极研究降低维权成本、提高侵权代价办法,切实提高司法审判和行政执法效率;建立协助商标侵权案件审理的技术专家库,为司法审判和行政处理提供专家意见。① 同时,建立一支专业化、高效率的商标保护执法队伍,完善执法协作机制,加大行政执法力度,坚持"疏堵结合、惩防并举"原则,重视对商标侵权行为的源头打击,防止非法商标抢注,关注商标淡化。

3. 专利权保护

(1)专利权内涵

专利权包括"发明、实用新型和外观设计"。"发明是指对产品、方法或者其改进所提出的新的技术方案;实用新型是指对产品的形状、构造或者其结合所提出的适于实用的新的技术方案;外观设计是指对产品的形状、图案或者其结合以及色彩与形状、图案的结合所做出的富有美感并适于工业应用的新设计。"专利法保护对象包括对技术方案的保护和对产品新式样即外观设计的保护。

(2)主要法律问题

专利作为文化企业重要资产,一般来源于企业自身的发明创造、投资者的专利入股。知识产权交易中专利权益的交易模式多样,风险较大且风险防范困难。

一是重复授权现象严重,专利审查制度有待完善。禁止专利的重复授权是各国专利法普遍遵守的原则,我国《专利法》《专利法实施条例》和《专利审查指南》规定,"同样的发明创造只能被授予一项专利"。实践中专利的重复授权现象主要表现为:技术方案之间(发明之间、实用新型之间、发明与实用新型

---

① 参见张国炎:《商标保护对上海未来经济发展的影响》,《上海经济研究》2012 年第 12 期。

之间)的重复授权以及产品的新设计(外观设计)之间的重复授权。我国的《专利法》虽然规定了禁止专利的重复授权制度,但是相对应的审查制度(当前只对发明专利进行实质性审查)使得对实用新型专利和外观设计专利的禁止重复授权制度难以有效执行,导致专利的重复授权和专利管理部门的选择性授权。

二是专利权保护的瓶颈有待突破。行政机关授予专利权的积极条件包括"三性",即新颖性、创造性、实用性,专利申请对于产品和方法的技术性要求很高。文化产品的特点,决定了其专利保护的困难。文化产品包括了人类创造的一切提供给社会的物质产品和精神产品,其中精神层面可能远远超过物质层面这一特点,决定了大多数文化产品中的科技含量难以达到《专利法》关于发明和实用新型需要具备的"创造性"和"新颖性"要求。如果无法成功申请专利,难以有效保护文化产品中的技术成果。事实上,文化产品的研发、生产与其他产品或方法的研发、生产一样,都凝结着专利权人的智力劳动,如果不能作为专利加以保护,不利于激发文化工作者的积极性和创造性。

(3)解决方案

一是完善专利法律规范,避免或减少重复授权。专利作为一种独占性、排他性的权利,其进入公共领域理应受到法律的支持和保护,但是要注重协调专利权人和社会公共群体之间的利益。在理论界和实务界,对专利权相关法律中的禁止重复授权原则规定的理解存在很大的偏差且分歧较大,需要从立法层面上对相关的法律条款进行完善,为减少专利行政执法与专利的司法实践的矛盾冲突提供更加精准的法律依据,更好地维护法律制度的权威性和稳定性,更好地保护专利权人和其他利益相关者的合法权益。

二是完善对文化企业专利权的特殊保护机制。基于文化企业中文化产品的技术知识专利权保护的特殊性,文化企业专利权保护应该重点放在保护和弘扬传统文化上,"可以专门规定的立法形式,加强对传统文化产业的特别保护;延长传统文化的保护时限,对符合重要产业核心技术标准的传统文化进行永久性保护;适当放宽对传统文化、技术等的新颖性、创造性、实用性的标准"①。

---

① 张冬、尹若凝:《黑龙江传统文化产业创新中的知识产权风险防范》,《黑龙江社会科学》2015年第2期。

（二）竞业禁止

竞业禁止,又称竞业回避,是用人单位对与特定内容有关的特定人员采取的以保护其商业秘密为目的的一种法律措施,竞业禁止的限制对象负有不从事特定竞业行为业务的义务。我国相关法律中没有对竞业禁止的对象做出明确限定,竞业禁止条款一般都由雇佣双方自愿签订,作为劳动合同的一部分,具有法律效力。

1. 商业秘密保护

（1）商业秘密

"商业秘密是指不为公众所知、能为权利人带来经济利益、具有实用性并经权利人采取保密措施的技术信息和经营信息。"[①]文化企业的技术信息和商业（经营）信息,主要包括采取保密措施的文化产品和服务的设计资料、设计程序、文化产品制作工艺、制作方法等。商业秘密具有秘密性、价值性、实用性和新颖性特征,侵犯商业秘密行为的背后,主要是经济利益的驱动。商业秘密作为文化企业的一种无形财产,一旦泄露或者被盗用,将会给企业造成甚至不可估量的经济损失。

（2）侵害商业秘密的方式

《反不正当竞争法》第10条第1款列举了侵害商业秘密的直接侵权和间接侵权两种方式,主要包括:不正当获取商业秘密的行为,使用、转让或是准许他人使用的行为,获取商业秘密来源正当但是违背诚实义务的行为以及恶意第三人的侵犯商业秘密的行为。我国许多文化产品的制作工艺、表演方法、设计程序等均存在商业秘密的保护问题,表现在文化企业经营活动中,商业秘密保护的法律意识淡薄、商业秘密本身的权利属性不显著,以及现行立法保护方面的不足,使得商业秘密司法保护的问题一直都是理论研究的热点和司法实践的难点。

（3）商业秘密保护

一是做好文化企业自身商业秘密的管理和保护。主要从自身的制度建设着手,建立适合企业自身发展的关于商业秘密分类、确认、监控、评估、救济等方面的规章制度,使商业秘密保护实现制度化和系统化;同时,还应该注重相关规章制度的执行和监督,以实现对商业秘密的预防性保护和救济性保护。

---

① 《反不正当竞争法》第10条第2款。

二是提高从业人员商业秘密的知识产权保护意识。文化企业不仅应该树立起对版权、商标权、专利权三大知识产权的保护意识,商业秘密保护也同等重要,相关法规对从业人员的竞业禁止制度,是对商业秘密保护的有效武器。要加强对工作人员关于商业秘密在日常管理中的教育和培训,对不同涉密人员进行涉密等级评估,并进行分类分级管理,支撑文化企业整体商业秘密保护意识的提高,为其带来现实的或潜在的经济利益和竞争优势。

三是完善商业秘密保护和侵权救济制度。需要对《刑法》《合同法》《劳动法》《劳动合同法》《反不正当竞争法》等法律中相关条款进行修订和完善,解决商业秘密法律规范概念混乱、保护范围不明确、构成要件不清楚、实际操作性不强等问题。同时,加快将《商业秘密保护法》纳入国家立法规划,保护商业秘密权利人的合法权益,充分发挥文化企业商业秘密的经济性和实用性。

2.公司董事、高管和企业合伙人的竞业禁止

公司董事、高管以及股东和企业合伙人的竞业禁止,是从法定竞业禁止层面来规范的。我国《公司法》和相关司法解释规定了董事和高管的竞业禁止以及忠实义务和勤勉义务,例如:《公司法》第59条、第61条规定了公司董事"不得利用在公司的地位和职权为自己谋取私利,不得自营或者为他人经营与所任职公司同类的业务或者从事损害本公司利益的活动",对经理和财务负责人规定了与董事相同的竞业禁止义务;《中外合资经营企业法实施条例》还规定了副经理的不竞业义务;《合伙企业法》第32条规定了"合伙人不得自营或者同他人合作经营与本合伙企业相竞争的业务"。由此可见,我国相关法律对竞业禁止做出了较明确的规定,但是在实践中,法定义务主体违反竞业禁止义务的现象时有发生。

3.劳动创造者的忠实义务

劳动创造者的忠实义务是用人单位与劳动者竞业禁止约定的概括式规定,根据诚实信用和忠实义务这一法学依据以及契约自由原则,当事人可以自由做出竞业禁止的约定,包括在职时的竞业禁止和离职后的竞业禁止。用人单位负有支付不竞业对价的义务,而劳动者有服从义务和保密义务。由于竞业禁止和商业秘密保护在保护客体上存在重合,实践中竞业禁止纠纷往往与商业秘密侵权纠纷相互交织,出现违约责任与侵权责任的竞合,权利人可以按照相关合同规定,行使赔偿请求权。对劳动者的竞业禁止,在一定程度上限制了劳动者的劳动

权和自由择业权,相关法律需要对竞业禁止约定的合法性和合理性加以适当限制,防止商业秘密保护和竞业禁止滥用,使得竞业禁止和商业秘密保护的相关约定在不违反法律的具体规定的同时,满足平等互利、公平合理的要求,以体现雇主与雇员的利益平衡。

(三)规范运行

1. 董事、监事和高级管理人员的任职资格和禁止行为

对于董监高任职资格和禁止行为的规范要求主要体现在《公司法》《首次公开发行股票并上市管理办法》《上海证券交易所上市公司董事选任与行为指引》《深圳证券交易所主板上市公司规范运作指引》《深圳证券交易所中小企业板上市公司规范运作指引》《深圳证券交易所创业板上市公司规范运作指引》等法规文件中。详见表4-22。

表4-22　董事、监事和高级管理人员的任职资格和禁止行为

法规文件	任职资格	禁止行为
《中华人民共和国公司法》(2013年修正)	第146条　有下列情形之一的,不得担任公司的董事、监事、高级管理人员: (一)无民事行为能力或者限制民事行为能力; (二)因贪污、贿赂、侵占财产、挪用财产或者破坏社会主义市场经济秩序,被判处刑罚,执行期满未逾五年,或者因犯罪被剥夺政治权利,执行期满未逾五年; (三)担任破产清算的公司、企业的董事或者厂长、经理,对该公司、企业的破产负有个人责任的,自该公司、企业破产清算完结之日起未逾三年; (四)担任因违法被吊销营业执照、责令关闭的公司、企业的法定代表人,并负有个人责任的,自该公司、企业被吊销营业执照之日起未逾三年; (五)个人所负数额较大的债务到期未清偿。 公司违反前款规定选举、委派董事、监事或者聘任高级管理人员的,该选举、委派或者聘任无效。 董事、监事、高级管理人员在任职期间出现本条第一款所列情形的,公司应当解除其职务。	第21条　公司的控股股东、实际控制人、董事、监事、高级管理人员不得利用其关联关系损害公司利益。 违反前款规定,给公司造成损失的,应当承担赔偿责任。 第148条　董事、高级管理人员不得有下列行为: (一)挪用公司资金; (二)将公司资金以其个人名义或者以其他个人名义开立账户存储; (三)违反公司章程的规定,未经股东会、股东大会或者董事会同意,将公司资金借贷给他人或者以公司财产为他人提供担保;

续表

法规文件	任职资格	禁止行为
	第147条　董事、监事、高级管理人员应当遵守法律、行政法规和公司章程,对公司负有忠实义务和勤勉义务。 董事、监事、高级管理人员不得利用职权收受贿赂或者其他非法收入,不得侵占公司的财产	(四)违反公司章程的规定或者未经股东会、股东大会同意,与本公司订立合同或者进行交易; (五)未经股东会或者股东大会同意,利用职务便利为自己或者他人谋取属于公司的商业机会,自营或者为他人经营与所任职公司同类的业务; (六)接受他人与公司交易的佣金归为己有; (七)擅自披露公司秘密; (八)违反对公司忠实义务的其他行为。 董事、高级管理人员违反前款规定所得的收入应当归公司所有
《首次公开发行股票并上市管理办法》(2015年修正)	第16条　规定发行人的董事、监事和高级管理人员符合法律、行政法规和规章规定的任职资格,且不得有下列情形: (一)被中国证监会采取证券市场禁入措施尚在禁入期的; (二)最近36个月内受到中国证监会行政处罚,或者最近12个月内受到证券交易所公开谴责; (三)因涉嫌犯罪被司法机关立案侦查或者涉嫌违法违规被中国证监会立案调查,尚未有明确结论意见	
《深圳证券交易所主板上市公司规范运作指引》	3.2.3　董事、监事和高级管理人员候选人存在下列情形之一的,不得被提名担任上市公司董事、监事和高级管理人员: (一)《公司法》第一百四十六条规定的情形之一; (二)被中国证监会采取证券市场禁入措施,期限尚未届满; (三)被证券交易所公开认定为不适合担任上市公司董事、监事和高级管理人员,期限尚未届满; (四)本所规定的其他情形。	

法规文件	任职资格	禁止行为
	董事、监事和高级管理人员候选人存在下列情形之一的,上市公司应当披露该候选人具体情形、拟聘请该候选人的原因以及是否影响上市公司规范运作: (一)最近三年内受到中国证监会行政处罚; (二)最近三年内受到证券交易所公开谴责或者三次以上通报批评; (三)因涉嫌犯罪被司法机关立案侦查或者涉嫌违法违规被中国证监会立案调查,尚未有明确结论意见。 上述期间,应当以公司董事会、股东大会等有权机构审议董事、监事和高级管理人员候选人聘任议案的日期为截止日。 《深圳证券交易所中小企业板上市公司规范运作指引》3.2.3(内容同上)	
《深圳证券交易所创业板上市公司规范运作指引》	3.2.3　董事、监事和高级管理人员候选人存在下列情形之一的,不得被提名担任上市公司董事、监事和高级管理人员: (一)《公司法》第一百四十六条规定的情形之一; (二)被中国证监会采取证券市场禁入措施,期限尚未届满; (三)被证券交易所公开认定为不适合担任公司董事、监事和高级管理人员,期限尚未届满; (四)本所规定的其他情形。 董事、监事和高级管理人员候选人存在下列情形之一的,公司应当披露该候选人具体情形、拟聘请该候选人的原因以及是否影响公司规范运作,并提示相关风险: (一)最近三年内受到中国证监会行政处罚; (二)最近三年内受到证券交易所公开谴责或者三次以上通报批评; (三)因涉嫌犯罪被司法机关立案侦查或者涉嫌违法违规被中国证监会立案调查,尚未有明确结论意见。 上述期间,应当以公司董事会、股东大会等有权机构审议董事、监事和高级管理人员候选人聘任议案的日期为截止日。 第10条　除第十一条规定外,有下列情形之一的,不得被提名为董事候选人: (一)三年内受中国证监会行政处罚;	

续表

法规文件	任职资格	禁止行为
《上海证券交易所上市公司董事选任与行为指引》（2013 年修订）	（二）三年内受证券交易所公开谴责或两次以上通报批评； （三）处于中国证监会认定的市场禁入期； （四）处于证券交易所认定不适合担任上市公司董事的期间。 第 11 条　上市公司的在任董事出现第十条第一款第（一）、（二）项规定的情形之一，董事会认为该董事继续担任董事职务对公司经营有重要作用的，可以提名其为下一届董事会的董事候选人，并应充分披露提名理由。 前述提名的相关决议除需经出席股东大会的股东所持股权过半数通过外，还需经出席股东大会的中小股东所持股权过半数通过	
《全国中小企业股份转让系统业务规则（试行）》（2013 年修订）	6.3　申请挂牌公司、挂牌公司的董事、监事、高级管理人员违反本业务规则、全国股份转让系统公司其他相关业务规定的，全国股份转让系统公司视情节轻重给予以下处分，并记入诚信档案： （一）通报批评； （二）公开谴责； （三）认定其不适合担任公司董事、监事、高级管理人员	
《全国中小企业股份转让系统股票挂牌条件适用基本标准指引》（2017 年 11 月 1 日生效实施）	第 3 条第 1 节　公司现任董事、监事和高级管理人员应具备《公司法》规定的任职资格，履行《公司法》和公司章程规定的义务，且不应存在以下情形： （一）最近 24 个月内受到中国证监会行政处罚，或者被中国证监会采取证券市场禁入措施且期限尚未届满，或者被全国中小企业股份转让系统有限责任公司认定不适合担任挂牌公司 董事、监事、高级管理人员； （二）因涉嫌犯罪被司法机关立案侦查或者涉嫌违法违规被中国证监会立案调查，尚未有明确结论意见	
《全国中小企业股份转让系统主办券商尽职调查工作指引》（2009 年修订实施）	第 33 条　调查公司管理层的诚信情况。取得经公司管理层签字的关于诚信状况的书面声明，至少包括以下内容：	

续表

法规文件	任职资格	禁止行为
	(一)最近二年内是否因违反国家法律、行政法规、部门规章、自律规则等受到刑事、民事、行政处罚或纪律处分； (二)是否存在因涉嫌违法违规行为处于调查之中尚无定论的情形； (三)最近二年内是否对所任职(包括现任职和曾任职)的公司因重大违法违规行为而被处罚负有责任； (四)是否存在个人负有数额较大债务到期未清偿的情形； (五)是否有欺诈或其他不诚实行为等情况	

三、投资者权益保护问题

(一)股权文化建设

文化企业融入资本市场,资本市场支持文化产业发展,需要遵循"买者自负、卖者有责"的股权文化理念。股权文化建设的核心在于保护股东权益,股东权益包括股东权利和股东利益,其中,股东权利包括决策者参与权、知情权、监督权;股东利益包括股东红利,即资本利得和全部股东回报以及股权处置收益。只有股东的权利和利益都得到尊重,股东的回报得到保障,股权文化才能彰显。

1. 法理依据

(1)诚信建设。股权文化涵盖了对维护股东利益、股权价值评估、投资者权益保护等一系列价值的认同,其中对投资者特别是中小投资者的利益保护是股权文化的重点,"卖者有责,买者自负"的核心是诚信建设与风险自担。股权文化是资本市场赖以生存和发展的文化基础。和谐的股权文化将使投资者的权益在全社会得到充分尊重和保护,有利于资本市场的健康稳定发展。文化企业自身要诚实守信,说真话,干实事,对企业自身负责,对社会和投资者负责,敢于担当;同时,要增强投资者的风险防范能力和风险自担意识。

（2）法制化建设。市场经济本质上也是法治经济,社会越发展,越需要法制的规范和服务。文化企业证券化发展,必须遵循相关法律法规,必须尊重资本市场发展的一般规律,资本市场各参与主体,都应从思想深处树立敬畏之心,自觉遵法、守法、信法,以法治思维统领、规制自身行为。

（3）自律建设。股权文化建设是推进整个资本市场建设的精神支撑,全面建设投资友好型社会能够推动股权文化建设,这既需要"鼓励资本市场各方协同共治,全面推进资本市场治理的现代化,也需要加强与完善行政监管体系,还需要建立投资友好型的行业自律体系、投资者权益保护体系及媒体监督体系"[1]。充分发挥交易所、投保基金、上市公司协会、证券期货业协会的自律职责,其中,行业自律是股权文化建设的重要推动者、践行人和保护人。要加强对侵权行为的社会监督,建立相应的渠道揭示侵权行为和失信行为,为公众投资者权益保护工作提供有价值的内容和引导,同时加快推进投资者公益诉讼制度。

2. 重点内容

（1）主要关系协调。股权文化建设的重点,是处理好六大关系,即股东内部层面的大股东与小股东的关系、机构股东与个人股东的关系、内部股东与外部股东的关系,以及外部层面的股东与利益相关者之间的关系、价值创造与价值分享的关系、倡导股东文化与践行股权文化的关系。[2] 文化企业证券化发展过程中需要特别关注的相关主体关系如表4-23所示。

表4-23　企业改制上市过程中的利益相关主体

相关者	与改制上市的关系	行为表现
大股东、老板	主要推动者、最大受益人	带头指挥;平衡经营与上市;区分关系(五个独立、同业竞争、关联交易)
高管	上市执行者	股权激励;人才引进(董秘和财务总监)
员工	上市参与者	取得认同;员工持股;社保、安全生产
地方政府	上市支持者	如实报告;梳理问题;争取支持;造福当地
创投私募	上市同盟军	寻找合作价值;控制数量;合理定价;共同推进

---

① 刘俊海:《打造投资者友好型社会助力新常态下的经济转型升级》,《中国证券报》2015年3月16日。

② 参见施光耀在"第三届中国上市公司市值管理高峰论坛"上题为《和谐股权文化建设的路径思考》的发言,见:http://finance.sina.com.cn/。

相关者	与改制上市的关系	行为表现
中介机构	上市操盘手	比较甄选;督促沟通;软硬兼施;寻求双赢
交易所	实施目的地	追求价值最大化;综合权衡;规范真实
证监会	审核机构	认真准备;积极反馈;做好沟通;客观真实
同行业	竞争、合作	低调谨慎;关系维护;知己知彼;他山之石
媒体	上市相关者	自身做好;审慎协调;借助外力;做好沟通

（2）投资者权益的保护。在诚实信用原则和契约自由原则基础上,协调好以上六种关系,也需要突出重点。在内部层面,要重点强调保护小股东、个人股东和外部股东的利益,不能使大股东、机构股东和内部股东利用自身优势来损害其他股东的合法权益;在外部层面上,更应该注重对各方关系的平衡,注重文化企业自身的价值创造,提升文化企业价值和股东回报。与此同时,在创造价值的同时注重价值分享,如何使得文化企业的价值在各个主体之间实现最优的价值分享是股权文化建设应有之义,这就需要注重文化企业内部倡导与践行股权文化的关系。由于文化的性质是动态、开放和发展的,企业的文化环境至关重要,这个环境包括微观的舆论环境、法制环境、监管环境等以及宏观的文化环境。只有营造一个良好的文化环境来倡导股权文化,让资本市场各个利益主体来共同参与、共同建设,才能真正实现投资者利益保护。

3. 建设模式多元化探索

资本市场规制的不断发展和完善,促进了股权文化的发展。近年来,资本市场越来越重视股权文化建设,由于股权文化建设是一个长期的过程,因此需要各个部门乃至整个社会的共同努力,以促进股权文化建设的多元化,即需要司法部门、证券监管部门、交易所、企业、投资者各方各司其职,各尽其责。

（1）司法部门。践行法治,正确适用相关法律法规,扩大司法救济范围,规范司法救济程序,比如对民事责任追究、举证责任倒置、集团诉讼、股东代表诉讼等规制的完善和对股权侵权行为的公益诉讼的建立,增强法律本身的可诉性。

（2）证券监管部门。应根据投资者的投资行为和结构特点,基于对投资者的服务和保护,开展基础性制度建设、规则制定[1]。监管要以投资者保护为重

---

[1] 　参见魏学春:《推动善待投资者股权文化建设》,《中国金融》2012 年第 20 期。

点,要引导和规范市场主体行为,创新执法理念,强化执法力度,加强综合协调,不能让"老实人"吃亏,严厉打击损害投资者合法权益的违法违规行为,维护资本市场秩序。

（3）企业。企业是股权文化建设的载体和依托,是投资者利益保护的践行者。要建立回报投资者的长效机制,做好投资者关系管理工作;也要认识到股权文化建设的不可逆性①,企业既是股权文化观念的倡导者、执行者,也是接受者,企业行为必须随着股权文化的发展进行相应的调整。好的企业,都会把投资者利益放在首位,对公司负责,对股东负责,对社会负责,以此树立良好的企业形象,倡导"卖者有责",说真话,做实事,求实效。

（4）投资者。投资者作为活跃的市场主体,是股权文化建设的参与者、支持者、受益者,要关注公司的基本面②,包括关注公司本身、公司价值和公司潜力③,树立起风险防范意识,要树立自保意识,量力而行,理性参与,做一个理性投资者。

（5）交易所。交易所作为促进上市公司规范发展的主体,对股权文化建设的推动作用是不可忽视的,交易所要充当好股权文化建设的组织者和倡导者的角色。市场规模不断扩大,多层次资本市场不断壮大,对上市公司的规范发展和质量的提高提出了更多、更高的要求,交易所要坚持从严监管、创新监管,严格信息披露,促进企业信息披露质量提升。

（6）社会中介和新闻媒体。文化企业改制上市及规范运行,离不开券商、会计师、律师、评估师等中介机构及人员的技术支持,相关中介机构应当按照行业规范恪尽职守,勤勉尽责,为企业把好关,服好务,当好守门人,坚持底线原则,明确只有尽责方能免责。同时,要高度重视新闻媒体舆论的监督作用。

4. 弘扬股权文化

文化的传承是企业发展的一种社会责任,也是衡量一个企业可持续发展的重要因素。弘扬股权文化,建设投资者友好型社会与股权文化建设多元化模式一脉相承。

（1）构建和完善投资者友好型的法律体系和司法救济体系,从实体法、程序法、私法、公法全方位弘扬股权文化,实现有法可依、有法必依,公正解决股权诉

---

① 参见张俊香等:《论我国资本市场股权文化建设的途径》,《经济论坛》2006 年第 19 期。

② 公司基本面主要指公司财务状况、发展潜力和公司成长性。

③ 参见魏学春:《推动善待投资者股权文化建设》,《中国金融》2012 年第 20 期。

讼等相关问题,舒缓社会压力,构建和谐的投融资环境。

（2）打造投资者友好型和服务型的行政管理体系和行政监督体系,形成监管合力,消除执法的真空地带,构建全面的依法行政体制,减少权力设租、寻租空间。

（3）要把弘扬股权文化的精神贯穿于投资者教育和培训的重要内容,培养理性投资意识,减少炒作、跟风投资,同时对多层次资本市场主体进行专业培训和引导,督促其归位尽责。

（4）文化企业,要加强自身的内部治理,让文化企业真正有"文化",预防经营者掠夺投资者的利益,做到文化企业内部薪酬合理化,处理好相关各方利益的平衡,提升公司治理水平。

（二）法治建设

1. 意思自治的丰富和完善

（1）契约精神。"契约精神来自商品经济（或市场经济）所派生的契约关系及其内在原则,是基于商品交换关系的一般要求而焕发出的一种平等、自由和人权的民主精神。"[1]从法治社会的角度看,契约精神体现市场经济本质。对于文化企业,契约精神是基于平等、自由和人权的价值追求,是自主行为、诚实信用和意思自治的品格体现。

当前,我国市场经济中还存在不少缺乏契约精神的现象,如对个人合理正当利益的部分否定、根深蒂固的特权意识、个人主体意识的严重压抑、对规则的不信任甚至任意践踏。在文化企业证券化发展中,契约精神的缺乏不仅有损文化企业的品牌形象,还妨碍了整个市场的发展。

（2）契约精神在资本市场的表现。资本市场的公开、公平、公正原则,要求投、融资者之间遵守契约精神,一是要敬畏法律和规则,二是要始终坚持"买者自负,卖者有责"的理念,同股同权[2]、风险自担的股权文化理念是资本市场对投资者的基本要求,投资者要综合考虑自身的经济实力、风险偏好、专业知识、投资技巧等因素,审慎决策,不盲目跟风追涨杀跌,不存赌徒式侥幸心理,不因贪图不

---

① 马新福:《社会主义法治必须弘扬契约精神》,《中国法学》1995 年第 1 期。
② 适应社会发展需要,同股不同权也是意思自治的体现方式,也属于法律保护的范畴。

当得利而上当受骗,要通过对大局、大势的研判,做理智的价值投资人,而非"专业"的投机取巧者。文化企业要始终坚持契约民主,遵守契约精神,坚持意思自治思想的丰富和完善,遵循市场规则和规律,促进文化企业契约精神和法治文明的和谐发展。

2. 群体诉讼

(1)群体诉讼:是指"由少数人代表其他人进行的、目的在于一次性解决群体纠纷的诉讼制度"①,代表人既可代表他人,也可代表自己,还可以代表未出庭的其他群体成员。在国外的司法实践领域,通常使用的是"集体诉讼""团体诉讼"的诉讼模式。在我国的司法实践中,为应对日益增长的群体性纠纷,规定了代表人诉讼制度(包括"人数确定的代表人诉讼和人数不确定的代表人诉讼")。群体诉讼和代表人诉讼,能有效解决群体诉讼中争议主体众多与诉讼空间容量有限的矛盾,可以极大地减轻当事人的诉讼成本,节省司法资源,避免同一案件出现不同的或者是相互矛盾的裁判,提高司法公信力,更好地保护弱势群体的利益。

(2)规则运用。目前,对《民事诉讼法》第54条规定的人数确定的代表人诉讼,有少量的适用;第55条规定的人数不确定的代表人诉讼,司法实践中基本没有适用。出现该现象,不仅与法院对待群体性纠纷的处理方式有关,也与广大被侵权主体的法律意识有关。近年来,一方面,我国的群体性纠纷基本都采用了单独立案或者分拆案件的方式处理,影响了群体诉讼机制的价值,阻碍了代表人诉讼制度功能的发挥;另一方面,涉及行政因素的群体性纠纷占比较高,如房屋拆迁补偿与移民纠纷、商品房买卖纠纷、大众消费者侵权纠纷、土地承包纠纷、环境污染纠纷、互联网侵权纠纷、资本市场侵权纠纷等,行政权对司法权的干预可能性增加,降低了司法的权威,影响了司法的公正性。需要尽量排除影响代表人诉讼实践的消极因素,加强对我国群体纠纷案件特点的研究,逐步建构起一套适合中国国情的多元化解决群体纠纷的诉讼机制。②

3. 社会责任的承担

文化企业是文化与经济互动的微观主体,既是一种经济组织形式,又是一种精神传播媒介,具有经济和文化双重属性。文化企业的社会责任并非单一而是

---

① 薛永慧:《群体诉讼之比较》,《社会科学家》2010年第3期。
② 参见章武生等:《我国群体诉讼的立法与司法实践》,《法学研究》2007年第2期。

有其自身的责任结构体系,包括商业责任、法律责任、环境责任、文化责任和公益责任。其中,文化责任又包括文化传播责任、文化创新责任和价值观引导责任,文化企业应当主动肩负起社会赋予的文化使命,在履行社会责任的同时,实现自身品牌的提升。[①]

（1）商业责任。是文化企业的综合性经济利益的体现,包括了相关利益主体在内的整个经济效益,是企业生存和发展的首要目标,既表现为文化企业通过提供并不断改进文化产品和服务,实施一系列的发展战略,增加企业的业绩,获得更大的经济利益,也体现在对文化企业各个利益相关者方面,协调各方利益,为顾客提供高质量的产品和服务,维护投资者合法权益。

（2）法律责任。主要体现在,企业按照法律规定和国家政策开展经营和管理活动,以及企业的违法犯罪活动应受到法律追究两个大的方面。主要包括对《刑法》《公司法》《证券法》《合同法》《反不正当竞争法》《税法》《著作权法》《商标法》《专利法》《广告法》《环境保护法》等法律法规,以及相关部门规章和地方性法规对文化企业的设立、生存和发展的规范性要求和行为限制。

（3）环境责任。主要体现在生产性质的文化企业和部分服务性质的文化企业,如工艺美术作品的生产和加工、影视作品的拍摄、出版发行服务、景区游览服务、娱乐休闲服务、摄影扩印服务等,其活动与生态环境有紧密的联系,这就需要企业自身树立起环保意识,坚持绿色发展理念,一是巩固文化产业"污染小、收益高"的"绿色产业""环保产业"形象,自动承担起文化企业自身的环境保护责任,使文化企业与自然环境和谐发展;二是创造出高品质的,既推动适应社会发展,又不违反公序良俗的具有传承与创新内涵的文化产品。

（4）文化责任。涉及文化企业对历史传承、宗教信仰、风俗习惯、文学艺术等人类精神层面的责任,涵盖了对文化的传播、创新、发扬等多方面,对广大社会群体的价值观形成积极正面的引导,培育文明,增强文化自信。要强化文化作为产业特殊性的社会责任,文化产业生产的是"文化",一本书、一部电影,无论是积极教化还是低级误导,对不同的人产生不同的影响,厘定文化企业的独特性,直接相关到其社会责任的独特性。[②] 文化产业具有不可推卸的文化责任。

---

① 参见艾庆庆等:《文化企业的社会责任:文化与经济互动的视角》,《山东社会科学》2013 年第 1 期。

② 参见刘伟见:《文化体制改革下文化企业社会责任探究——以出版企业为例》,《中国行政管理》2012 年第 3 期。

（5）公益责任。文化企业的公益责任，具有一定的时代性，既是一种法律责任，也是一种道德义务。要鼓励和支持文化企业积极参与社会公益活动，如慈善捐助、公益助演、教育支持、公共福利、社区服务、社会援助以及专业服务等。可以建立公益平台、公益基金或者是众筹平台，构建起更高品位和更高价值追求的企业发展道路，树立更好的品牌形象，履行更多社会责任。

第五章　文化企业证券化发展的路径选择

第一节　场内市场

场内交易市场(又称"证券交易所市场"),是指"由证券交易所组织的集中交易市场,有固定的交易场所和交易活动时间。证券交易所接受和办理符合有关法令规定的证券上市买卖,投资者则通过券商在证券交易所进行证券买卖"①。文化企业上市后,可以通过发行股票、债券等融资工具进行直接融资,也可以通过实施并购、重组等资本运作手段来扩大规模和拓展市场。目前,我国的场内市场可按交易地点、发行层级和市场功能分类。按交易地点不同,可分为上海证券交易所(又称"沪市")与深圳证券交易所(又称"深市");按上市条件不同,可分为主板、中小板与创业板;按市场功能不同,可分为发行市场(又称"一级市场")与流通市场(又称"二级市场")。

一、基础条件

发行股票(包括 IPO、配股、定向增发等)是文化企业融入社会资金与拓展市场范围的重要手段。在我国,主板一般指 A 股市场,包括深市和沪市;中小板主要针对中小企业,创业板主要针对高科技、高成长企业,二者同属深市。三个板块既有联系又有区别,构成我国多层次资本市场体系的核心。文化企业可根据

① 沈冰、吴刚:《证券投资学》,人民出版社 2014 年版。

自身规模与需求,选择在不同的场内市场发行股票,都须满足一定的基础条件。

表 5-1　我国主板、中小板与创业板上市基础条件对比

	主　板	中小板	创业板
监管机构	中国证监会、上海证券交易所和深圳证券交易所		中国证监会、深圳证券交易所
主体资格	在中国内地依法设立且合法存续的股份有限公司		
经营年限	持续经营时间 3 年以上		
盈利要求	①最近 3 个会计年度净利润均为正且累计超过人民币 3000 万元,净利润以扣除非经常性损益前后较低者为计算依据;②最近 3 个会计年度经营活动产生的现金流量净额累计超过人民币 5000 万元;或者最近 3 个会计年度营业收入累计超过人民币 3 亿元;③最近一期不存在未弥补亏损		①最近两年连续盈利,最近两年净利润累计不少于 1000 万元;或者最近一年盈利,最近一年营业收入不少于 5000 万元;②最近一期不存在未弥补亏损
资产要求	最近一期末无形资产(扣除土地使用权、水面养殖权和采矿权等后)占净资产的比例不高于 20%		最近一期末净资产不少于 2000 万元
股本要求	①发行前股本总额不少于人民币 3000 万元;②公开发行的股份达到公司股份总数的 25%以上;③公司股本总额超过人民币 4 亿元的,其向社会公开发行的股份比例为 10%以上	①发行前股本总额不少于人民币 3000 万元;②发行后股本总额不少于人民币 5000 万元	发行后的股本总额不少于人民币 3000 万元
主营业务	最近 3 年内主营业务没有发生重大变化		发行人应当主要经营一种业务,近 2 年内主营业务没有发生重大变化
董事及管理层	最近 3 年内没有发生重大变化		最近 2 年内没有发生重大变化
独立性	①具有完整的业务体系和直接面向市场独立经营的能力;②资产应当完整,人员、财务、机构以及业务独立;③不存在同业竞争		
实际控制人	最近 3 年内实际控制人未发生变更		最近 2 年内实际控制人未发生变更
关联交易	不得有显失公平的关联交易,关联交易价格公允,不存在通过关联交易操纵利润的情形		不得有严重影响公司独立性或者显失公允的关联交易

续表

	主　板	中小板	创业板
募集资金用途	应当有明确的使用方向,原则上用于主营业务		应当具有明确的用途,且只能用于主营业务
规范运作	①公司治理完善,三会运作规范,董监高符合任职要求; ②公司及控股股东、实际控制人最近3年不存在重大违法行为; ③不存在关联方非经营性资金占用、违规担保等行为		
上市前股东的股份转让	①控股股东自发行人股票上市之日起36个月内不转让其持有的发行人公开发行股票前已发行的股份; ②其他股东自发行人股票上市之日起1年内不得转让		
保荐人	①实行保荐人保荐制度; ②在发行上市当年及以后两个完整会计年度内持续督导		①应当由保荐人保荐; ②在发行人上市当年及以后3个会计年度内持续督导
合规顾问	①申请人证券上市后,保荐人应当持续督导申请人履行规范运作、信守承诺、信息披露等义务; ②持续督导期为上市当年及以后两个完整会计年度。持续督导期届满,如有尚未完结的保荐工作,保荐人应当继续完成		①持续督导期为上市当年及以后3个会计年度; ②其他与主板、中小板相同

表5-1表明,主板与中小板的上市基础条件主要在股本要求上有所区别,其他方面区别不大。创业板则有所不同,创业板要求企业更具有专一性,即更专注于主营业务,且具有创新性、成长性的特点。总体来讲,创业板的上市要求比较宽松,为文化企业提供了更加便捷的融资渠道。同时,创业板市盈率较高等因素也吸引了越来越多企业进入,今后的监管和审核也将更加严格。

二、推进程序[①]

公司上市的推进程序是指公司通过场内市场公开发行股票的流程。对于文化企业,上市的推进程序主要由改制与设立股份公司、尽职调查与辅导、申请文件制作与申报、申报文件审核和发行上市构成。具体程序如图5-1。

---

① 参见四川省金融工作局:《企业改制上市应当关注的问题》;深圳证券交易所:《拟上市公司改制上市培训资料》;深圳证券交易:《上市公司董秘培训班培训资料》。

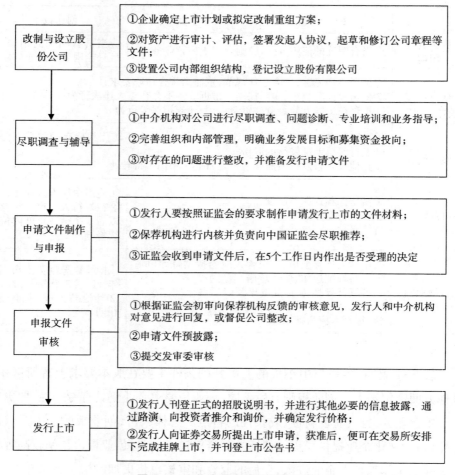

图 5-1　文化企业上市的推进程序

（一）改制与设立股份公司

企业通过分析自身业务、财务、法律等条件,对发行股票并上市的可行性进行论证,并聘请专业中介机构,组建团队设计上市方案,包括内部组织和业务架构的调整、规范及重组、改制设立股份公司、规划募集资金使用以及时间表确定等内容,团队主要由证券公司（作为保荐人,通常也是主承销商）、律师事务所、会计师事务所和资产评估机构等组成。作为团队牵头领导者,保荐人要负责牵头制定整体发行上市方案,协调团队合作,保证工作进度;同时保荐人自身也要勤勉尽责,在团队工作基础上,对公司的经营情况和商业模式进行分析、判断,系统确定改制方案。会计师事务所通过财务报表对公司的出资状况和财务状况进行核查;律师事务所则对公司的历史沿革、公司架构、股权状况、资产权属等进行核查;资产评估机构则是在非货币出资、股份制改造过程中发挥专业作用。

对文化企业来说,在改制与设立股份公司时,应特别注意以下两点:一是上市业务和资产范围的确定,文化企业的上市应纳入经营性的业务和资产,而剥离公益性质的文化事业;二是重要无形资产的合理评估,文化企业特殊客户资源和经营渠道等资产虽然体现在财务报表上数值较小,但往往是企业盈利的重要来源,应在资产评估中充分考虑,合理评估。

(二)尽职调查与辅导

改制重组过程中,通常伴随着以改制为目的的尽职调查,重点是梳理企业的历史沿革、上市主体资格、主要业务和资产、关联方关系等,以便在重组时充分考虑持续盈利能力、独立性、关联交易等问题,同时,保荐机构和其他中介机构还要对公司的历史数据和文档、管理人员的背景、市场风险、管理风险、技术风险和资金风险等方面进行全面深入的分析和审核。尽职调查通常采取文件资料审阅、外部信息参考、相关人员访谈和企业实地调研等手段,对公司基本经营情况、所处行业状况、产业链上下游情况、资产构成的真实性、合法性等进行梳理。尽职调查结束后,公司对存在的问题进行整改,并准备IPO申请文件。同时,中介机构会根据公司存在的问题,结合上市公司规范运行的相关制度,为发行人的董监高和持有5%以上股份的股东提供系统的法规知识与证券知识培训,从而树立进入证券市场的法律观念和诚信意识,树立承担信息披露和履行承诺的责任和义务,完善公司组织架构和内部管理制度,规范公司行为,明确业务发展目标。

(三)申请文件制作与申报

这一阶段,公司和中介机构要按照证监会的要求制作首次公开发行股票并上市的申请文件;保荐机构进行内核并负责向中国证监会尽职推荐。中国证监会收到申请文件后,在5个工作日内作出是否受理的决定。发行申请文件主要包括:"公司营业执照,公司章程,发起人协议,发起人姓名或者名称,发起人认购的股份数、出资种类及验资证明,招股说明书,代收股款银行的名称及地址,承销机构名称及有关的协议,会计师事务所的审计报告,评估机构的资产评估报告,律师出具的法律意见书,保荐人出具的发行保荐书。"①此外,法律、行政法规规定设立公司必须报经批准的,还应当提交相应的批准文件。

(四)申报文件审核

申请文件的审核会经历反馈会、见面会、初审会和发审会等阶段。保荐机构在提交申请文件的同时需一并提交预先披露材料,证监会确认申请文件受理后,即开始进入审核程序。申请文件受理后,证监会将根据审核情况下发反馈意见,保荐人应根据审核反馈意见,作出回复或进行进一步的信息披露,并与企业、团队和审核人员等进一步沟通和完善,尽可能规避不必要的问题。申请文件受理后、发审委审核前,保荐机构在提交上会材料的同时应在中国证监会官方网站进行招股说明书(申报稿)的预披露更新。

(五)发行上市

股票发行申请经发审委审核通过后,发行人应自中国证监会核准发行之日起 6 个月内发行股票。经证监会核准,发行人在承销商的安排和协助下,通过交易所电子化申购平台向投资者初步询价,进行网上路演,并根据询价结果确定网下配售价格和网上中签率。发行工作完成后,发行人向证券交易所提出上市申请,在交易所作出同意上市的决定后,便可在交易所安排下完成挂牌上市,并刊登上市公告书。至此,企业的首次发行并上市工作便可宣告成功完成。

三、中国证监会审核程序

(一)审核依据

审核依据包括《首次公开发行股票并上市管理办法》(证监会令第 32 号,2015 年修正)、《首次公开发行股票并在创业板上市管理办法》(证监会令第 99

---

① 中国证监会:《公开发行证券的公司信息披露内容与格式准则第 9 号——首次公开发行股票并上市申请文件》(证监发行字〔2006〕6 号),2006 年 5 月 18 日。

号,2015 年修正)、《中国证券监督管理委员会发行审核委员会办法》(证监会令第 31 号,2009 年修订,2016 年 9 月 2 日公开征求修改意见)等部门规章,以及《中国证券监督管理委员会行政许可实施程序规定》(证监会令第 66 号,2009 年 12 月 16 日发布,2010 年 2 月 1 日实施;2017 年 2 月 24 日中国证监会公开征求修改意见)等规范性文件,以及《发行监管问答——首次公开发行股票申请审核过程中有关中止审核等事项的要求》《发行监管问答——关于首次公开发行股票预先披露等问题》等。

（二）审核程序①

中国证监会首次公开发行股票审核工作流程如图 5-2,主要包括受理、反馈会、见面会、初审会、发审会、封卷和核准发行等环节。

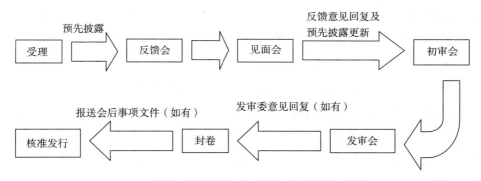

图 5-2　中国证监会首次公开发行股票审核工作流程

1. 受理

中国证监会受理申请文件后,转至发行监管部,发行监管部安排预披露,随后分发至相关监管处室,按行业和回避的相关要求确定审核人员,申请主板、中小板的企业需同时送国家发改委征求意见。

2. 反馈会

监管处室审核人员审阅发行人文件后,从非财务和财务两个角度撰写审核报告,提交反馈会讨论。反馈会由发行监管部综合处组织和记录,按照申请文件

---

① 参见中国证监会官网:《中国证监会发行监管部首次公开发行股票审核工作流程》,见 http://www.csrc.gov.cn/pub/newsite/。

受理的先后顺序安排,主要讨论初步审核中关注的主要问题,确定需要发行人补充披露以及中介机构进一步核查说明的问题。反馈会由监管处室及负责人组成,会后形成书面意见反馈给保荐机构。综合处收到反馈意见回复后,转至相关监管处室,审核人员对回复材料进行进一步审核。初审工作结束后,形成初审报告(初稿)提交初审会讨论。

3. 见面会

为建立发行人与发行监管部良好的沟通机制,反馈会后会按照文件受理顺序,安排发行人代表、发行监管部相关负责人和相关处室负责人见面会,以促进问题沟通和解决,提高审核效率。

4. 预先披露更新

若反馈意见已按要求回复、财务资料未过有效期,且需征求意见的相关政府部门无异议的,发行监管部将通知保荐机构报送发审会材料和用于更新的预先披露材料,安排预先披露更新,并按受理顺序安排初审会。

5. 初审会

初审会由发行监管部综合处组织并记录,发行监管部相关人员、监管处室负责人、审核人员及发审委委员参加。初审会中,审核人员汇报发行人的基本情况、初步审核中的主要问题及反馈意见回复情况,并根据会上讨论情况,修改完善初审报告,履行内部程序后,与申请材料一起提交发审会。

发行监管部出具初审报告后,书面告知保荐机构需进一步说明的事项并通知做好上发审会的准备。若初审会后,认为发行人存在尚需进一步披露和说明的重大问题,暂不提交发审会审核的,将再次发出书面反馈意见。

6. 发审会

发审委制度是发行审核中的专家决策机制,发审委按委员所属专业划分审核小组,按工作量安排各小组参加初审会和发审会,若需委员个人回避,则安排其他替补委员。发审会采用记名投票方式对首发申请进行表决,会前需撰写工作底稿,会议全程录音。

发审会召开前5天,中国证监会发布公告公布会议时间、审核的发行人名单、发审委委员名单等信息。首发发审会,由审核人员向委员报告审核情况,委员再发表意见,发行人代表和保荐人代表分别派出2人到会陈述并接受询问,聆询结束后由委员投票表决。

发审会认为发行人有需要进一步披露和说明问题的,形成书面审核意见后告知保荐机构。保荐机构收到发审委审核意见后,组织发行人及相关中介机构按照要求回复,发行监管部综合处收到回复材料后转相关监管处室,审核人员按要求对回复材料进行审核并履行内部程序。

7. 封卷

封卷是指发行人首发申请通过审核,并回复发审委意见后,将申请文件原件重新归类后存档备查。若无意见需回复,则立即封卷。

8. 会后事项

会后事项是指,通过首发申请审核后、招股说明书刊登前,可能影响此次发行及对投资者决策有重大影响的事项。若发生会后事项,发行人及中介机构应按规定向发行监管部综合处提交会后事项材料,综合处再转至监管处室,审核人员及时提出处理意见。若需重新提交发审委审核,需履行相应内部工作程序。

9. 核准发行

发行人及保荐机构应在核准发行前,及时报送发行承销方案;封卷并履行内部程序后,中国证监会下发核准批文,发行人领取批文后,若无重大会后事项或已履行完毕会后事项程序的,可启动招股说明书刊登工作。发行监管部则起草持续监管意见书,书面告知日常监管部门。

四、适用的法律法规

目前,针对证券市场的运行,我国已经形成了以《公司法》《证券法》为主体,以部门规章、业务规则和其他规范性文件为主要监管审核条款和操作指南的规范性制度体系。

(一)证券法律

证券法律是指由全国人民代表大会及其常务委员会经过一定立法程序制定的有关证券工作的法律,属于证券法律制度体系中层次最高的法律规范,是制定其他政策法规的依据,也是指导证券工作的最高准则。如第十二届全国人民代表大会常务委员会第六次会议修订通过的《公司法》、第十二届全国人民代表大会常务委员会第三次会议修订通过的《证券法》。

1.《公司法》

《公司法》于1993年颁布,1999年、2004年、2005年、2013年四次对《公司法》进行了修正和修订。其立法宗旨为规范公司的组织和行为,保护公司、股东和债权人的合法权益,维护社会经济秩序,促进社会主义市场经济的发展。

2.《证券法》

《证券法》于1998年颁布,2004年、2005年、2013年、2014年四次进行了修正和修订。其立法宗旨为规范证券发行和交易行为,保护投资者的合法权益,维护社会经济秩序和社会公共利益,促进社会主义市场经济的发展。

(二)证券部门规章

证券部门规章是指国家主管证券工作的行政部门即中国证监会以及其他相关部委根据相关法律和国务院的行政法规、决定、命令,在本部门的权限范围内制定的、调整证券工作中某些方面内容的国家统一的证券准则制度和规范性文件,包括国家统一的证券发行制度、证券监督制度、证券机构与证券从业管理制度等。如《上市公司证券发行管理办法》《首次公开发行股票并上市管理办法》《首次公开发行股票并在创业板上市管理暂行办法》《证券发行与承销管理办法》等。

(三)证券业务规则

证券业务规则是指为了保障证券交易正常运行,维护投资者合法权益,根据国家有关政策法令和交易所章程而制定的规范证券工具运行的规则。证券交易所是制定证券业务规则的主体,如《深圳证券交易所股票上市规则》《上海证券交易所股票上市规则》等。

(四)其他规范性文件

除了证券法律、证券部门规章、证券业务规则外,相关部门根据其职责权限还制定了针对证券具体工作的其他规范性文件,包括解释指南、备忘录等。如2007年11月25日颁布的《证券期货法律适用意见(第1号)》《中小企业板信息披露业务备忘录(第8号)》等。这些规范性文件主要针对证券法律、证券部门规章、证券业务规则实施中遇到的问题作出相关的解释和指导。

五、主要关注点

首次公开发行股票并上市是一项复杂且综合性很强的系统工程,需要在各个方面达到上市的规范要求。文化企业要充分了解 IPO 审核中的主要关注点,及时处理企业存在的不符合条件的事项,力争在基本面上具备合法、合规条件。

(一)行业监管

对于文化企业来说,每一个业务环节都可能面临着较高的资质要求和严格的内容审查。比如,影视公司在拍摄电影时,从引资、开拍、制作、发行到公映等环节采用许可证制度,且都有严格规定。一旦发现内容违禁或与政策导向不匹配,文化产品或文化服务可能无法面市,导致企业前期投入的成本付诸东流。对于文化产业的一些领域,行业主管部门会要求进行严格的前置审批,例如对于涉及意识形态的文化企业,原则上一般需要中宣部和国家新闻署、国家广电总局出具合规证明或批复,中央网信办会严格审查网络公司的业务并出具专门的意见。同时,涉及文化领域的监管机构可能不止一家,包括国家新闻出版署、国家广电总局、中宣部、文化部、教育部、工信部、中央网信办等,很容易形成多头交叉监管的局面,或出现监管漏洞,不仅会降低监管效率,还有可能出现不同监管机构认定结果不一致的风险。对于文化领域,国家设置了比较严格的外资准入要求,甚至不允许外资进入,如新闻出版、网络游戏、网络出版等领域都是严禁外资进入的。IPO 审核过程中,相关部门和人员都会关注企业的业务资质、日常经营的合规性、股权结构、外资准入的批准过程等内容,以确定上市主体的合规性。

(二)独立性

我国大多数大型文化集团上市运作主要采用"两分法"。比如,新闻采编与播放、电视台频道、广播电台频率等意识形态色彩较强的业务与资产不得进行公司化的运作和资本运营;印刷、发行、有线网络及其他意识形态色彩较弱的业务与资产允许纳入上市范围。"两分法"容易引发上市主体与非上市的机构之间形成大量的关联交易,如业务合作、亏损补偿等。IPO 审核会持续关注文化企业的业务独立性,要求企业及时详尽地进行关联交易的信息披露,避免出现不公正情况。

例如,中国证监会在幸福蓝海影视文化集团股份有限公司首次公开发行股票申请文件的反馈意见中问询:(1)"请补充说明控股股东江苏广电 2001 年组建成立集团公司以及进行制播分离改革的背景、基本情况,江苏广电下属各项业务板块的形成演变情况,江苏广电改制后进入发行人及其子公司的人员的事业单位人员编制身份转换的情况,身份转换前相关人员的工资、待遇、社保等支付情况、支付主体,相关人员与发行人及其子公司签署劳动合同的时间,目前是否仍存在发行人及其子公司的员工拥有事业编制身份的情形,身份转换是否存在纠纷或潜在纠纷"。此次问询主要针对发行人业务和人员独立性提出质疑,控股股东、实际控制人的业务与人员应与发行人保持独立,尤其是发行人的高级管理人员不得在控股股东、实际控制人及其控制的其他企业任除董事、监事以外的其他职位。(2)江苏广电获有条件通过时,中国证监会问询的问题为,"请发行人代表进一步说明与江苏省广播电视总台及其他关联方交易定价的原则依据及未来执行的稳定性。请保荐代表人结合行业情况说明对发行人关联交易定价公允性的核查情况"。此次问询主要考量关联交易定价的公允程度,若是关联交易定价趋向于为拟上市公司减少成本或增加收入,从而提高公司的盈利水平,则拟上市公司独立的业务经营能力应进一步考察。①

中国证监会对上海电影股份有限公司首次公开发行股票申请文件的反馈意见中问询:(1)"请保荐机构和发行人律师就上影集团是否依据《首次公开发行股票并上市管理办法》(证监会令第 32 号)第十五条的规定,已将与发行人生产经营有关的业务体系及相关资产全部投入发行人,及其未将影视剧创作、制作等业务投入上市主体是否符合发行人资产完整性的要求发表专项核查意见"。(2)"报告期内,公司与上影集团及其控制下的关联公司存在多项持续性的关联交易,具体如下:①发行人向上海龙之梦影城等关联公司收入电影分账收入;②发行人向上影集团、上影厂等关联方提供发行代理服务并收取代理费;③发行人向上海电影艺术发展有限公司、上影物业等关联方租赁房产用于办公

---

① 参见中国证监会官方网站,见 www.csrc.gov.cn。

或影院经营;④发行人与上影集团、上影厂下属东方电影频道及上海电影音像出版社就部分影片的电视播放权签署了许可使用合同,收取版权收入"。此次问询主要是针对资产完整性和持续性关联交易提出,二者皆会影响发行人独立经营,取得持续性收益的能力。①

　　中国证监会对中国电影股份有限公司首次公开发行股票申请文件的反馈意见中问询:(1)"请保荐机构、发行人律师核查说明:①实际控制人是否符合《首次公开发行股票并上市管理办法》(证监会令第 32 号)第十五条的规定,已将与发行人生产经营有关的业务体系及相关资产全部投入发行人,并已办理完成相关产权变更手续;②中影集团下部分无实际经营性业务、拟'关、停、并、转'以及因政策公益性业务未纳入发行人的公司,请补充说明上述公司基本情况、目前经营状况、注销手续办理进展、相关政策公益性业务的认定依据、存续期间内是否存在和发行人经营同类或类似业务的情形"。(2)"报告期内,电影频道与发行人存在多项关联交易,且为发行人 2014 年上半年、2013 年、2012 年的第一大客户。请保荐机构、发行人律师核查说明:①电影频道的基本情况,曾参与组建实际控制人的具体情形,是否曾涉及相关人员、业务或资产的划转;②中影集团和电影频道在人员、资产或业务方面,对电影频道是否形成相互影响,或对电影频道形成实际控制或重大影响;③招股说明书披露,国家广电总局通过电影频道向发行人拨付补贴款,请说明具体情形、政策依据、款项数额、通过电影频道拨付补贴款的原因、是否对发行人独立性产生影响,是否存在争议、纠纷或潜在风险;④发行人在和电影频道订制影片、联合拍摄和委托制作的情形下,主要权利、责任条款,是否存在争议、纠纷或潜在纠纷"②。可以看出,中影公司在发行前资产剥离、划转等重组事项,以及其中伴随的人员和业务转移,都是首发审核中重点关注事项。

(三)持续盈利能力

　　文化产业竞争激烈,创新活力较高,更新速度较快,但由于资本门槛较低、知识产权保护不力、人员流动速度较快等原因,导致出现了大量文化产品与服务或

---

① 中国证监会官方网站,见 www.csrc.gov.cn。
② 中国证监会官方网站,见 www.csrc.gov.cn。

商业模式"被复制"的现象,再加上消费者精神需求的不确定性与互联网对文化产业的冲击,文化企业的盈利有着不连续性和不稳定性的特点,存在较大的经营风险。

中国证监会在新经典文化股份有限公司首次公开发行股票申请文件反馈意见中问询:"2015年发行人开展了影视剧投资业务,且募投资金也将用于影视剧投资。请发行人补充披露:(1)影视剧的具体业务模式,发行人参与环节,后续投资规划,收益分享及风险承担情况,目前影视业务的财务情况,发行人主营业务是否会在募投项目后发生变更;(2)充分披露影视业务的风险,并作风险提示。"此次问询主要针对发行人募投影视剧项目的盈利模式和风险情况,以判断未来主营业务的持续性。[①]

(四)信息披露

相比其他产业,文化产业的业务模式比较新颖,且不断变化更新,导致现行的信息披露规则不完全适应。因此,在IPO审核中,文化企业应当根据自身的特有资产与业务,披露具有相关特色的、影响投资者决策的信息。比如,影视类文化企业必须提供自行拍摄电影的进展情况和票房分账的比例和收入确认原则;游戏企业必须披露付费用户、活跃用户的情况等。

中国证监会在幸福蓝海影视文化集团股份有限公司首次公开发行股票申请文件反馈意见中问询:(1)"请补充披露报告各期发行人下属的院线公司以及发行人投资影院、加盟影院所统计的票房收入与发行人电影院线发行及放映业务实现的收入之间的关系、区别,发行人的电影院线业务收入与影院放映收入之间的关系、区别";(2)"请补充说明发行人院线公司与加盟影院之间的具体关系,包括合作期限、合作方式、合作内容、双方权利义务关系、院线公司收取的费用类别、标准及报告各期向各加盟影院收取费用的金额,院线公司对加盟影院在组织管理、影片公映、票房统计、费用结算等方面的制度安排及报告期内的具体执行情况"。

可见,监管部门对文化类拟上市企业的上下游合作约定、收入分成比例等尤其关注,发行人应充分披露相关信息。

---

① 中国证监会官方网站,见 www.csrc.gov.cn。

（五）财务处理

由于文化企业的业务模式非常新颖，实务中常出现与会计准则不完全匹配或难以准确界定的情况，就会出现很多特殊的会计处理方式，IPO 审核过程中重点关注这类相关问题。比如，票房收入是影视文化企业最关注的一个问题，影视企业的存货主要是正在拍摄的电影和拍摄完成等待发行放映的电影，那么这些电影的收入如何确定？若票房不理想，能否认定为存货发生减值，是否计提存货跌价准备？这些问题在 IPO 审核中都要明确标准和依据。

中国证监会发审会委员对幸福蓝海影视文化集团股份有限公司首次公开发行股票申请有条件通过时，问询："请发行人代表：（1）在发行人电视剧投资制作与发行业务占收入比重持续降低，受政策影响及电视剧发行存在天花板的情况下，说明发行人投拍电视剧库存持续增长的合理性；（2）结合期末主要库存电视剧取得发行许可证时间、已结转收入和成本情况，说明未结转成本的存货减值测试与准备计提情况；（3）说明电视剧《满山打鬼子》《美丽背后》《于无声处》《坐88 路车回家》《舰在亚丁湾》的期后销售情况，说明库存商品中《当妈不容易》等摄制完成 24 个月电视剧的成本结转情况。请保荐代表人对上述问题发表核查意见。"[①]

在财务处理方面，中国证监会主要重点关注收入成本的确认、存货减值测试与准备计提等方面，因为这将影响发行人当期和未来的成本和利润，是判断发行人财务处理方法是否合理的重要关注点。

（六）2017 年 IPO 被否的文化企业被关注的主要问题

2017 年，新股审核显著提速。全年证监会审核了 498 家公司的首发申请，其中，383 家获得通过，86 家被否，22 家暂缓表决（其中五家暂缓表决后过会：山东先达农化、江苏新日电动车、江苏凯伦建材、秦皇岛港、香飘飘食品），8 家取消审核，2 家在上会前撤回申报材料，通过率为 76.91%，否决率为 17.27%。与 2016 年 18 家企业 IPO 被否、被否率 2.21% 相比，2017 年被否企业数量激增，被

---

① 中国证监会官方网站，见 www.csrc.gov.cn。

否率显著提升。[①] 其中,被否文化企业 5 家,详见表 5-2。

表 5-2　2017 年 IPO 被否文化企业情况

序号	企业名称	地区	板块	被否原因(发审委关注点)
1	浙江时代电影院线股份有限公司	浙江	主板	业务结构、持续盈利能力、投资收益、政府补助
2	世纪恒通科技股份有限公司	贵州	创业板	收入增加人员下降、产品毛利率下降、主营业务
3	重庆广电数字传媒股份有限公司	重庆	创业板	资产完整性、缺乏业务资质、同业竞争、财务指标异常、资产折旧
4	博拉网络股份有限公司	重庆	创业板	股份代持、业务模式、净资产收益率、同业竞争、员工薪酬问题
5	北京全时天地在线网络信息股份有限公司	北京	创业板	业务依赖、收入确认、财务指标异常、经营资质问题

(七)境外主要市场上市条件

1. 中国香港上市条件

中国香港上市条件详见表 5-3。

表 5-3　中国香港上市条件

	主　板	创业板
市场目的	目的众多,包括为较大型、基础较佳以及具有盈利纪录的公司筹集资金	为有主线业务的增长公司筹集资金
盈利要求	采用"盈利测试"标准,上市前三年合计盈利不低于 5000 万港元(最近一年不低于 2000 万港元,在之前两年累计不低于 3000 万港元)	不设盈利要求,于上市文件刊发之前两个会计年度合计的现金流入至少 2000 万港元
营业纪录	具备不少于三个会计年度的营业记录	须显示公司有紧接递交上市申请前 24 个月的"活跃业务记录"

---

① 参见尚普咨询:《2017 年 IPO 企业被否原因汇总分析》,2018 年 4 月 2 日。

	主　板	创业板
有关营业纪录规定的弹性处理	联交所只对若干指定类别的公司（如基建公司或天然资源公司）放宽三年业务记录的要求，或在特殊情况下，具有最少两年业务记录的公司也可放宽处理	联交所只接受基建或天然资源公司或在特殊情况下的公司"活跃业务记录"少于两年
主营业务	并无有关具体规定，但实际上，主线业务的盈利必须符合最低盈利的要求	须主要经营一项业务而非两项或多项不相干的业务，不过，涉及主营业务的周边业务是容许的
附属公司经营的活跃业务	发行人必须对其业务拥有控制权	申请人的活跃业务可由申请人本身或其一家或多家附属公司经营。若活跃业务由一家或多家附属公司经营，申请人必须控制有关附属公司的董事会，并持有有关附属公司不少于50%的权益
管理层、拥有权或控制权	至少前三个会计年的管理层维持不变；至少经审计的最近一个会计年度的拥有权和控制权维持不变	除非在联交所接纳的特殊情况下，否则申请人必须于活跃记录期间在基本上相同的管理层及拥有权下运营

资料来源：微峰资本：《中美两国六地七交易所上市条件对比（2018年最新版）》，2018年2月27日。

3.美国上市条件

美国上市条件详见表5-4。

表5-4　美国上市条件

	纽约证券交易所	（纽约）全美证券交易所	（华盛顿）纳斯达克全国板股市	（华盛顿）纳斯达克小板股市
净资产	4000万美元	400万美元	600万美元	500万美元
市值（总股本乘以股票价格）	1亿美元	3000万美元		3000万美元
最低净收入				75万美元
税前收入	1亿美元（最近两年每年不少于2500万美元）	75万美元	100万美元	
股本		400万美元		
最少公众流通股数	250万	100万或50万	110万	100万

续表

	纽约证券交易所	（纽约）全美证券交易所	（华盛顿）纳斯达克全国板股市	（华盛顿）纳斯达克小板股市
流通股市值	1 亿美元	300 万美元	800 万美元	500 万美元
申请时最低股票价格	N/A	3 美元	5 美元	4 美元
公众持股人数每人 100 股以上	5000 人	400 人	400 人	300 人
经营年限	连续 3 年盈利	2 年经营历史		1 年或市值 5000 万美元

资料来源：微峰资本：《中美两国六地七交易所上市条件对比（2018 年最新版）》，2018 年 2 月 27 日。

3. 中国企业在中国内地、中国香港、美国上市优、劣势比较

具体比较详见表 5-5。

表 5-5 中国企业在中国内地、中国香港、美国上市优、劣势比较

	中国内地	中国香港	美 国
优势	（1）发行价格与再融资优势。第一，境内发行风险较低。境内外市场在供求关系上存在很大不同，在境内发行的股票能够得到境内投资者的踊跃认购。尤其是中小企业在境外发行股票，往往存在没有足够投资者认购的风险，甚至可能出现发行失败。第二，本土投资者对公司的运作环境和产品更为了解，公司股票的价值容易得到真实的反映。	（1）优越的地理位置。中国香港和中国大陆的深圳接壤，两地只有一线之隔，是 3 个海外市场中最接近中国的一个，在交通和交流上获得了不少的先机和优势。（2）中国香港与中国大陆特殊的关系。中国香港虽然在 1997 年主权才回归中国，但港人无论在生活习性和社交礼节上都与内地中国居民差别不大。随着普通话在中国香港的普及，港人和内地居民在语言上的障碍也已经消除。因此，从心理情结来说，中国香港是最能为内地企业接受的海外市场。	（1）证券市场的多层次多样化可以满足不同企业的融资要求。在 OTCBB 柜台挂牌交易对企业没有任何要求和限制，只需要 3 个券商愿意做市即可，企业可以先在 OTCBB 买壳交易，等满足上市条件后再申请升级转板。（2）证券市场规模大。美国证券市场的规模是中国香港、新加坡乃至世界任何一个金融市场所不能比拟的，在美国上市，企业融集到的资金无疑要比其他市场要多得多。（3）高市盈率、高换手率。美国股市极高的换手率，市盈率；大量的游资和风险资金；崇尚冒险的投资意识等特点吸引中国企业。（4）资金来源广。美国资本市场汇集了全世界的资金，对任何一家懂得游戏规则，并有华尔街关系的好公司来说，融资的机会和空间极大，并且再融资不受限制。

中国内地	中国香港	美　国

优势	第三,本土投资者对公司的认知,有利于提高公司股票的流动性,因而境内公司股票的平均日换手率远远高于在境外上市的中国公司股票。 (2)融资优势。 第一,境内首发具有融资金额优势。由于市场情况的区别及投资者认同度的不同,境内发行的价格相对较高; 第二,具有再融资优势。上市公司再融资比较容易。由于境内上市的股票市盈率高,中小企业发行市盈率一般在23倍左右,发行价格是境外市场的几倍,而且因为流动性强,为公司实施再融资创造了条件。并且由于股价较高,在融资额相同情况下,发行新股数量较少,有利于保证原有股东的控股地位。 (3)广告宣传优势。 在境内发行上市,将大大提高公司在国内的知名度。 第一,境内上市是企业品牌建设的一个重要内容。成为境内上市公司,本身就是荣誉的象征。境内资本市场对企业资产质量、规模、盈利水平具有较高的要求,被选择上市的企业应该是质地优良、有发展前景的公	(3)中国香港的金融地位。中国香港在亚洲乃至世界的金融地位也是吸引内地企业在其资本市场上市的重要筹码。虽然中国香港经济在1998年经济危机后持续低迷,但其金融业在亚洲乃至世界都一直扮演重要角色。中国香港的证券市场是世界十大市场之一。 (4)在中国香港实现上市融资的途径具有多样化。 在中国香港上市,除了传统的首次公开发行(IPO)之外(其中包括红筹和H股两种形式,两者主要区别在于注册地的不同),还可以采用反向收购(Reverse Merger),俗称买壳上市的方式获得上市资金	(5)极高的公司市值。美国市场崇拜高品质、高成长率的企业。除国内的A股市场外,美国市场迄今仍是全世界市盈率最高的市场。标准普尔的平均市盈率是24—26倍,纳斯达克高科技股为30—40倍。而香港、新加坡仅仅是8—10倍。在美国能以更高的市盈率筹到更多的资金。如中国三大网站(新浪、网易和搜狐),在股市连续三年不景气的情况下依然冲刺到10亿美元以上的市值,雅虎、亚马逊等均享有接近200亿美元的市值,美国股市赋予成长型公司高市值。成长型企业愿意选择美国股市,尤其是在纳斯达克NASDAQ市场挂牌。 (6)极大的市场流通量。由于资金充足、体制健全,美国股市是世界上最大和最流通的市场。 (7)成熟而有经验的投资者。美国市场以基金为最主要的投资者,上市公司可以获得一批成熟和有经验的股东,并且有相当稳定的高市值。 (8)严谨的法律,极高的透明度。对于注重企业长期发展、正规化和国际化的大型上市公司,美国股市的法律保障和透明度,会产生深远的影响,这不仅能提升公司的形象和内部文化,更能吸引更多有信心的世界级投资者。 (9)借壳上市操作时间短。通过借壳上市的方式在美国国家级市场挂牌,从正式签署协议算起,最长需要6个月,短的只需要3个半月

续表

	中国内地	中国香港	美　国
	司,这在一定程度上可以表明企业的竞争力,无疑将大大提高企业形象; 第二,中国境内近期几乎全民炒股,对于产品市场主要在国内的企业来说,在境内上市可以让更多的人了解公司及其产品,建立信任度,为公司的各项业务活动带来便利		
劣势	(1)审核过程长。现阶段实行的是审核制。由企业向中国证监会提出上市申请,由中国证监会对企业的上市资格进行审核,符合条件的给予上市。由于申请上市的企业众多,而证监会每年审核批准上市的公司又局限在一定的数量,因此就造成了企业上市必须经过漫长的等待审核过程。 (2)上市门槛高。《公司法》规定的企业上市的要求,尤其是对股本方面的要求是很多中小企业无法达到的。而新推出的中小企业板块,虽说是为中小企业服务,但其实上市的门槛并没有降低太多,甚至没有降低。 (3)上市费用并不低廉。在很多企业印象中,在中国本土上市所需要的费用应该是最低的。但实	(1)资本规模较小。中国香港的证券市场总市值大约只有美国纽约证券交易所(NYSE)的 1/30,纳斯达克(NASDAQ)的 1/4,股票年成交额也远远低于纽交所和纳斯达克。 (2)市盈率低。中国香港证券市场的市盈率很低,大概只有 15,而在纽约证券交易所,市盈率一般可以达到 30 以上,在 NASDAQ 也有 20 以上。这意味着在中国香港上市,相对美国来说,在其他条件相同的情况下,募集的资金要小很多。 (3)股票换手率低。中国香港证券市场的换手率大约只有 55%,比 NASDAQ 300% 以上的换手率要低得多,同时也比纽约所的 70% 以上的换手率要低。表明在中国香港上市后要进行股份退出相对较困难	(1)中美在地域、文化和法律上的差异。很多中国企业不考虑在美国上市的原因,是因为中美两国在地域、文化、语言以及法律方面存在着巨大的差异,企业在上市过程中会遇到不少这些方面的障碍。因此,华尔街对大多数中国企业来说,似乎显得有点遥远和陌生。 (2)企业在美国获得的认知度有限。除非是大型或者是知名企业,企业在美国资本市场获得的认知度相比在中国香港或者新加坡更有限。"中国概念"对该局面改善有一定提升。 (3)上市费用相对较高。如果在美国选择 IPO 上市,费用可能会相对较高,但如果选择买壳上市,费用则会降低不少

续表

中国内地	中国香港	美　　国
际上,在本土上市的费用并不低廉。基于对已经上市的公司的统计,在中国上市的平均前期费用大约为1500万元人民币,这几乎与在中国香港和美国等海外资本市场上市的费用没有太大区别		

资料来源:微峰资本:《中美两国六地七交易所上市条件对比(2018年最新版)》,2018年2月27日。有删减。

第二节　场外市场①

我国文化产业处于蓬勃发展阶段,大部分文化企业都处于初创期和成长期,经济活动十分活跃。对于这部分中小微文化企业来说,其融资渠道少、融资成本高,尤其是在针对文化企业的间接融资渠道包括银行、小额贷款等还未完全畅通的情况下,鉴于场外市场并未明确针对文化企业设置特定的准入门槛特点,将场外市场作为中小微文化企业的直接融资对接和服务平台显得尤为重要。本节主要对进入新三板和四板市场的相关规则和流程进行简要介绍。

一、基础条件

(一)新三板

根据《国务院关于全国中小企业股份转让系统有关问题的决定》和中国证监会《关于进一步推进全国中小企业股份转让系统发展的若干意见》精神,2016年5月27日,全国中小企业股份转让系统制定了《全国中小企业股份转让系统

---

① 本节选自杜坤伦:《资本的阶梯——中小微企业场外市场挂牌融资理论与实务》,人民出版社2016年版,部分内容有删改。

挂牌公司分层管理办法(试行)》(以下简称《分层管理办法》),规定自 2016 年 6 月 27 日起,正式对挂牌公司实施分层管理,这对新三板挂牌公司提出了更具体细化的要求。

1. 市场分层的准入指标

截至 2016 年 6 月,新三板市场分为基础层和创新层两个层次,进入创新层需要符合三个标准中的任意一个(见表 5-6),并随着实践的深入,相关指标也将做相应的修订和完善。

表 5-6　新三板创新层准入条件

任选条件	标准1	1. 最近两年的净利润均不少于 1000 万元; 2. 最近两年加权平均净资产收益率平均不低于 8%; 3. 净利润的计算,以扣除非经常性损益前后孰低者为计算依据; 4. 股本总额不少于 2000 万元
	标准2	1. 最近两年营业收入连续增长,且年均复合增长率不低于 50%; 2. 最近两年营业收入平均不低于 6000 万元; 3. 股本不少于 2000 万股
	标准3	1. 最近有成交的 60 个做市或者竞价转让日的平均市值不少于 6 亿元; 2. 股本总额不少于 5000 万元; 3. 采取做市转让方式的,做市商家数不少于 6 家
必备条件	融资与交易	最近 12 个月完成过股票发行融资,且融资额累计不低于 1000 万元;合格投资者不少于 50 人
	公司治理	1. 公司治理健全,股东大会、董事会和监事会制度、对外投资管理制度、对外担保管理制度、关联交易管理制度、投资者关系管理制度、利润分配管理制度和承诺管理制度完备。 2. 公司设立董事会秘书并作为公司高级管理人员,董事会秘书取得全国股转系统董事会秘书资格证书
	合法合规经营	最近 12 个月不存在以下情形: 1. 挂牌公司或其控股股东、实际控制人,现任董事、监事和高级管理人员因信息披露违规、公司治理违规、交易违规等行为被全国股转公司采取出具警示函、责令改正、限制证券账户交易等自律监管措施合计 3 次以上的,或者被全国股转公司等自律监管机构采取了纪律处分措施。 2. 挂牌公司或其控股股东、实际控制人,现任董事、监事和高级管理人员因信息披露违规、公司治理违规、交易违规等行为被中国证监会及其派出机构采取行政监管措施或者被采取行政处罚,或者正在接受立案调查,尚未有明确结论意见。 3. 挂牌公司或其控股股东、实际控制人,现任董事、监事和高级管理人员受到刑事处罚,或者正在接受司法机关的立案侦查,尚未有明确结论意见

续表

信息披露		1. 在会计年度结束之日起 4 个月内编制并披露年度报告； 2. 最近一个会计年度经审计的期末净资产不为负值； 3. 最近两个会计年度的财务会计报告被会计师事务所出具标准无保留意见的审计报告； 4. 按照标准 2 进入创新层的挂牌公司，最近三个会计年度的财务会计报告被会计师事务所出具标准无保留意见的审计报告

资料来源：根据《全国中小企业股份转让系统挂牌公司分层管理办法》整理。

除了上述三个任选其一的标准外，进入创新层的挂牌公司还需要在融资与交易的活跃性、公司治理的规范性，以及合法合规经营等方面符合要求。其中最重要的条件是最近 12 个月完成过股票发行融资，且融资额累计不低于 1000 万元，合格投资者不少于 50 人。

2. 市场分层的运行与创新层维持条件①

在市场分层后的运行中，创新层、基础层挂牌公司的证券转让行情和信息披露文件实行分别揭示。创新层挂牌公司每年调整一次。已进入创新层的挂牌公司，维持在创新层的资格，既需要符合盈利条件、营业收入条件和交易活跃度条件三个基本条件之一，还需要同时满足合格投资者不少于 50 人，以及公司治理、信息披露等方面的规范条件。

新三板创新层挂牌公司维持条件，详见表 5-7。

表 5-7　新三板创新层挂牌公司维持条件

任选条件	标准 1	1. 最近两年的净利润均不少于 1000 万元； 2. 最近两年加权平均净资产收益率平均不低于 8%； 3. 净利润的计算，以扣除非经常性损益前后孰低者为计算依据； 4. 股本总额不少于 2000 万元
	标准 2	1. 最近两年营业收入连续增长，且年均复合增长率不低于 50%； 2. 最近两年营业收入平均不低于 6000 万元； 3. 股本总额不少于 2000 万元
	标准 3	1. 最近有成交的 60 个做市或者竞价转让日的平均市值不少于 6 亿元； 2. 股本总额不少于 5000 万元； 3. 采取做市转让方式的，做市商家数不少于 6 家

---

① 中国证监会官方网站，见 www.csrc.gov.cn。

续表

必备条件	合格投资者	合格投资者不少于 50 人
	公司治理	与挂牌公司进入创新层的公司治理条件相同
	合法合规经营	与挂牌公司进入创新层的合法合规经营条件相同
	信息披露	与挂牌公司进入创新层的信息披露条件相同

资料来源:根据《全国中小企业股份转让系统挂牌公司分层管理办法》整理。

　　维持条件的设计逻辑和部分指标与准入条件保持一致,这样的制度安排,考虑到中小微企业成长周期的规律、经营业绩不稳定以及股票交易的波动性带来市值不稳定等因素,符合市场发展规律,提高了创新层的稳定性。

(二)四板市场

　　区域性股权市场的发展应当按照《关于规范证券公司参与区域性股权交易市场的指导意见(试行)》(中国证监会公告〔2012〕20 号)(以下或简称 20 号文)、《关于金融支持小微企业发展的实施意见》(国办发〔2013〕87 号)、《关于进一步促进资本市场健康发展的若干意见》(国发〔2014〕17 号)、《区域性股权市场监督管理试行办法》(中国证监会令第 132 号)和《国务院办公厅关于规范发展区域性股权市场的通知》(国办发〔2017〕11 号)的要求,结合各区域自行制定的相关政策文件和监管要求,明确企业挂牌、审核备案、融资、合格投资者、信息披露、内控制度等相关业务规则。

　　由于区域性股权市场发展参差不齐,对企业也有不同的要求。在设立形式上,部分市场不要求挂牌企业一定是股份有限公司,对有限责任公司等主体放宽了要求;在财务要求上,大部分区域性股权市场进行了市场分层,其中,要求最高的层级一般作为进入场内市场的培育层,可以达到接近创业板的财务要求;在信息披露上,通常是鼓励企业自主披露,层级越高,要求披露的信息越充分。由于区域性股权市场在全国较多且分散,现以前海股权交易中心和重庆股份转让中心为例,对企业挂牌条件进行介绍。

　　1. 前海股权交易中心

　　从服务范围上看,前海股权交易中心是针对全球范围内的企业,其为挂牌企业设计了标准板、孵化板、海外板三个板块,见表 5-8,其中,海外板是针对注册地为海外地区的企业。前海股交中心对孵化板要求宽松,但对标准板和海外板的盈利指标要求较高,其定位为场内市场和境外资本市场的培育篮。

表 5-8　前海股权交易中心挂牌条件

		标准板	孵化板	海外板
前海股权交易中心	非上市企业存续期满一年,并且满足下列四项标准之一,即可在前海股权交易中心挂牌		在中华人民共和国境内依法注册成立并合法存续的公司,企业或其他合法组织,并满足如下要求,可申请在中心孵化板挂牌: 1. 固定的办公场所。 2. 满足企业正常运作的人员。 3. 合法有效的营业执照或其他合法执业证照。 4. 不存在重大违法违规行为或被国家相关部门予以严重处罚。 5. 企业的董事、监事、经营管理人员不存在《公司法》第一百四十六条所列属的或违反国家其他相关法律法规的情形。 6. 中心认定的其他情形	申请在中心海外板块挂牌的企业,应自成立之日起合法存续满 12 个月。有限责任公司按原账面净资产值折股整体变更为股份有限公司的,存续时间可从有限责任公司成立之日起计算。财务指标折算成人民币后应满足下列条件之一: 1. 最近 12 个月的净利润累计不少于 300 万元。 2. 最近 12 个月的营业收入累计不少于 2000 万元;或最近 24 个月营业收入累计不少于 2000 万元,且增长率不少于 30%。 3. 净资产不少于 1000 万元,且最近 12 个月的营业收入不少于 500 万元
	盈利指标	最近 12 个月的净利润累计不少于 300 万元		
	营业收入 + 成长指标	最近 12 个月的营业收入累计不少于 2000 万元;或最近 24 个月的营业收入累计不少于 2000 万元,且增长率不小于 30%		
	净资产 + 营业收入指标	净资产不少于 1000 万元,且最近 12 个月营业收入不少于 500 万元		
	金融机构增信指标	最近 12 个月银行贷款 100 万元以上;或投资机构股权投资达 100 万元以上		

资料来源:根据前海股权交易中心官网公告的相关规则整理。

2. 重庆股份转让中心

重庆股份转让中心对企业挂牌条件进行了细化,将大板块分为孵化板和成长板,孵化板基本上是合法合规设立的企业即可挂牌,而成长板则进一步细分为了优先市场板块、标准市场板块和新兴市场板块,对挂牌主体和存续期、挂牌财务指标、中介机构要求等做出了依次递减的详尽要求,见表 5-9。

表 5-9 重庆股份转让中心挂牌条件

重庆股份转让中心	成长板			孵化板
	优先市场板块	标准市场板块	新兴市场板块	
	挂牌主体及存续期:作为股份公司存续满1个会计年度(有限责任公司按原账面净资产值折股整体变更为股份有限公司的,存续期间可以从有限责任公司成立之日起计算)。挂牌指标:实收资本金额不低于500万元,有限责任公司整体变更为股份有限公司的,股改基准日经审计的账面净资产不低于500万元。满足以下标准中的任意一条:1.年收入3000万元或最近2年累计收入5000万元以上2.年净利润300万元或最近2年累计净利润500万元以上。3.经审计账面净资产3000万元以上。中介机构要求:证券公司、会计师事务所、律师事务所参与,证券公司作为财务顾问	挂牌主体及存续期:作为股份公司存续满12个月(有限责任公司按原账面净资产值折股整体变更为股份有限公司的,存续期间可以从有限责任公司成立之日起计算)。挂牌指标:实收资本金额不低于500万元,有限责任公司整体变更为股份有限公司的,股改基准日经审计的账面净资产不低于500万元。中介机构要求:至少有会计师事务所和律师事务所参与,可选证券公司作为财务顾问,或者投资机构、银行、会计师事务所、律师事务所做推荐机构	挂牌主体及存续期:作为股份公司挂牌,存续期无要求。挂牌指标:实收资本金额不低于500万元,有限责任公司整体变更为股份有限公司的,股改基准日经审计的账面净资产不低于500万元。中介机构要求:至少有会计师事务所和律师事务所参与,企业自行申报挂牌材料。可选证券公司做财务顾问或者投资机构、银行、会计师事务所、律师事务所做推荐机构	挂牌主体及存续期:不限。挂牌指标:企业存在下列情况之一的,不得在报价系统挂牌:1.无固定的办公场所。2.无满足企业正常运作的人员。3.企业被国家有关部门吊销营业执照或其他合法执业证照。4.存在重大违法违规行为或被国家相关部门予以严重处罚。5.企业的董事、监事、经营管理人员存在《公司法》第一百四十六条所列属的或违反国家其他相关法律法规的情形。中介机构要求:推荐机构

资料来源:根据重庆股份转让中心官网规则整理。

二、推进程序

（一）新三板

根据《非上市公众公司监督管理办法》和《国务院关于全国中小企业股份转让系统有关问题的决定》的总体要求，以及《全国中小企业股份转让系统业务规则(试行)》规定的挂牌条件、《全国中小企业股份转让系统股票挂牌条件适用基本标准指引》对挂牌条件的细化标准、《全国中小企业股份转让系统挂牌公司分层管理办法》等要求，新三板挂牌企业通常需经历如图 5-3 的推进程序实现挂牌。

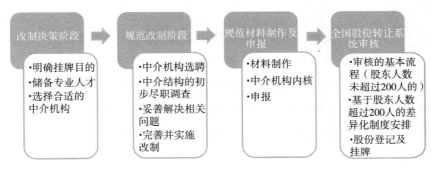

图 5-3　企业挂牌新三板流程图

（二）四板市场

从各地区域性股权中心的挂牌、融资工作流程来看，大致可分为两种：一种是中心自身提供挂牌、融资相关服务，以前海股权交易中心为例进行介绍；另一种是中心提供平台，第三方机构参与挂牌、融资服务，以天府(四川)联合股权交易中心①为例进行介绍。

1. 中心自身提供服务模式

中心自身提供挂牌、融资相关服务，企业挂牌、融资等一系列事项均由中心

---

① 天府(四川)联合股权交易中心是由四川、西藏联合组建的前成都(川藏)股权交易中心于 2017 年 6 月 12 日更名而来，开设科技金融、一带一路、军民融合、双创企业四大特色板块。

的工作人员参与其中,直接为企业提供服务,第三方中介机构不直接为企业提供服务。

(1)股权融资工作流程。企业提交相应符合条件的证明文件进行申请,要求企业处于初创期、发展期、快速成长发展阶段,且有股权融资需求,具有清晰可行的商业模式和盈利模式。

中心对符合基本条件的企业组织尽职调查,为企业设计融资方案,进行企业估值,完成这一系列工作后,为企业组织项目推介等相关活动。其业务流程如图5-4。

图5-4 前海股权交易中心股权融资业务流程图

资料来源:前海股权交易中心网站,2015年12月31日,见 https://www.qhee.com/。

(2)私募债工作流程。企业进行在线申请,提交相应符合条件的证明文件,要求企业连续经营三年以上;最近两年持续盈利;最近一期末净资产不低于人民币1亿元;负债率不超过50%;符合国家的产业和行业政策。需提供资料有:企业营业执照副本、组织机构代码证副本及税务登记证副本复印件;企业法定代表人身份证明文件复印件;企业最近三个会计年度的财务报告;中心要求的其他申请材料。

中心对符合基本条件的企业做方案设计,完成备案手续,发行债券。其业务流程如图5-5。

图5-5 前海股权交易中心发行私募债业务流程图

资料来源:前海股权交易中心网站,2015年12月31日,见 https://www.qhee.com/。

2. 第三方机构参与服务模式

由区域性股权交易中心提供平台,第三方机构参与企业的挂牌、融资服务。中心本身只提供平台化的服务,对企业的专业性服务,交由第三方机构对企业进行尽职调查后提供相关资料。中介机构是重要的市场参与者,证券公司和投资机构等为企业提供专业化的融资方案设计服务,会计师事务所为企业出具审计报告,律师事务所为企业梳理历史沿革并出具法律意见书,如需提供增信措施尚需担保机构、资产评估机构或资信评估机构等参与。

其工作流程一般包括:企业了解交易中心功能后,进行内部决策程序;选择、确定推荐机构和相关中介服务机构;由推荐机构牵头组织律师事务所、会计师事务所对企业进行尽职调查,制作并提交相应备案申请材料;中心相关部门对材料进行审核、反馈;经专家委员会审核通过的,进行融资信息披露,实施融资方案,如若涉及股权融资,需办理相关托管手续。中心为挂牌企业举行路演活动,为企业提供向投资者展示自身优势与特色的服务,增加企业融资成功率。以天府(四川)联合股权交易中心为例,展示板的挂牌审核流程,融资板和交易板的挂牌、融资审核流程分别如图 5-6 和图 5-7 所示。

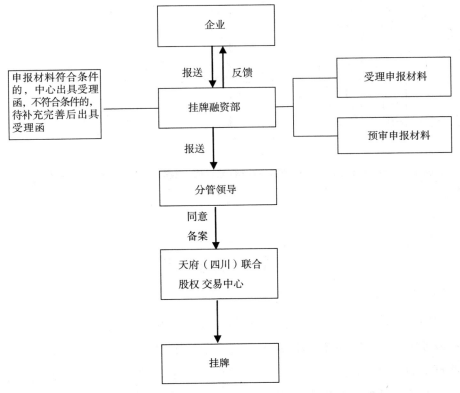

图 5-6 天府(四川)联合股权交易中心展示板挂牌审核流程图

资料来源:根据天府(四川)联合股权交易中心相关业务制度整理。

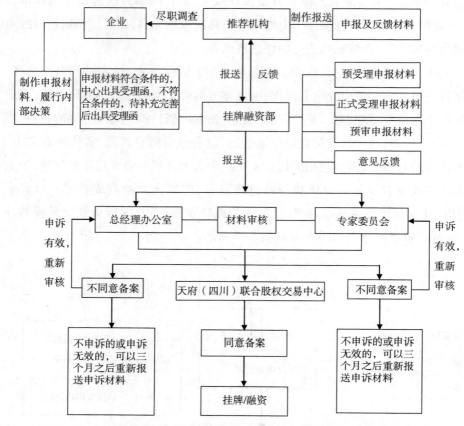

图5-7 天府(四川)联合股权交易中心融资板、交易板挂牌、融资审核流程图

资料来源:根据天府(四川)联合股权交易中心相关业务制度整理。

第三节 并购重组

中国是全球第二大并购市场,而并购重组的主要渠道是资本市场。由于我国产业发展水平不断提高,鼓励政策不断出台,行政审批制度不断改革,企业对并购重组的认识不断加深,资本市场对并购重组不断推进,并购浪潮已初具雏形。并购重组呈现三大特点:一是由整体上市与借壳上市为主,转变为产业整合为主;二是跨境并购比例不断提升;三是由以国企整合为主,变为民营企业市场化并购日趋活跃,国企主动参控民营企业的"反向混改"创新案例不断推陈出新。在文化产业领域,不少互联网、房地产巨头投入大量资金进行海内外并购,进行产业链的延伸和跨领域的结合发展,对提高文化行业集中度,改善产业结构,实现资源的再配置起到了重要作用,也取得了显著成效。

2017年,境内并购(交易买方及标的方均为境内公司)和出境并购(交易买方为境内公司,标的方为境外公司),以完成日为基准,2017年发生4175单,较2016年3021单增加1154单,增长38.20%;交易金额为1.62万亿元,较2016年1.69万亿元略有下降。以公告日为基准,2017年发生8173单,较2016年5192单增加2981单,增长36.43%;交易金额为2.77万亿元,低于2016年的3.18万亿元。上市公司仍是并购重组市场的核心力量,2017年上市公司并购重组交易金额为2.3万亿元,其中,上市公司为交易买方的交易金额1.7万亿元,上市公司为交易卖方的交易金额0.6万亿元。[①] 2017年,文化传媒行业并购宣布案例数量274起,完成166起,已披露宣布并购金额共431.26亿元,完成并购金额171.26亿元。[②]

一、基础条件

(一)概念界定

并购指合并与收购,合并分为吸收合并、新设合并以及控股合并;收购包括股权收购、资产收购等。股权收购是指收购目标公司的股权以达到控制的目的,收购前后,双方法人资格不发生任何更改,只是被收购方的控制权发生了转移,即收购方控股了被收购方。

上市公司收购是指收购人通过直接(直接取得股份)或间接(投资关系、协议等)的方式获得上市公司控制权的行为。收购上市公司股份的主要方式包括协议收购和要约收购两种,协议收购是指并购双方不通过交易所,直接磋商达成

---

① 参见深交所创业企业培训中心:《2017年并购重组白皮书》,2018年2月2日,见 http://www.sohu.com/a/220487519_720186。

② 参见张旭:《投中统计:2017年文化传媒市场趋于理性,影视投资热度不减》,2018年1月18日,见 https://www.chinaventure.com.cn/cmsmodel/report/detail/1370.shtml。

并购协议,并实现目标公司的股权转让;要约收购是指并购公司通过交易所的证券交易,向目标公司发起收购要约,获取目标公司的股权。要约收购需经中国证监会核准。在向中国证监会申报之前,企业应合理进行方案设计,完成并购重组前期磋商,并履行董事会、股东大会等必要决策程序。

通常,并购活动伴随着资产重组,因此合称为并购重组。对于上市公司而言,购买、出售资产达到以下四个方面其中一种的,即构成重大资产重组:"一是购买、出售的资产总额占上市公司最近一个会计年度经审计的合并财务会计报告期末资产总额的比例达到50%以上;二是购买、出售的资产在最近一个会计年度所产生的营业收入的比例达到50%以上;三是购买、出售的资产净额占上市公司最近一个会计年度经审计的合并财务会计报告期末净资产的比例达到50%以上,且超过5000万元人民币[①];四是虽未达到以上标准,但可能损害上市公司或投资者合法权益的资产重组,应按照审慎监管原则报送相应材料。"

(二)主体选择[②]

1.主体选择模式

并购主体选择不仅会影响并购的规模、速度,还会影响后续资金、资产配套使用效率,进而影响并购结果和绩效。上市公司并购的主体选择模式主要有四种:一是以上市公司为主体直接进行并购;二是由大股东成立子公司作为主体,并配套注入资产;三是由大股东出资成立产业并购基金作为并购主体,并配套注入资产;四是由上市公司出资成立产业并购基金作为主体,未来配套注入资产。

2.四种模式比较

四种模式各有优缺点,第一种模式较直接,可通过股票、现金或股票与现金相结合的方式支付,目标公司被并购后的损益直接显示于并购方的财务报表中,但这种方式在上市公司市值较低的情况下,如果以发行股票作为支付方式,则对上市公司的股权稀释较多,若被并购公司亏损,则会影响上市公司在资本市场的股价表现。第二种模式不直接稀释上市公司股权,待被收购公司运营良好时可随时考虑将其注入上市公司,实现股权增值,但这种方式需要控股股东投入较多

---

① 中国证监会:《上市公司重大资产重组管理办法》(证监会令第53号),2008年4月16日。
② 参见程娟:《并购主体不一定非用本企业:还有多种方式可选择》,《中国机电工业》2014年第5期。

资金,并成立专门的并购团队管理并购项目,上市公司待条件成熟时实施并购后,才通过这一交易对财务报表产生积极影响。同时,注入后续股权或资产时,上市公司大股东作为关联股东需要回避表决,构成了资产注入的不确定性。第三种模式较第二种来说,不需大股东出资太多,可通过撬动更多社会资本展开产业并购投资,与专业投资基金管理公司合作设计并购结构,但这种模式依赖大股东的品牌影响力和资信状况,对其出资启动能力有一定要求。第四种模式则可利用上市公司的信誉和影响力撬动社会资本和政府资本,共同孵化培育优质企业用于未来的资产注入,并且未来可将目标公司的业绩合并进入财务报表,这种产融结合的模式正在我国逐渐发展。

3. 上市公司参与的产业并购基金

主要有三种模式:一是与证券公司联合设立并购基金,比如华泰证券先设立了华泰瑞联基金管理有限公司,之后由华泰瑞联发起设立了北京华泰瑞联并购基金中心,吸引了爱尔眼科(300015)、蓝色光标(300058)、掌趣科技(300315)等多家上市公司参与;二是联手PE设立并购基金,比如康得新(002450)与控股股东康得投资以及森煜投资等合作设立面向新能源电动车、智能化新材料等领域产业投资基金;三是联合银行业成立并购基金,比如东方园林(002310)与民生银行建立战略合作,双方设立并购基金为东方园林选取上下游产业链并购标的进行收购和培育。

(三)管理规范

2014年3月,国务院印发《关于进一步优化企业兼并重组市场环境的意见》(国发〔2014〕14号),要求通过加快推进审批制度改革、改善金融服务、落实和完善财税政策、完善土地管理和职工安置政策、加强产业政策引导、加强服务和管理、健全企业兼并重组的体制机制等措施,积极推动企业并购发展,形成企业并购的良性发展环境。在文化企业的并购重组方面,相关部门发布文件大力支持,以帮助文化企业通过并购整合资源,破除行业和区域壁垒,形成大文化产业:

2009年7月22日,由国务院常务会议审议通过的《文化产业振兴规划》提出,"要推动文化产业跨地区、跨行业联合或重组,尽快壮大企业规模"。

2010年4月8日,中共中央宣传部、中国人民银行、财政部、文化部、国家广电总局、新闻出版总署、银监会、证监会、保监会联合发布《关于金融支持文化产业振兴和发展繁荣的指导意见》(银发〔2010〕94号),构造出金融支持文化产业发展的总体框架,提出"积极开展对上下游企业的供应链融资,支持企业开展并购融资,促进产业链整合,并鼓励已上市的文化企业通过公开增发、定向增发等再融资方式进行并购和重组"。

2013年11月,中共十八届三中全会提出要推进文化体制机制创新,推进国有经营性文化单位转企改制,并推动文化企业跨地区、跨行业、跨所有制兼并重组,提高文化产业规模化、集约化、专业化水平。

2014年3月17日,文化部、中国人民银行、财政部发布了《关于深入推进文化金融合作的意见》(文产发〔2014〕14号),提出了细化的文化金融融合支持意见,明确提出"要支持文化企业通过资本市场上市融资、再融资和并购重组,鼓励文化企业并购重组,实现文化资本跨地区、跨行业、跨所有制整合",并积极支持文化企业海外并购、境外投资。

我国有关并购重组的管理规则体系详见表5-10。

表5-10 我国有关并购重组的规则体系汇总表

法　律	《公司法》《证券法》
部门规章	1. 基本要求 (1)《上市公司重大资产重组管理办法》(中国证券监督管理委员会令第127号,2016年9月8日修订,2014年11月23日实施) (2)《上市公司收购管理办法》(中国证券监督管理委员会令第108号,2014年10月23日发布,2014年11月23日实施) (3)《非上市公众公司重大资产重组管理办法》(中国证券监督管理委员会令第103号,2014年7月23日起实施) (4)《非上市公众公司收购管理办法》(中国证券监督管理委员会令第102号,2014年7月23日起实施) 2. 跨境并购 (1)《关于外国投资者并购境内企业的规定》(商务部令2009年第6号,2009年6月22日发布并实施) (2)《外国投资者对上市公司战略投资管理办法》(商务部、中国证券监督管理委员会、国家税务总局、国家工商总局、国家外汇管理局令2005年第28号,2005年12月31日发布,2006年1月31日实施)等
规范性文件	1.《关于规范上市公司重大资产重组若干问题的规定》(中国证券监督管理委员会公告〔2016〕17号,2016年9月9日修订、发布并实施) 2.《中国证券监督管理委员会关于在借壳上市审核中严格执行首次公开发行股票上市标准的通知》(证监发〔2013〕61号,2013年11月30日发布并实施)

续表

法　律	《公司法》《证券法》
规范性文件	3. 证券期货法律适用意见 （1）第 7 号——《上市公司收购管理办法》第六十二条有关上市公司严重财务困难的适用意见（中国证券监督管理委员会公告〔2011〕1 号,2011 年 1 月 10 日发布并实施） （2）第 8 号——《上市公司收购管理办法》第六十二条、第六十三条有关要约豁免申请的条款发生竞合时的适用意见（中国证券监督管理委员会公告〔2011〕2 号,2011 年 1 月 17 日发布并实施） （3）第 9 号——《上市公司收购管理办法》第七十四条有关通过集中竞价交易方式增持上市公司股份的收购完成时点认定的适用意见（中国证券监督管理委员会公告〔2011〕3 号,2011 年 1 月 17 日发布并实施） （4）第 10 号——《上市公司重大资产重组管理办法》第三条有关拟购买资产存在资金占用问题的适用意见（中国证券监督管理委员会公告〔2011〕4 号,2011 年 1 月 17 日发布并实施） （5）第 11 号——《上市公司重大资产重组管理办法》第十二条上市公司在 12 个月内连续购买、出售同一或者相关资产的有关比例计算的适用意见（中国证券监督管理委员会公告〔2011〕5 号,2011 年 1 月 17 日发布并实施） （6）第 12 号——《上市公司重大资产重组管理办法》第十四条、第四十四条的适用意见（中国证券监督管理委员会公告〔2016〕18 号,2016 年 9 月 8 日修订、发布并实施） 4. 上市公司监管指引 （1）第 1 号——上市公司实施重大资产重组后存在未弥补亏损情形的监管要求（中国证券监督管理委员会公告〔2012〕6 号,2012 年 3 月 23 日发布并实施） （2）第 2 号——上市公司募集资金管理和使用的监管要求（中国证券监督管理委员会公告〔2012〕44 号,2012 年 12 月 19 日发布并实施） （3）第 3 号——上市公司现金分红（中国证券监督管理委员会公告〔2013〕43 号,2013 年 11 月 30 日发布并实施） （4）第 4 号——上市公司实际控制人、股东、关联方、收购人以及上市公司承诺及履行（中国证券监督管理委员会公告〔2013〕55 号,2013 年 12 月 27 日发布并实施） 5. 公开发行证券的公司信息披露内容与格式准则 （1）第 15 号——权益变动报告书（2014 年修订）（中国证券监督管理委员会公告〔2014〕24 号,2014 年 5 月 28 日发布并实施） （2）第 16 号——上市公司收购报告书（2014 年修订）（中国证券监督管理委员会公告〔2014〕25 号,2014 年 5 月 28 日发布并实施） （3）第 17 号——要约收购报告书（2014 年修订）（中国证券监督管理委员会公告〔2014〕52 号,2014 年 12 月 24 日发布并实施） （4）第 19 号——豁免要约收购申请文件（2006 年修订）（证监公司字〔2006〕156 号,2006 年 8 月 4 日发布,2006 年 9 月 1 日实施） （5）第 18 号——被收购公司董事会报告书（2006 年修订）（证监公司字〔2006〕156 号,2006 年 8 月 4 日发布,2006 年 9 月 1 日实施） （6）第 26 号——上市公司重大资产重组（中国证券监督管理委员会公告〔2014〕53 号,2014 年 12 月 24 日发布并实施）

资料来源：根据相关法律法规、规范性文件整理。

二、推进程序

在并购方满足相关法律法规、规章制度以及确定具备并购实力后,并购交易即可拉开序幕。总体来说可分为准备阶段、实施阶段和整合阶段,具体流程如图5-8。

图 5-8 并购重组流程图

根据中介服务机构对标的资产和上市公司的评估和审计工作进展,上市公司可分两次召开董事会,分别审议并购重组预案和草案,也可以只召开一次董事会,直接审议并购重组草案。股东大会需参与会议股东表决权的 2/3 以上通过。若上市公司并购重组业务涉及国有资产部门审核程序,应当在股东大会前取得相应国资部门的批复文件。

(一)准备阶段

1. 组建并购团队

并购活动由核心小组推动,并辅以内部员工和外部专业团队。内部人员主要包括技术/研发、运营、财务、营销、人力资源、法律等员工,外部专业团队主要由投资银行家、战略顾问、律师、会计师、税务专家、人力资源顾问、技术顾问等组成。专业团队需熟知文化企业运作方式,最好具有文化领域相关并购经验,同时内外部人员要互相信任,及时沟通,确保信息对称,实现高效运作。

2. 确定并购战略

企业通过与专业团队合作,在明确宏观政策和行业发展状况的背景下,根据自身资产、经营情况和战略发展定位,分析并购需求,选择并购方向,确定并购标的特征,制定合理的并购模式。

3. 搜寻并购目标

根据企业的并购战略和目的,分析其核心竞争力及缺陷,从资源配置、优势互补和协同作用等角度,借助定性和定量模型,选择合适的并购标的。从定性来讲,应考虑目标公司的经济区位、资产质量和规模、产品的品牌效应等,分析其与并购战略和并购方未来发展方向的契合程度和可行性;从定量来讲,可通过收集目标公司的数据信息,利用 ROI 分析、logit、probit 等模型,选择并购标的。

4. 收购方尽职调查

并购重组是具备高技术含量的经济活动,同时伴随着高风险,为规避由信息不对称带来的风险,充分了解目标公司的价值,判断并购活动是否为并购方带来长期利益,并购方联合专业团队对目标公司进行详尽的尽职调查尤为重要。对目标公司的尽职调查通常包括两个方面[1]:

一是并购的外部法律环境,这是并购的前提。除基本的《公司法》《证券法》外,还要关注涉及国有资产、涉外因素等的特别法规,跨境并购还需关注《反垄断法》以及贸易政策、税收政策、安全审查等方面的国外法规。

二是标的方的基本情况,主要包括以下几个方面:(1)历史沿革问题;(2)主体资格及获得的批准和授权情况;(3)资产状况、业务情况、财务信息、税务事项、人力资源状况;(4)法律纠纷、潜在债务以及资本支出;(5)有关交易事项的专门内容。

尽职调查应启动于初步选定目标公司时,并贯穿于并购交易的整个阶段,从不同角度帮助实现并购交易的顺利推进。

(二)实施阶段

1. 签订并购意向书

并购团队在与并购目标谈判后,签订并购意向书,包括大致的并购方式、支付方式、是否需要获得政府同意、是否需要获得卖方股东大会同意、保密性和排他性条款等,并制定业务整合计划,包括并购后的股权结构安排、投资规模、经营

---

① 参见《史上最完整的企业并购及操作流程(含流程图)》,2016 年 11 月 8 日,见搜狐财经,ht-tp://www.sohu.com/a/118972742_481444。

方针、人员安排等内容,这是获得政府支持和商业银行贷款的关键因素。

2. 方案设计

(1)交易结构设计。并购是交易双方的博弈,交易结构的设计是整个并购活动的顶层设计,通过对目标企业的资产、权益、法律等进行整体规划和安排,对支付对价、支付方式、操作流程进行协商,以寻找平衡各方利益的均衡点,最小化风险和成本,让并购交易能顺利进行。

(2)交易估值与定价。交易估值与定价是并购交易中关注的焦点,关系着各方的利益。估值是定价的基础,目标公司价值判断的主要途径包括账面价值、重置成本、市场价值、营业收入的资本化、企业的非报表价值、清盘价值等,主要采用基于现代价值评估理论的内在价值法、基于市场可比公司的相对价值法和基于资产负债表的资产基础法三种方法进行估值。但由于文化企业收入难预测,不确定性较大,仅通过传统方法估值存在缺陷,而通过引入衡量不确定性的实物期权法可以对传统方法的估值缺陷进行有效补充。而定价是在参考估值结果的基础上,综合考虑其他相关因素,确定最终交易价格。

(3)融资方式。文化企业并购的融资方式有两种,一种是内部融资,另一种是外部融资。内部融资指通过企业生产经营活动积累的自有资金进行对价支付,适用于资金充足,进行小型并购交易的企业;外部融资是指从外部筹集并购资金,主要包括债务融资和权益融资。债务融资不影响控股股东的控制权,不稀释股权,且可以抵扣税费,具有杠杆效益,但债务融资要求企业具有持续还本付息的偿债能力,通常适用于现金流稳定的公司;权益融资通过直接吸收投资、发行股票获得并购资金,不存在还本付息压力,但易稀释股权,不能抵扣税收,融资成本高。对于大型上市文化企业来说,通过公开发行股份募集并购资金较为便利,但对中小型文化企业来说,由于其自身特性导致的盈利不稳定性和难预测性,导致融资成本增加,尤其在我国中小型文化企业直接融资平台建设起步阶段,间接融资对中小型文化企业来说极其困难。

(4)支付手段。并购交易的支付手段包括现金支付、证券支付或两者结合的方式,也可以利用其他资产进行作价支付。现金支付会给公司造成较大的财务压力,适用于资金实力雄厚的公司。证券支付主要分为股票支付和债券支付,股票支付可通过定向增发、以股权换股权等方式;债券支付是指通过向目标公司发行债券方式换取目标公司的股票或资产。证券支付可让双方共担风险,且并购方的资金压力较小。另外,还可以采用土地、有形资产、知识产权等资产的所有权或使用权作价进行支付,但上述资产的交割可能面临较大的税负成本。一般金额较大的并购交易都采用现金支付和证券支付相结合的方法。以下是三种不同支付方式的并购案例。

①现金支付对价

2017 年 3 月,国旅联合股份有限公司(600358)收购北京新线中视文化传播有限公司 51%股权,PE 估值 8.58 倍,并购方全部以现金作为支付对价。标的方业绩承诺 2017 年度、2018 年度、2019 年度净利润分别不低于 3190 万元、4150 万元、5400 万元。

②股权支付对价

2016 年 4 月,恒信移动商务股份有限公司(300081)收购东方梦幻文化产业投资有限公司 100%股权,并购方以 11.83 元/股的价格向标的企业股东发行43478256 股,用于收购标的企业股东持有的标的公司股权。标的方业绩承诺2016 年度、2017 年度、2018 年度、2019 年度净利润不低于 2487 万元、10143 万元、13405 万元、17751 万元。

③股权+现金对价

2016 年 6 月,浙江富润股份有限公司(600070)收购杭州秦一指尚科技有限公司 100%股权,交易对价 120000 万元,P/E 估值 43.82 倍。并购方以 7.5元/股的价格股份支付 99844.80 万元,以现金支付 20155.20 万元。标的方业绩承诺 2016 年度、2017 年度、2018 年度净利润不低于 5500 万元、8500 万元、12200万元。

3. 签订并购合同

通过双方律师起草并购协议,并进行反复讨论、修改并购合同,获得一致认可后,双方即签订并购合同。合同至少要包括并购价款和支付方式、陈述与保证条款、生效、交割、支付和履行条件、资产交割后的步骤和程序、违约赔偿条款和税负、并购费用等其他条款。其中陈述与保证条款是最烦琐的条款,主要内容是约束目标公司、保障并购方权利。

4. 履行并购合同

并购合同的履行并非一步到位,首先并购方支付一定比例的对价,目标公司收到对价后,在一定期限内履行交割义务,完成资产或股权的转让,买方确认后再支付一定比例对价,并在约定期限内支付尾款。

(三)整合阶段

并购后的整合十分关键,涉及权力的更替和利益格局的重建,是并购交易活动成败的关键。整合是指管理、战略、资产、业务、技术、财务、人员等的系统性和整体性安排,以及企业文化的调整和融合,使得并购后的企业能按照既定的战略规划和目标运营,并产生协同效应。并购整合要根据实际情况,进行动态调整。

三、中国证监会审核程序[①]

(一)审核依据

除表 5-10 中的规则体系外,中国证监会上市公司并购重组审核委员会(以下简称"并购重组委")审核以下四种并购重组事项的,适用《中国证券监督管理委员会上市公司并购重组审核委员会工作规程(2014 年修订)》(中国证券监督管理委员会公告〔2014〕15 号,2014 年 4 月 20 日修订、发布并实施):"一是构成上市公司重大资产重组的;二是上市公司以新增股份向特定对象购买资产的;三是上市公司实施合并、分立的;四是中国证监会规定的其他情形。"

(二)审核流程

2013 年 10 月 8 日起,中国证监会实施上市公司并购重组审核分道制,将重大资产重组申请划分为豁免/快速、正常、审慎三条审核通道,实施差异化审核,分道制信息于受理后在"审核类型"一栏公示。收购报告书审核和要约收购义务豁免行政许可项目,以及 2013 年 10 月 8 日前受理的重大资产重组申请不适用分道制。[②]

根据《上市公司并购重组审核工作规程》,并购重组审核主要包括接收、补正、受理、反馈、反馈回复、并购重组委会议和审结 7 个环节,如图 5-9。

---

① 参见《上市公司并购重组审核工作规程》《中国证券监督管理委员会上市公司并购重组审核委员会工作规程(2014 年修订)》,中国证监会官网,见 http://www.csrc.gov.cn。

② 中国证监会官网,见 http://www.csrc.gov.cn。

| 接 收 | 补 正 | 受 理 | 反 馈 | 反馈回复 | 上 会 | 审 结 |

图 5-9 中国证监会审核程序

1. 受理

在信息披露上,上市公司重大资产重组预案的披露纳入信息披露直通车,交易所进行事后审核。申报材料由中国证监会办公厅接收,随后送至上市公司监管部(以下简称"上市部"),当日应完成材料核对和签收,并指定受理审查人员。

审查人员对申报材料进行形式审查,并于 3 个工作日内完成审查、填写受理工作底稿,提出是否受理或补正的建议。补正材料需一次性提出,受理和补正均由中国证监会办公厅统一通知申请人。

2. 预审

审核小组由 3 人组成,按照标的资产所属行业进行分行业审核,受理重组申请到开反馈会通常不超过 10 个工作日,期间申请人与审核人员不得进行任何形式的沟通与交流,此为静默期制度。

上市部并购处和监管处分别就财务和法律两方面实施审核。初审后,针对主要关注问题、拟反馈意见和并购重组项目执业质量评价等,召开反馈会。反馈会由审核处室负责人主持,审核小组组长、审核人员和复核处室人员参加。若对重组事项存疑,或有投诉举报及媒体质疑,可指定派出机构实地核查。若申请材料存在重大瑕疵,上市部对财务顾问执业评级质量为 C,并约谈提醒财务顾问。

反馈会结束后,相关处室起草并复核反馈意见,签批后送至办公厅,由办公厅统一通知申请人。申请人若对反馈意见存疑,可提出沟通申请,上市部在 2 个工作日内作出安排。后续,部门负责人主持审核专题会,各处室负责人和审核人员参与讨论是否将许可申请提交并购重组委审议,从申请人回复反馈意见到召开审核专题会通常不超过 10 个工作日。

3. 重组委会议

中国证监会在会议拟定召开日的 4 个工作日前在中国证监会网站上公示会议审核的申请人名单、会议时间、相关当事人承诺函和参会委员名单,并于公示的下一工作日将会议通知、工作底稿、并购重组申请文件及中国证监会的初审报告送交参会委员签收。每次会议由 5 名委员组成,3 票同意为通过。

审核专题会后 1 个工作日内,上市部安排召开并购重组委会议,重组委会议由召集人主持,委员对重组项目逐一发表意见;申请人及中介机构到会陈述和接受委员询问,人数原则上不超过 8 人,时间不超过 45 分钟;申请人回答完毕退场后,召集人可以组织委员再次进行讨论。重组委会议表决结果当场公布,当日对外公告。会议全程录音,由上市部存档。

重组申请获有条件通过的,申请人应在 10 个工作日内将反馈回复及更新后的重组报告书报送上市部,上市部当日送达委员,委员应在 2 个工作日内作出无异议确认或者不确认的决定。若存在委员作出不确认意见,上市部将委员意见再次反馈申请人及中介机构。申请人再次报送反馈回复后,无异议确认的委员数量未达到 3 名的,应重新召开重组委会议。

4. 审结

重组申请获无条件通过或未获通过的,财务顾问应当在重组委会议召开后 2 个工作日内,协助办理申请材料封卷。重组申请获有条件通过的,财务顾问应当在落实重组委意见后 2 个工作日内,协助办理申请材料封卷。封卷材料经审核人员和财务顾问核对无误后,审核人员签字确认。封卷后审核处室启动审结程序,起草审结签报,上报签批。

由于并购重组交易是基于双方意愿的市场行为,市场功能的良好实现即可保证正常的运作,因此,约 90% 的并购重组交易无须审批,上市公司经信息披露后即可自主实施;同时,在逐步放开行政许可后,中国证监会审核流程已实现全面优化,审核效率也大幅提高,详细行政许可情况如图 5-10。

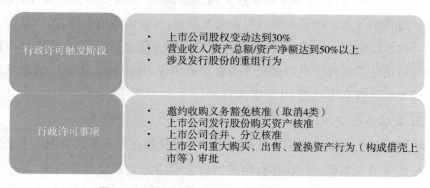

图 5-10 并购重组行政许可触发标准及事项

第四节　发行债券

债务融资工具是指债权人为筹措资金而向投资人发行的,承诺到期时按一定利率支付利息且无条件偿还本金的债权债务凭证。与权益融资相比,债务融资具有资本成本较低、可利用财务杠杆、保障公司控制权、调整资本结构等优点,债务融资已成为我国企业直接融资的重要形式之一。2017 年,我国债券市场共发行各类债券 40.8 万亿元,较上年增长 12.9%,其中,银行间债券市场发行债券 36.8 万亿元,同比增长 14.2%。截至 2017 年 12 月末,债券市场托管余额为 74.0 万亿元,其中银行间债券市场托管余额为 65.4 万亿元。2017 年,国债发行 3.9 万亿元,地方政府债券发行 4.4 万亿元,金融债券发行 5 万亿元,政府支持机构债券发行 2860 亿元,资产支持证券发行 1.5 万亿元,同业存单发行 20.2 万亿元,公司信用类债券发行 5.5 万亿元。[1]

2017 年,非金融企业债务融资工具(以下简称"债务融资工具")共发行 3770 只,累计发行规模 39099.48 亿元,分别同比下降 11.79%和 23.50%,其中,中期票据共发行 910 只,共计 10369.45 亿元;短期融资券共发行 2140 只,共计 23775.90 亿元;定向工具共发行 720 只,共计 4954.13 亿元。就净融资额而言,2017 年债务融资工具的净融资额由 2016 年的 1965.26 亿元降至 -5255.38亿元;从债券取消或推迟发行看,2017 年债务融资工具取消或推迟发行的规模共计 4881.80 亿元,占总发行规模的 12.49%,同比上升 5.32 个百分点,这一方面是受到资金利率上行、债市行情波动的影响,另一方面还与中登公司提高信用债入库门槛、银监会主导下的银行业"三三四"整治等监管政策[2]有

---

① 参见《2017 年我国债券市场共发行各类债券逾 40 万亿元 同比增 12.9%》,2018 年 1 月 26 日,人民网,见 http://finance.people.com.cn/n1/2018/0126/c1004-29789522.html。

② 银监会从 2017 年 3 月末陆续下发相关内容的专项治理工作的通知(45 号文、46 号文及 53 号文),开展银行业全系统大检查,被称作"三三四"。即"三违反"(违反金融法律、违反监管规则、违反内部规章)、"三套利"(监管套利、空转套利、关联套利)、"四不当"(不当创新、不当交易、不当激励、不当收费)专项治理,同时实施治乱象、防风险的综合治理方案,坚决整治市场乱象,打击违法违规行为,督导金融机构严守市场秩序、依法合规经营。

一定的关系。①

一、债务融资工具的类型

（一）各类债务融资工具比较

目前,文化企业可以选择的直接债务融资工具主要有公司债券、企业债、非公开定向债务融资工具、中期票据与短期融资券。五种债务融资工具的定义、期限、基础条件、推进程序、发行管理办法的比较如表 5-11 所示。

表 5-11　债务融资工具的比较

	公司债券	企业债	非公开定向债务融资工具	中期票据	短期融资券
定义	公司依照法定程序发行、约定在一定期限还本付息的有价证券	境内具有法人资格的企业在境内依照法定程序发行、约定在一定期限内还本付息的有价证券	在银行间债券市场以非公开定向发行方式发行的债务融资工具,具有灵活性强、发行相对便利、信息披露要求相对简化、适合投资者个性化需求、有限度流通等特点	具有法人资格的非金融企业在银行间债券市场发行的,约定在一定期限还本付息的债务融资工具,发行条款（包括规模、价格、方式等）较为灵活	具有法人资格的非金融企业在银行间债券市场发行的,约定在 1 年内还本付息的债务融资工具
期限	公募一般为 3—10 年/私募 1 年以上	一般为 5 年以上,以 7 年期为主	协商决定	一般为 3—10 年,以 5 年为主	一般 1 年以内
监管机构	公募为中国证监会/私募为证券交易所、中国证券业协会	国家发改委	中国人民银行、银行间市场交易商协会		

---

①　参见鹏元资信评估有限公司研究发展部:《2017 年非金融企业债务融资工具市场回顾及 2018 年展望》,2018 年 3 月 10 日,见 https://mp.weixin.qq.com/s/msuOsSBR8KdsK5zU31yAaA。

	公司债券	企业债	非公开定向债务融资工具	中期票据	短期融资券
基础条件	各类公司债券发行条件不同,详见本章表5-12。	①发债前连续三年盈利所筹资金用途符合国家产业政策;②累计债券余额不超过公司净资产额的40%;③最近三年平均可分配利润足以支付公司债券一年的利息;④发行总额不得超过项目投资总额的60%,用于指定专项债券的可放宽至70%,用于绿色债券的可放宽至80%;⑤取得公司董事会和股东大会同意申请发行债券的决定;⑦其他条件	注册制发行,无盈利、评级要求,发行条件大多由发行人与承销商、投资者协商决定	①具有法人资格的非金融企业;②具有稳定的偿债资金来源;③拥有连续三年的经审计的会计报表;④最近一个会计年度盈利;⑤待偿还债券余额不超过企业净资产的40%;⑥其他条件	
推进程序	①确定发行意向:企业向中介机构表达发行意向,中介机构开展前期营销和调查工作,并与发行人商定承销方式、发行费用等条款,签署承销协议;				

续表

	公司债券	企业债	非公开定向债务融资工具	中期票据	短期融资券
推进程序	②开展尽职调查:中介机构组成尽职调查项目小组,对发行人历史沿革、股权结构、产品市场、财务状况、募集资金用途、发展前景等进行调查分析研究;③完成担保工作和制作协议文件:发行人选择担保机构,与中介机构制作协议文件;④签署文件并申报备案:企业与各方签订协议,并申报文件送上交所或深交所备案/预审查;⑤取得备案或发行批文:上交所或深交所对文件进行预审查,与发行人持续跟踪和沟通,并出具《接受备案通知书》或由证监会核准出具发行人批文;⑥发行;⑦挂牌转让或上市	①确立发行意向:企业向中介机构表达发行意向,中介机构开展前期营销和尽职调查工作,并与发行人商定承销方式、发行费用等条款,签署承销协议;②完成并上报申报文件:发行人与中介机构完成申报材料制作,并上报省发改委,省发改委转报国家发改委;③国家发改委审核:国家发改委对发行申报材料进行审核,并向申请企业下达发行申请批准文件;④发行	①企业选择承销商;②落实认购投资者,取得确认文件;③准备相关注册文件;④交易商协会接受注册,向企业而出具《接受注册通知书》;⑤向定向投资者进行非公开的信息披露,实施发行;⑥向交易商协会报送发行情况;⑦持续信息披露	①确定发行意向:企业向中介机构表达发行意向,中介机构开展前期营销和调查工作,并与发行人商定承销方式、发行费用等条款,签署承销协议;②开展尽职调查:中介机构组成尽职调查项目小组,对发行人历史沿革、股权结构、产品市场、财务状况、募集资金用途、发展前景等进行调查分析研究;③完成申报及注册文件:发行人和中介机构按照规定制作完成申报及注册文件;④注册:由主承销商将注册文件送交银行间市场交易商协会,银行间市场交易商协会接受注册后,出具《接受注册通知书》;⑤发行	

续表

	公司债券	企业债	非公开定向债务融资工具	中期票据	短期融资券
发行管理文件	《公司债券发行与交易管理办法》《上海证券交易所非公开发行公司债券业务管理暂行办法》等	《企业债券管理条例》《关于进一步改进和加强企业债券管理工作的通知》《关于推进企业债券市场发展、简化发行核准程序有关事项的通知》《关于进一步改进企业债券发行审核工作的通知》《企业债券发行信息披露指引》《企业债券中介机构信用评价办法》等	《银行间债券市场非金融企业债务融资工具管理办法》《银行间债券市场非金融企业债务融资工具非公开定向发行规则》等	《银行间债券市场非金融企业债务融资工具管理办法》《银行间债券市场非金融企业中期票据业务指引》《银行间债券市场非金融企业债务融资工具注册规则》《银行间债券市场非金融企业债务融资工具募集说明书指引》《银行间债券市场非金融企业债务融资工具尽职调查指引》等	《银行间债券市场非金融企业债务融资工具管理办法》《银行间债券市场非金融企业短期融资券业务指引》《银行间债券市场非金融企业债务融资工具注册规则》《银行间债券市场非金融企业债务融资工具募集说明书指引》《银行间债券市场非金融企业债务融资工具尽职调查指引》等

资料来源：根据相关文件资料整理。

（二）各类公司债券发行条件对比①

根据发行条件，公司债又分为大公募、小公募和私募债。其中，大公募指面向公众投资者的公开发行；小公募指面向合格投资者的公开发行；私募债指面向合格投资者的非公开发行。从大公募到小公募再到私募，条件逐渐弱化，公司债券发行条件详见表5-12。

---

① 选自杜坤伦：《资本的阶梯——中小微企业场外市场挂牌融资理论与实务》，人民出版社2016年版，部分内容有删减。

表 5-12　公司债券发行条件对比

分　类	大公募	小公募	私　募
盈利能力	最近三个会计年度年均可分配利润覆盖债券一年利息的 1.5 倍	近三年年均可分配利润足以支付公司债券一年的利息	无(主体需符合证券业协会负面清单管理的要求)
资信评级	强制评级,债项级别达到 AAA 级	强制评级但不限制	无
规模限制	累计债券余额不超过净资产的 40%		无
发行对象	公众投资者	合格投资者	合格投资者
期　限	1 年(含)以上	1 年(含)以上	无要求
担　保	不强制要求		

资料来源:根据《公司债券发行与交易管理办法》(中国证券监督管理委员会令第 113 号)整理。

二、主要关注点

企业发行债券后,如果经营状况不好,连续出现亏损,导致无力支付投资者本息,投资者就面临损失风险。债务融资风险与发行人所处行业的经济环境、本身的经营状况和债务工具的选择直接相关。

(一)经济环境

目前,我国整体的经济环境依然比较复杂严峻,各种矛盾交织,经济下行压力较大。一方面,传统产业进入衰退期,产能过剩、杠杆率高等问题严重,亟须优化改造与转型升级;另一方面,新兴产业的市场主体培育缓慢,消费开发不足,经济发展"新引擎"作用表现不明显。

与整体经济环境相比,近几年我国文化产业一直保持 20% 左右的高速增长,远高于同期 GDP 增速。目前,文化产业呈现出蓬勃发展态势,与金融融合的深度和广度不断拓展,而且文化产业已上升为国家战略,政策环境宽松、发展前景广阔,但也存在产业规模不够大、结构不够合理、资源使用效率不高、创新力不足等问题。

(二)企业自身

近年来,文化企业债务融资增长趋势明显,但从总量来说,在债券市场中所占比重还较低,文化企业利用债券融资工具仍比较困难。一方面,我国的文化产业中大多是小微文化企业,总体体量较小,财务核算不规范现象较多;另一方面,文化企业发债时基本没有可抵押的资产,其轻资产的特点使得融资利率较高,投资风险较大,导致文化企业在发债时增信较难。此外,我国目前针对文化产业的政策主要是财政补贴和税收扶持为主,内控制度不完善的文化企业可能存在"骗补"和"寻租"行为。此类不诚信行为所隐藏的文化企业补贴收入的真实性以及政策的持续性问题,对文化企业利用债权实现可持续融资有一定程度的影响。文化企业在考虑发债融资时要合理调整业务结构,规范经营管理,增强融资意识和能力,并积极与监管部门、中介机构和投资者沟通。

三、审核工作流程

以公司债为例,中国证监会按照《公司债券发行与交易管理办法》和《中国证券监督管理委员会行政许可实施程序规定》(证监会令第 66 号),分别针对公众投资者和合格投资者适用不同的公司债发行审核流程,面向公众投资者的公开发行审核运用"一般程序",面向合格投资者则进行了简化。

(一)面向公众投资者公开发行公司债券的审核流程

1. 审核流程图

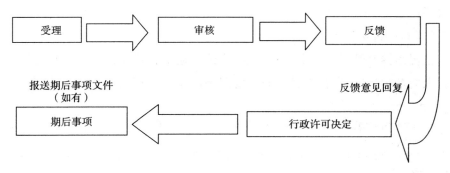

图 5-11　面向公众投资者公开发行公司债券的审核流程图

资料来源:《中国证监会公开发行公司债券审核工作流程》。

2. 主要审核环节

(1)受理

中国证监会行政许可受理部门接收公司债券发行申请文件,并按程序转公司债券监管部。公司债券监管部对申请材料进行形式审查,需要发行人补正的,按规定提出补正要求;认为申请材料形式要件齐备,符合受理条件的,通知受理部门作出受理决定;发行人未在规定时间内提交补正材料,或提交的补正材料不符合规定的,通知受理部门作出不予受理决定。[①]

(2)审核

申请受理后,公司债券监管部确定审核人员。审核人员分别从财务和非财务角度对申报材料进行审核,并适时启动诚信档案查询程序。审核工作遵循双处双审、书面反馈、集体讨论的原则。

(3)反馈[②]

审核人员审阅发行人申请文件,提出初审意见,提交反馈会集体讨论。反馈会主要讨论初步审核中关注的问题、拟反馈意见及其他事项,通过集体决策方式确定反馈意见。

反馈会后形成书面反馈意见,履行内部程序后转受理部门通知、送达发行人。自申请材料受理至首次反馈意见发出期间为静默期,审核人员不接受发行人来电来访及其他任何形式的沟通交流。

发行人应当在规定时间内向受理部门提交反馈意见回复材料。期间,如有疑问可与审核人员通过电话、邮件、传真、会谈等方式进行沟通。当面会谈沟通的,公司债券监管部应指定两名以上工作人员在办公场所与发行人及其中介机构会谈。

(4)行政许可决定[③]

公司债券监管部召开审核专题会,集体讨论形成审核意见。审核专题会对发行人的基本情况、审核中发现的主要问题以及反馈意见回复情况进行集体讨

---

① 参见《中国证监会公开发行公司债券审核工作流程》,中国证监会官网,见 http://www.csrc.gov.cn/pub/newsite/。

② 参见《中国证监会公开发行公司债券审核工作流程》,中国证监会官网,见 http://www.csrc.gov.cn/pub/newsite/。

③ 参见《中国证监会公开发行公司债券审核工作流程》,中国证监会官网,见 http://www.csrc.gov.cn/pub/newsite/。

论,形成公司债券发行申请的审核意见。审核专题会审核意见分为通过、有条件通过和不予通过。对于发行申请材料仍存在尚需进一步落实的重大问题的,公司债券监管部可以按规定再次发出书面反馈意见。

中国证监会履行核准或者不予核准公司债券发行行政许可的签批程序后,审结发文,公司债券监管部及时完成申请文件原件的封卷归档工作。

发行人领取核准发行批文后,无重大期后事项或已履行完期后事项程序的,可按相关规定启动发行。

(5)期后事项

对于发行人和主承销商领取批文后发生重大事项(简称"期后事项")的,发行人及相关中介机构应按规定向公司债券监管部提交期后事项材料,对该事项是否影响发行条件发表明确意见。

审核人员按要求及时提出处理意见,需提交审核专题会重新审议的,按照相关规定履行内部工作程序。

(二)面向合格投资者公开发行公司债券的审核流程①

1. 审核流程图

图 5-12　面向合格投资者公开发行公司债券的审核流程图

资料来源:《中国证监会公开发行公司债券审核工作流程》。

2. 主要审核环节

(1)受理

发行人在交易场所预审同意后正式向中国证监会提交发行申请。按照相关文件要求,中国证监会通过交易场所接收并受理。

(2)简化审核程序

申请受理后,中国证监会公司债券监管部以交易场所上市(挂牌)审核意见

---

① 参见《中国证监会公开发行公司债券审核工作流程》,中国证监会官网,见 http://www.csrc.gov.cn/pub/newsite/。

为基础,简化核准程序。

(3)行政许可决定

中国证监会履行核准或者不予核准公司债券发行行政许可的签批程序后,审结发文。发行人到交易场所领取核准发行批文后,无重大事项或已履行完重大事项程序的,可按相关规定启动发行。另外,公司债券发行申请审核过程中,涉及国家产业政策、宏观调控等事项的,中国证监会可征询国务院相关部委的意见。

(三)面向合格投资者非公开发行公司债券的审核流程①

下面以上交所为例(深交所的相关规定和程序与上交所的基本一致)进行介绍。

1. 主要审核环节

(1)受理

交易所接受发行人、承销机构提交的挂牌转让申请文件,并受理。

(2)审议

申请受理后,安排 2 名工作人员进行审议,并在审议会中讨论审议中关注的主要问题,确定需要发行人补充披露、解释说明、中介机构进一步核查落实的问题和其他需讨论的事项,并确定书面反馈意见。

(3)反馈回复

发行人、承销机构应当于收到交易所书面反馈意见之日起 15 个工作日内,通过交易所电子申报系统,提交书面回复文件,对反馈意见进行逐项回复。

(4)同意挂牌转让通知

审议会意见为"通过"的,交易所向发行人出具符合挂牌条件的相关文件。

(5)封卷

发行人、承销机构应当根据交易所相关要求对非公开发行公司债券挂牌转让申请文件等材料原件进行封卷、归档和留存。

---

① 上海证券交易所官网:《上海证券交易所非公开发行公司债券挂牌条件确认业务指引》(上证发〔2015〕93 号)。

四、债权融资与股权融资的比较

股权融资是指企业的股东愿意让出部分企业所有权,通过企业增资扩股引进新股东的融资方式;债权融资是指企业通过借钱的方式进行融资,债权融资所获得的资金,企业首先要承担资金的利息,另外在借款到期时要向债权人偿还本金。两者主要存在以下区别:

(一)融资成本不同

从理论上讲,股权融资的成本高于债权融资,这是因为:一方面,从投资者的角度讲,投资于普通股的风险较高,要求的投资报酬率也会较高;另一方面,对于筹资公司来讲,股利从税后利润中支付,不具备抵税作用,而且股票的发行费用一般也高于其他证券,而债务性资金的利息费用在税前列支,具有抵税的作用。因此,股权融资的成本一般要高于债权融资成本。

(二)对控制权的影响不同

债权融资虽然会增加企业的财务风险,但它不会削减股东对企业的控制权力,如果选择增募股本的方式进行融资,现有的股东对企业的控制权就会被稀释,因此,企业一般不愿意进行发行新股融资,而且,随着新股的发行,流通的普通股数目必将增加,从而导致每股收益和股价下跌,进而对现有股东产生不利的影响。

(三)对企业的作用不同

发行普通股是公司的永久性资本,是公司正常经营和抵御风险的基础,主权资本增多有利于增加公司的信用价值,增强公司的信誉,可以为公司进行债务融资提供强有力的支持。企业发行债券可以获得资金的杠杆收益,无论企业盈利多少,企业只需要支付给债权人事先约定好的利息和履行到期还本的义务,而且利息可以作为成本费用在税前列支,具有抵税作用,当企业盈利增加时,企业发行债券可以获得更大的资本杠杆收益。企业还可以发行可转换债券和可赎回债券,以便更加灵活主动地调整公司的资本结构,使其资本结构趋向合理。

（四）风险不同

对企业而言,股权融资的风险通常小于债权融资的风险,股票投资者对股息的收益通常是由企业的盈利水平和发展需要而定。与发行债券相比,普通股没有固定的到期日,因而也不存在还本付息的融资风险,发行债券则必须承担按期付息和到期还本的义务,不管公司的经营状况和盈利水平如何。当公司经营业绩不理想时,有可能面临巨大的付息和还债压力,导致资金链紧张,甚至引发破产,因此,企业发行债券面临的风险较高。

综上,当企业盈利能力较强,资产收益率高于债券融资成本(利息)时,一般应当选择债权融资;当企业被过高估值,其单位股本所筹集资金的对应利息高于企业的净资产收益率时,一般应当选择股权融资。当然,还需结合企业资产的未来盈利能力、行业环境变化、企业发展战略等情况综合考虑。目前,我国总体上表现为股权融资偏好特征更明显。

五、文化企业发行公司债券案例

（一）西安曲江文化产业投资（集团）有限公司发行面向合格投资者公开发行公司债券

2016年1月,西安曲江文化产业投资(集团)有限公司发行了15亿元"小公募"公司债券,票面利率4.28%,期限3年期,上海新世纪资信评估投资服务有限公司给予公司主体AA、债项AA的评级。募集资金主要用于偿还公司债务和补充公司流动资金。

（二）广东文化长城集团股份有限公司发行非公开发行公司债券

2017年1月,广东文化长城集团股份有限公司发行了3.5亿元"私募"公司债券,票面利率5.7%,期限3年期(第二年附投资者回售和发行人上调票面利率选择权),债券由深圳市高新投集团有限公司担保,担保人由中诚信证券评估有限公司给予AAA评级,发行人主体、债项均为A类评级。募集资金主要用于偿还公司债务和补充公司流动资金。

第五节　资产证券化

一、我国资产证券化情况简述[①]

2017 年,国内共发行资产证券化产品 14519.82 亿元,同比增长 66%;年末市场存量为 20688.08 亿元,同比增长 66%。其中,信贷资产支持证券(以下简称"信贷 ABS")发行 5977.30 亿元,同比增长 53%;年末存量为 9132.28 亿元,同比增长 48%。企业资产支持证券(以下简称"企业 ABS")发行 7967.57 亿元,同比增长 70%;存量为 10829.26 亿元,同比增长 82%。资产支持票据(以下简称"ABN")发行 574.95 亿元,同比增长 245%;存量为 726.54 亿元,同比增长 144%。企业 ABS 继 2016 年发行量超越信贷 ABS 后,2017 年存量也超越信贷 ABS,成为市场规模最大的品种。[②]

(一)资产证券化的内涵

资产证券化(Asset Securitization)是 20 世纪 70 年代开始创新使用的金融工具,其实质是金融机构或其他企业所持有的缺乏流动性,但能够产生稳定的、可预见现金流的资产通过结构性重组(一般涉及特殊目的载体(Special Purpose Vehicle,简称 SPV)的设立和运作),并在此基础上通过信用增级提高其信用质量或评级,最终将该组资产的预期现金流收益权转化为可以在金融市场上交易和流通的证券的过程。

(二)资产证券化的业务类型

我国资产证券化产品主要包括信贷资产证券化和企业资产证券化。它们的主要区别在于基础资产和审批监管机构不同。信贷资产证券化是银行以贷款为基础资产进行的,审批监管由银监会负责;非银行贷款类资产进行的资产证券化

[①]　参见盛夏:《国有企业资产证券化研究》,四川省社会科学院硕士学位论文,2016 年。
[②]　参见李波:《2017 年资产证券化发展报告》,《债券》2018 年第 1 期。

属于企业资产证券化,审批监管由证监会负责。因此,文化企业可进行的资产证券化都属于企业资产证券化。

（三）资产证券化的结构设置

我国资产证券化这一过程的参与方及其职责主要包括:

(1)原始权益人:有融资需求的企业,初始拥有基础资产,并承诺基础资产的真实、合法、有效;转让基础资产的过程要合法,向管理人等业务相关参与人所提交的文件应当真实、准确、完整;配合并支持管理人、托管人等机构履行职责。

(2)管理人:组织、协调其他中介机构完成尽职调查和产品设计;发行资产支持证券,设立、受让并管理专项计划资产(即 SPV);按照约定向投资者分配收益,履行信息披露义务以及负责专项计划的终止清算等。

(3)托管人:办理专项计划的托管业务,安全保管专项计划资产;监督管理人专项计划的运作,发现管理人的运作违反计划说明书或者托管协议约定的,及时要求改正和上报;出具资产托管报告等。

(4)资产支持证券投资者:应当为合格投资者,具体标准按中国证券投资基金业协会规定,且合格投资者合计不得超过 200 人。

其他参与方包括律师事务所、资产评估机构、信用评级机构和会计师事务所等中介机构,他们负责提供法律、评估、评级、审计等中介服务,以确保资产证券化达到更好效果,与主要参与主体共同配合完成整个过程。

二、文化企业资产证券化的基础条件

资产证券化过程较复杂,一般由证券公司设计专业方案,并作为资产支持专项计划管理人完成整个资产证券化流程。文化企业需要明确其自身是否具有资产证券化的条件,主要关注以下三个方面:

（一）基础资产

根据《证券公司资产证券化业务管理规定》,基础资产是指符合法律法规,权属明确,可以产生独立、可预测现金流的可特定化的财产权利或者财产。可以是企业应收款、信贷资产、信托受益权、基础设施收益权等财产权利,商业物业等不动产财产,以及中国证监会认可的其他财产或财产权利等的单项或多项组合。基础资产需要具备以下特点:(1)有明确的支付方式,预期稳定的现金流;(2)历史上有稳定经营数据,便于评级和定价;(3)有良好的信用记录和运营效果;(4)资产池资产具有同质化特点(如合同条款契约),便于组合打包;(5)不在中国证券投资基金业协会发布的基础资产负面清单中。

(二)业务模式

资产证券化的模式设计是围绕尽可能实现隔离风险和增加资产信用来进行的。我国企业资产证券化模式主要有两种,一种是"发起 — 配售"模式(originate-to-distribute,OTD),另一种是双SPV模式。

OTD模式是最传统的资产证券化模式。其过程是由金融中介机构作为发起人,设立SPV募集资金,资金用于购买原始权益人的基础资产,再以这些基础资产在未来收益的现金流为红利保障创造出的资产支持证券,出售给投资人。

双SPV模式的架构设计目的是为了在实现破产风险隔离的同时,还使原始权益人保有剩余索取权。这种模式的实现方式是:创始人先把标的基础资产出售给一个SPV,该SPV是原始权益人全资拥有的,在我国这个SPV主要是某种信托计划项目,这一步是为了实现破产法上的真实出售,以获得破产法的保护,同时取得稳定的信托收益权现金流。第二步是该全资SPV再将基础资产出售给一个独立的SPV,在不必构成破产法上的真实出售的情况下,实现会计上的真实出售,该独立的SPV在资本市场上发行证券融资来支付转让金额。

(三)增级措施

在我国资产证券化的实践中,信用增级措施分为内部信用增级和外部信用增级两类。

内部信用增级常用的措施是对发行的ABS产品进行优先与次级的分层,原始权益人全额认购次级ABS,只有所有优先级产品都得到偿付之后次级投资人才能参与利益分配,以此对优先级ABS形成支持,同时减小隐含的道德风险。

外部信用增级常用的措施就是第三方担保,包括银行担保、母公司担保等,还有原始权益人差额补足义务、流动性支持等。

（四）适用的法律法规

1999 年颁布的《中华人民共和国合同法》对资产证券化风险隔离过程中的让与及更新等提供了基本法律准则。

2001 年颁布的《中华人民共和国信托法》阐明了信托财产的独立性，并对这一独立性做了相应规范，这为以信托方式进行的资产证券化业务提供了前提和基础。

2005 年 1 月，财政部颁布《信托业务会计核算办法》（财会〔2005〕1 号），规范信托投资公司相关信托业务的会计核算，为资产证券化正式试点启动奠定了基础。

2005 年 8 月，中央国债登记结算有限公司发布《资产支持证券发行登记与托管结算业务操作规则》（银复〔2005〕54 号），对资产支持证券业务的发行、托管、登记、结算、兑付等行为予以规范，同时对投资者的利益予以保护。

2013 年 3 月 15 日，中国证监会颁布《证券公司资产证券化业务管理规定》（证监会公告〔2013〕16 号），规范证券公司资产证券化业务活动，保障投资者的合法权益。

2014 年 11 月 19 日，中国证监会公布《证券公司及基金管理公司子公司资产证券化业务管理规定》（中国证监会公告〔2014〕49 号）。就原始权益人、管理人及托管人职责，专项计划的设立及备案，资产支持证券的挂牌、转让，资产支持证券信息披露，监督管理进行规范。2013 年印发的《证券公司资产证券化业务管理规定》（证监会公告 2013〔16〕号）予以废止。

2015 年 5 月 18 日，国务院办公厅批转发改委《关于 2015 年深化经济体制改革重点工作意见》（国发〔2015〕26 号），明确要"出台深化国有企业改革指导意见，制定国有企业发展混合所有制经济及中央企业结构调整与重组方案等"[1]。该《意见》提出了 8 个方面 39 项重要任务，其中第 19 项提出要推进信贷资产证券化，发展证券市场，提高直接融资比重。

2015 年 6 月 2 日，国资委发布的《关于进一步做好中央企业增收节支工作

---

[1] 该《意见》提出要出台"1+15"个文件。所谓的"1"即为深化国有企业改革指导意见。而"15"就包括改革和完善国有资产管理体制、国有企业发展混合所有制经济等系列配套文件。该《意见》特别指出制定中央企业结构调整与重组方案，以资本平台为核心进行央企整合是央企改革的重中之重。

有关事项的通知》(国资发评价〔2015〕40 号)要求,央企要加大内部资源整合力度,推动相关子企业整合发展,并加大资本运作力度,推动资产证券化,用好市值管理手段,盘活上市公司资源,实现资产价值最大化。

三、主要关注点

(一)知识产权问题

资产证券化过程中一个重要步骤就是资产所有权的转移,由于文化企业的特殊性,其所涉及的资产主要就是知识产权(Intellectual Property,IP)。由于 IP 是一种无形资产,内容较为复杂,因此在资产证券化过程中面临的问题也比较复杂。

1. IP 所有权问题

资产证券化的一个关键环节是将基础资产真实出售给 SPV,实现基础资产与原始权益人的风险隔离。从产权角度来看,这里实际发生的是基础资产所有权由原始权益人转移到 SPV。对于文化企业来说,其本身对 IP 的所有权具有多重形式,其可能拥有一个完整的 IP 所有权,也可能只拥有某个 IP 的改编权、制作权或发行权等某一项或某几项权利,其资产证券化就可能会隐含与 IP 创作者的权属纠纷,难以保证投资者的权益。因此文化企业一定要提前处理好 IP 所有权问题,采用直接买断、协议转让或进行特殊处理(即将其资产所拥有的 IP 权利采用某种特殊方式包装,使自身拥有该种权利所带来的现金流的收益权,然后以该收益权作为基础资产)等方式,解决可能存在的产权纠纷。

2. IP 估值问题

IP 的客体是人的智力成果,生成、维持、辨识的成本难以衡量,国内外最常用的估值方法是收益法,即通过对已经转化成产品的 IP 进行专业的数据分析和市场调研,采用国际通用的评估法来量化出它未来 3—5 年的超额收益。然而对文化企业的 IP 来说,首先其 IP 转化为文化产品就可能需要大量的资金,而文化企业本身对资金的需求就是为了将这些 IP 转化为产品,这就出现了时间不一致的问题,收益法难以对 IP 本身使用;另外,文化 IP 又具有很强的独立性,即使两个很类似的 IP 转化的文化产品也很难保证市场的接受度一致,所以用模拟的收益法估值也不具有可行性。因此,文化企业要做好 IP 估值就一定要采用特殊的方法,达到将 IP 在未来所能产生的现金流明确化的目的,而这其中可能又涉及担保问题,是其资产证券化中的难点。

(二)基础资产池的构建

资产证券化对基础资产最关键的要求就是一定要能产生可预测的现金流,这里的可预测不是凭空估计,而是要有明确合同规定的或者可核查的基础资产过去产生的稳定收益。从我国实践看,现有的企业资产证券化产品的基础资产池规模较大,基本可达上亿元,因此对于文化企业来说,是否具有符合条件的资产,以及选择哪些资产作为基础资产就成为值得关注的问题。鉴于其大部分资产属于轻资产,这些资产未来带来的现金流不稳定,因此操作原则就是如何使这些资产的现金流明确化。一般的方法是以合同的形式保证这些资产能产生稳定的收益,并且让这些收益得到担保。为了保证合同中规定的收益的稳定性,资产池中的资产一般要是同类型的,这样才能较容易确定资产收益的数额。通过采取双 SPV 的方式,以收益权实现稳定现金流;也可以对资产池构建具有安全边际的资产置换条件,当一部分 IP 的现金流发生下滑时,启动 IP 置换方案,确保存续期的现金流能覆盖资产证券化的本息兑付。

(三)典型案例与分析

目前我国还没有以 IP 相关资产作为标的的资产证券化产品,但存在文化企业主导的资产证券化项目,具有很强的参考性。一个典型的例子就是以全国第三大院线——大地影院院线收益权为现金流回报的资产证券化产品,该产品的基本信息见表5-13。

表5-13 平银华泰大地影院信托受益权资产支持专项计划

平银华泰大地影院信托受益权资产支持专项计划	
基础资产	华宝大地影院集合资金信托受益权
原始权益人	华宝信托有限责任公司
优先份额评级	AAA
优先份额总规模	10.3 亿元

续表

平银华泰大地影院信托受益权资产支持专项计划	
优先级发行利率(年化)	优先1:5.79%;优先2:5.8%;优先3:7.0%
最长期限	三年
担保方	大地影院发展有限公司和广东大地影院建设有限公司

资料来源:根据公开资料整理。

该资产证券化产品最显著的特点就是采用了双 SPV 模式,虽然最终的、产品显示的原始权益人是华宝信托有限责任公司(以下简称"华宝信托"),但从其产品计划说明书可以明显看出,该资产证券化产品融得的资金实际由大地影院集团(大地影院发展有限公司和广东大地影院建设有限公司)获得。

具体模式为:大地影院集团与华宝信托签订《信托贷款合同》,由后者设立"华宝大地影院集合资金信托计划",该信托计划实际就是一个 SPV,然后大地影院集团以下属 80 家影院未来三年的特定期间(2016 年 7—10 月,2017 年 7—10 月以及 2018 年 6—10 月)的票房收入应收账款质押给该信托计划来获得贷款,并承诺以质押财产产生的现金收入作为信托贷款的还款来源。而后,华宝信托作为该信托计划的托管人,以该信托受益权作为基础资产,联合华泰证券资产管理有限公司(以下简称"华泰资管")设立"平银华泰大地影院信托受益权资产支持专项计划",该资产支持专项计划就是第二个 SPV,发行优先级—次级债券筹集资金。因此,这实际就是大地集团进行的双 SPV 模式的资产证券化。

此模式对文化企业有极强的参考意义,因为其具有以下两大优点:

(一)解决了文化企业轻资产难以产生稳定现金流的问题

其通过第一层 SPV(即信托计划),将资产可以产生的现金流以《信托合同》的形式予以明确,即将实际的影院未来票房收入这种不稳定的现金流转化为信托收益类稳定的现金流,然后以该信托受益权作为基础资产进行资产证券化。文化企业可以借鉴这种方式,解决基础资产池构建的问题,突破资产证券化的难点。

(二)规避了基础资产所有权变动的潜在隐患

该资产证券化产品的基础资产实际上是大地影院票房收入对应的应收账

款,而该资产实际的变动只是质押给了信托计划,并没有实现"真实出售",所有权仍属于大地影院集团。文化企业采用此种方式,能将其购买的电影版权资产折现的同时,不会因为电影版权权属问题或电影版权的变动而受到影响,双SPV模式使得基础资产的所有权不发生变更,可以极大提高文化企业资产证券化的效率。

四、未来的发展方向

资产证券化的形式灵活多样,可以极大丰富文化企业的融资路径,从金融创新的规律来看,其在未来的发展与文化产业的特点相融合,可达到缩短文化企业融资周期,降低融资成本的目的。从目前文化产业的发展趋势来看,主要有以下两种方向。

(一)数字资产的证券化

数字资产是指企业拥有或控制的、以电子数据的形式存在的非货币性资产。数字资产的载体是互联网,拥有极大的市场受众,广大消费者可以通过电脑端或移动终端方便地接入,具有及时性、便捷性的特点。当前我国的文化企业也越来越多地向数字化发展,植根于"互联网+文化",诸如音乐、出版、游戏、影视类企业的产品大部分都以数字资产的形式存在,便于消费者接触和了解,并付费享受这些数字资产带来的效用。同时,文化企业还在舆论宣传上引导越来越多的消费者形成付费获取文化产品的习惯。实际上,这使得数字资产产生了可预测的现金流,这也为文化企业数字资产的资产证券化创造了条件,而付费的多样性也形成了不同特点的文化基础资产包。

(二)融资租赁的证券化

目前,越来越多的文化企业开始运用融资租赁模式,这也是获取低成本金融资源的重要模式。文化企业无形资产主要标的是IP,即著作权或版权等。无论是文化创作者个人还是文化企业,只要拥有某种文化IP都可以进行租赁,获取租金收益。这种融资租赁业务主要有两种形式,即"直租"和"售后回租"。其中,"直租"是指租赁公司购买文化企业所需资产,再租给文化企业,收取企业租金的模式,待达到一定条件后,将资产所有权转移给文化企业的融资租赁模式;"售后回租"即由文化企业将自有资产或外购资产出售给融资租赁公司后,租赁公司再将其回租于文化企业,收取企业租金的模式,此模式使得融资租赁公司对文化企业形成稳定的 IP 租金收入,足够的租金收入构建的资产池就是合格的基础资产包,可以进行资产证券化。

第六章 加快推进我国文化企业证券化发展

习近平总书记在中央政治局第四十次集体学习时强调,要积极规范发展多层次资本市场,为实体经济发展创造良好金融环境。金融活,经济活;金融稳,经济稳。中央财经领导小组办公室主任刘鹤在达沃斯世界经济论坛2018年年会上的致辞指出,中国未来几年经济政策的顶层设计,关键要实施好"一个总要求"、打好"三大攻坚战",其中"一个总要求"是中国经济由高速增长阶段转向高质量发展阶段,"三大攻坚战"之首是防范化解重大风险。在此宏观背景和要求下,思考我国资本市场更好地服务于文化产业发展,对解决产业理解仍不到位、支持力度仍显不足、对接仍有不畅等问题,十分重要。如何在对文化产业特性有清晰认识的基础上,提供文化产业高质量发展所需资金,进而促进新形势下国家经济发展方式的转型和产业结构的调整,是迫切需要解决的问题。实践表明,文化体制改革的深入推进、文化产业的迅速崛起和文化企业龙头的形成,都离不开多层次资本市场的有效支持。"十三五"规划纲要提出,到2020年把文化产业打造成为国民经济支柱性产业。要实现这一目标,就必须将文化企业发展融入到我国全面深化改革、实现中国梦的过程中,坚持文化自觉与市场机制"双轮驱动",积极探索适合我国文化企业的证券化发展之路。

一、文化企业证券化发展的主要成就

(一)文化企业证券化发展基本情况

文化企业的证券化发展,是有力推进文化企业建立现代企业制度的重要举措,是社会主义先进文化前进方向与市场决定资源配置改革取向的有机结合,是文化自觉与市场机制双轮驱动的重要路径。近年来,党和国家出台了一系列文化金融支持政策,推进文化与金融深度融合,探索建立具有新时代文化特色的现代企业制度。党的十八届三中全会通过的《中共中央关于全面深化改革若干重大问题的决定》要求加快文化企业公司制、股份制改造,更是为文化企业证券化发展指明了方向。实践中,国有经营性文化单位转企改制不断深入,新兴业态文化企业实力活力不断增强,文化产业掀起了"证券化潮",文化企业利用资本市场取得了显著成效。截至2017年12月31日,我国共259家文化企业在境内外上市(其中,境内上市177家,境外上市82家,新华文轩在上海和香港上市),共726家文化企业在新三板挂牌。我国在境内外上市的259家文化企业2017年年末总市值达70365.27亿元,总股本达3559.00亿股,募集资金总额达1498.74亿元;营业总收入从2012年的3594.41亿元增长至2017年的11525.73亿元,年均增长26.24%;净利润从2012年的566.17亿元增长至2017年的1657.06亿元,年均增长23.96%。2017年共有217家企业完成上市或挂牌(其中,境内上市27家,境外上市3家,挂牌187家),境内外上市文化企业募集资金总额274.41亿元,比2016年的215.28亿元增长了27.84%。2012—2017年,上市文化企业并购重组交易共发生861起,交易总金额约4521.51亿元。文化企业证券化发展取得的巨大成效,表明资本市场是文化企业直接融资的主渠道,是促进文化产业规模扩大和业务转型的新支撑,是推进实体经济转型发展的强动力。

(二)文化企业证券化发展的主要特点

1."文化企业之所望":证券化意识逐步增强,证券化步伐日益加快

随着文化产业发展的持续深入,文化企业逐渐认识到自身的崛起与壮大、产业的繁荣与发展离不开资本市场的有效支持。文化企业开始利用资本市场提升管理水平、强化治理能力,运用多种工具扩大融资规模、改善融资结构,主动探索适合自身发展情况与特点的证券化之路,从而进一步推动自身发展壮大与实现转型升级。近年来,我国文化企业证券化规模持续扩大,证券化增速大幅加快。2011—2017年,我国在境内外上市文化企业总数量分别为15家、11家、4家、8家、20家、20家和30家,募集资金总额分别为116.34亿元、69.27亿元、39.09亿元、112.28亿元、118.15亿元、215.28亿元和274.41亿元;并购重组数量分别

为 32 起、39 起、61 起、136 起、207 起、144 起和 274 起,总价值分别为 180.05 亿元、188.44 亿元、265.93 亿元、2214.07 亿元、887.92 亿元、533.89 亿和 431.26 亿元。文化产业证券化率从 2011 年的 1.79% 增至 2016 年的 6.62%。总之,证券化已成为文化企业做大做强、做好做优的必然选择。

2. "资本市场之所呼":证券化路径日渐多样,证券化指标差异明显

文化企业发展壮大需要资本市场的助力,而资本市场的发展也需要文化企业的各种产品和内容。文化是核心,为魂,为本;资本是助力,为器,为用。现阶段,考虑到我国文化产业与资本市场的发展实际,适合文化企业证券化发展的路径主要包括:支持符合条件的文化企业上市与挂牌;鼓励文化企业采用公司债、可转债、私募债等债券融资方式;支持已上市的文化企业通过公开增发、定向增发、配股等权益融资;鼓励文化企业进行并购重组等。不同发展阶段、不同发展规模、不同发展目标的文化企业根据自身实际情况,选择出相对最优的一种或是几种路径组合,实现证券化发展的效益最优目标。同时,不同子行业企业的上市时间、上市数量、融资规模等证券化指标均不相同。以文化企业境内上市的上市数量与融资规模为例,截至 2016 年年末,以"互联网+"与文化消费(影视、旅游)为主要特征的互联网传媒行业成为上市最热门的领域,上市企业共 43 家,占比 28%;募集资金规模(首发、增发与借款)前三名的子行业是旅游、影视动漫和互联网传媒,分别为 1223.30 亿元、1172.67 亿元和 1162.12 亿元。这些指标的差异反映出:虽然同属文化产业,但受文化体制改革、意识形态强弱、行业发展规律和市场化程度等因素的影响,各子行业企业的证券化方向与前景差异较大。

3. "国家施政之所向":证券化政策日趋完善,证券化环境运行平稳

近年来,党和国家陆续出台了一系列扶持文化与金融融合发展的政策措施和指导意见,为文化企业证券化发展指明了方向。从党的十六大首次明确"经营性文化产业",到 2010 年出台《关于金融支持文化产业振兴和发展繁荣的指导意见》,再到 2014 年颁布《关于深入推进文化金融合作的意见》,各级政府部门充分发挥政策引领和组织协调优势,推动文化产业与资本市场全面对接。从 2009 年签署《支持文化产业发展战略合作协议》,到 2010 年《关于保险业支持文化产业发展有关工作的通知》,再到 2014 年《财政部、国家税务总局、中宣部关于继续实施文化体制改革中经营性文化事业单位转制为企业若干税收政策的通知》,鼓励与促进文化企业证券化发展的政策开始向纵向延伸、向专项发展,逐

步明确了资本市场进一步推动文化企业发展壮大的具体要求、实施方法与保障措施,为文化企业证券化发展提供了一个良好的政策制度环境。与此同时,我国文化中介发展迅猛,资本市场运行稳健,经济发展平稳向好,为文化企业走证券化之路"保驾护航"。

(三)文化企业证券化发展的必要性

文化企业的证券化发展,对深化国有文化企业产权制度改革、加快新兴业态文化企业公司制改造、推动文化资源市场化配置、带动公众共享文化发展成果等方面具有重要作用:

1. 证券化有利于加快国有文化企业混合所有制改革,是推动国有文化企业产权制度改革的有效路径

国有文化企业通过证券化加快推进混合所有制改革,已逐步成为国内理论界和实业界的广泛共识。国有文化企业通过证券化引入社会资本,发挥出国有资本的优势与社会资本的活力。国有文化企业证券化发展,还可以吸引战略投资者,以强化监督管理,优化股权结构,健全公司法人治理,提高资本市场认同度。

2. 证券化有利于加快新兴业态文化企业公司制、股份制改造,是促进文化企业建立现代企业制度的重要抓手

新兴业态文化企业大多属于小微企业,有些甚至只由一人创建或几人组建,财务规范性较差,抗风险能力较弱。证券化实现路径大多是在资本市场中完成,因此文化企业证券化必须遵循资本市场的相关准入规则,坚持市场化和法制化改革与发展方向。证券化有助于将资本市场理念融入到文化企业日常营运中,倒逼文化企业加快进行现代企业公司制、股份制改造,完善公司法人治理结构。

3. 证券化有利于优化文化资源的市场化配置,是提升文化企业运营效率的重要手段

文化企业证券化发展,可以提高资本边际生产率、动态配置效率和对其他企业的外部溢出效应,对国民经济的转型升级具有重要意义。证券化是企业实现直接融资的重要渠道,文化企业利用资本市场进行证券化发展,可以"盘活存量,用好增量",即可以将未来稳定现金流变现,盘活了文化资产,提高文化企业

资金周转速度与使用效率;可以有效地引入社会资本,拓宽了融资渠道,促进文化企业运营目标的调整。

4.证券化有利于带动公众共享文化发展成果,是丰富公众文化生活、增加投资者财富性收入的重要渠道

"社会主义文艺,从本质上讲,就是人民的文艺。"目前,多数文化企业坚持"为人民服务、为社会主义服务"的发展方向,生产了大量脍炙人口的文化作品,让人民精神文化生活不断迈上新台阶,实现了社会效益和经济效益的统一。同时,文化企业借助资本市场进行证券化,引入了专业化金融服务机构参与,适应了更加严密的证券发行和交易监管制度,这有助于营造足够大的利益分享空间,从而提高对投资者的激励。公众投资者通过股票、债券或基金投资于这些文化企业,成为增加财产性收入的重要渠道。

二、文化企业证券化发展的主要问题及其原因

(一)存在的主要问题

鉴于体制机制对文化资源市场化配置的有效性,以及受资本的逐利性与文化产品的社会性、文化消费效用的个体差异性及文化劳动的特殊性等因素影响,文化产业的市场化、集约化程度偏低,2015年年末,30多万家文化类企业中,规模以上文化企业不足2%,行业证券化率不足20%,远低于2015年年末全社会83.4%的水平。同时,文化产品难以"物化",受属地化管理、采编经营两分开等因素限制,以及文化企业改制上市存在具体可遵循操作的法律法规缺失、跨区域并购难等问题,严重制约了文化产业与资本市场对接的有效性。信息不对称问题的存在,基本财务信息披露不透明与不规范,也是文化企业证券化中的一大问题。尽管近年来资本市场对文化产业的支持力度增大、文化企业上市步伐加快,但由于文化产业自身的发展特点与资本市场规则要求尚不能完全匹配,我国文化企业对接资本市场仍存在一些问题。具体表现在:

1.政策强制规范问题

文化企业改制,需要强制规范的问题比较多。根据《首次公开发行股票并上市管理办法》(以下简称《首发办法》),非股份制的企业要进行IPO或借壳上

市,首先必须进行股份制改制,基于文化企业自身的特殊属性和历史沿革,在改制过程中就会遇到《首发办法》中规定的诸如同业竞争、关联交易、信息披露等问题。这些问题在文化企业层面解决起来比较复杂,有些问题的解决,如员工身份转换、分(子)公司间的业务整合、资产使用性质改变等,一是需要用时间来换空间,二是特别需要地方政府及相关部门的大力支持,协调配合,需要借助市场与政府这"两只手"共同推进。因此,这既是文化企业证券化实践的重点,也是难点。

2. 拟实施主体的确定问题

(1)证券化的实施主体确定比较难。大型优势文化企业通常具有体系庞大的特点,其内部关系错综复杂,母公司、分(子)公司间关联性强,表现在人员、业务、财务、资产与技术等方面的关系复杂,任何适用主体的选择,都会面临如何有效解决企业内部的独立性、规范性、透明度与公允性等问题,因此前期如何筛选出问题相对较少、运营相对规范的拟实施主体,以及随后是否能对该主体的有关问题寻求到有效的解决办法,存在较大的不确定性,甚至决定证券化发展具体方案实施的推进效率和实施效果。

(2)不同主体间的利益平衡问题。在主体的选择中,会遇到不同主体间的利益分配与平衡问题,会涉及同一级及(或)不同管理层级下的公司之间、同一集团公司内部间的利益,如资产、债务、业务、人员的划拨与重整。不同主体之间的利益难以平衡,会影响到员工稳定、主管部门意志与管理团队能力的发挥,会大大影响文化企业的证券化进程。

3. 发展路径的选择问题

文化企业在进行证券化工作时,大多把目标锁定在实现企业整体(或主要业务内容)的 A 股上市和被热炒的新三板挂牌。不少文化企业的发展路径选择,没有经过充分详尽的论证,不符合企业资产本身的特点,客观上增加了证券化推进的难度,也影响了成功实践的示范效果。事实上,当前文化企业的证券化发展路径,除了 A 股上市和新三板挂牌(上市)之外,还包括区域性股权交易市场挂牌、借壳上市、并购重组、发行债券和发行资产证券化产品等。每种路径,依赖不同的资产或者资产组合,其证券化路径及证券化产品,具有一定的差异性;同时,不同产品、不同路径各有自身的优势和不足,需要基于不同特点、目的来对文化企业的资产证券化发展进行统一谋划,分类指导,协调推进。因此,实际工作中,要高度关注 A 股上市门槛相对较高和当前的"堰塞湖"现象、新三板市场存在的政策不确定等影响因素,既不能贪功冒进,也不能坐以待毙;既不要都去走"独木桥",也不要为沽名钓誉去赶时髦。若拟进行证券化的主体,其资产情况达不到法规要求,或者证券化发展的路径选择不当,就贸然推进,不仅会埋下风险隐患,也会极大的削弱推进效果,甚至偏离证券化的发展方向。

4. 主要"技术性"问题

从现行企业发行上市条件和文化企业改制上市过往的历史经验来看,文化企业证券化发展过程中主要存在以下"技术性"问题:

(1)独立性。该问题在国有文化单位中较突出,文化单位剥离部分业务(如广告、出版发行等经营性业务)上市,而另外部分(如采编)则留在实际控制人体系内。这导致上市主体主营业务链不完整,从而影响业务独立性,使得上市主体与其实际控制人之间存在大量的关联交易。上述问题若属于国家政策的原因,需要企业进行充分信息披露;若存在其他影响因素,则需要进行规范。

(2)收入确认。收入确认是财务数据的基础,文化企业发行上市中经常遇到和重点关注的问题包括:一是影视、游戏、动漫等领域是否按照合理的会计估计结转收入;二是涉及金融资产等的会计估计,是否合理估计并计提准备;三是公司的收入确认是否合规合理,符合企业经营实际,这需要结合具体问题进行具体分析;四是公司内部控制是否完善,运营数据是否准确、是否支持收入确认方法、是否被人为篡改等。

(3)现金收付。文化企业中存在大量现金收付现象,财务单据易造假。因此,文化企业现金收付的合规性和真实性也成为 IPO 审核的关注重点。

(4)人才依赖。文化企业的重要特征是对核心创意人才的依赖,比较典型的是影视类公司对核心导演、演员的依赖,核心人才的变动容易对公司持续经营构成影响。

(5)业绩稳定性。文化创意工作的成功具有不可预测性。一部影视或者游戏作品的成功不能保证下一部仍然成功。因此对文化创意公司而言,业绩稳定性通常都是较大考验。IPO 发行审核中重点关注企业核心竞争力如何体现、业绩波动风险如何把控、企业的核心竞争要素、用户规模、经营模式是否稳定。虽然近年来 IPO 逐渐淡化对公司持续盈利能力的要求,但在《证券法》未做修改的情况下,这仍是主要发行条件之一。

5.面临的产业特性问题

文化企业迫切需要资本市场的支持,但文化企业发行上市又面临诸多产业特性问题,主要表现在:

(1)国有企业业绩计算和同业竞争问题

一是国有文化企业面临改制的业绩连续计算问题。国有文化企业经历了"事业单位—全民所有制企业—有限公司—股份公司"的一系列改制过程。很多国有文化企业成为公司制企业的时间较短,因改制导致业绩不能连续计算,必须公司设立满3年才能具有上市申请资格,这使企业错过很多发展机会。虽然个别企业有国务院豁免的特殊条款,但对国有文化企业的普遍诉求并不能全面满足。

二是国有文化企业的非经营性同业竞争问题。如地方新闻网站转企改制中,实际控制人(地方事业单位)同时管辖其他公益性网站类单位,其与上市主体属同一实际控制人,若不纳入上市主体则构成同业竞争;若纳入上市主体,必须由中央级部门协调。但各个省份都存在类似情况,不太可能专门为某一省份单独调整。因管理体制导致的非经营性同业竞争,是大多新闻出版类文化企业上市的主要障碍。

(2)文化企业的经营业绩非线性问题

文化类企业不同于其他行业,业绩成长具有典型的非线性特征:

一是广告企业受宏观经济变化影响较大,随着近年宏观经济增速趋缓,行业出现结构性调整,但一旦宏观经济向好,业绩会迅速反弹。

二是影视剧行业制拍周期较长,而收益在短期(播出期)迅速实现,投入与收益存在时点和周期的不对等性。

三是文化行业属于典型的"眼球经济",对于互联网、演艺、会展等行业来说,在发展初期需要大规模投入,以抢占市场先机,利润不是其第一目标,在完成市场布局或者用户积累后,利润会出现爆发式增长。

四是对于影视企业来说,行业有较明显的大年、小年差异,业绩具有天然的周期性波动特征,呈现波浪式增长。现实中,文化企业为了上市、保证利润增长,以防业绩波动,在资金使用和业务发展上都颇为谨慎,导致许多虽有利于公司长期业务发展的计划,却被搁置。当前审核规则更多从收入利润角度来衡量公司情况,对文化企业长期发展产生影响。

（3）文化企业的收入确认与版权摊销等会计问题

文化产业发展迅速,新的商业业态和经营模式层出不穷,个别会计处理企业会计准则中尚无明确的标准方法,如:

一是当前影视公司收入确认时点以母带交给电视台之时为准,而产品交付后电视台在播出时间上有自由裁量权,公司无法按照播出时间(即传统意义上的实际服务提供时间)确认收入;同时,按行规,影视剧剧组以项目方式运作,现金收支较大,存在预估与实际支出有差异的情况,差异部分的票据的取得存在困难。

二是游戏公司收入确认时点难判断,一般逻辑是"基于道具生命周期的模式—基于用户的模式—基于游戏的模式",重点在于企业何时转移了与商品所有权相关的主要风险和报酬,以及收入的金额能否可靠计量。

三是版权资产的会计估计较难,必须结合实际情况判断进行财务确认,因而无法进行标准化处理;公司从事版权运营业务时,版权资产的摊销方式、会计估计、摊销年限的选择将对报表产生重大影响。根据会计相关规定,向外部购买的版权可在 10 年内摊销,而自己投入巨大人力、物力制拍的影视剧产品只能在 5 年内结转成本,不符合公司运营逻辑。

（4）"收零钱"型文化企业的财务核查问题

互联网平台型企业,面对数量巨大(百万、千万数量级,甚至上亿)的客户群,导致财务核查工作无法开展。即便是要求客户实名登记并通过抽样确定并联系上用户个人,也难以确定真正是本人在消费。另外,B2C 型及平台型企业因面临的客户众多,难以避免存在客户纠纷,即使是淘宝、百度等行业龙头,也存在不少诉讼问题。这些都可能构成文化企业的上市障碍。

6. 影响文化企业证券化发展进程的其他相关问题

除了上述问题外,因文化企业的特殊性,在证券化发展进程中还可能受到下列因素影响:

第一,文化企业轻资产特性、实际需要和市场情况灵活多变,发行上市的募集资金投向可能存在变数。

第二,文化产业外延趋广,资本市场对文化产业的支持边界尚无限定,这将直接影响企业估值。

第三,财务指标不应是文化企业的唯一指标,客户认可度和创新能力也同等重要。

第四,随着文化各领域市场化程度的提高,影视节目制作、广告、游戏等行业有大量同质企业出现,这些企业是否合适 IPO,以及在 IPO 中如何区分它们的优劣,都需加强辨析。

(二)原因分析

党中央、国务院及相关部委、省级人民政府长期以来高度重视合理利用金融政策来支持文化产业发展。《文化部"十三五"时期文化产业发展规划》指出,"进一步拓宽社会资本投资的领域和范围,激发社会投资活力,健全多层次、多元化、多渠道的文化产业投融资体系,完善金融支持文化产业发展的相关机制,着力解决金融服务有效供给与文化产业发展实际需求间的矛盾",要"支持符合条件的文化企业直接融资,进一步扩大文化企业上市融资、并购重组和债券融资规模。大力发展文化产业股权融资"。

《国家"十三五"时期文化发展改革规划纲要》指出,"创新文化投融资体制,推动文化资源与金融资本有效对接。鼓励有条件的国有文化企业利用资本市场发展壮大,推动资产证券化"。由于我国针对文化企业证券化发展的探索起步较晚,导致市场对文化企业证券化发展的路径和模式认知有限,虽然从中央到地方都予以大力支持,但总体来说成效不大,问题不少,可以说文化企业证券化发展的道路仍然任重而道远。想要解决这些问题,就必须弄清问题产生的原因,具体原因有:

1. 政府职能不明确

(1)服务内容不明确

没有为文化企业证券化发展起到引导、协调、整合、宣传的作用。在建立机制、统筹推进方面,政府的组织领导和协调作用不明显,各部门之间沟通协调不畅,没有委派专人加强对文化企业证券化相关法规政策的研究,缺乏专门机构引导相关市场主体按照市场化原则对拟证券化项目进行统筹谋划以形成科学规范的证券化发展机制;在全面整合方面,未能帮助文化企业梳理其企业资产并按照不同类型、不同性质、不同业态特点,对相关资产或业务进行整合优化;在重点突破、全面推广方面,限于权限和推动手段以及某些资产结构零碎小散等客观条件,加之有些实际问题在法律和政策准入方面的刚性约束(如公益性资产与营利性资产剥离中的程序问题、税收问题以及是否构成重大资产重组问题等），实现重点突破，待成功后再在文化企业中进行示范推广；在综合平衡、风险控制方面，在证券化发展的策划及实施过程中，针对可能涉及的改制等敏感问题，相关部门和人员尚未树立风险意识，尚未明确"坚守不发生系统性区域性风险的底线"这一理念。

（2）外部发展环境需要进一步改善

按照党中央、国务院及相关部委、省级人民政府的相关要求，政府应提高服务质量，积极为文化企业的直接融资提供合理的政策支持，支持力度应与本地经济发展水平和资本市场发达程度相适应。但目前各地政府尚无完善的配套措施出台。缺乏政府的有效引导，便难以顺利实现建立健全多层次、多元化、多渠道的文化产业投融资体系和合理利用金融支持文化产业发展的目标，从而无法激发社会资本对文化企业的投资活力，无法有效解决金融服务有效供给与文化产业发展实际需求间的矛盾。造成的结果是，政府和市场的包容性不强，两者的功能都未得到充分发挥。比如说，政府和市场的目光只聚焦到大型优质的文化企业，政策和资金的支持会产生严重的偏向性，但对大企业的支持往往是"锦上添花"，而需要"雪中送炭"的大量中小微文化企业却很难得到政策和资金上的支持。

（3）行政干预过多

我国文化传媒业被列入具有强烈意识形态属性的特殊产业，其业务开展及融资行为，受到国家有关法律法规和政策的严格监管和保护[①]。"国家对文化传媒单位实行企业准入和特殊产品准入审批制度（尤其在新闻出版业），赋予了这些单位特殊的生产、经营权和相应的社会责任。同时新闻采访、编辑业务等内容生产被列为'政策特别限制的业务'，未经许可不允许对外融资。在企业资本结构变化过程中，须确保文化传媒产品的正确导向，不得改变党的领导和行政管理权，不得削弱国有方经营管理的责任。"因此，目前我国文化传媒企业上市面临"双重审核"：除了 IPO 审核外，还要接受行业主管部门（国家新闻出版署、国家广电总局、文化部等）、宣传部门（地方宣传部、中央宣传部）等的前置审批。

---

① 参见国家新闻出版总署：《关于进一步规范新闻出版单位出版合作和融资行为的通知》（新出办〔2004〕625 号），2004 年 5 月 17 日。

前置审核,是指 IPO 审核前必须获得的相关批复及其文件。企业改制重组、上市的前置审核大致包括四类:主管部门审批;地方人民政府及产权所有人审批;国家发改委、国家环境保护部审核;地方证监局出具辅导监管报告和国务院豁免文件等。文化传媒企业的前置审批有别于其他行业企业之处在于:一是主管部门审批涉及两个层面、多个部门。对于文化传媒企业而言,通过主管部门审批环节最为关键。企业须取得地方宣传部、中央宣传部、地方行业主管部门及国家行业主管部门两个层面对改制重组、上市方案的批复。同一行业通常存在多个行业主管部门,易引发审批权的重复交叉,增加文化传媒企业上市成本。二是主管部门主要审核意识形态,人为因素较大。虽然主管部门给出了关注重点,即企业改制重组、上市方案是否符合相关行业的国家政策、法规及相关文件精神。但在实际的意识形态审核中,并未给出明确的审核要求,主管部门至今也没有形成相关的标准、规则,存在较大弹性空间。三是意识形态审核几乎贯穿整个报批环节:首先是改制重组并成立股份公司的报批,文化传媒集团在发起设立股份公司或有限公司整体变更为股份公司时,需获得主管部门和产权所有人等的批准;其次是上市方案前置审核的报批,文化传媒企业申请上市前,需取得主管部门对上市地点、上市主体资产与业务等的批复意见,IPO 审核中也将征询宣传部、行业主管部门的相关意见;最后是辅导监管报告和国务院相关豁免文件的报批。

2. 资本市场功能发挥不充分

（1）债券市场不发达

我国债券市场不发达,债券成本高是导致文化企业证券化发展效率比较低的重要原因,综合运用多样化债务工具,加大债券融资力度,能够有效缓解文化企业的融资问题。但政府和市场却缺乏对文化企业通过公司债、企业债、中小企业集合票据、中期票据、短期融资券、超短期融资券等各类债务工具进行融资的支持,更缺乏对文化企业使用集优债、债贷组合、可续期债券、项目收益票据等债券创新产品的支持。由于文化企业的高风险性、文化产品的"非物质性"、文化资产的难估值性,即使优质文化企业也很难通过债券、信托、保险直投、融资租赁、票据交易等方式实现直接融资,中小微文化企业想实现直接融资则更加困难。

（2）缺乏市场化的并购重组

在并购重组领域,大型上市文化企业没有起到带动作用,政府也缺乏统筹协调,未能给上市文化企业并购重组提供信息和政策支持。同时,由于文化企业大多是属地化管理,且部分文化企业有严格的所有制属性,文化企业想要跨地区、跨所有制实施收购兼并有比较大的难度。结果是优质文化企业无法通过并购重组延伸产业链,扩大企业规模;拟上市文化企业很难通过并购重组实现整体上市或主营业务整合;文化企业难以通过创新并购重组手段和方式,综合运用定向增发、吸收合并等方式淘汰落后产能,加快产业结构调整升级;已经上市但经营业绩差、主营业务不突出的上市文化企业难以通过兼并重组,注入优质资产,增强持续经营能力。

(3)区域性股权市场建设不健全

主要表现为[①]:

一是重复建设严重。目前除四川与西藏两省、区属于共建一个平台和云南尚处于筹建阶段外,其他省级行政区已经实现全覆盖,其中广东省有3家,山东、福建、辽宁、黑龙江、天津、浙江各有2家。

二是政策依赖性强。近年来,各地政府相继出台了诸多差异化扶持及优惠政策,但是随之而来的是各地企业对于政策的依赖程度越发加深,以至于各区域性股权市场的竞争力和发展效果主要依赖于地方政策的支持力度,场外市场间的竞争异化为地区间优惠和支持政策的竞争。

三是挂牌企业质量不高。各区域性股权市场盲目扩大市场规模,将工作重点普遍放在快速引进挂牌企业上,导致了挂牌企业的质量不高,融资产品、制度设计及企业的战略规划不能很好地与投资的安全性、收益性和流动性相匹配。企业的规范意识和诚信意识不足,"忽悠"成分多,敬畏之心不够,以至于违规违约事件频发,影响市场的健康发展。

四是可持续发展能力不足。目前除上海、重庆等少数股权交易中心依靠增值服务收费等实现盈利外,绝大多数区域性股权市场的收入主要还是依靠财政补贴和对资本金的理财收益,整体处于亏损状态,自身造血功能差,独立生存能力欠缺,可持续发展能力不足。

五是法规不完善。相对场内市场较为完备的制度体系,区域性股权市场规范发展的法律法规和制度体系的建设还任重道远。

---

① 参见杜坤伦:《区域性股权市场建设的问题与对策研究》,《国家行政学院学报》2017年第2期。

3. 企业改制不彻底

一些大型文化企业进行转企改制后,并没有按照市场化、法制化标准对自身进行规范,且我国文化企业目前仍难以做到整体上市,如出版集团中部分出版社不能纳入上市主体;报业及电视台改制,核心资产和业务纳入上市主体仍存在障碍;未上市部分往往负担重,甚至存在较大亏损,独立生存能力较差。这使上市文化企业面临较为严重的独立性、规范性、透明度与公允性等问题,比如:公司内部错综复杂的关系没有得到梳理,会造成母公司、分(子)公司经常发生关联交易;公司之间人员、业务、财务、资产与技术等方面没有清晰的归属,导致母公司、分(子)公司之间存在同业竞争,同时会导致分不清哪些是营利性资产,哪些是公益性资产,不能剥离公益性质资产,整合营利性资产,从而达不到按市场化方式规范拟实施主体的业务与技术的要求,无法突出主营业务,无法体现主体的特色性。

4. 市场风险因素多

文化企业性质不同,所处的业态不同,其面对的政策法规、自身的盈利模式、市场给予的认可度都存在着很大的差别,由此会产生不同的风险。

（1）非完全商业化官媒上市存在不公平竞争

行业政策对文化传媒企业上市也有助推案例,如人民网、新华网等尚未完全商业化的官方媒体改制上市。以人民网为例,与其他文化传媒企业上市的差别在于:首先,将内容采编业务首次全部纳入上市主体,新闻内容是上市公司的核心优势,并成为吸引用户、实现盈利的源头。其次,与完全商业化的龙头企业相比,公司收入规模、网站排名、网站访问量并不具备最强竞争力。据人民网招股说明书披露,"与同行业可比上市公司相比,公司收入规模较小,以2010年12月31日汇率计算,2010年本公司营业收入约为新浪营业收入的12.43%,其中广告业务收入约为新浪广告收入的8.8%,移动增值业务约为新浪移动增值业务收入的6.0%";从网站综合排名来看,"2011年12月31日,人民网的综合排名位于49位",新浪、搜狐、网易、腾讯四大商业网站分别位居4、5、8、1位;从网站访问量来看,2011年12月31日,百万人中只有1.9万人访问人民网,而新浪、搜狐、网易、腾讯的这一数据分别为21.2万人、14.5万人、12.4万人和49.1万人。最后,人民日报社是控股股东,财政部是首要客户。人民网在上市主体、公司资源、盈利来源方面确实享有一般商业网站或其他意识形态色彩较强的新闻网站不可比拟的政策优势。但这些优势并未使人民网在市场竞争中成为第一梯队的龙头企业，而真正的行业龙头新浪、搜狐、网易却因达不到 A 股上市要求而在境外上市。

（2）新兴盈利模式不易被认可

现有审核是透过拟上市企业的历史沿革、股权清晰、资产规模、公司治理水平和盈利能力等指标，以历史数据预判未来规范程序、盈利能力、盈利模式的可持续性及风险。目前我国文化企业的基本盈利模式包括：内容或资源收费、广告收费、衍生品或增值服务收费等。内容或资源收费为一次营销，谁消费谁付钱，如传统图书销售、电影票房、信息系统及产品销售；广告收费为二次营销，由第三方付费，如报刊、电视、户外媒体；衍生品或增值服务收费为三次营销，通过内容或资源引申出的其他产品或服务盈利，如动漫、网络平台。后两类中，以网络平台企业为代表的新兴盈利模式，对整个行业来说都是"新"的，很可能行之有"利"，但往往未被时间、市场充分检验。而企业必须及时掌握甚至引领行业发展趋势，准确把握投资机会，不断创新，增加盈利增长点。这与"以历史数据评判未来""稳健经营、谨慎创新"的审核思路存在矛盾，较不易被认可。

所以，文化企业必须对自身属性、所处的业态，或者所处的发展阶段有清晰的认知，要清晰认识自身的优势和不足，既不盲目自大，也不妄自菲薄，既不冲动冒进，也不因循守旧。而是要结合自身实际，顺应时代发展趋势，应时、应势，结合自身所处发展阶段，选择符合企业自身发展要求的证券化发展路径。

三、规制完善及对策建议

（一）文化企业证券化发展应坚持的原则

1. 坚持方向，提高认识

文化企业证券化发展，既要体现文化大发展大繁荣的价值取向，也要遵循市场经济的一般规律，把文化自觉与市场机制有机结合起来，将文化企业发展融入到我国全面深化改革、实现中国梦的过程中，兼顾文化企业的意识形态和经济属性。

2. 建立机制、统筹推进

明确由文化主管部门、财政主管部门和金融主管部门协作,共同推动文化产业政策与金融政策、财政政策的制定和实施。充分发挥中央和地方文资办的作用,定期进行政策交流和信息沟通。以地方政府为主导,规划好证券化推进的阶段性工作,统筹协调,针对区域内不同文化企业的不同情况,制定差异化的最优证券化方案。

3. 全面整合、能上尽上

全面梳理区域内文化企业及其资产,按照不同类型、不同性质、不同规模、不同业态特点进行整合优化,积极为其证券化发展创造条件。选择适当的证券化路径,坚持能上尽上,"成熟一批,申报一批"。

4. 重点突破、全面推广

限于权限和推动手段以及中小微文化企业数量大且资产结构零碎小散等客观条件,加之有些实际问题在法律和政策准入方面的刚性约束,文化企业证券化发展,要选取典型,树立榜样,实现重点突破,形成样板垂范,带动、刺激其他企业证券化发展的内生动力形成。

5. 综合平衡、风险可控

牢固树立风险意识,妥善处理人员安置、知识产权保护等敏感性问题,避免一哄而上,坚守风险底线。

(二)规制完善

1. 针对文化产业特性问题的具体建议

文化企业的证券化发展问题,多表现为零散个案,需具体问题具体分析:

(1)从文化企业角度看,对经营性事业单位转企改制后上市的要求细化,可缩短部分市场化程度高、未享受财政拨款、采用企业会计制度的文化单位"公司设立满3年"的时间要求;对新闻宣传类公司存在的某些非市场化情形导致的特殊问题,以备忘录的形式单独出台审核口径等。

(2)从资本市场角度看,包括:资本市场不能仅从收入利润这一个角度来衡量,还需结合市场发展规律以及产业发展规律的角度对文化企业核心竞争力与盈利能力进行衡量;对于文化企业会计处理问题,资本市场需给予特定的、具体的指引,对不能标准化的内容,应当要求企业充分信息披露为主,并允许会计判断存在合理范围内的误差;鉴于诉讼多是互联网文化行业的共性,建议提高对该类企业此类问题的容忍度,采取包括诉讼、仲裁等多元化化解措施。

2. 针对不同文化类型提供多元化融资服务

在产业范围日趋宽泛及现有政策环境下,不同体制机制、意识形态、发展阶段、盈利模式的文化企业,与资本市场的适配程度、上市时间都不相同。这一定程度上说明,发行上市并非适合于任何组织形态的文化企业,也并非所有企业通过政府支持、上市融资就可以获得较好的发展;同时,这也一定程度上表明,资本市场服务还不能完全匹配文化产业发展的多层次需求。因此,可以根据特色各异的文化企业多元化的融资需求,提供更加到位、更能平衡投融资双方利益的服务。

(1)从发行上市来看,可根据行业市场化发展程度的差异,制订有层次的上市关注重点,例如对意识形态较弱、以体制外资源居多的广告企业,可做优先关注和试点。

(2)对于在我国现实背景下与 A 股发行上市要求存在差距的优质文化企业,可以提供多元化的融资服务。例如,主要依靠政府补贴、无市场化盈利方式、企业单位事业化运行的报刊及信息服务类公司,与资本市场的发展目标有较大出入;又如,产业链上做内容、且前期资金需求压力较大的企业,像创意设计、漫画创作、广告创意机构、电影制作机构,产业链上部分依附型单位,如艺人经纪、印刷厂等,必须实现产业链上的多环节经营,才能可持续发展。针对这些企业,资本市场可提供多元化融资工具或充分发挥场外市场的作用。例如,可以为电影制作类企业提供私募债券、专项电影基金等服务,以使其更符合其及时、灵活、短期、易获的资金需求特征。目前,我国在多元化融资工具和产品开发、制度设计方面还须加强。依托场外市场提供资本市场服务,可成为多层次资本市场为文化企业提供融资服务的一个方向,但当企业有转板需求时,资本市场应当在何种制度架构下,以何种方式提供这方面的服务,亟待在深入研究的基础上不断试点。

3. 对我国审核、监管制度进行必要反思

对资本市场"大一统"的审核监管制度、培育文化企业的理念和机制、企业违规惩戒机制和相关法律法规体系建设、有效的信息披露机制等方面,有必要进行反思。

（1）科学发展理念。文化产业的发展,是一个系统性工程,涉及方方面面,需要相关部门/地区同心协力,打破利益藩篱,明确监管边界,归位尽责,到位不越位。要顺应新时代和经济社会发展变化的新环境、新要求,坚持市场化改革和法制化发展方向,抓"大"不放"小";要支持中小文化企业通过IPO加快发展,支持国有文化企业通过并购重组和证券化发展做优做强;鼓励文化企业用好现有金融工具,服务中国制造2025,以充分实现资本市场更好服务实体经济发展的功能,回归资本市场建设本质和初衷;要加强信息交流与共享,提高对市场风险的识别机制、快速反应机制和共同处置机制建设。

（2）实施差异化政策。文化各子行业种类繁多,盈利本质、发展规律都不相同。文化产业其实是整个经济发展的缩影,很多产业都存在多层次性,同一产业内各子行业之间还有显著差别,更不用说产业之间的差异更大。而目前,我国资本市场实行"大一统"的审核、监管制度,监管规则如何更好地适应各行业的差异化特征,值得思考。这一问题的本质,是被动要求企业必须符合统一的上市标准,还是主动适应、正视行业间差异,要认真总结、深刻反思我国资本市场建设中的经验,制定实施更合理的、有弹性的差异化规则。例如,文化企业有别于传统企业募资投向的问题,现有审核对募资投向采取同一标准,要求有确定用途、确定金额、盈利预测,这与文化企业现实投资需求有较大出入,直接导致企业募资投向偏离本质需求、上市后募资投向变更、或无法通过上市审核。因此,建议审核理念可以从单一的审核观向灵活的审核观转变,能够更多的借鉴、参考行业专家的意见,并提前研究各类新兴业态。

（3）加强对境外文化产业培育理念与机制的学习。美国、中国香港等为培育重点产业企业提供了综合配套、自由竞争的环境,资本市场拥有较高的市场包容度和较强的自我净化功能,在培育行业龙头、减少行政阻碍等方面发挥了较大作用。"宽进入、严监管"的理念,一方面带给暂时亏损的、但拥有较好发展前景的文化企业上市机会和较理想的市场价格,另一方面能够对上市企业的虚假信息披露、欺诈等违法违规行为诉诸法律、提起诉讼,企业违规成本极高。而我国文化产业某些领域实行较严格的意识形态监管,资本市场进入门槛较高,行政介入较多,市场化的培育机制、企业违规惩戒机制和相关法律法规体系建设、有效的信息披露机制尚不健全。

4.合力推动优化文化企业发展的外部环境

在提升、完善资本市场功能的同时,也需要从行业准入条件、基础性制度、税收制度、政策扶持等多个领域着手,建立有效的文化产业扶持机制,全面推动文化产业健康发展。具体包括:推动行业准入规则的修改,扩大民间资本进入的领域;制定和完善规范专利权、版权、著作权等无形资产保护、评估、质押、登记、流转和托管的管理办法,解决文化产业融资难的基础性制度障碍;完善文化产业税收制度体系,减轻文化产业税收负担;推动文化企业扶持政策的制度化、市场化执行,确保各类扶持政策的稳定性和连续性。

(三)具体对策建议

1.政府层面:完善顶层设计,规范主体建设,积极发挥引导带动作用

(1)推动相关部门进一步完善顶层设计和制度建设

以机制促进文化企业证券化发展,形成良好的发展环境,不断完善多方参与、互惠共赢为基础的文化金融合作机制。要将文化企业证券化发展,纳入文化行业与金融行业发展的整体战略规划中,纳入全面深化改革的实践过程中。为此,中央政府要尽快出台关于促进文化企业证券化的实施方案,结合全国各地区文化发展水平、经济实际状况、金融深化改革程度等方面综合考量,统一谋划,分类管理,分步引导;地方政府要积极对接中央政策落地,尽快出台适合本地实际的与之配套的实施细则,以进一步明确证券化发展目标、重点和步骤等。支持文化企业通过多种方式实现内、外部资源整合,为其发展创造便利条件。加大宣传力度,增进文化企业对金融政策的了解,推动用活用足相关政策。进一步加快发行审核制度改革进程,加大知识产权保护力度,规范文化市场竞争。完善文化相关税收优惠政策。

(2)坚持市场化标准,规范文化企业主体建设

首先,主体选择要符合企业证券化发展的整体目标。根据企业证券化发展目标,明确市场化运作的实施主体。要加强对相关中介服务机构的指导,促进企业用市场的手段和方法,通过关闭、合并以及划转等方式,解决文化企业的关联交易、同业竞争等问题。要积极推动股份制改制,探索混合所有制实践,加强对改制过程中敏感问题和遗留问题的技术处理和政策障碍消除,促进主体规范,完

善公司治理。要区分企业（特别是国有企业）资产的公益性与营利性，对公益性质资产予以剥离并重新整合，将营利性的资产，根据资产、业务等特点，按照市场化原则，分别植入相应的拟实施主体去运营和管理。

其次，以市场化标准规范文化企业业务。相关部门要加强国有文化企业改制工作的指导和协调，特别是要以市场化的方式，将运营中隐含的为政府项目服务的部分进行重新界定，通过与政府签订相关项目委托管理合同，以政府购买的方式来体现服务收益。对不同业态，或者处于不同发展阶段的中小微文化企业，要基于其自身的优势和不足，同时考虑证券化发展的产品及路径差异，因企施策，制定差异化实现路径。

再次，强化市场约束机制。我国资本市场的发展，市场化既是初始动因，也是未来方向。强化市场约束机制，促进各市场主体归位尽责，实现资源的市场化配置，以更好地服务实体经济发展，这是资本市场发展初衷实现的主要手段，也是资本市场改革愿景实现的不二方法。大家都尊重市场，人人都敬畏规则，是社会良好发展秩序形成的前提和保障。因此，必须坚持市场化、法制化导向，做到"买者自负，卖者有责"。

最后，完善信息披露制度。建立强制信息披露与鼓励自主信息披露相结合的适度信息披露制度，对影响文化企业估值的信息，必须强制信息披露义务人真实、准确、完整、及时地予以披露。强制拟证券化的文化企业说真话和实话，减少套话和废话，严禁假话和空话，提高信息披露的质量；鼓励未证券化的文化企业自主披露相关信息。

（3）更好地发挥政府作用

首先，优化政府服务职能。政府的服务职能主要体现为政府不仅是文化企业证券化发展的引导者、协调者，也是企业证券化发展的整合者和宣扬者。地方政府要为文化企业的证券化发展营造良好的外部环境，为文化企业证券化发展创造积极友好的氛围，打消文化企业证券化发展的后顾之忧。同时，要按照简政放权、放管结合、优化服务和转变政府职能要求，以清单形式列明相关部门的行政权责及其依据、行使主体、运行流程，推进行政权责依法公开，强化行政权力监督和制约，防止出现权力真空和监管缺失，到位不缺位，更不能错位，既要避免重复监管，又要避免存在监管盲区。

其次，统筹协调，重点推进。各级地方政府及其相关职能部门可以成立专门的文化企业证券化发展推进机构(非常设机构)或指派专门人员,负责研究文化企业证券化的相关法规政策,通过统筹协调,建立起科学规范的证券化发展机制,发挥政策引导和资本纽带作用。深化文化企业上市(挂牌)培育工作,建立以企业需求为导向、政府引导、中介机构参与的培育机制,组织行业专家学者,大力宣传资本市场改革发展的新动向、新业务、新产品,定期解读资本市场改革新规。促进优质资源和重点项目向优势企业(集团)集中,支持中小微文化企业通过多种方式实现内、外部资源整合,向高新科技产业延伸,鼓励有条件的上市文化公司通过定向增发、吸收合并、股权置换、杠杆收购等方式进行战略性并购重组,打造行业领先、具有明显竞争优势的高新技术文化大企业、"互联网+"大集团,从而形成榜样的示范效应。鼓励文化企业综合运用多样化债务工具,加大债券融资力度。充分发挥国有资本战略作用,发挥政策引导和资本纽带作用,加强国有资本运营和国有文化资产经营管理。

再次,打造便利的外部环境。各级政府和相关部门要全面贯彻落实党中央、国务院及相关部委、省级人民政府的相关要求,提高政府服务质量,落实"绿色通道"制度,合理提供政策支持,支持力度应与本地经济发展水平和资本市场发达程度相适应。要进一步完善配套措施,增强市场的包容性,让市场功能得以充分发挥。政策支持要起引领作用,要坚持"尽量靠前支持"的原则,既要体现"锦上添花",也要能实现"雪中送炭";既要奖励上市融资数亿元的文化企业,更要支持具备一定条件的中小微文化企业的改制规范,大力培育和壮大文化创意企业队伍。要将区域性股权市场作为规范地方财政奖补资金透明度、提高财政资金运用效益的窗口,带动更多中小微文化企业更好发展。要使证券化发展机制的内部推进工作与外部环境打造工作相互促进,共同完善,建立起科学有效的投融资管理体系,以支持中小微文化企业通过多种方式实现资源整合,打造便利、和谐的发展环境,促进场内市场与场外市场共同可持续发展。

最后,搭建各类中间平台。打造文化投融资平台,推动文化与资本对接。通过投入政府引导资金,发挥财政资金"杠杆"效应,引导社会资本为文化产业发展提供更多资金支持,促进文化企业发展资本形成。建立文化数据信息共享平台,提高文化企业和政府部门、中介机构与投资者之间的相互了解,增加诚信透明度,更加高效稳定地实现文化与资本的对接。打造文化项目对接平台,建立文化资产交易和评估体系,促进文化要素与资本更好融合。

2.企业层面:转变发展理念,加强人才引进与培养,探索与自身经营特色和发展阶段相适应的证券化发展道路

(1)转变发展观念,变"要我上"为"我要上"。文化企业既要充分运用不同的扶持政策与措施,积极利用资本市场做大做强、做好做优,同时,也要依托内生发展动力,将资本市场理念融入到文化企业营运,推进文化企业公司制、股份制改造,建立现代企业制度,积极借助互联网的力量拓展多领域合作,提高可持续发展能力。通过运用多种金融工具和融资模式,促进国有文化企业实现跨地区、跨行业、跨所有制并购重组,民营文化企业以独资、合资、合作、联营、参股、特许经营等多种形式筹集发展资金。此外,中小微文化企业以创新的方式进行专业化升级,积极参与到高端产业链或高端文化项目的分工协作中,从而提升管理水平,增强资本支持的可获得性。

(2)打造专业化人才团队,更好地为文化企业证券化发展提供服务。通过安排专项资金,建立健全文化与科技、金融融合的复合型人才培育体系和管理人才培育体系,按照企业内部人才结构,采用分类管理的原则,统筹推进企业分级、分类、分层人才培训,采用场地培训和远程培训相结合,开展专业领域的知识更新培训,推进"互联网+""文化+"等相关理念的树立,建立一支有文化、懂经营、会管理的高端人才队伍。

(3)探索与自身经营特色和发展阶段相适应的证券化发展道路。文化企业的证券化之路,是文化与金融融合在资本市场的实现模式,是文化企业充分利用多层次资本市场转型发展的最有效的市场化手段。但是,证券化发展并非适合任何组织形态的文化企业,也并非所有文化企业通过上市融资就可以获得较好发展,需要根据特色各异的文化企业多元化的投融资需求,因势利导,因企施策,走适合自己特色的发展道路。文化企业引入市场机制、进入资本市场有多种渠道和形式,如 IPO、再融资、并购重组、中小企业私募债、资产证券化等方面,文化企业必须选择与自身经营特色和发展阶段相适应的发展道路。

3.社会中介服务方面:提升服务能力,探索金融产品和融资工具创新

(1)充分发挥中介服务功能,提升对文化企业证券化发展的服务能力。科学提供包括发展空间谋划、投融资项目选择、经营管理规范在内的专业服务,帮助文化企业突破发展中的瓶颈,解决发展中的问题,特别是初期的"融资难、融资贵"及公司治理水平提升问题。加强政策宣讲和引导,引导企业做一个诚实

守信、开拓创新和富有社会责任感的市场主体,相关人员要切实履行勤勉尽责和忠实义务,尽心、敬业,为文化企业发展提供一个广阔、干净的空间。

(2)充分发挥各类金融机构的优势和特长,探索金融产品和融资工具创新。各类金融机构要促进股权质押贷款、股权投资基金、科技信贷、担保抵押等融资工具广泛服务于实体经济发展。支持符合条件的文化企业通过银行间债券市场融资。在有效控制风险的前提下,积极推进产品和服务创新,开发符合文化企业特点和需求的金融产品,逐步扩大应收账款质押融资、产业链融资、股权质押贷款等适合文化企业特点的信贷创新产品的规模;积极探索综合质押贷款模式,拓宽文化企业贷款抵(质)押物的范围,鼓励针对具有一定实力的文化企业开展信用或类信用贷款。同时充分发挥互联网金融等新型金融模式作用,提供精准、灵活、快捷的金融支持服务。

参 考 文 献

Aghion, P., Howitt, P., "A Model of Growth Through Creative Destruction", *Econometrica*, Vol. 60, No. 2, 1992, 323 – 351; Aghion, P., Howitt, P., "A Model of Growth Through Creative Destruction", *Econometrica*, Vol.60, No.2, 1992.

Altman, E.I, "Financial Ratios, Discriminant Analysis and the Prediction of Corporate Bankruptcy", *Journal of Finance*, 1968.

Brennan, M.J., Schwartz E.S., "Corporate Income Taxes, Valuationand the Problem of Optimal Capital Structure", *The Journal of Business*, 1978.

Brennan, M.J., Schwartz, E.S., "Finite Difference Methods and Jump Processes Arising in the Pricing of Contingent Claims: a Synthesis", *Journal of Financial and Quantitative Analysis*, Vol.12, No.3, 1978.

Farrar, D.E., Selwyn, L.L., "Taxes, Corporate Financial Policyand Return to Investment", *National Tax Journal*, 1967.

Harris, M., Raviv, A., "Capital Structure and the Informational Role of Debt", *The Journal of Finance*, Vol.45, No.2, 1990.

Haugen, R.A., Senbet, L.W., "The Insignificance of Bankruptcy Costs to the Theory of Optimal Capital Structure", *The Journal of Finance*, 1978.

Jensen, M.C., Meckling, W.H., "Theory of the Firm: Managerial Behavior, Agency Costs and Ownership Structure", *Social Science Electronic Publishing*, Vol.76, No.3, 1976.

Keane, M., Ryan, M.D. & Cunningham, S., "Worlds apart? Finance and Investment in creative Industries in the People's Republic of China and Latin America", *Telematics & Informatics*, Vol.22, No.2, 2005.

Modigliani, Franco & M.H.Miller, "The Cost OF Capital, Corporation Finance and the Theory of Investment", *American Economic Review*, 1959.

Modigliani, F., Miller, M.H., "Corporate Income Taxes and the Cost of Capital: A Correction", *American EconomicReview*, 1963.

Myers, S.C., "The Capital Structure Puzzle", *Journal of Finance*, 1984.

Myers, S.C., Majluf, N.S., "Corporate Financing and Investment Decisions when Firms have Information that Investors do not have", *Social Science Electronic Publishing*, Vol.13, No.2, 1983.

Pupek, E., Németh, G. & Pupek, E.et al., "Quo Vadis Creative Cultural Industries?", *International Journal of Applied Sociology*, Vol.5, No.3, 2015.

Robichek Alexander，Myers Strwart，"Some Estimates of the Cost of Capital to the Electric Utility Industry，1954－57，Comment"，*American Economic Review*，1967.

Shavell，S.，"Risk Sharing and Incentives in the Principal and Agent Relationship"，*Bell Journal of Economics*，1979.

Scott，J.H.A.，"Theory of Optimal Capital Structure"，*Bell Journal of Economics*，1976.

Stulz，R.，"Managerial Control of Voting Rights：Financing Policies and the Market for Corporate Control"，*Journal of Financial Economics*，Vol.20，No.1－2，1988.

W. T. Newlyn ，Shaw，E. S.，"Financial Deepening in Economic Development"，*Economic Journal*，1973.

[德]马克思:《资本论》(第一、二卷)，人民出版社 2004 年版。

《马克思恩格斯全集》(第二十三卷)，人民出版社 1972 年版。

[美]塞维斯:《文化进化论》，黄宝玮等译，华夏出版社 1991 年版。

[美]约瑟夫·熊彼特:《经济发展理论》，王永胜译，立信会计出版社 2017 年版。

[美]R.I.麦金农:《经济发展中的货币与资本》，卢骢译，上海人民出版社 1997 年版。

[英]潘罗斯:《企业成长理论》，赵晓译，上海三联书店 2007 年版。

J.奥林纳:《欧洲的文化产业和文化政策》，载林拓等主编:《世界文化产业发展前沿报告(2003—2004)》，社会科学文献出版社 2004 年版。

安迪·C.普拉特:《文化产业:英国与日本就业的跨国比较》，载林拓等主编:《世界文化产业发展前沿报告(2003~2004)》，社会科学文献出版社 2004 年版。

联合国教科文组织统计研究所:《2009 年联合国教科文组织文化统计框架》，载张晓明等主编:《2011 年中国文化产业发展报告》，社会科学文献出版社 2011 年版。

刘安等:《淮南子·修务训》。

孟轲:《孟子·离娄上》。

高鸿业:《西方经济学》，中国人民大学出版社 2015 年版。

杜坤伦:《资本的阶梯——中小微企业场外市场挂牌融资理论与实务》，人民出版社 2016 年版。

杜坤伦:《上市公司——现代经济最富活力的微观基础》，四川人民出版社 2008 年版。

彭翊:《中国文化消费指数报告(2016)》，人民出版社 2016 年版。

蒋顺才、刘雪辉、刘迎新:《前沿实用经济与管理丛书——上市公司信息披露》，清华大学出版社 2004 年版。

陈鼓应:《管子四篇诠释》，商务印书馆 2006 年版。

苏轼:《司马温公行状》，载《苏东坡全集》，中华书局 1986 版。

赵涛、郑阻玄:《上市公司的过度融资》，社会科学文献出版社 2005 年版。

曹凤岐:《股份制与现代企业制度》，企业管理出版社 1998 年版。

胡惠林:《文化经济学》，上海交通大学出版社 1996 年版。

刘鹤:《中国经济未来的趋势和三个长期课题》，载吴敬琏主编《中国经济 50 人看三十年》，中国经济出版社 2008 年版。

钟财:《〈中共中央关于建立社会主义市场经济体制若干问题的决定〉名词术语解释》，人民出版社 1994 年版。

于纪渭:《股份制经济学概论》，复旦大学出版社 2015 年版。

沈冰、吴刚:《证券投资学》,人民出版社 2014 年版。

冯军、黄忠宝:《版权保护法制的完善与发展》,社会科学出版社 2008 年版。

深圳证券交易所创业企业培训中心:《中小企业板、创业板股票发行上市问答》,中国财政经济出版社 2014 年版。

深圳证券交易所创业企业培训中心:《上市公司并购重组问答》,中国财政经济出版社 2014 年版。

国务院办公厅:《关于印发文化体制改革中经营性文化事业单位转制为企业和进一步支持文化企业发展两个规定的通知》,人民出版社 2014 年版。

习近平:《在庆祝中国共产党成立 95 周年大会上的讲话》,人民出版社 2016 年版。

习近平:《决胜全面建成小康社会 夺取新时代中国特色社会主义伟大胜利——在中国共产党第十九次全国代表大会上的报告》,人民出版社 2017 年版。

胡锦涛:《坚定不移沿着中国特色社会主义道路前进 为全面建成小康社会而奋斗:在中国共产党第十八次全国代表大会上的报告》,人民出版社 2012 年版。

中共中央宣传部:《习近平总书记系列重要讲话读本(2016 年版)》,人民出版社 2016 年版。

中国社会科学院文化研究中心:《文化蓝皮书:中国文化产业发展报告(2015~2016)》,社会科学文献出版社 2016 年版。

《中国文化及相关产业统计年鉴》,中国统计出版社 2016 年版

《中华人民共和国企业所得税法》,中国法制出版社 2007 年版。

《中华人民共和国个人所得税法》,中国法制出版社 2010 年版。

《文化产业振兴规划》,人民出版社 2009 年版。

《中共中央关于深化文化体制改革 推动社会主义文化大发展大繁荣若干重大问题的决定》,人民出版社 2011 年版。

《中共中央国务院关于深化国有企业改革的指导意见》,人民出版社 2015 年版。

《中共中央关于深化文化体制改革 推动社会主义文化大发展大繁荣若干重大问题的决定》,人民出版社 2011 年版。

《中共中央关于全面深化改革若干重大问题的决定》,人民出版社 2013 年版。

习近平:《在文艺工作座谈会上的讲话》,《人民日报》2014 年 10 月 15 日。

习近平:《在文艺工作座谈会上的重要讲话》,《人民日报》2015 年 10 月 14 日。

习近平:《在中国文联十大、中国作协九大开幕式上的讲话》,《人民日报》2016 年 12 月 1 日。

陆娅楠:《2016 年全国规模以上文化企业营收增长 7.5%》,《人民日报》2017 年 2 月 7 日。

江苏省社会主义核心价值体系研究中心:《提高网络时代宣传思想工作科学化水平》,《人民日报》2010 年 5 月 11 日。

白瀛、周玮、璩静:《文化体制改革取得历史性成就》,《人民日报》2013 年 6 月 14 日。

《小微文化企业获贷款支持》,《人民日报海外版》2014 年 5 月 16 日。

侯英:《以金融资本助推文化产业发展》,《光明日报》2014 年 1 月 12 日。

张国圣:《重庆两江新区:手里有几把"金钥匙"》,《光明日报》2010 年 6 月 21 日。

张玉玲、李慧、严圣禾:《第八届"文化企业 30 强"发布》,《光明日报》2016 年 5 月 12 日。

刘奇葆:《大力推动中华文化走向世界》,《光明日报》2014 年 5 月 22 日。

欧阳昌琼：《建议进一步规范发展区域性股权市场》，《农村金融时报》2018 年 3 月 17 日。

美国商务部国家经济分析局和国家艺术基金会：《2008—2011 年度文化艺术对美国民经济影响数据报告》，参见《文化艺术产业已占 GDP 重要比》，《中国文化报》2014 年 7 月 10 日。

慕享宏：《"民间主导"的美国公共文化服务模式》，《中国文化报》2016 年 2 月 4 日。

许亚群：《2015 年文化金融合作取得突破》，《中国文化报》2016 年 2 月 6 日。

毛俊玉：《文化与金融对接出现新气象》，《中国文化报》2014 年 6 月 28 日

徐鹏程：《当前阻碍金融资本与文化产业融合的主要问题》，《金融时报》2016 年 6 月 20 日。

梁达：《将文化产业打造成重要支柱产业》，《上海证券报》2016 年 11 月 18 日。

李小兵、浦奕安：《税收优惠力挺"文化出口"》，《上海证券报》2014 年 4 月 17 日。

刘向红：《探查 16 家 IPO 被否公司"命门"》，《上海证券报》2016 年 12 月 21 日。

吴绮玥：《信诺传播再次冲刺 IPO 反馈意见曝光四大隐忧》，《上海证券报》2016 年 9 月 26 日。

上海证券交易所、上海交通大学证券金融研究所联合组：《中国上市公司同业竞争问题研究》，《上海证券报》2011 年 9 月 15 日。

《2017 中国文化产业发展和文化消费指数发布》，《中国知识产权报》2018 年 1 月 30 日。

许岩：《2017 年我国文化产业将迎发展黄金期》，《证券时报》2017 年 2 月 7 日。

刘俊海：《打造投资者友好型社会助力新常态下的经济转型升级》，《中国证券报》2015 年 3 月 16 日。

熊晓辉：《成功率仅 10% 上海文化创意产业将洗牌》，《中国经营报》2012 年 9 月 15 日。

潘爱玲、王淋淋：《产权属性、政治关联与文化企业并购绩效》，《华中师范大学学报（人文社会科学版）》2015 年第 3 期。

陈波、王凡：《西方三国文化企业融资模式及其经验借鉴》，《武汉大学学报（人文科学版）》2013 年第 1 期。

彭祝斌、谢莹：《小微文化企业融资信息支撑体系建设研究》，《同济大学学报（社会科学版）》2016 年第 3 期。

刘友芝：《我国文化企业的多层次直接融资模式探析》，《浙江大学学报（人文社会科学版）》2013 年第 3 期。

曾丹：《浅析我国文化产业的知识产权保护》，《中共成都市委党校学报》2013 年第 2 期。

潘爱玲、邱金龙、闫家强：《"三跨"并购与文化企业综合竞争力提升研究——来自 A 股上市公司的实证证据》，《山东大学学报（哲学社会科学版）》2016 年第 3 期。

何奎：《实施知识产权证券化　创新文化产业融资模式》，《中国出版传媒商报》2014 年 9 月 16 日。

蔡武：《国务院关于深化文化体制改革　推动社会主义文化大发展大繁荣工作情况的报告——2012 年 10 月 24 日在第十一届全国人民代表大会常务委员会第二十九次会议上》，《中华人民共和国全国人民代表大会常务委员会公报》2012 年第 6 期。

李长春：《正确认识和处理文化建设发展中的若干重大关系　努力探索中国特色社会主义文化发展道路》，《求是》2010 年第 12 期。

袁国良、郑江淮：《我国上市公司融资偏好和融资能力的实证研究》，《管理世界》1999 年第 3 期。

黄安、张岗:《中国上市公司股权融资偏好分析》,《经济研究》2001 年第 11 期。

杨运杰、李静洁:《我国上市公司股权融资偏好原因分析》,《理论学刊》2002 年第 6 期。

林云、陈方正:《我国上市公司股权融资偏好的寻租经济学分析》,《内蒙古科技与经济》2003 年第 2 期。

高晓红:《产权效率与市场效率:我国上市公司股权融资偏好分析》,《投资研究》2000 年第 8 期。

王增业、薛敬孝:《企业融资方式偏好分析》,《南开经济研究》2002 年第 4 期。

陈庚、傅才武:《文化企业国有资产管理的特殊性及其政策思路》,《学习与实践》2015 年第 6 期。

李彬:《文化企业并购高溢价之谜:结构解析、绩效反应与消化机制》,《广东社会科学》2015 年第 4 期。

张敏:《江苏省重点文化企业发展影响因素实证研究》,《南京社会科学》2008 第 11 期。

常卫:《试论中国文化企业创新能力的提高》,《中国特色社会主义研究》2007 年第 2 期。

马静、李森:《我国文化体制改革进程中的国有资产管理问题研究——以文化事业单位转企改制为例》,《山东社会科学》2016 年第 2 期。

刘杨、赖柳华:《中国文化上市企业全要素生产率研究》,《经济与管理研究》2014 年第 7 期。

林丽:《我国文化产业发展中的投融资问题及对策》,《经济纵横》2012 年第 4 期。

卜凡婕、夏爽:《中国文化企业上市融资分析及模式比较》,《管理世界》2010 年第 11 期。

王铮:《文化企业上市急行》,《上海国资》2010 年第 12 期。

周正兵、郑艳:《发展文化产业投资基金的思考》,《宏观经济研究》2008 年第 4 期。

刘玉珠:《金融支持文化产业发展的现状与展望》,《中国金融》2011 年第 22 期。

王家新:《加快推进国有文化企业并购重组》,《中国财政》2014 年第 22 期。

辜胜阻、庄芹芹、曹誉波:《构建服务实体经济多层次资本市场的路径选择》,《管理世界》2016 年第 4 期。

罗春燕、张品一等:《基于 DEA 方法的文化金融产业融资效率研究》,《统计与决策》2016 年第 23 期。

刘昱洋:《我国文化企业跨区域并购应注意的问题研究》,《区域经济评论》2011 年第 12 期。

陈波、王凡:《我国文化企业融资模式分析》,《学习与实践》2011 年第 6 期。

蒋建国:《建立健全现代文化市场体系》,《中国出版》2014 年第 1 期。

张立斌、李星雨:《文化产业上市公司的公平与效率》,《财经科学》2015 年第 11 期。

杨向阳、童馨乐:《财政支持、企业家社会资本与文化企业融资——基于信号传递分析视角》,《金融研究》2015 年第 1 期。

张爱珠:《浙江省中小文化企业融资机制之创新》,《财会月刊》2011 年第 32 期。

王锦慧、晏思雨:《电影版权证券化的融资模式选择》,《重庆社会科学》2014 年第 6 期。

魏彬:《我国数字出版业知识产权证券化交易探析》,《编辑之友》2011 年第 5 期。

李华成:《欧美文化产业投融资制度及其对我国的启示》,《科技进步与对策》2012 年第 7 期。

林毅夫、李周:《现代企业制度的内涵与国有企业改革方向》,《经济研究》1997 年第 3 期。

李建伟：《知识产权证券化：理论分析与应用研究》，《知识产权》2006 年第 1 期。

白海波：《试析美国版权战略与版权业发展的互动》，《科技与经济》2004 年第 6 期。

刘恩东：《美国文化产业发展的法律体系》，《中外文化交流》2015 年第 10 期。

庄严：《日本文化产业制度安排及其创新》，《经济纵横》2013 年第 11 期。

余晓泓：《美国文化产业投融资机制及启示》，《改革与战略》2008 年第 12 期。

徐传谌、周海金、刘芹：《国有文化产业融资模式创新何以可能》，《江汉论坛》2014 年第 2 期。

杨新力：《转变文化发展方式 加快文化改革发展》，《江苏社会科学》2010 年第 4 期。

苗圩：《推动国有企业完善现代企业制度》，《求是》2013 年第 22 期。

孟繁明：《股份制是国有文化企业改革的必由之路》，《上海国资》2012 年第 1 期。

肖荣莲：《新兴文化业态与文化的多元化发展》，《学术论坛》2010 年第 3 期。

覃振锋：《广西国有演艺产业体制改革的路径设计与发展研究》，《学术论坛》2007 年第 3 期。

陈很荣、范晓虎等：《西方现代企业融资理论述评》，《财经问题研究》2008 年第 8 期。

陈明军：《我国上市公司关联交易信息披露问题思考》，《企业经济》2010 年第 5 期。

《中国文化创意产业进入"升级版"》，《中外文化交流（英文版）》2015 年第 1 期。

马俊驹、聂德宗：《公司法人治理结构的当代发展：兼论我国公司法人治理结构的重构》，《法学研究》2000 年第 2 期。

潘红波、余明桂：《集团内关联交易、高管薪酬激励与资本配置效率》，《会计研究》2014 年第 10 期。

王茉郦：《同业竞争审核标准探析——基于审核实践和案例的考察》，《证券法苑》2012 年第 2 期。

臧红文、张园园：《我国文化产业税收政策的现状与建议》，《财务与会计》2015 年第 24 期。

李波：《2017 年资产证券化发展报告》，《债券》2018 年第 1 期。

魏学春：《推动善待投资者股权文化建设》，《中国金融》2012 年第 20 期。

张俊香等：《论我国资本市场股权文化建设的途径》，《经济论坛》2006 年第 19 期。

马新福：《社会主义法治必须弘扬契约精神》，《中国法学》1995 年第 1 期。

薛永慧：《群体诉讼之比较》，《社会科学家》2010 年第 3 期。

章武生等：《我国群体诉讼的立法与司法实践》，《法学研究》2007 年第 2 期。

艾庆庆等：《文化企业的社会责任：文化与经济互动的视角》，《山东社会科学》2013 年第 1 期。

刘伟见：《文化体制改革下文化企业社会责任探究——以出版企业为例》，《中国行政管理》2012 年第 3 期。

李扬：《我国商标抢注法律界限之重新划定》，《法商研究》2012 年第 3 期。

须建楚：《商标淡化的法律问题初探》，《法学》1997 年第 7 期。

张国炎：《商标保护对上海未来经济发展的影响》，《上海经济研究》2012 年第 12 期。

张冬、尹若凝：《黑龙江传统文化产业创新中的知识产权风险防范》，《黑龙江社会科学》2015 年第 2 期。

康建辉、郭雅明：《我国版权产业发展中的版权保护问题研究》，《科技管理研究》2012 年第 4 期。

程娟:《并购主体不一定非用本企业:还有多种方式可选择》,《中国机电工业》2014 年第 5 期。

发展壮大文化创意产业政策研究组:《推进文化创意与科技深度融合,培育壮大文化产业新业态》,《广东经济》2015 年第 4 期。

世界主要经济体文化产业发展形状研究组:《世界主要经济体文化产业发展状况及特点》,《调研世界》2014 年 10 期。

陈禹:《现代文化产业融资体系研究》,四川大学博士学位论文,2015 年。

李金:《我国上市公司股权融资绩效研究》,电子科技大学博士学位论文,2007 年。

于迅来:《中国文化体制改革历程及发展路径演化》,吉林大学博士学位论文,2014 年。

盛夏:《国有企业资产证券化研究》,四川省社会科学院硕士学位论文,2016 年。

朱瑶筝:《实物期权估值法在文化企业并购重组中的应用研究》,四川省社会科学院硕士学位论文,2016 年。

何卫东:《非流通股东"自利"行为、流动性价差和流通股东的利益保护》,深圳证券交易所综合研究所研究报告,2003 年。

卢一宣:《文化传媒企业发行问题研究》,深圳证券交易所综合研究所研究报告,2013 年 6 月。

温斌:《证券期货监管实践积极探索党的先进性建设的有效途径》,中国证监会研究报告,2006 年 6 月。

谢友发、李化:《简析关联方之规则》,北京市天元律师事务所研究报告。

卢一宣、廖涵平:《文化企业盈利模式与财务问题研究》,深圳证券交易所综合研究所研究报告,2013 年 3 月。

上海证券交易所:《解决同业竞争首选整体上市》,上海证券交易所研究报告,2011 年 9 月。

财政部:《国有文化企业发展报告(2016)》,2016 年 12 月 23 日。

中国银行业协会:《2014 年度中国银行业社会责任报告》,2015 年 6 月 26 日。

财政部文化司:《国有文化企业发展报告(2016)》,2016 年。

文化部:《中华人民共和国文化部 2015 年文化发展统计公报》,2016 年 4 月 25 日。

国家统计局:《中华人民共和国 2017 年国民经济和社会发展统计公报》,2018 年 2 月 28 日。

《中华人民共和国刑法》。

《中华人民共和国信托法》。

《中华人民共和国劳动法》。

《中华人民共和国专利法》。

《中华人民共和国合同法》。

《中华人民共和国民法通则》。

《中华人民共和国知识产权法》。

《中国人民共和国侵权责任法》。

《中华人民共和国会计法》。

《中华人民共和国合伙企业法(2006 年修订)》。

《中华人民共和国著作权法(2010 年修正)》。

《中华人民共和国劳动合同法(2012 年)修订》。

《中华人民共和国公司法(2013 修订)》。

《中华人民共和国证券法(2014 年修订)》。

《中华人民共和国商标法(2013 年修正)》。

《中华人民共和国反不正当竞争法(2017 年修订)》。

《上市公司股东大会规则(2016 年修订)》。

《上海证券交易所股票上市规则(2014 修订)》。

《上海证券交易所公司债券上市规则(2015 修订)》。

《深圳证券交易所的股票上市规则(2014 修订)》。

《深圳证券交易所公司债券上市规则》(2015 修订)。

《深圳证券交易所主板上市公司规范运作指引(2015 修订)》。

《深圳证券交易所中小板上市公司规范运作指引(2015 修订)》。

《深圳证券交易所创业板上市公司规范运作指引(2015 修订)》。

《首次公开发行股票并在创业板上市管理暂行办法(2015 修订)》。

《公开发行证券的公司信息披露内容与格式准则第 1 号——招股说明书(2015 修订)》。

《出版管理条例(2016 年修订)》。

《中华人民共和国专利法实施细则》(中华人民共和国国务院令第 306 号)。

《中华人民共和国著作权法实施条例》(中华人民共和国国务院令第 359 号)。

《中华人民共和国城镇土地使用税暂行条例》(中华人民共和国国务院令第 17 号)。

《著作权集体管理条例(2013 年修订)》(中华人民共和国国务院令第 429 号)。

《计算机软件保护条例(2013 年修订)》(中华人民共和国国务院令第 632 号)。

《信息网络传播权保护条例》(中华人民共和国国务院令第 468 号)。

《音像制品管理条例》(中华人民共和国国务院令第 341 号)。

《企业所得税法实施条例》(中华人民共和国国务院令第 512 号)。

《税收征收管理法实施细则》(中华人民共和国国务院令第 666 号)。

《企业财务会计报告条例》(中华人民共和国国务院令第 287 号)。

《财政违法行为处罚处分条例》(中华人民共和国国务院令第 427 号)。

《计算机软件著作权登记办法》(中华人民共和国国家版权局令第 1 号)。

《著作权质权登记办法》(中华人民共和国国家版权局令第 8 号)。

《上市公司收购管理办法》(中国证券监督管理委员会令第 10 号)。

《上市公司证券发行管理办法》(中国证券监督管理委员会令第 30 号)。

《上市公司信息披露管理办法》(中国证券监督管理委员会令第 40 号)。

《中国证券监督管理委员会行政许可实施程序规定》(中国证券监督管理委员会令第 66 号)。

《上市公司非公开发行股票实施细则》(中国证券监督管理委员会令第 73 号)。

《关于修改〈证券公司客户资产管理业务管理办法〉的决定》(中国证券监督管理委员会令第 93 号)。

《非上市公众公司监督管理办法》(中国证券监督管理委员会令第 96 号)。

《证券发行与承销管理办法》(中国证券监督管理委员会令第 98 号)。

《首次公开发行股票并在创业板上市管理办法》(中国证券监督管理委员会令第 99 号)
《非上市公众公司重大资产重组管理办法》(中国证券监督管理委员会令第 103 号)。

《私募投资基金监督管理暂行办法》(中国证券监督管理委员会令第 105 号)。

《关于修改〈上市公司收购管理办法〉的决定》(中国证券监督管理委员会令第 108 号)。

《上市公司重大资产重组管理办法》(中国证券监督管理委员会令第 109 号)。

《公司债券发行与交易管理办法》(中国证券监督管理委员会令第 113 号)。

《首次公开发行股票并上市管理办法(2015 修订)》(中国证券监督管理委员会令第 123 号)。

《关于修改〈上市公司重大资产重组管理办法〉的决定》(中国证券监督管理委员会令第 127 号)。

《区域性股权市场监督管理试行办法》(中国证券监督管理委员会令第 132 号)。

《金融机构信贷资产证券化试点监督管理办法》(中国银行业监督管理委员会令 2005 年第 3 号)。

《会计基础工作规范化管理办法》(财政部令 23 号)。

《企业财务通则》(财政部令第 41 号)。

《企业会计准则》基本准则、具体准则、相关应用指南(财政部令第 76 号)。

《商务部关于外国投资者并购境内企业的规定》(商务部令 2009 年第 6 号)。

《外国投资者对上市公司战略投资管理办法》(商务部、中国证券监督管理委员会、国家税务总局、国家工商总局、国家外汇管理局令 2005 年第 28 号)。

《专利审查指南(2006)修订》(国家知识产权局局令第 38 号)。

《中华人民共和国房产税暂行条例》(国发〔1986〕90 号)。

《关于非公有资本进入文化产业的若干决定》(国发〔2005〕10 号)。

《关于鼓励、支持和引导个体私营等非公有制经济发展的若干意见》(国发〔2005〕3 号)。

《国务院关于清理整顿各类交易场所切实防范金融风险的决定》(国发〔2011〕38 号)。

《关于印发进一步鼓励软件产业和集成电路产业发展若干政策的通知》(国发〔2011〕4 号)。

《国务院关于全国中小企业股份转让系统有关问题的决定》(国发〔2013〕49 号)。

《关于进一步促进资本市场健康发展的若干意见》(国发〔2014〕17 号)。

《国务院关于进一步优化企业兼并重组市场环境的意见》(国发〔2014〕14 号)。

《关于推进文化创意和设计服务与相关产业融合发展的若干意见》(国发〔2014〕10 号)。

《国务院关于加快发展对外文化贸易的意见》(国发〔2014〕13 号)。

《国务院关于界定中央和地方金融监管职责和风险处置责任的意见》(国发〔2014〕30 号)。

《国务院关于加快发展体育产业促进体育消费的若干意见》(国发〔2014〕46 号)。

《国务院批转发展改革委〈关于 2015 年深化经济体制改革重点工作意见〉的通知》(国发〔2015〕26 号)。

《关于支持文化事业发展若干经济政策的通知》(国办发〔2006〕43 号)。

《国务院办公厅关于清理整顿各类交易场所的实施意见》(国办发〔2012〕37 号)。

《关于金融支持小微企业发展的实施意见》(国办发〔2013〕87 号)。

《国务院办公厅关于印发文化体制改革中经营性文化事业单位转制为企业和进一步支持

文化企业发展两个规定的通知》(国办发〔2014〕15 号)。

《国务院办公厅关于规范发展区域性股权市场的通知》(国办发〔2017〕11 号)。

《国家税务总局关于广播电视事业单位征收企业所得税若干问题的通知》(国税发〔2001〕15 号)。

《特别纳税调整实施办法(试行)》(国税发〔2009〕2 号)。

《国家税务总局关于企业固定资产加速折旧所得税处理有关问题的通知》(国税发〔2009〕81 号)。

《国家税务总局关于实施创业投资企业所得税优惠问题的通知》(国税发〔2009〕87 号)。

《国家税务总局关于外贸综合服务企业出口货物退(免)税有关问题的公告》(国税务发〔2014 年〕13 号)。

《财政部、国家税务总局关于中国金融教育发展基金会等 10 家单位公益救济性捐赠所得税税前扣除问题的通知》(财税〔2006〕73 号)。

《关于扶持动漫产业发展有关税收政策的通知》(财税〔2009〕65 号)。

《财政部、国家税务总局关于文化体制改革中经营性文化事业单位转制为企业的若干税收优惠政策问题的通知》(财税〔2009〕34 号)。

《财政部、国家税务总局关于进一步鼓励软件产业和集成电路产业发展企业所得税政策的通知》(财税〔2012〕27 号)。

《财政部、国家税务总局关于延续宣传文化增值税和营业税优惠政策的通知》(财税〔2013〕87 号)。

《财政部、国家税务总局关于动漫产业增值税和营业税政策的通知》(财税〔2013〕98 号)。

《关于继续实施支持文化企业发展若干税收政策的通知》(财税〔2014〕85 号)。

《财政部、国家税务总局、商务部、科技部、国家发展改革委关于完善技术先进型服务企业有关企业所得税政策问题的通知》(财税〔2014〕59 号)。

《财政部、国家税务总局关于进一步支持小微企业增值税和营业税政策的通知》(财税〔2014〕71 号)。

《财政部、国家税务总局关于完善固定资产加速折旧企业所得税政策的通知》(财税〔2014〕75 号)。

《关于金融机构与小型微型企业签订借款合同免征印花税的通知》(财税〔2014〕78 号)。

《财政部、国家税务总局、中宣部关于继续实施文化体制改革中经营性文化事业单位转制为企业若干税收政策的通知》(财税〔2014〕84 号)。

《财政部、国家税务总局关于促进企业重组有关企业所得税处理问题的通知》(财税〔2014〕109 号)。

《财政部、国家税务总局关于小型微利企业所得税优惠政策的通知》(财税〔2015〕34 号)。

《财政部、国家税务总局关于继续执行小微企业增值税和营业税政策的通知》(财税〔2015〕96 号)。

《关于完善研究开发费用税前加计扣除政策的通知》(财税〔2015〕119 号)。

《财政部、国家税务总局关于将国家自主创新示范区有关税收试点政策推广到全国范围实施的通知》(财税〔2015〕116 号)。

《关于营业税改征增值税试点有关文化事业建设费政策及征收管理问题的通知》(财税〔2016〕25 号)。

《财政部、商务部、国家税务总局关于继续执行研发机构采购设备增值税政策的通知》（财税〔2016〕121号）。

《财政部、海关总署、国家税务总局关于〈动漫企业进口动漫开发生产用品税收政策〉的通知》（财关税〔2016〕36号）。

《财政部关于会计基础工作规范化的意见》（财会〔1996〕20号）。

《企业会计制度》（财会〔2000〕25号）。

《财政部关于印发〈新闻出版业会计核算办法〉的通知》（财会〔2004〕1号）。

《财政部关于印发〈电影企业会计核算办法〉的通知》（财会〔2004〕19号）。

《信托业务会计核算办法》（财会〔2005〕1号）。

《企业内部控制基本规范》（财会〔2008〕7号）。

《小企业会计准则》（财会〔2011〕17号）。

《关于支持和促进文化产业发展的若干意见》（文产发〔2003〕38号）。

《关于文化领域引进外资的若干意见》（文办发〔2005〕19号）。

《"十二五"时期文化产业倍增计划》（文产发〔2012〕7号）。

《关于深入推进文化金融合作的意见》（文产发〔2014〕14号）。

《关于大力支持小微文化企业发展的实施意见》（文产发〔2014〕27号）。

《关于推动文化娱乐行业转型升级的意见》（文市发〔2016〕26号）。

《关于推动数字文化产业创新发展的指导意见》（文产发〔2017〕8号）。

《上市公司治理准则》（中国证券监督管理委员会公告〔2002〕1号）。

《信息披露违法行为行政责任认定规则》（中国证券监督管理委员会公告〔2011〕11号）。

《关于上市公司建立内幕信息知情人登记管理制度的规定》（中国证券监督管理委员会公告〔2011〕30号）。

《关于规范证券公司参与区域性股权交易市场的指导意见（试行）》（中国证券监督管理委员会公告〔2012〕20号）。

《中国证券监督管理委员会关于印发〈会计监管风险提示第4号——首次公开发行股票公司审计〉的通知》（中国证券监督管理委员会公告〔2012〕89号）。

《中国证券监督管理委员会关于进一步提高首次公开发行股票公司财务信息披露质量有关问题的意见》（中国证券监督管理委员会公告〔2012〕14号）。

《上市公司行业分类指引》（中国证券监督管理委员会公告〔2012〕31号）。

《上市公司募集资金管理和使用的监管要求》（中国证券监督管理委员会公告〔2012〕44号）。

《上市公司实施重大资产重组后存在未弥补亏损情形的监管要求》（中国证券监督管理委员会公告〔2012〕6号）。

《中国证券监督管理委员会关于在借壳上市审核中严格执行首次公开发行股票上市标准的通知》（中国证券监督管理委员会公告〔2013〕61号）。

《上市公司实际控制人、股东、关联方、收购人以及上市公司承诺及履行》（中国证券监督管理委员会公告〔2013〕55号）。

《证券公司资产证券化业务管理规定》（中国证券监督管理委员会公告〔2013〕16号）。

《公开发行证券的公司信息披露内容与格式准则第26号——上市公司重大资产重组》（中国证券监督管理委员会公告〔2014〕53号）。

《公开发行证券的公司信息披露编报规则第 15 号——财务报告的一般规定》（中国证券监督管理委员会公告〔2014〕54 号）。

《公开发行证券的公司信息披露内容与格式准则第 15 号——权益变动报告书（2014 年修订）》（中国证券监督管理委员会公告〔2014〕24 号）。

《证券公司及基金管理公司子公司资产证券化业务管理规定》（中国证券监督管理委员会公告〔2014〕49 号）。

《公开发行证券的公司信息披露内容与格式准则第 16 号——上市公司收购报告书》（中国证券监督管理委员会公告〔2014〕25 号）。

《公开发行证券的公司信息披露内容与格式准则第 17 号——要约收购报告书（2014 年修订）》（中国证券监督管理委员会公告〔2014〕52 号）。

《公开发行证券的公司信息披露内容与格式准则第 26 号——上市公司重大资产重组（2014 年修订）》（中国证券监督管理委员会公告〔2014〕53 号）。

《关于进一步推进全国中小企业股份转让系统发展的若干意见》（中国证券监督管理委员会公告〔2015〕26 号）。

《公开发行证券的公司信息披露内容与格式准则第 28 号——创业板公司招股说明书（2015 修订）》（证中国证券监督管理委员会公告〔2015〕33 号）。

《关于规范上市公司重大资产重组若干问题的规定》（中国证券监督管理委员会公告〔2016〕17 号）。

《信贷资产证券化试点管理办法》（中国银行业监督管理委员会公告〔2005〕第 7 号）。

《关于保险业支持文化产业发展有关工作的通知》（中国保险监督管理委员会〔2010〕109 号）。

《资产支持计划业务管理暂行办法》（中国保险监督管理委员会〔2015〕85 号）。

《全国中小企业股份转让系统业务规则（试行）》（股转系统公告〔2013〕2 号）。

《全国中小企业股份转让系统股票挂牌条件适用基本标准指引》（股转系统公告〔2013〕18 号）。

《全国中小企业股份转让系统非上市公众公司重大资产重组业务指引（试行）》（股转系统公告〔2014〕70 号）。

《全国中小企业股份转让系统挂牌公司分层管理办法（试行）》（股转系统公告〔2016〕37 号）。

《中央文化企业国有资产产权登记管理暂行办法》（财文资〔2012〕16 号）。

《关于进一步做好中央企业增收节支工作有关事项的通知》（国资发〔2015〕40 号）。

《关于深化文化体制改革的若干意见》（文政法发〔2007〕30 号）。

《上市公司董事、监事和高级管理人员所持本公司股份及其变动管理规则》（证监公司字〔2007〕56 号）。

《公开发行证券的公司信息披露内容与格式准则第 18 号——被收购公司董事会报告书》（证监公司字〔2006〕156 号）。

《关于发布实施〈上海证券交易所资产证券化业务指引〉的通知》（上证发〔2014〕80 号）。

《上海证券交易所非公开发行公司债券挂牌条件确认业务指引》（上证发〔2015〕93 号）。

《深圳证券交易所资产证券化业务指引（2014 年修订）》（深证会〔2014〕130 号）。

《上海证券交易所关于发布〈上海证券交易所上市公司内部控制指引〉的通知》（上证上

字〔2006〕460 号）。

《中国证监会发行监管部、创业板发行监管部、会计部关于做好首次公开发行股票公司
2012 年度财务报告专项检查工作的通知》（发行监管函〔2012〕551 号）。

《〈首次公开发行股票并上市管理办法〉第十二条"实际控制人没有发生变更"的理解和
适用——证券期货法律适用意见第 1 号》（证监法律字〔2007〕15 号）。

《最高人民法院关于适用〈中华人民共和国公司法〉若干问题的规定（四）》（法释〔2017〕
16 号）。

《文化部、广电总局、新闻出版总署关于文化体制改革试点工作的意见》（中办发 2003〕
21 号）。

《关于发布〈资产支持专项计划备案管理办法〉及配套规则的通知》（中基协函〔2014〕
459 号）。

《文化企业无形资产评估指导意见》（中评协〔2016〕14 号）。

《市科委等关于印发〈上海市天使投资风险补偿管理暂行办法〉的通知》（沪科合〔2015〕
27 号）。

《关于印发〈上海市金融支持文化产业发展繁荣的实施意见〉的通知》（沪金融办通
〔2010〕24 号）。

《深圳市人民政府关于印发〈深圳文化创意产业振兴发展政策〉的通知》（深府〔2011〕
175 号）。

《中共中央办公厅、国务院办公厅〈关于推动国有文化企业把社会效益放在首位、实现社
会效益和经济效益相统一的指导意见〉的通知》（中办发〔2015〕50 号）。

《资产支持证券发行登记与托管结算业务操作规则》（银复〔2005〕54 号）。

《财政部关于中央文化企业执行〈企业会计准则〉有关事项的通知》（财文资〔2014〕
17 号）。

《关于金融支持文化产业振兴和发展繁荣的指导意见》（银发〔2010〕94 号）。

《科技部、财政部、国家税务总局关于修订印发〈高新技术企业认定管理工作指引〉的通
知》（国科发〔2016〕195 号）。

《国家统计局关于印发〈文化及相关产业分类（2012）〉的通知》（国统字〔2012〕63 号）。

《国家统计局关于印发〈文化及相关产业分类（2018）〉的通知》（国统字〔2018〕43 号）。

《关于贯彻落实国务院决定加强文化产权交易和艺术品交易管理的意见》（中宣发
〔2011〕49 号）。

《关于加强文化产品进口管理的办法》（中宣发〔2005〕15 号）。

《文化部办公厅关于印发〈2015 年扶持成长型小微文化企业工作方案〉的通知》（办产函
〔2015〕174 号）。

《关于支持电影发展若干经济政策的通知》（财教〔2014〕56 号）。

《关于进一步规范新闻出版单位出版合作和融资行为的通知》（新出办〔2004〕625 号）。

《特别纳税调查调整及相互协商程序管理办法》（国家税务总局公告 2017 年第 6 号）。

《中共中央关于制定国民经济和社会发展第十三个五年规划的建议》。

《中华人民共和国国民经济和社会发展第十三个五年规划》。

《中共中央关于全面深化改革若干重大问题的决定》。

《国家"十二五"时期文化改革发展规划纲要》。

《深化新闻出版体制改革实施方案》。

《全国中小企业股份转让系统主办券商尽职调查工作指引》。

《习近平:金融活经济活,金融稳经济稳》,2017 年 4 月 26 日,新华网,见 http://news.xin-huanet.com/politics/2017-04/26/c_1120879349.htm。

关晓静:《在 2015 年小微文化企业发展论坛上的讲话》,2015 年 4 月 27 日,见 http://www.ce.cn/culture/gd/201504/27/t20150427_5223318.shtml。

殷国俊:《我国文化产业实现快速增长——解读 2015 年及 2016 年上半年全国文化及相关产业有关数据》,2016 年 10 月 26 日,见 http://news.dahe.cn/2016/10-26/107669283.html。

文松辉:《李庆应:中国证监会四项举措支持文化企业上市》,2010 年 4 月 15 日,见 http://www.people.com.cn/。

金元浦:《文化创意产业发展中存在的若干问题与对策》,2012 年 8 月 7 日,见 http://www.china.com.cn/。

严晓蝶:《中国木偶剧院 IPO 终止审查》,2014 年 3 月 10 日,见 http://finance.sina.com.cn/stock/newstock/zxdt/20140310/080518456909.shtml。

崔文苑、林紫晓:《文化部部长雒树刚:2020 年文化产业预计占国家 GDP5% 以上》,2016 年 3 月 13 日,见 http://finance.people.com.cn/n1/2016/0313/c1004-28195100.html。

全国中小企业股份转让系统:《全国中小企业股份转让系统 2017 年市场统计快报》,2018 年 1 月 2 日,见 http://www.neeq.com.cn/static/statisticdata.html。

申银万国:《申银万国行业分类标准(2014)版》,见 http://www.swsindex.com/idx0530.aspx。

国家统计局:《2017 年全国规模以上文化及相关产业企业营业收入增长 10.8%》,2018 年 1 月 31 日,见 http://www.gov.cn/xinwen/2018-01/31/content_5262448.htm。

国家统计局:《世界主要经济体文化产业发展状况及特点》,2014 年 12 月 8 日,见 http://www.stats.gov.cn/tjzs/tjsj/tjcb/dysj/201412/t20141209_649990.html。

《挂牌新三板需要注意的同业竞争问题及案例解读》,2016 年 6 月 15 日,中商情报网,见 http://www.askci.com/news/finance/20160615/17243429546.shtml。

《"十招"识别上市公司财务造假》,2017 年 1 月 24 日,搜狐财经,见 http://mt.sohu.com/business/d20170124/125039982_487276.shtml。

《史上最完整的企业并购及操作流程(含流程图)》,2016 年 11 月 8 日,搜狐财经,见 http://www.sohu.com/a/118972742_481444。

《传媒行业吸引力不再,媒体人流失现象严重》,2016 年 7 月 11 日,见 http://www.jiemian.com/article/733557.html。

《2006—2016 年 IPO 被否原因总结》,见 http://www.grantthornton.cn/cn/index.html。

《中国证监会公开发行公司债券审核工作流程》,中国证监会网站,见 http://www.csrc.gov.cn/pub/newsite/。

《中国证监会发行监管部首次公开发行股票审核工作流程》,中国证监会网站,见 http://www.csrc.gov.cn/pub/newsite/。

《创业板发审委 2016 年第 70 次会议审核结果公告》,2016 年 11 月 25 日,中国证监会网站,见 http://www.csrc.gov.cn/pub/zjhpublic/G00306202/201611/t20161125_306663.htm。

深圳证券交易所中小板公司管理部:《中小企业板上市公司重大资产重组案例汇编》,

2017 年 1 月,见 http://www.docin.com/p-1837167607.html。

《2017 年我国债券市场共发行各类债券逾 40 万亿元 同比增 12.9%》,2018 年 1 月 26 日,人民网,见 http://finance.people.com.cn/n1/2018/0126/c1004-29789522.html。

鹏元资信评估有限公司研究发展部:《2017 年非金融企业债务融资工具市场回顾及 2018 年展望》,2018 年 3 月 10 日,见 https://mp.weixin.qq.com/s/msuOsSBR8KdsK5zU31yAaA。

深交所创业企业培训中心:《2017 年并购重组白皮书》,2018 年 2 月 2 日,见 http://www.sohu.com/a/220487519_720186。

张旭:《投中统计:2017 年文化传媒市场趋于理性,影视投资热度不减》,2018 年 1 月 18 日,见 https://www.chinaventure.com.cn/cmsmodel/report/detail/1370.shtml。

施光耀:《和谐股权文化建设的路径思考》,在"第三届中国上市公司市值管理高峰论坛"上的发言,见:http://finance.sina.com.cn/。

《华夏银行:"担保+贷款"助力文创类小微融资》,2014 年 6 月 21 日,新华网,见 http://www.xinhuanet.com/。

广证恒生:《45 例上市公司实施重大资产重组计划未通过并购重组委审核原因归纳分析》,2016 年 12 月 21 日,见 http://ishare.iask.sina.com.cn/f/av8O8mn6tsx.html。

金鑫:《上海全球率先建立文化产权交易所》,2009 年 7 月 30 日,https://news.artron.net/20090730/n82888.html。

邹丽丹:《温州市力推首家文化产业专业金融服务机构帮助企业缓解融资难题》,2014 年 6 月 19 日,见 http://www.66wz.com/。

尚普咨询:《2017 年 IPO 企业被否原因汇总分析》,2018 年 4 月 2 日,见 https://baijiahao.baidu.com/s? id=1597433101856265547&wfr=spider&for=pc。

《2015 年全国新闻出版业基本情况》,2016 年 9 月 1 日,国家新闻出版广电总局网站,见 http://www.chinaxwcb.com/2016-09/01/content_344617.htm。

《文化产业振兴规划》,中华人民共和国中央人民政府网站,见 http://www.gov.cn/jrzg/2009-09/26/content_1427394.htm。

《文化部"十三五"时期文化产业发展规划》,中华人民共和国文化和旅游部网站,见 http://zwgk.mct.gov.cn/auto255/201704/t20170420_493300.html? keywords=。

《中宣部文化部下发通知解答国有文艺院团体制改革 4 难题》,2011 年 5 月 11 日,新华网,见 http://www.xinhuanet.com/。

《宁波银行业设立首家服务文化创意产业支行》,2014 年 6 月 9 日,中国新闻网,见 http://www.chinanews.com/sh/2014/06-09/6258694.shtml。

附件一　中共十九大报告关于文化发展的相关内容摘录

七、坚定文化自信,推动社会主义文化繁荣兴盛

文化是一个国家、一个民族的灵魂。文化兴国运兴,文化强民族强。没有高度的文化自信,没有文化的繁荣兴盛,就没有中华民族伟大复兴。要坚持中国特色社会主义文化发展道路,激发全民族文化创新创造活力,建设社会主义文化强国。

中国特色社会主义文化,源自于中华民族五千多年文明历史所孕育的中华优秀传统文化,熔铸于党领导人民在革命、建设、改革中创造的革命文化和社会主义先进文化,植根于中国特色社会主义伟大实践。发展中国特色社会主义文化,就是以马克思主义为指导,坚守中华文化立场,立足当代中国现实,结合当今时代条件,发展面向现代化、面向世界、面向未来的民族的、科学的、大众的社会主义文化,推动社会主义精神文明和物质文明协调发展。要坚持为人民服务、为社会主义服务,坚持百花齐放、百家争鸣,坚持创造性转化、创新性发展,不断铸就中华文化新辉煌。

(一)牢牢掌握意识形态工作领导权。意识形态决定文化前进方向和发展道路。必须推进马克思主义中国化时代化大众化,建设具有强大凝聚力和引领力的社会主义意识形态,使全体人民在理想信念、价值理念、道德观念上紧紧团结在一起。要加强理论武装,推动新时代中国特色社会主义思想深入人心。深化马克思主义理论研究和建设,加快构建中国特色哲学社会科学,加强中国特色新型智库建设。高度重视传播手段建设和创新,提高新闻舆论传播力、引导力、影响力、公信力。加强互联网内容建设,建立网络综合治理体系,营造清朗的网

络空间。落实意识形态工作责任制,加强阵地建设和管理,注意区分政治原则问题、思想认识问题、学术观点问题,旗帜鲜明地反对和抵制各种错误观点。

(二)培育和践行社会主义核心价值观。社会主义核心价值观是当代中国精神的集中体现,凝结着全体人民共同的价值追求。要以培养担当民族复兴大任的时代新人为着眼点,强化教育引导、实践养成、制度保障,发挥社会主义核心价值观对国民教育、精神文明创建、精神文化产品创作生产传播的引领作用,把社会主义核心价值观融入社会发展各方面,转化为人们的情感认同和行为习惯。坚持全民行动、干部带头,从家庭做起,从娃娃抓起。深入挖掘中华优秀传统文化蕴含的思想观念、人文精神、道德规范,结合时代要求继承创新,让中华文化展现出永久魅力和时代风采。

(三)加强思想道德建设。人民有信仰,国家有力量,民族有希望。要提高人民思想觉悟、道德水准、文明素养,提高全社会文明程度。广泛开展理想信念教育,深化中国特色社会主义和中国梦宣传教育,弘扬民族精神和时代精神,加强爱国主义、集体主义、社会主义教育,引导人们树立正确的历史观、民族观、国家观、文化观。深入实施公民道德建设工程,推进社会公德、职业道德、家庭美德、个人品德建设,激励人们向上向善、孝老爱亲,忠于祖国、忠于人民。加强和改进思想政治工作,深化群众性精神文明创建活动。弘扬科学精神,普及科学知识,开展移风易俗、弘扬时代新风行动,抵制腐朽落后文化侵蚀。推进诚信建设和志愿服务制度化,强化社会责任意识、规则意识、奉献意识。

(四)繁荣发展社会主义文艺。社会主义文艺是人民的文艺,必须坚持以人民为中心的创作导向,在深入生活、扎根人民中进行无愧于时代的文艺创造。要繁荣文艺创作,坚持思想精深、艺术精湛、制作精良相统一,加强现实题材创作,不断推出讴歌党、讴歌祖国、讴歌人民、讴歌英雄的精品力作。发扬学术民主、艺术民主,提升文艺原创力,推动文艺创新。倡导讲品位、讲格调、讲责任,抵制低俗、庸俗、媚俗。加强文艺队伍建设,造就一大批德艺双馨名家大师,培育一大批高水平创作人才。

(五)推动文化事业和文化产业发展。满足人民过上美好生活的新期待,必须提供丰富的精神食粮。要深化文化体制改革,完善文化管理体制,加快构建把社会效益放在首位、社会效益和经济效益相统一的体制机制。完善公共文化服务体系,深入实施文化惠民工程,丰富群众性文化活动。加强文物保护利用和文化遗产保护传承。健全现代文化产业体系和市场体系,创新生产经营机制,完善文化经济政策,培育新型文化业态。广泛开展全民健身活动,加快推进体育强国建设,筹办好北京冬奥会、冬残奥会。加强中外人文交流,以我为主、兼收并蓄。推进国际传播能力建设,讲好中国故事,展现真实、立体、全面的中国,提高国家文化软实力。

附件二 国家统计局《文化及相关产业分类（2018）》摘录

文化及相关产业分类表

代码			类别名称	说明	行业分类代码
大类	中类	小类			
01			文化核心领域	本领域包括01—06大类	
	011		新闻信息服务		
			新闻服务		
		0110	新闻业	包括新闻采访、编辑、发布和其他新闻服务	8610
	012		报纸信息服务		
		0120	报纸出版	包括党报出版、综合新闻类报纸出版和其他报纸出版服务	8622
	013		广播电视信息服务		
		0131	广播	指广播节目的现场制作、播放及其他相关活动,还包括互联网广播	8710
		0132	电视	指有线和无线电视节目的现场制作、播放及其他相关活动,还包括互联网电视	8720
		0133	广播电视集成播控	指IP电视、手机电视、互联网电视等专网及定向传播视听节目服务的集成播控,还包括普通广播电视节目集成播控	8740
	014		互联网信息服务		
		0141	互联网搜索服务	指互联网中的特殊站点,专门用来帮助人们查找存储在其他站点上的信息	6421
		0142	互联网其他信息服务	包括网上新闻、网上软件下载、网上音乐、网上视频、网上图片、网上动漫、网上文学、网上电子邮件、网上新媒体、网上信息发布、网站导航和其他互联网信息服务	6429

续表

代 码			类别名称	说　　明	行业分类代码
大类	中类	小类			
02			内容创作生产		
	021		出版服务		
		0211	图书出版	包括书籍出版、课本类书籍出版和其他图书出版服务	8621
		0212	期刊出版	包括综合类杂志出版,经济、哲学、社会科学类杂志出版,自然科学、技术类杂志出版,文化、教育类杂志出版,少儿读物类杂志出版和其他杂志出版服务	8623
		0213	音像制品出版	包括录音制品出版和录像制品出版服务	8624
		0214	电子出版物出版	包括马列毛泽东思想、哲学等分类别电子出版物,综合类电子出版物和其他电子出版物出版服务	8625
		0215	数字出版	指利用数字技术进行内容编辑加工,并通过网络传播数字内容产品的出版服务	8626
		0216	其他出版业	指其他出版服务	8629
	022		广播影视节目制作		
		0221	影视节目制作	指电影、电视和录像(含以磁带、光盘为载体)节目的制作活动,该节目可以作为电视、电影播出、放映,也可以作为出版、销售的原版录像带(或光盘),还可以在其他场合宣传播放,还包括影视节目的后期制作,但不包括电视台制作节目的活动	8730
		0222	录音制作	指从事录音节目、音乐作品的制作活动,其节目或作品可以在广播电台播放,也可以制作成出版、销售的原版录音带(磁带或光盘),还可以在其他宣传场合播放,但不包括广播电台制作节目的活动	8770
	023		创作表演服务		
		0231	文艺创作与表演	指文学、美术创造和表演艺术(如戏曲、歌舞、话剧、音乐、杂技、马戏、木偶等表演艺术)等活动	8810
		0232	群众文体活动	指对各种主要由城乡群众参与的文艺类演出、比赛、展览等公益性文化活动的管理活动	8870

续表

代码			类别名称	说　明	行业分类代码
大类	中类	小类			
	023	0233	其他文化艺术业	包括网络（手机）文化服务，史料、史志编辑服务，艺（美）术品、收藏品鉴定和评估服务，街头报刊橱窗管理服务和其他未列明文化艺术服务	8890
	024		数字内容服务		
		0241	动漫、游戏数字内容服务	指将动漫和游戏中的图片、文字、视频、音频等信息内容运用数字化技术进行加工、处理、制作并整合应用的服务，使其通过互联网传播，在计算机、手机、电视等终端播放，在存储介质上保存	6572
		0242	互联网游戏服务	指以互联网为传输媒介，以游戏运营商服务器和用户计算机为处理终端，以游戏客户端软件为信息交互窗口，旨在实现娱乐、休闲、交流和取得虚拟成就的具有可持续性的个体性多人在线游戏。包括互联网电子竞技服务	6422
		0243	多媒体、游戏动漫和数字出版软件开发	仅指通用应用软件中的多媒体软件、游戏动漫软件、数字出版软件开发。该小类包含在应用软件开发行业小类中	6513 *
		0244	增值电信文化服务	仅指固定网增值电信、移动网增值电信、其他增值电信中的文化服务。该小类包含在其他电信服务行业小类中	6319 *
		0245	其他文化数字内容服务	仅指文化宣传领域数字内容服务。该小类包含在其他数字内容服务行业小类中	6579 *
	025		内容保存服务		
		0251	图书馆	包括公共图书馆、高等院校图书馆、专业图书馆和其他图书馆管理服务	8831
		0252	档案馆	包括综合档案馆、专门档案馆、部门档案馆、企业档案馆、事业单位档案馆和其他档案馆管理服务	8832

续表

代码			类别名称	说　明	行业分类代码
大类	中类	小类			
	025	0253	文物及非物质文化遗产保护	指对具有历史、文化、艺术、科学价值,并经有关部门鉴定,列入文物保护范围的不可移动文物的保护和管理活动;对我国口头传统和表现形式,传统表演艺术,社会实践、意识、节庆活动,有关的自然界和宇宙的知识和实践,传统手工艺等非物质文化遗产的保护和管理活动	8840
		0254	博物馆	指收藏、研究、展示文物和标本的博物馆的活动,以及展示人类文化、艺术、科技、文明的美术馆、艺术馆、展览馆、科技馆、天文馆等管理活动	8850
		0255	烈士陵园、纪念馆	包括烈士陵园和烈士纪念馆管理服务	8860
	026		工艺美术品制造		
		0261	雕塑工艺品制造	指以玉石、宝石、象牙、角、骨、贝壳等硬质材料,木、竹、椰壳、树根、软木等天然植物,以及石膏、泥、面、塑料等为原料,经雕刻、琢、磨、捏或塑等艺术加工而制成的各种供欣赏和实用的工艺品的制作活动	2431
		0262	金属工艺品制造	指以金、银、铜、铁、锡等各种金属为原料,经过制胎、浇铸、锻打、錾刻、搓丝、焊接、纺织、镶嵌、点兰、烧制、打磨、电镀等各种工艺加工制成的造型美观、花纹图案精致的工艺美术品的制作活动	2432
		0263	漆器工艺品制造	指将半生漆、腰果漆加工调配成各种鲜艳的漆料,以木、纸、塑料、铜、布等作胎,采用推光、雕填、彩画、镶嵌、刻灰等传统工艺和现代漆器工艺进行的工艺制品的制作活动	2433
		0264	花画工艺品制造	指以绢、丝、绒、纸、涤纶、塑料、羽毛、通草以及鲜花草等为原料,经造型设计、模压、剪贴、干燥等工艺精制而成的花、果、叶等人造花类工艺品,以画面出现,可以挂或摆的具有欣赏性、装饰性的画类工艺品的制作活动	2434

代码			类别名称	说　明	行业分类代码
大类	中类	小类			
	0265		天然植物纤维编织工艺品制造	指以竹、藤、棕、草、柳、葵、麻等天然植物纤维为材料,经编织或镶嵌而成具有造型艺术或图案花纹,以欣赏为主的工艺陈列品以及工艺实用品的制作活动	2435
		0266	抽纱刺绣工艺品制造	指以棉、麻、丝、毛及人造纤维纺织品等为主要原料,经设计、刺绣、抽、拉、钩等工艺加工各种生活装饰用品,以及以纺织品为主要原料,经特殊手工工艺或民间工艺方法加工成各种具有较强装饰效果的生活用纺织品的制作活动	2436
		0267	地毯、挂毯制造	指以羊毛、丝、棉、麻及人造纤维等为原料,经手工编织、机织、栽绒等方式加工而成的各种具有装饰性的地面覆盖物或可用于悬挂、垫坐等用途的生活装饰用品的制作活动	2437
		0268	珠宝首饰及有关物品制造	指以金、银、铂等贵金属及其合金以及钻石、宝石、玉石、翡翠、珍珠等为原料,经金属加工和连结组合、镶嵌等工艺加工制作各种图案的装饰品的制作活动	2438
		0269	其他工艺美术及礼仪用品制造	指其他工艺美术品的制造活动	2439
	027		艺术陶瓷制造		
		0271	陈设艺术陶瓷制造	指以黏土、瓷土、瓷石、长石、石英等为原料,经制胎、施釉、装饰、烧制等工艺制成,主要供欣赏、装饰的陶瓷工艺美术品制造	3075
		0272	园艺陶瓷制造	指专门为园林、公园、室外景观的摆设或具有一定功能的大型陶瓷制造	3076
03	031		创意设计服务		
			广告服务		
		0311	互联网广告服务	指提供互联网广告设计、制作、发布及其他互联网广告服务。包括网络电视、网络手机等各种互联网终端的广告的服务	7251

代 码			类别名称	说 明	行业分类代码
大类	中类	小类			
	031	0312	其他广告服务	指除互联网广告以外的广告服务	7259
			设计服务		
	032	0321	建筑设计服务	仅包括房屋建筑工程,体育、休闲娱乐工程,室内装饰和风景园林工程专项设计服务。该小类包含在工程设计活动行业小类中	7484 *
		0322	工业设计服务	指独立于生产企业的工业产品和生产工艺设计,不包括工业产品生产环境设计、产品传播设计、产品设计管理等活动	7491
		0323	专业设计服务	包括时装、包装装潢、多媒体、动漫及衍生产品、饰物装饰、美术图案、展台、模型和其他专业设计服务	7492
04			文化传播渠道		
			出版物发行		
	041	0411	图书批发	包括书籍、课本和其他图书的批发和进出口	5143
		0412	报刊批发	包括报纸、杂志的批发和进出口	5144
		0413	音像制品、电子和数字出版物批发	包括音像制品及电子出版物的批发和进出口	5145
		0414	图书、报刊零售	包括图书零售服务,报纸、杂志专门零售服务,图书、报刊固定摊点零售服务	5243
		0415	音像制品、电子和数字出版物零售	包括音像制品专门零售店、电子出版物专门零售、音像制品及电子出版物固定摊点零售服务	5244
		0416	图书出租	指各种图书出租服务,不包括图书馆的租书业务	7124
		0417	音像制品出租	指各种音像制品出租服务,不包括以销售音像制品为主的出租音像活动	7125
	042		广播电视节目传输		
		0421	有线广播电视传输服务	指有线广播电视网和信号的传输服务	6321

代 码			类别名称	说 明	行业分类代码
大类	中类	小类			
	042	0422	无线广播电视传输服务	指无线广播电视信号的传输服务	6322
		0423	广播电视卫星传输服务	包括卫星广播电视信号的传输、覆盖与接收服务,卫星广播电视传输、覆盖、接收系统的设计、安装、调试、测试、监测等服务	6331
	043		广播影视发行放映		
		0431	电影和广播电视节目发行	包括电影发行和进出口交易、非电视台制作的电视节目发行和进出口服务	8750
		0432	电影放映	指专业电影院以及设在娱乐场所独立(或相对独立)的电影放映等活动	8760
	044		艺术表演		
		0440	艺术表演场馆	指有观众席、舞台、灯光设备,专供文艺团体演出的场所管理活动	8820
	045		互联网文化娱乐平台		
		0450	互联网文化娱乐平台	仅包括互联网演出购票平台、娱乐应用服务平台、音视频服务平台、读书平台、艺术品鉴定拍卖平台和文化艺术平台。该小类包含在互联网生活服务平台行业小类中	6432 *
	046		艺术品拍卖及代理		
		0461	艺术品、收藏品拍卖	指艺术品、收藏品拍卖活动。包括艺(美)术品拍卖服务、文物拍卖服务、古董和字画拍卖服务	5183
		0462	艺术品代理	指艺术品代理活动。包括字画代理、古玩收藏品代理、画廊艺术经纪代理和其他艺术品代理	5184
	047		工艺美术品销售		
		0471	首饰、工艺品及收藏品批发	指首饰、工艺品及收藏品的批发活动	5146
		0472	珠宝首饰零售	指珠宝首饰的零售活动	5245
		0473	工艺美术品及收藏品零售	指专门经营具有收藏价值和艺术价值的工艺品、艺术品、古玩、字画、邮品等的店铺零售活动	5246

代码			类别名称	说　明	行业分类代码
大类	中类	小类			
			文化投资运营		
			投资与资产管理		
	051	0510	投资与资产管理	仅指政府主管部门转变职能后,成立的国有文化资产管理机构和文化行业管理机构的活动;文化投资活动,不包括资本市场的投资。该小类包含在投资与资产管理行业小类中	7212 *
05	052		运营管理		
		0521	文化企业总部管理	仅指文化企业总部的活动,其对外经营业务由下属的独立核算单位或单独核算单位承担,还包括派出机构的活动(如办事处等)。该小类包含在企业总部管理行业小类中	7211 *
		0522	文化产业园区管理	仅指非政府部门的文化产业园区管理服务。该小类包含在园区管理服务行业小类中	7221 *
06			文化娱乐休闲服务		
	061		娱乐服务		
		0611	歌舞厅娱乐活动	指各种歌舞厅娱乐活动	9011
		0612	电子游艺厅娱乐活动	指各种电子游艺厅娱乐服务	9012
		0613	网吧活动	指通过计算机等装置向公众提供互联网上网服务的网吧、电脑休闲室等营业性场所的服务	9013
		0614	其他室内娱乐活动	包括儿童室内游戏娱乐服务、室内手工制作娱乐服务和其他室内娱乐服务	9019
		0615	游乐园	指配有大型娱乐设施的室外娱乐活动及以娱乐为主的活动	9020
		0616	其他娱乐业	指公园、海滩和旅游景点内小型设施的娱乐活动及其他娱乐活动	9090
	062		景区游览服务		
		0621	城市公园管理	指主要为人们提供休闲、观赏、游览以及开展科普活动的城市各类公园管理活动	7850

续表

代码			类别名称	说　明	行业分类代码
大类	中类	小类			
	062	0622	名胜风景区管理	指对具有一定规模的自然景观、人文景观的管理和保护活动,以及对环境优美、具有观赏、文化和科学价值风景名胜区的保护与管理活动	7861
		0623	森林公园管理	指国家自然保护区、名胜景区以外的,以大面积人工林或天然林为主体而建设的公园管理活动	7862
		0624	其他游览景区管理	指其他未列明的游览景区的管理活动	7869
		0625	自然遗迹保护管理	包括地质遗迹保护管理、古生物遗迹保护管理等	7712
		0626	动物园、水族馆管理服务	指以保护、繁殖、科学研究、科普、供游客观赏为目的,饲养野生动物场所的管理服务	7715
		0627	植物园管理服务	指以调查、采集、鉴定、引种、驯化、保存、推广、科普为目的,并供游客游憩、观赏的园地管理服务	7716
	063		休闲观光游览服务		
		0631	休闲观光活动	指以农林牧渔业、制造业等生产和服务领域为对象的休闲观光旅游活动	9030
		0632	观光游览航空服务	指直升机、热气球等游览飞行服务	5622
			文化相关领域	本领域包括07—09大类	
07	071		文化辅助生产和中介服务		
			文化辅助用品制造		
		0711	文化用机制纸及纸板制造	仅指未涂布印刷书写用纸、涂布类印刷用纸、感应纸及纸板制造。该小类包含在机制纸及纸板制造行业小类中	2221 *
		0712	手工纸制造	指采用手工操作成型,制成纸的生产活动。包括手工纸(宣纸、国画纸、其他手工纸)及手工纸板	2222
		0713	油墨及类似产品制造	指由颜料、联接料(植物油、矿物油、树脂、溶剂)和填充料经过混合、研磨调制而成,用于印刷的有色胶浆状物质,以及用于计算机打印、复印机用墨等的生产活动	2642

续表

代 码			类别名称	说　明	行业分类代码
大类	中类	小类			
	071	0714	工艺美术颜料制造	指油画、水粉画、广告等艺术用颜料的制造	2644
		0715	文化用信息化学品制造	指电影、照相、医用、幻灯及投影用感光材料、冲洗套药,磁、光记录材料,光纤维通讯用辅助材料,及其专用化学制剂的制造	2664
	072		印刷复制服务		
		0721	书、报刊印刷	指书、报刊的印刷活动	2311
		0722	本册印制	指由各种纸及纸板制作的,用于书写和其他用途的本册生产活动	2312
		0723	包装装潢及其他印刷	指根据一定的商品属性、形态,采用一定的包装材料,经过对商品包装的造型结构艺术和图案文字的设计与安排来装饰美化商品的印刷,以及其他印刷活动	2319
		0724	装订及印刷相关服务	指专门企业从事的装订、压印媒介制造等与印刷有关的服务	2320
		0725	记录媒介复制	指将母带、母盘上的信息进行批量翻录的生产活动	2330
		0726	摄影扩印服务	包括摄影服务、照片扩印及处理服务	8060
	073		版权服务		
		0730	版权和文化软件服务	仅指版权服务、文化软件服务。该小类包含在知识产权服务行业小类中	7520 *
	074		会议展览服务		
		0740	会议、展览及相关服务	指以会议为主,也可附带展览及其他相关的活动形式,包括项目策划组织、场馆租赁保障、相关服务	7281—7284 7289
	075		文化经纪代理服务		
		0751	文化活动服务	指策划、组织、实施各类文化、晚会、娱乐、演出、庆典、节日等活动的服务	9051
		0752	文化娱乐经纪人	指各种文化娱乐经纪人活动。包括演员挑选、推荐服务,艺术家、作家经纪人服务,演员经纪人服务,模特经纪人服务,其他演员、艺术家经纪人服务	9053

代码			类别名称	说　明	行业分类代码
大类	中类	小类			
	075	0753	其他文化艺术经纪代理	指其他文化艺术经纪代理活动	9059
		0754	婚庆典礼服务	仅指婚庆礼仪服务。该小类包含在婚姻服务行业小类中	8070 *
		0755	文化贸易代理服务	仅指文化贸易代理服务。该小类包含在贸易代理行业小类中	5181 *
		0756	票务代理服务	指除旅客交通票务代理外的各种票务代理服务	7298
	076		文化设备(用品)出租服务		
		0761	休闲娱乐用品设备出租	指各种休闲娱乐用品设备出租活动	7121
		0762	文化用品设备出租	指各种文化用品设备出租活动	7123
	077		文化科研培训服务		
		0771	社会人文科学研究	指各种社会人文科学研究活动	7350
		0772	学术理论社会(文化)团体	仅指学术理论社会团体、文化团体的服务。该小类包含在专业性团体行业小类中	9521 *
		0773	文化艺术培训	指国家学校教育制度以外,由正规学校或社会各界办的文化艺术培训活动,不包括少年儿童的课外艺术辅导班	8393
		0774	文化艺术辅导	仅包括美术、舞蹈、音乐、书法和武术等辅导服务。该小类包含在其他未列明教育行业小类中	8399 *
08	081		文化装备生产		
			印刷设备制造		
		0811	印刷专用设备制造	指使用印刷或其他方式将图文信息转移到承印物上的专用生产设备的制造	3542
		0812	复印和胶印设备制造	指各种用途的复印设备和集复印、打印、扫描、传真为一体的多功能一体机的制造;以及主要用于办公室的胶印设备、文字处理设备及零件的制造	3474

代码			类别名称	说　明	行业分类代码
大类	中类	小类			
	082		广播电视电影设备制造及销售		
		0821	广播电视节目制作及发射设备制造	指广播电视节目制作、发射设备及器材的制造	3931
		0822	广播电视接收设备制造	指专业广播电视接收设备的制造，但不包括家用广播电视接收设备的制造	3932
		0823	广播电视专用配件制造	指专业用录像重放及其他配套的广播电视设备的制造，但不包括家用广播电视装置的制造	3933
		0824	专业音响设备制造	指广播电视、影剧院、录音棚、会议、各种场地等专业用录音、音响设备及其他配套设备的制造	3934
		0825	应用电视设备及其他广播电视设备制造	指应用电视设备、其他广播电视设备和器材的制造	3939
		0826	广播影视设备批发	指广播影视设备的批发和进出口活动	5178
		0827	电影机械制造	指各种类型或用途的电影摄影机、电影录音摄影机、影像放映机及电影辅助器材和配件的制造	3471
	083		摄录设备制造及销售		
		0831	影视录放设备制造	指非专业用录像机、摄像机、激光视盘机等影视设备整机及零部件的制造，包括教学用影视设备的制造，但不包括广播电视等专业影视设备的制造	3953
		0832	娱乐用智能无人飞行器制造	指按照国家有关安全规定标准，经允许生产并主要用于娱乐的智能无人飞行器的制造。该小类包含在智能无人飞行器制造行业小类中	3963 *
		0833	幻灯及投影设备制造	指通过媒体将在电子成像器件上的文字图像、胶片上的文字图像、纸张上的文字图像及实物投射到银幕上的各种设备、器材及零配件的制造	3472

代码			类别名称	说　明	行业分类代码
大类	中类	小类			
	083	0834	照相机及器材制造	指各种类型或用途的照相机的制造。包括用以制备印刷板，用于水下或空中照相的照相机制造，以及照相机用闪光装置、摄影暗室装置和零件的制造	3473
		0835	照相器材零售	指照相器材专门零售	5248
	084		演艺设备制造及销售		
		0841	舞台及场地用灯制造	指演出舞台、演出场地、运动场地、大型活动场地用灯制造	3873
		0842	舞台照明设备批发	仅指各类舞台照明设备的批发。该小类包含在电气设备批发行业小类中	5175 *
	085		游乐游艺设备制造		
		0851	露天游乐场所游乐设备制造	指主要安装在公园、游乐园、水上乐园、儿童乐园等露天游乐场所的电动及非电动游乐设备和游艺器材的制造	2461
		0852	游艺用品及室内游艺器材制造	指主要供室内、桌上等游艺及娱乐场所使用的游乐设备、游艺器材和游艺娱乐用品，以及主要安装在室内游乐场所的电子游乐设备的制造	2462
		0853	其他娱乐用品制造	指其他未列明的娱乐用品制造	2469
	086		乐器制造及销售		
		0861	中乐器制造	指各种中乐器的制造活动	2421
		0862	西乐器制造	指各种西乐器的制造活动	2422
		0863	电子乐器制造	指各种电子乐器的制造活动	2423
		0864	其他乐器及零件制造	指其他未列明的乐器、乐器零件及配套产品的制造	2429
		0865	乐器批发	指各种乐器的批发活动	5147
		0866	乐器零售	指各种乐器的零售活动	5247
09	091		文化消费终端生产		
			文具制造及销售		
		0911	文具制造	指办公、学习等使用的各种文具的制造	2411
		0912	文具用品批发	指文具用品的批发活动	5141
		0913	文具用品零售	指文具用品的零售活动	5241

代码			类别名称	说　明	行业分类代码
大类	中类	小类			
	092		笔墨制造		
		0921	笔的制造	指用于学习、办公或绘画等用途的各种笔制品的制造	2412
		0922	墨水、墨汁制造	指各种墨水、墨汁及墨汁类似品的制造活动	2414
	093		玩具制造		
		0930	玩具制造	指以儿童为主要使用者,用于玩耍、智力开发等娱乐器具的制造	2451—2456 2459
	094		节庆用品制造		
		0940	焰火、鞭炮产品制造	指节日、庆典用焰火及民用烟花、鞭炮等产品的制造	2672
	095		信息服务终端制造及销售		
		0951	电视机制造	指非专业用电视机制造。包括彩色、黑白电视机以及其他视频设备(移动电视机和其他未列明视频设备)的制造	3951
		0952	音响设备制造	指非专业用音箱、耳机、组合音响、功放、无线电收音机、收录音机等音响设备的制造	3952
		0953	可穿戴智能文化设备制造	指由用户穿戴和控制,并且自然、持续地运行和交互的个人移动计算文化设备产品的制造。该小类包含在可穿戴智能设备制造行业小类中	3961 ＊
		0954	其他智能文化消费设备制造	指虚拟现实设备制造活动。该小类包含在其他智能消费设备制造行业小类中	3969 ＊
		0955	家用视听设备批发	指家用视听设备批发活动	5137
		0956	家用视听设备零售	指专门经营电视、音响设备、摄录像设备等的店铺零售活动	5271
		0957	其他文化用品批发	包括玩具批发服务以及玩具、游艺及娱乐用品、照相器材和其他文化娱乐用品批发和进出口	5149
		0958	其他文化用品零售	指专门经营游艺用品及其他未列明文化用品的店铺零售活动	5249

注:行业分类代码后标有"＊"的表示该行业类别仅有部分内容属于文化及相关产业。(具体内容略)

附件三　我国文化企业境内外上市概况

附表1　我国文化企业境内上市概况一览表①

序号	公司名称	证券代码	证券简称	注册地址	上市地点	上市日期	上市板	上市方式	总市值(亿元)	总股本(亿股)	营业总收入(亿元)	净利润(亿元)
1	上海游久游戏股份有限公司	600652.SH	游久游戏	上海	上海	1990/12/19	主板	IPO	60.62	8.33	1.77	-4.22
2	老凤祥股份有限公司	600612.SH	老凤祥	上海	上海	1992/8/14	主板	IPO	215.32	5.23	398.10	14.70
3	浙报数字文化集团股份有限公司	600633.SH	浙数文化	浙江	上海	1993/3/4	主板	借壳	197.89	13.02	16.27	17.31
4	东方明珠新媒体股份有限公司	600637.SH	东方明珠	上海	上海	1993/3/16	主板	借壳	440.03	26.41	162.61	23.97
5	甘肃刚泰控股(集团)股份有限公司	600687.SH	刚泰控股	甘肃	上海	1993/11/8	主板	IPO	175.82	14.89	82.18	5.62
6	上海新华传媒股份有限公司	600825.SH	新华传媒	上海	上海	1994/2/4	主板	IPO	64.47	10.45	14.27	0.41
7	陕西广电网络传媒(集团)股份有限公司	600831.SH	广电网络	陕西	上海	1994/2/24	主板	IPO	49.43	6.05	28.53	1.76

---

① 数据来源:根据WIND资讯数据库整理,统计日期为2018年5月3日。截至2017年12月31日,A股上市文化企业总市值23314.29万亿元,上市文化企业177家,共发行177只股票。2017年,A股177家上市文化企业合计实现营业总收入6764.01亿元,合计实现净利润532.83亿元。

续表

序号	公司名称	证券代码	证券简称	注册地址	上市地点	上市日期	上市板	上市方式	总市值(亿元)	总股本(亿股)	营业总收入(亿元)	净利润(亿元)
8	成都博瑞传播股份有限公司	600880.SH	博瑞传播	四川	上海	1995/11/15	主板	IPO	57.62	10.93	8.94	0.24
9	大晟时代文化投资股份有限公司	600892.SH	大晟文化	广东	上海	1996/3/15	主板	IPO	52.42	5.59	3.14	3.02
10	西安曲江文化旅游股份有限公司	600706.SH	曲江文旅	陕西	上海	1996/5/16	主板	IPO	34.36	1.80	11.32	0.63
11	文投控股股份有限公司	600715.SH	文投控股	辽宁	上海	1996/7/1	主板	IPO	416.79	18.55	22.77	4.41
12	张家界旅游集团股份有限公司	000430.SZ	张家界	湖南	深圳	1996/8/29	主板	IPO	34.61	4.05	5.50	0.66
13	浙江华媒控股股份有限公司	000607.SZ	华媒控股	浙江	深圳	1996/8/30	主板	借壳	61.67	10.18	18.32	2.10
14	西安旅游股份有限公司	000610.SZ	西安旅游	陕西	深圳	1996/9/26	主板	IPO	27.75	2.37	7.30	-0.20
15	长江出版传媒股份有限公司	600757.SH	长江传媒	湖北	上海	1996/10/3	主板	IPO	84.35	12.14	112.32	6.34
16	西藏旅游股份有限公司	600749.SH	*ST藏旅	西藏	上海	1996/10/15	主板	IPO	37.39	1.89	1.42	-0.82
17	湖北省广播电视信息网络股份有限公司	000665.SZ	湖北广电	湖北	深圳	1996/12/10	主板	IPO	64.13	6.36	26.12	3.31
18	视觉(中国)文化发展股份有限公司	000681.SZ	视觉中国	江苏	深圳	1997/1/21	主板	借壳	136.61	7.01	8.15	3.13
19	当代东方投资股份有限公司	000673.SZ	当代东方	山西	深圳	1997/1/24	主板	IPO	104.40	7.93	8.20	1.55
20	中原大地传媒股份有限公司	000719.SZ	中原传媒	河南	深圳	1997/3/31	主板	IPO	92.70	10.23	81.74	7.00
21	青岛海信电器股份有限公司	600060.SH	海信电器	山东	上海	1997/4/22	主板	IPO	196.53	13.08	330.09	10.02

续表

序号	公司名称	证券代码	证券简称	注册地址	上市地点	上市日期	上市板	上市方式	总市值（亿元）	总股本（亿股）	营业总收入(亿元)	净利润（亿元）
22	黄山旅游发展股份有限公司	600054.SH	黄山旅游	安徽	上海	1997/5/6	主板	IPO	106.64	7.47	17.84	4.38
23	东方金钰股份有限公司	600086.SH	东方金钰	湖北	上海	1997/6/6	主板	IPO	143.78	13.50	92.77	2.31
24	中视传媒股份有限公司	600088.SH	中视传媒	上海	上海	1997/6/16	主板	IPO	43.78	3.31	7.18	0.88
25	华闻传媒投资集团股份有限公司	000793.SZ	华闻传媒	海南	深圳	1997/7/29	主板	IPO	200.33	20.01	34.21	4.23
26	峨眉山旅游股份有限公司	000888.SZ	峨眉山A	四川	深圳	1997/10/21	主板	IPO	56.75	5.27	10.79	1.96
27	中信国安信息产业股份有限公司	000839.SZ	中信国安	北京	深圳	1997/10/31	主板	IPO	375.91	39.20	43.62	3.01
28	中青旅控股股份有限公司	600138.SH	中青旅	北京	上海	1997/12/3	主板	IPO	151.07	7.24	110.20	8.63
29	北京京西文化旅游股份有限公司	000802.SZ	北京文化	北京	深圳	1998/1/8	主板	IPO	106.58	7.26	13.21	3.20
30	乐凯胶片股份有限公司	600135.SH	乐凯胶片	河北	上海	1998/1/22	主板	IPO	40.51	3.73	18.51	0.61
31	武汉当代明诚文化股份有限公司	600136.SH	当代明诚	湖北	上海	1998/3/3	主板	IPO	68.16	4.87	9.12	1.49
32	四川九洲电器股份有限公司	000801.SZ	四川九洲	四川	深圳	1998/5/6	主板	IPO	58.50	10.23	31.65	0.01
33	创维数字股份有限公司	000810.SZ	创维数字	四川	深圳	1998/6/2	主板	借壳	74.43	10.71	72.55	0.95
34	中冶美利云产业投资股份有限公司	000815.SZ	美利云	宁夏	深圳	1998/6/9	主板	IPO	104.98	6.95	8.41	0.26
35	湖南电广传媒股份有限公司	000917.SZ	电广传媒	湖南	深圳	1999/3/25	主板	IPO	128.43	14.18	87.41	-2.36
36	长城国际动漫游戏股份有限公司	000835.SZ	长城动漫	四川	深圳	1999/6/25	主板	IPO	27.06	3.27	2.91	1.28

续表

序号	公司名称	证券代码	证券简称	注册地址	上市地点	上市日期	上市板	上市方式	总市值（亿元）	总股本（亿股）	营业总收入（亿元）	净利润（亿元）
37	青岛城市传媒股份有限公司	600229.SH	城市传媒	山东	上海	2000/3/9	主板	借壳	53.92	7.02	19.69	3.32
38	北京首旅酒店(集团)股份有限公司	600258.SH	首旅酒店	北京	上海	2000/6/1	主板	IPO	220.17	8.16	84.17	6.59
39	华数传媒控股股份有限公司	000156.SZ	华数传媒	浙江	深圳	2000/9/6	主板	借壳	163.40	14.33	32.09	6.41
40	北京歌华有线电视网络股份有限公司	600037.SH	歌华有线	北京	上海	2001/2/8	主板	IPO	180.79	13.92	26.98	7.61
41	山东金泰集团股份有限公司	600385.SH	山东金泰	山东	上海	2001/7/23	主板	IPO	18.75	1.48	0.25	−0.07
42	中文天地出版传媒股份有限公司	600373.SH	中文传媒	江西	上海	2002/3/4	主板	IPO	233.29	13.78	133.06	14.52
43	大连圣亚旅游控股股份有限公司	600593.SH	大连圣亚	辽宁	上海	2002/7/11	主板	IPO	25.52	0.92	3.45	0.52
44	时代出版传媒股份有限公司	600551.SH	时代出版	安徽	上海	2002/9/5	主板	IPO	59.38	5.06	66.07	3.04
45	浙江祥源文化股份有限公司	600576.SH	祥源文化	浙江	上海	2003/2/20	主板	IPO	49.54	6.55	7.92	0.92
46	岳阳林纸股份有限公司	600963.SH	岳阳林纸	湖南	上海	2004/5/25	主板	IPO	89.87	13.98	61.44	3.48
47	分众传媒信息技术股份有限公司	002027.SZ	分众传媒	广东	深圳	2004/8/4	中小企业板	借壳	1722.20	122.32	120.14	59.73
48	丽江玉龙旅游股份有限公司	002033.SZ	丽江旅游	云南	深圳	2004/8/25	中小企业板	IPO	50.00	5.49	6.87	2.17
49	国光电器股份有限公司	002045.SZ	国光电器	广东	深圳	2005/5/23	中小企业板	IPO	70.12	4.17	40.49	1.28
50	深圳市同洲电子股份有限公司	002052.SZ	同洲电子	广东	深圳	2006/6/27	中小企业板	IPO	41.77	7.46	6.73	0.09

续表

序号	公司名称	证券代码	证券简称	注册地址	上市地点	上市日期	上市板	上市方式	总市值（亿元）	总股本（亿股）	营业总收入（亿元）	净利润（亿元）
51	云南旅游股份有限公司	002059.SZ	云南旅游	云南	深圳	2006/8/10	中小企业板	IPO	54.30	7.31	16.21	1.13
52	长城影视股份有限公司	002071.SZ	长城影视	江苏	深圳	2006/10/12	中小企业板	借壳	53.49	5.25	12.45	2.19
53	广博集团股份有限公司	002103.SZ	广博股份	浙江	深圳	2007/1/10	中小企业板	IPO	51.90	5.49	23.78	1.10
54	东港股份有限公司	002117.SZ	东港股份	山东	深圳	2007/3/2	中小企业板	IPO	70.72	3.64	14.30	2.31
55	利欧集团股份有限公司	002131.SZ	利欧股份	浙江	深圳	2007/4/27	中小企业板	IPO	145.33	55.89	105.73	4.36
56	印纪娱乐传媒股份有限公司	002143.SZ	印纪传媒	四川	深圳	2007/7/20	中小企业板	借壳	233.62	17.70	21.88	7.61
57	北京北纬通信科技股份有限公司	002148.SZ	北纬科技	北京	深圳	2007/8/10	中小企业板	IPO	51.46	5.67	5.70	1.30
58	武汉三特索道集团股份有限公司	002159.SZ	三特索道	湖北	深圳	2007/8/17	中小企业板	IPO	26.12	1.39	5.39	0.05
59	游族网络股份有限公司	002174.SZ	游族网络	福建	深圳	2007/9/25	中小企业板	借壳	198.13	8.88	32.36	6.64
60	东方时代网络传媒股份有限公司	002175.SZ	东方网络	广西	深圳	2007/10/12	中小企业板	IPO	61.06	7.54	4.12	-2.78
61	广东广州日报传媒股份有限公司	002181.SZ	粤传媒	广东	深圳	2007/11/16	中小企业板	IPO	56.66	11.61	8.94	0.69
62	深圳劲嘉集团股份有限公司	002191.SZ	劲嘉股份	广东	深圳	2007/12/5	中小企业板	IPO	138.27	14.95	29.45	6.73
63	北方联合出版传媒（集团）股份有限公司	601999.SH	出版传媒	辽宁	上海	2007/12/21	主板	IPO	40.88	5.51	19.31	1.61
64	厦门合兴包装印刷股份有限公司	002228.SZ	合兴包装	福建	深圳	2008/5/8	中小企业板	IPO	50.06	11.70	63.23	2.01
65	鸿博股份有限公司	002229.SZ	鸿博股份	福建	深圳	2008/5/8	中小企业板	IPO	47.26	5.03	6.95	0.13

续表

序号	公司名称	证券代码	证券简称	注册地址	上市地点	上市日期	上市板	上市方式	总市值(亿元)	总股本(亿股)	营业总收入(亿元)	净利润(亿元)
66	歌尔股份有限公司	002241.SZ	歌尔股份	山东	深圳	2008/5/22	中小企业板	IPO	563.03	32.45	255.37	21.07
67	深圳市天威视讯股份有限公司	002238.SZ	天威视讯	广东	深圳	2008/5/26	中小企业板	IPO	62.11	6.17	15.91	2.49
68	奥飞娱乐股份有限公司	002292.SZ	奥飞娱乐	广东	深圳	2009/9/10	中小企业板	IPO	186.76	13.07	36.42	0.69
69	中国国旅股份有限公司	601888.SH	中国国旅	北京	上海	2009/10/15	主板	IPO	847.18	19.52	282.82	29.35
70	深圳齐心集团股份有限公司	002301.SZ	齐心集团	广东	深圳	2009/10/21	中小企业板	IPO	74.02	4.28	31.82	1.41
71	华谊兄弟传媒股份有限公司	300027.SZ	华谊兄弟	浙江	深圳	2009/10/30	创业板	IPO	242.21	27.75	39.46	9.87
72	金亚科技股份有限公司	300028.SZ	金亚科技	四川	深圳	2009/10/30	创业板	IPO	17.37	3.44	0.23	-1.87
73	安徽新华传媒股份有限公司	601801.SH	皖新传媒	安徽	上海	2010/1/18	主板	IPO	210.46	19.89	87.10	11.34
74	星辉互动娱乐股份有限公司	300043.SZ	星辉娱乐	广东	深圳	2010/1/20	创业板	IPO	76.14	12.44	27.55	2.47
75	慈文传媒股份有限公司	002343.SZ	慈文传媒	浙江	深圳	2010/1/26	中小企业板	借壳	120.81	3.39	16.66	4.12
76	广东潮宏基实业股份有限公司	002345.SZ	潮宏基	广东	深圳	2010/1/28	中小企业板	IPO	97.33	9.05	30.86	2.84
77	广东高乐玩具股份有限公司	002348.SZ	高乐股份	广东	深圳	2010/2/3	中小企业板	IPO	54.37	9.47	6.61	0.62
78	深圳市漫步者科技股份有限公司	002351.SZ	漫步者	广东	深圳	2010/2/5	中小企业板	IPO	50.39	5.88	9.01	1.15
79	大连天神娱乐股份有限公司	002354.SZ	天神娱乐	辽宁	深圳	2010/2/9	中小企业板	借壳	160.20	9.37	31.01	12.40
80	深圳中青宝互动网络股份有限公司	300052.SZ	中青宝	广东	深圳	2010/2/11	创业板	IPO	37.20	2.61	3.13	0.49

续表

序号	公司名称	证券代码	证券简称	注册地址	上市地点	上市日期	上市板	上市方式	总市值（亿元）	总股本（亿股）	营业总收入（亿元）	净利润（亿元）
81	北京蓝色光标品牌管理顾问股份有限公司	300058.SZ	蓝色光标	北京	深圳	2010/2/26	创业板	IPO	122.16	22.13	152.31	2.48
82	北京华谊嘉信整合营销顾问集团股份有限公司	300071.SZ	华谊嘉信	北京	深圳	2010/4/21	创业板	IPO	52.92	6.78	35.03	-2.79
83	北京数码视讯科技股份有限公司	300079.SZ	数码科技	北京	深圳	2010/4/30	创业板	IPO	58.01	13.78	13.50	0.45
84	广东省广告集团股份有限公司	002400.SZ	省广集团	广东	深圳	2010/5/6	中小企业板	IPO	92.92	17.43	112.95	-1.01
85	深圳市兆驰股份有限公司	002429.SZ	兆驰股份	广东	深圳	2010/6/10	中小企业板	IPO	162.06	45.27	102.29	6.05
86	广东文化长城集团股份有限公司	300089.SZ	文化长城	广东	深圳	2010/6/25	创业板	IPO	45.22	4.35	5.40	0.73
87	乐视网信息技术（北京）股份有限公司	300104.SZ	乐视网	北京	深圳	2010/8/12	创业板	IPO	611.58	39.89	70.96	-181.84
88	杭州顺网科技股份有限公司	300113.SZ	顺网科技	浙江	深圳	2010/8/27	创业板	IPO	126.90	6.94	18.16	6.14
89	浙江华策影视股份有限公司	300133.SZ	华策影视	浙江	深圳	2010/10/26	创业板	IPO	191.84	17.70	52.46	6.36
90	中南出版传媒集团股份有限公司	601098.SH	中南传媒	湖南	上海	2010/10/28	主板	IPO	249.46	17.96	103.60	16.13
91	骅威文化股份有限公司	002502.SZ	骅威文化	广东	深圳	2010/11/17	中小企业板	IPO	74.89	8.60	7.27	3.71
92	江苏银河电子股份有限公司	002519.SZ	银河电子	江苏	深圳	2010/12/7	中小企业板	IPO	69.65	11.42	16.24	1.86
93	恺英网络股份有限公司	002517.SZ	恺英网络	福建	深圳	2010/12/7	中小企业板	借壳	318.72	14.35	31.34	16.86

续表

序号	公司名称	证券代码	证券简称	注册地址	上市地点	上市日期	上市板	上市方式	总市值(亿元)	总股本(亿股)	营业总收入(亿元)	净利润(亿元)
94	宋城演艺发展股份有限公司	300144.SZ	宋城演艺	浙江	深圳	2010/12/9	创业板	IPO	271.06	14.53	30.24	10.69
95	天舟文化股份有限公司	300148.SZ	天舟文化	湖南	深圳	2010/12/15	创业板	IPO	69.45	8.45	9.36	1.38
96	北京捷成世纪科技股份有限公司	300182.SZ	捷成股份	北京	深圳	2011/2/22	创业板	IPO	219.98	25.55	43.66	10.83
97	巨人网络集团股份有限公司	002558.SZ	巨人网络	重庆	深圳	2011/3/2	中小企业板	借壳	744.97	20.24	29.07	13.71
98	芜湖顺荣三七互娱网络科技股份有限公司	002555.SZ	三七互娱	安徽	深圳	2011/3/2	中小企业板	IPO	441.22	21.48	61.89	18.36
99	广东群兴玩具股份有限公司	002575.SZ	群兴玩具	广东	深圳	2011/4/22	中小企业板	IPO	53.57	5.89	0.54	-0.21
100	江苏亿通高科技股份有限公司	300211.SZ	亿通科技	江苏	深圳	2011/5/5	创业板	IPO	21.43	3.03	1.69	0.04
101	广东明家联合移动科技股份有限公司	300242.SZ	明家联合	广东	深圳	2011/7/12	创业板	IPO	52.50	6.36	27.06	1.93
102	北京盛通印刷股份有限公司	002599.SZ	盛通股份	北京	深圳	2011/7/15	中小企业板	IPO	38.27	3.24	14.03	0.93
103	北京光线传媒股份有限公司	300251.SZ	光线传媒	北京	深圳	2011/8/3	创业板	IPO	306.56	29.34	18.43	8.21
104	上海姚记扑克股份有限公司	002605.SZ	姚记扑克	上海	深圳	2011/8/5	中小企业板	IPO	51.71	3.97	6.63	0.81
105	深圳市佳创视讯技术股份有限公司	300264.SZ	佳创视讯	广东	深圳	2011/9/16	创业板	IPO	33.05	4.13	2.43	-0.79
106	完美世界股份有限公司	002624.SZ	完美世界	浙江	深圳	2011/10/28	中小企业板	借壳	439.90	13.15	79.30	14.60
107	江苏凤凰出版传媒股份有限公司	601928.SH	凤凰传媒	江苏	上海	2011/11/30	主板	IPO	206.39	25.45	110.50	12.11

续表

序号	公司名称	证券代码	证券简称	注册地址	上市地点	上市日期	上市板	上市方式	总市值（亿元）	总股本（亿股）	营业总收入（亿元）	净利润（亿元）
108	北京华录百纳影视股份有限公司	300291.SZ	华录百纳	北京	深圳	2012/2/9	创业板	IPO	92.21	8.12	22.48	1.12
109	吉视传媒股份有限公司	601929.SH	吉视传媒	吉林	上海	2012/2/23	主板	IPO	92.08	31.11	20.47	3.77
110	人民网股份有限公司	603000.SH	人民网	北京	上海	2012/4/27	主板	IPO	119.75	11.06	14.01	1.08
111	北京掌趣科技股份有限公司	300315.SZ	掌趣科技	北京	深圳	2012/5/11	创业板	IPO	153.34	27.58	17.68	2.92
112	广州珠江钢琴集团股份有限公司	002678.SZ	珠江钢琴	广东	深圳	2012/5/30	中小企业板	IPO	117.34	10.45	17.90	1.60
113	海伦钢琴股份有限公司	300329.SZ	海伦钢琴	浙江	深圳	2012/6/19	创业板	IPO	21.99	2.51	4.70	0.41
114	上海新文化传媒集团股份有限公司	300336.SZ	新文化	上海	深圳	2012/7/10	创业板	IPO	61.39	5.38	12.33	2.46
115	美盛文化创意股份有限公司	002699.SZ	美盛文化	浙江	深圳	2012/9/11	中小企业板	IPO	164.72	9.10	9.12	1.82
116	思美传媒股份有限公司	002712.SZ	思美传媒	浙江	深圳	2014/1/23	中小企业板	IPO	73.13	3.42	41.87	2.40
117	众信旅游集团股份有限公司	002707.SZ	众信旅游	北京	深圳	2014/1/23	中小企业板	IPO	92.57	8.50	120.48	2.80
118	北京金一文化发展股份有限公司	002721.SZ	金一文化	北京	深圳	2014/1/27	中小企业板	IPO	133.55	8.35	153.20	3.66
119	北京腾信创新网络营销技术股份有限公司	300392.SZ	腾信股份	北京	深圳	2014/9/10	创业板	IPO	57.33	3.84	16.24	-1.37
120	北京昆仑万维科技股份有限公司	300418.SZ	昆仑万维	北京	深圳	2015/1/21	创业板	IPO	236.95	11.52	34.36	14.19
121	中文在线数字出版集团股份有限公司	300364.SZ	中文在线	北京	深圳	2015/1/21	创业板	IPO	65.69	7.12	7.17	0.81
122	万达电影股份有限公司	002739.SZ	万达电影	北京	深圳	2015/1/22	中小企业板	IPO	611.10	11.74	132.29	15.16

续表

序号	公司名称	证券代码	证券简称	注册地址	上市地点	上市日期	上市板	上市方式	总市值（亿元）	总股本（亿股）	营业总收入（亿元）	净利润（亿元）
123	上海晨光文具股份有限公司	603899.SH	晨光文具	上海	上海	2015/1/27	主板	IPO	226.87	9.20	63.57	6.27
124	浙江唐德影视股份有限公司	300426.SZ	唐德影视	浙江	深圳	2015/2/17	创业板	IPO	78.92	4.00	11.80	1.92
125	上海龙韵广告传播股份有限公司	603729.SH	龙韵股份	上海	上海	2015/3/24	主板	IPO	41.45	0.67	12.36	0.43
126	暴风集团股份有限公司	300431.SZ	暴风集团	北京	深圳	2015/3/24	创业板	IPO	72.37	3.32	19.15	-1.75
127	安徽九华山旅游发展股份有限公司	603199.SH	九华旅游	安徽	上海	2015/3/26	主板	IPO	34.80	1.11	4.46	0.83
128	深圳市易尚展示股份有限公司	002751.SZ	易尚展示	广东	深圳	2015/4/24	中小企业板	IPO	55.70	1.43	7.32	0.25
129	江苏省广电有线信息网络股份有限公司	600959.SH	江苏有线	江苏	上海	2015/4/28	主板	IPO	317.75	38.85	80.95	11.03
130	四川迅游网络科技股份有限公司	300467.SZ	迅游科技	四川	深圳	2015/5/27	创业板	IPO	106.39	2.27	2.78	1.01
131	引力传媒股份有限公司	603598.SH	引力传媒	北京	上海	2015/5/27	主板	IPO	40.23	2.71	25.82	0.76
132	广东邦宝益智玩具股份有限公司	603398.SH	邦宝益智	广东	上海	2015/12/9	主板	IPO	33.55	2.12	3.31	0.62
133	读者出版传媒股份有限公司	603999.SH	读者传媒	甘肃	上海	2015/12/10	主板	IPO	44.29	5.76	7.90	0.71
134	中新科技集团股份有限公司	603996.SH	中新科技	浙江	上海	2015/12/22	主板	IPO	55.29	3.00	66.55	1.46
135	山鼎设计股份有限公司	300492.SZ	山鼎设计	四川	深圳	2015/12/23	创业板	IPO	38.26	0.83	1.50	0.21
136	湖北盛天网络技术股份有限公司	300494.SZ	盛天网络	湖北	深圳	2015/12/31	创业板	IPO	44.40	2.40	3.88	0.86
137	启迪设计集团股份有限公司	300500.SZ	启迪设计	江苏	深圳	2016/2/4	创业板	IPO	45.04	1.23	5.08	0.84

续表

序号	公司名称	证券代码	证券简称	注册地址	上市地点	上市日期	上市板	上市方式	总市值（亿元）	总股本（亿股）	营业总收入（亿元）	净利润（亿元）
138	南方出版传媒股份有限公司	601900.SH	南方传媒	广东	上海	2016/2/15	主板	IPO	104.28	8.96	52.51	6.50
139	深圳市盛讯达科技股份有限公司	300518.SZ	盛讯达	广东	深圳	2016/6/24	创业板	IPO	48.82	0.93	2.43	0.63
140	新华文轩出版传媒股份有限公司	601811.SH	新华文轩	四川	上海	2016/8/8	主板	IPO	165.70	12.34	73.46	9.16
141	幸福蓝海影视文化集团股份有限公司	300528.SZ	幸福蓝海	江苏	深圳	2016/8/8	创业板	IPO	49.48	3.73	15.17	1.15
142	中国电影股份有限公司	600977.SH	中国电影	北京	上海	2016/8/9	主板	IPO	287.52	18.67	89.88	11.36
143	广西广播电视信息网络股份有限公司	600936.SH	广西广电	广西	上海	2016/8/15	主板	IPO	114.63	16.71	27.09	2.02
144	上海电影股份有限公司	601595.SH	上海电影	上海	上海	2016/8/17	主板	IPO	76.16	3.74	11.22	2.54
145	深圳冰川网络股份有限公司	300533.SZ	冰川网络	广东	深圳	2016/8/18	创业板	IPO	50.63	1.00	2.96	0.91
146	杭州电魂网络科技股份有限公司	603258.SH	电魂网络	浙江	上海	2016/10/26	主板	IPO	77.98	2.40	4.99	1.61
147	新华网股份有限公司	603888.SH	新华网	北京	上海	2016/10/28	主板	IPO	122.75	5.19	15.02	2.83
148	丝路视觉科技股份有限公司	300556.SZ	丝路视觉	广东	深圳	2016/11/4	创业板	IPO	23.98	1.11	5.13	0.14
149	莱绅通灵珠宝股份有限公司	603900.SH	莱绅通灵	江苏	上海	2016/11/23	主板	IPO	98.70	3.40	19.64	3.09
150	贵州省广播电视信息网络股份有限公司	600996.SH	贵广网络	贵州	上海	2016/12/26	主板	IPO	103.21	10.43	25.73	4.44
151	厦门吉比特网络技术股份有限公司	603444.SH	吉比特	福建	上海	2017/1/4	主板	IPO	131.95	0.72	14.40	7.34

续表

序号	公司名称	证券代码	证券简称	注册地址	上市地点	上市日期	上市板	上市方式	总市值（亿元）	总股本（亿股）	营业总收入（亿元）	净利润（亿元）
152	中国科技出版传媒股份有限公司	601858.SH	中国科传	北京	上海	2017/1/18	主板	IPO	85.45	7.91	20.11	3.60
153	湖南华凯文化创意股份有限公司	300592.SZ	华凯创意	湖南	深圳	2017/1/20	创业板	IPO	21.17	1.22	5.62	0.49
154	高斯贝尔数码科技股份有限公司	002848.SZ	高斯贝尔	湖南	深圳	2017/2/13	中小企业板	IPO	25.89	1.67	10.78	0.15
155	宣亚国际品牌管理（北京）股份有限公司	300612.SZ	宣亚国际	北京	深圳	2017/2/15	创业板	IPO	38.60	1.08	5.05	0.82
156	实丰文化发展股份有限公司	002862.SZ	实丰文化	广东	深圳	2017/4/11	中小企业板	IPO	22.72	0.80	4.37	0.43
157	浙江大丰实业股份有限公司	603081.SH	大丰实业	浙江	上海	2017/4/20	主板	IPO	105.27	4.02	17.07	2.29
158	新经典文化股份有限公司	603096.SH	新经典	天津	上海	2017/4/25	主板	IPO	90.59	1.35	9.44	2.39
159	周大生珠宝股份有限公司	002867.SZ	周大生	广东	深圳	2017/4/27	中小企业板	IPO	132.60	4.78	38.05	5.92
160	深圳市杰恩创意设计股份有限公司	300668.SZ	杰恩设计	广东	深圳	2017/6/19	创业板	IPO	30.68	0.42	2.50	0.62
161	湖南国科微电子股份有限公司	300672.SZ	国科微	湖南	深圳	2017/7/12	创业板	IPO	72.50	1.12	4.12	0.46
162	深圳市建筑科学研究院股份有限公司	300675.SZ	建科院	广东	深圳	2017/7/19	创业板	IPO	41.37	1.47	3.82	0.34
163	广州惠威电声科技股份有限公司	002888.SZ	惠威科技	广东	深圳	2017/7/21	中小企业板	IPO	22.52	0.83	2.64	0.34
164	华扬联众数字技术股份有限公司	603825.SH	华扬联众	北京	上海	2017/8/2	主板	IPO	48.42	1.60	82.16	1.24

续表

序号	公司名称	证券代码	证券简称	注册地址	上市地点	上市日期	上市板	上市方式	总市值（亿元）	总股本（亿股）	营业总收入（亿元）	净利润（亿元）
165	中广天择传媒股份有限公司	603721.SH	中广天择	湖南	上海	2017/8/11	主板	IPO	27.81	1.00	3.92	0.64
166	中国出版传媒股份有限公司	601949.SH	中国出版	北京	上海	2017/8/21	主板	IPO	136.87	18.23	46.97	5.26
167	宁波创源文化发展股份有限公司	300703.SZ	创源文化	浙江	深圳	2017/9/19	创业板	IPO	26.21	0.80	6.77	0.60
168	掌阅科技股份有限公司	603533.SH	掌阅科技	北京	上海	2017/9/21	主板	IPO	181.73	4.01	16.67	1.24
169	山东世纪天鸿文教科技股份有限公司	300654.SZ	世纪天鸿	山东	深圳	2017/9/26	创业板	IPO	27.55	0.93	3.81	0.32
170	江苏天目湖旅游股份有限公司	603136.SH	天目湖	江苏	上海	2017/9/27	主板	IPO	33.83	0.80	4.61	0.98
171	横店影视股份有限公司	603103.SH	横店影视	浙江	上海	2017/10/12	主板	IPO	129.20	4.53	25.18	3.31
172	惠州市华阳集团股份有限公司	002906.SZ	华阳集团	广东	深圳	2017/10/13	中小企业板	IPO	106.54	4.73	41.66	2.79
173	上海翔港包装科技股份有限公司	603499.SH	翔港科技	上海	上海	2017/10/16	主板	IPO	24.75	1.00	3.39	0.46
174	广州金逸影视传媒股份有限公司	002905.SZ	金逸影视	广东	深圳	2017/10/16	中小企业板	IPO	60.11	1.68	21.91	2.11
175	上海风语筑展示股份有限公司	603466.SH	风语筑	上海	上海	2017/10/20	主板	IPO	78.08	1.44	14.99	1.66
176	山东出版传媒股份有限公司	601019.SH	山东出版	山东	上海	2017/11/22	主板	IPO	268.58	20.87	89.01	13.59
177	惠州市德赛西威汽车电子股份有限公司	002920.SZ	德赛西威	广东	深圳	2017/12/26	中小企业板	IPO	215.22	5.50	60.10	6.16
合计									23314.29	1757.86	6764.01	532.83

附表 2　我国文化企业境外上市概况一览表①②

序号	文化企业名称	证券简称	证券代码	上市地点	总市值(人民币:亿元)	总股本(亿股)
1	星美控股集团有限公司	星美控股	0198.HK	香港联交所	93.22	27.20
2	华谊腾讯娱乐有限公司	华谊腾讯娱乐	0419.HK	香港联交所	40.05	134.98
3	新丝路文旅有限公司	新丝路文旅	0472.HK	香港联交所	32.17	32.08
4	第一视频集团有限公司	第一视频	0082.HK	香港联交所	5.79	32.98
5	香港中旅国际投资有限公司	香港中旅	0308.HK	香港联交所	132.53	54.49
6	嘉年华国际控股有限公司	嘉年华国际	0996.HK	香港联交所	79.87	214.72
7	阿里巴巴影业集团有限公司	阿里影业	1060.HK	香港联交所	223.55	254.70
8	方正控股有限公司	方正控股	0418.HK	香港联交所	4.81	12.00
9	长达健康控股有限公司	长达健康	8026.HK	香港联交所	3.04	12.11
10	非凡中国控股有限公司	非凡中国	8032.HK	香港联交所	57.43	88.09
11	新浪公司	新浪	SINA.O	纳斯达克	464.95	0.71
12	环球资源有限公司(退市)	环球资源(退市)	GSOL.O	纳斯达克	0.00	0.24

① 2017 年 12 月 31 日,人民币兑美元的汇率为 6.5342:1,人民币兑港币的汇率为 0.8359:1,人民币兑欧元的汇率为 7.8023:1,人民币兑新加坡元的汇率为 4.8831:1,人民币兑日元的汇率为 0.057883:1,人民币兑加拿大元的汇率为 5.2009:1,人民币兑澳大利亚元的汇率为 5.0928:1。

② 数据来源:根据 WIND 资讯数据库整理,统计日期为 2018 年 4 月 25 日。截至 2017 年 12 月 31 日,我国境外上市文化企业总市值 47050.98 万亿元,境外上市文化企业 82 家,共发行 82 只股票。2017 年我国境外上市文化企业中有 1 家上市公司(环球资源有限公司)退市,部分文化企业的企业名称、证券简称、证券代码或者上市地点发生了改变,本表中已全部更新,已退市,有名称、简称、代码、上市地点改变的公司序号分别是 12、36、51、76。

序号	文化企业名称	证券简称	证券代码	上市地点	总市值(人民币:亿元)	总股本(亿股)
13	网易公司	网易	NTES.O	纳斯达克	2959.58	32.83
14	凤凰卫视控股有限公司	凤凰卫视	2008.HK	香港联交所	46.33	49.93
15	搜狐网络有限责任公司	搜狐	SOHU.O	纳斯达克	110.13	0.39
16	中国民航信息网络股份有限公司	中国民航信息网络	0696.HK	香港联交所	573.59	29.26
17	永耀集团控股有限公司	永耀集团控股	8022.HK	香港联交所	14.37	16.38
18	拉近网娱集团有限公司	拉近网娱	8172.HK	香港联交所	13.02	42.09
19	中国新电信集团有限公司	中国新电信	8167.HK	香港联交所	19.12	95.29
20	国艺娱乐文化集团有限公司	国艺娱乐	8228.HK	香港联交所	15.28	45.14
21	环球数码创意控股有限公司	环球数码创意	8271.HK	香港联交所	4.19	15.18
22	大贺传媒股份有限公司	大贺传媒	8243.HK	香港联交所	2.64	8.30
23	星雅集团	星雅集团	S85.SG	新加坡证券交易所	35.71	8.60
24	腾讯控股有限公司	腾讯控股	0700.HK	香港联交所	32237.24	94.99
25	星美文化旅游集团控股有限公司	星美文化旅游	2366.HK	香港联交所	8.25	13.16
26	中国金融在线有限公司	金融界	JRJC.O	纳斯达克	4.14	1.18
27	丰彩传媒集团有限公司	丰彩传媒	F11.SG	新加坡证券交易所	2.55	7.25
28	中国创联教育集团有限公司	创联教育金融	2371.HK	香港联交所	4.23	46.43
29	第九城市有限公司	第九城市	NCTY.O	纳斯达克	1.00	0.24
30	北青传媒股份有限公司	北青传媒	1000.HK	香港联交所	5.61	1.97

序号	文化企业名称	证券简称	证券代码	上市地点	总市值(人民币:亿元)	总股本(亿股)
31	百度股份有限公司	百度	BIDU.O	纳斯达克	5313.85	0.35
32	华侨城（亚洲）控股有限公司	华侨城（亚洲）	3366.HK	香港联交所	17.50	6.52
33	橡果国际	橡果国际	ATV.N	纽约证券交易所	4.35	0.75
34	新华文轩出版传媒股份有限公司	新华文轩	0811.HK	香港联交所	64.05	12.34
35	Remark Holdings,Inc.	REMARK	MARK.O	纳斯达克	17.13	0.28
36	中国永新视博数字电视控股有限公司	永新视博	STVVY.OO	纳斯达克	0.69	0.64
37	金山软件有限公司	金山软件	3888.HK	香港联交所	285.35	13.13
38	网龙网络控股有限公司	网龙	0777.HK	香港联交所	96.91	5.34
39	航美传媒集团	航美传媒	AMCN.O	纳斯达克	4.72	1.26
40	A8 新媒体集团有限公司	A8 新媒体	0800.HK	香港联交所	10.92	27.21
41	中视金桥国际传媒控股有限公司	中视金桥	0623.HK	香港联交所	8.16	5.16
42	畅游有限公司	畅游	CYOU.O	纳斯达克	124.68	1.05
43	现代传播控股有限公司	现代传播	0072.HK	香港联交所	2.38	4.38
44	谭木匠控股有限公司	谭木匠	0837.HK	香港联交所	10.19	2.49
45	中网在线控股有限公司	中网在线	CNET.O	纳斯达克	0.88	0.14
46	十方控股有限公司	十方控股	1831.HK	香港联交所	2.42	14.48
47	中国三三传媒集团有限公司	中国三三传媒	8087.HK	香港联交所	1.49	57.60
48	人人公司	人人网	RENN.N	纽约证券交易所	46.39	10.25

序号	文化企业名称	证券简称	证券代码	上市地点	总市值（人民币：亿元）	总股本（亿股）
49	凤凰新媒体	凤凰新媒体	FENG.N	纽约证券交易所	30.42	5.77
50	品牌中国集团有限公司	品牌中国	0863.HK	香港联交所	5.81	2.52
51	七星云集团	七星云	SSC.O	纳斯达克	18.77	0.69
52	欢聚时代科技有限公司	欢聚时代	YY.O	纳斯达克	465.70	12.63
53	智美体育集团	智美体育	1661.HK	香港联交所	59.58	15.93
54	云游控股有限公司	云游控股	0484.HK	香港联交所	10.52	1.38
55	博雅互动国际有限公司	博雅互动	0434.HK	香港联交所	12.61	7.68
56	神州数字销售技术有限公司	神州数字	8255.HK	香港联交所	20.79	4.80
57	保利文化集团股份有限公司	保利文化	3636.HK	香港联交所	2.09	2.46
58	百奥家庭互动有限公司	百奥家庭互动	2100.HK	香港联交所	32.33	28.79
59	微博公司	微博	WB.O	纳斯达克	1495.49	2.21
60	途牛公司	途牛	TOUR.O	纳斯达克	63.39	3.79
61	联众国际控股有限公司	联众	6899.HK	香港联交所	20.14	9.23
62	世纪睿科控股有限公司	世纪睿科	1450.HK	香港联交所	3.11	10.20
63	天鸽互动控股有限公司	天鸽互动	1980.HK	香港联交所	65.55	12.73
64	飞鱼科技国际有限公司	飞鱼科技	1022.HK	香港联交所	12.10	15.40
65	陌陌	陌陌	MOMO.O	纳斯达克	317.64	3.98
66	蓝港互动集团有限公司	蓝港互动	8267.HK	香港联交所	4.93	3.69
67	华夏动漫形象有限公司	华夏动漫	1566.HK	香港联交所	23.07	9.20
68	中海物业集团有限公司	中海物业	2669.HK	香港联交所	58.25	32.87

续表

序号	文化企业名称	证券简称	证券代码	上市地点	总市值(人民币:亿元)	总股本(亿股)
69	中国创意控股有限公司	中国创意控股	8368. HK	香港联交所	3.09	14.24
70	火岩控股有限公司	火岩控股	8345. HK	香港联交所	6.29	1.60
71	中国数字视频控股有限公司	中国数字视频	8280. HK	香港联交所	4.38	6.32
72	中国艺术金融控股有限公司	中国艺术金融	1572. HK	香港联交所	13.64	16.00
73	魔线	魔线	MOXC.O	纳斯达克	16.86	0.67
74	古兜控股有限公司	古兜控股	8308. HK	香港联交所	14.34	9.80
75	美图公司	美图公司	1357. HK	香港联交所	388.59	42.74
76	BEAT HOLDINGS LIMITED	BEAT HOLDINGS	9399. T	东京证券交易所	0.47	0.02
77	阅文集团	阅文集团	0772. HK	法兰克福证券交易所	631.52	9.06
78	In Technical Productions Holdings Limited	ITP HOLDINGS	8446. HK	多伦多证券交易所	40.79	8.00
79	奥传思维控股有限公司	奥传思维控股	8091. HK	澳大利亚证券交易所	0.83	7.20
80	ENERXY AG	ENERXY	EXJ.F	巴黎证券交易所	0.18	0.03
81	新濠中国度假村有限公司	新濠中国度假村	MCG.TO		0.27	3.49
82	SINO STRATEGIC INTERNATIONAL LIMITED	SINO STRATEGIC INTL LTD	SSI.AX		0.97	0.68
83	溢讯通讯有限公司	溢讯通讯	MLEAS.PA		0.02	0.01

简称对照表

类别	主要简称	全　　称
文件类	"十三五"规划	《中华人民共和国国民经济和社会发展第十三个五年规划纲要》
	《首发办法》	《首次公开发行股票并上市管理办法》(2015 年修订)
	《会计准则第 36 号》	《企业会计准则第 36 号——关联方披露》
	《上交所上市规则》	《上海证券交易所股票上市规则》
	《深交所上市规则》	《深圳证券交易所股票上市规则》
	《深交所创业板上市规则》	《深圳证券交易所创业板股票上市规则》
	《上市招股说明书准则》	《公开发行证券的公司信息披露内容与格式准则第 1 号——招股说明书》(2015 年修订)
	《基本准则》	《企业会计准则——基本准则》
	《分层管理办法》	《全国中小企业股份转让系统挂牌公司分层管理办法(试行)》(股转系统公告〔2016〕37 号)
	《提案答复摘要》	《关于政协十二届全国委员会第四次会议第 0456 号(财税金融类 057 号)提案的答复(摘要)》
	《管理办法》	《公司债券发行与交易管理办法》
	《公司法》	《中华人民共和国公司法》
	《证券法》	《中华人民共和国证券法》
	《分层管理办法》	《全国中小企业股份转让系统挂牌公司分层管理办法(试行)》
	《20 号文》	《关于规范证券公司参与区域性股权交易市场的指导意见(试行)》(中国证监会公告〔2012〕20 号)
	《程序规定》	《中国证券监督管理委员会行政许可实施程序规定》
资本市场类	沪、深交易所	上海证券交易所、深圳证券交易所
	上交所	上海证券交易所
	深交所	深圳证券交易所

类别	主要简称	全　　称
	四版市场	区域性股权交易市场
	新三板市场、全国股转系统	全国中小企业股份转让系统
机构类	中国证监会	中国证券监督管理委员会
	并购重组委	中国证监会上市公司并购重组审核委员会
上市公司类	中信国安	中信国安信息产业股份有限公司
	喜临门	喜临门家具股份有限公司
	联建光电	深圳市联建光电股份有限公司
	ST山水	山西广和山水文化传播股份有限公司
	银河电子	江苏银河电子股份有限公司
	新华文轩	新华文轩出版传媒股份有限公司
	长江传媒	长江出版传媒股份有限公司
	凤凰传媒	江苏凤凰出版传媒股份有限公司
	皖新传媒	安徽新华传媒股份有限公司
	读者传媒	读者出版传媒股份有限公司
	大地传媒	中原大地传媒股份有限公司
	天舟文化	天舟文化股份有限公司
概念类	ABS	资产支持证券
	IPO	首次公开发行并上市
	IP	知识产权
	MBS	抵押担保证券
	SPV	特殊目的载体
	期后事项	发行人和主承销商领取批文后发生重大事项
其他公司	申银万国	申银万国证券股份有限公司
	华宝信托	华宝信托有限责任公司
	华泰资管	华泰证券资产管理有限公司
	四川新闻网	四川新闻网传媒(集团)股份有限公司
	文卓公司	四川文轩卓泰投资有限公司
	巅峰智业	北京巅峰智业旅游文化创意股份有限公司
	南航传媒	中国南航集团文化传媒股份有限公司
	信诺传播	北京信诺传播顾问股份有限公司

图 索 引

表 索 引

特 别 致 谢

　　四川大学杜肯堂教授,四川省政协肖雪梅女士

　　人民出版社及黄书元社长、陈登先生

　　四川省社会科学界联合会及罗仲平先生

　　四川省社会科学院李后强教授、侯水平研究员、陈井安研究员、李明泉研究员、王小琪研究员、杨柳研究员、李军副研究员及金融与财贸经济研究所的同仁

　　深圳证券交易所及邹雄先生、卢一宣博士、徐洪涛博士、杨俊先生

　　华泰联合证券股份有限公司唐松华博士

　　北京金杜(成都)律师事务所及张如积先生

　　华安证券股份有限公司成都投行部及赵波先生

　　瑞华会计师事务所(特殊普通合伙人)荣健女士

　　上述单位及有关专家、学者对本书的资料收集和整理提供了大力支持,对本书形成提出了很多宝贵建议,在此表示衷心感谢!

后　　记

　　随着中国特色社会主义市场经济的建立和完善,不论是企业还是政府部门,不论是实体经济还是金融服务机构,都越来越重视资本市场功能的发挥。文化产业要在促进我国文化大发展大繁荣和彰显中华文化自信中做出更卓越的贡献,加快文化企业的证券化发展,是十分重要和非常必要的。本书是在四川省哲学社会科学研究"十二五"规划项目(批准号:SC15B054)"文化企业证券化发展研究"结项成果基础上,结合国家统计局颁布的《文化及相关产业分类(2018)》最新行业分类标准,以及 2017 年 A 股文化上市公司年报数据撰写而成。本书成稿之时,恰逢四川省社会科学院建院 60 周年,又获得院学术文库资助,深感荣幸。

　　当前,我国文化产业整体上正经历快速发展,产业结构不断优化,但长期面临内部发展不平衡、严格管控和分业监管等问题。我国资本市场已成为文化企业做大做强的重要平台,但对接中仍存在文化企业特性与市场制度设计不匹配的问题,严重制约了资本市场的服务能力。而资本市场更好地服务文化企业发展,既是传承和创新民族文化、彰显文化自信的重要助力,也是提升国家文化软实力的有力支撑。为实现这一目标,一方面,资本市场需要加快市场化改革力度,增强对新兴文化业态发展的包容性,提高文化企业直接融资比重,要用市场的方法,促进资本形成,服务实体经济发展;另一方面,文化企业也要努力适应时代发展的新要求,按照现代企业制度要求规范发展,努力争取符合资本市场对文化企业证券化发展的基础条件,借助资本市场功能,实现更高质量的发展,在发展中厚积"文化"内涵。

　　资本市场的市场化、法制化的改革,涉及方方面面,虽成效显著,但仍存在不少难题,因此,要不忘初心,砥砺前行,资本市场的改革一直在路上。实践中,要真正落实市场对文化资源配置的决定作用,文化企业可借助证券化发展,加快公司制改造,完善市场主体地位,提升公司治理水平,在"形"和"神"上都要更有"文化"。文化与金融的融合发展效果,检验标准不需太复杂,主要是要有利于生存,要有利于发展,要有利于高质量的发展。高质量的发展,既要有金融属性,也要有文化特性。这条路,漫长,也很有意义。

　　本书中所采用的数据,主要来自相关官方门户网站,部分数据援引自相关书籍和文章,并作数据来源说明,在此一并表示感谢。本书参考了包括但不限于参考文献所列的相关专家、学者特别是深圳证券交易所有关课题组的研究成果。如有遗漏,敬请见谅,在此亦深表谢意。

　　参与本书编写的人员有:卢一宣,朱瑶筝,邓翔,廖露露,任申浩,谭荣华,张予兣,盛夏,李金峰。在此,为大家的辛勤努力表示衷心的感谢。

杜坤伦

2018 年 8 月

责任编辑:陈 登
封面设计:胡欣欣

图书在版编目(CIP)数据

文化企业证券化发展研究/杜坤伦 著. —北京:人民出版社,2018.12
ISBN 978-7-01-020075-0

Ⅰ.①文⋯ Ⅱ.①杜⋯ Ⅲ.①文化产业-企业发展-研究-中国 Ⅳ.①G124

中国版本图书馆 CIP 数据核字(2018)第 263136 号

文化企业证券化发展研究
WENHUA QIYE ZHENGQUANHUA FAZHAN YANJIU

杜坤伦 著

人民出版社 出版发行
(100706 北京市东城区隆福寺街 99 号)

北京汇林印务有限公司印刷 新华书店经销

2018 年 12 月第 1 版 2018 年 12 月北京第 1 次印刷
开本:710 毫米×1000 毫米 1/16 印张:26
字数:426 千字

ISBN 978-7-01-020075-0 定价:80.00 元

邮购地址 100706 北京市东城区隆福寺街 99 号
人民东方图书销售中心 电话 (010)65250042 65289539